LA

MÉTAPHYSIQUE

ET LA SCIENCE

III

Paris. — Imprimerie de L. MARTINET, rue Mignon, 2.

LA

MÉTAPHYSIQUE

ET LA SCIENCE

OU

PRINCIPES DE MÉTAPHYSIQUE POSITIVE

PAR

ÉTIENNE VACHEROT

Ancien Directeur des Études à l'École normale

DEUXIÈME ÉDITION

REVUE, CORRIGÉE ET AUGMENTÉE

TOME TROISIÈME

PARIS

LIBRAIRIE DE F. CHAMEROT

RUE DU JARDINET, 13.

1863

PRINCIPES

DE

MÉTAPHYSIQUE POSITIVE

TREIZIÈME ENTRETIEN.

PHILOSOPHIE DU XIXe SIÈCLE. — PHILOSOPHIE ALLEMANDE.

Le Savant. — Allons-nous enfin conclure? Il me semble qu'il en est temps.

Le Métaphysicien. — Je ne suis guère moins impatient que vous. Mais l'histoire de la philosophie moderne ne nous permet pas de clore, après Descartes, Malebranche, Spinosa et Leibnitz, le débat entre l'idéalisme et l'empirisme. La lutte continue au XVIIIe siècle ; seulement alors elle change de terrain ; elle descend de la métaphysique à l'idéologie. Les grands représentants de cette philosophie, Locke, Condillac, Hume, Reid, Kant ont tous abandonné la spéculation pour l'analyse. Ils sont empiristes ou idéalistes ; mais leur empirisme et leur idéalisme se contiennent dans la sphère des idées et des facultés de l'esprit humain. Les uns, comme Locke et Condillac, suppriment l'élément rationnel au profit de la sensation et de l'expérience ; les autres, comme Hume, suppriment à la fois l'élément rationnel et l'élément matériel au profit de la pure conscience, et arrivent à la négation de tout objet matériel ou immatériel de la connaissance ; d'autres, comme Reid, réservent une part faible et obscure à la raison, sous le nom de *principes du sens commun*; d'autres, enfin, comme Kant, réduisent au profit de la pensée la part de l'expérience, au point de ramener les objets de nos représentations, tels que le temps, l'espace, la matière, l'esprit, Dieu lui-même, à de pures *formes* de l'esprit humain. Mais tous se réunissent dans une commune défiance de la métaphysique. Et quand ils en acceptent certaines affirmations, comme Dieu, ou l'âme humaine, ou la matière, c'est le plus souvent en faisant violence à leur idéologie, et pour répondre, soit aux réclamations du sens commun, soit aux nécessités pratiques de la morale. Locke, Condillac, Kant, Hume lui-même ont donné l'exemple de ce genre de contradiction.

LE SAVANT. — Cette vue me semble juste et féconde.

LE MÉTAPHYSICIEN. — Permettez-moi de reprendre les choses à leur origine. La lutte impuissante des écoles empiriques et idéalistes semble donc avoir mis fin au règne de la métaphysique, au début du XVIIIe siècle. Le goût des faits, le dégoût des systèmes, tel est, à cette époque, l'esprit général de la philosophie dans toute l'Europe. La métaphysique idéaliste n'y a plus de représentants sérieux et originaux. On la trouve encore dans l'Église et dans l'école ; mais elle a disparu du monde philosophique et savant. La métaphysique spiritualiste n'y a guère plus d'organes. Le spiritualisme compte encore des psychologues, comme les Écossais, des moralistes, comme Rousseau. Mais où sont les métaphysiciens (1)? La métaphysique matérialiste est à peu près la seule qui soit encore professée avec ardeur.

(1) La *profession de foi du Vicaire Savoyard*, chef-d'œuvre d'élégance et de style, est d'une grande faiblesse métaphysique, surtout si l'on considère que vingt-cinq ans après Kant publiait la *Critique de la Raison pure*.

Mais quelle métaphysique que ce vague naturalisme de Diderot et de d'Holbach ? Le matérialisme scientifique n'a pas fait un pas, depuis l'école atomistique et la doctrine de Hobbes. Nos athées de l'*Encyclopédie* n'inventent ni une idée nouvelle, ni un argument nouveau. Au fond, ils sont plutôt matérialistes d'instinct que de théorie. Le matérialisme leur paraît la philosophie du sens commun. S'ils l'embrassent avec tant de zèle, c'est surtout par horreur de cette scolastique idéaliste ou spiritualiste dans laquelle ils ont été élevés. C'est surtout comme libres penseurs, comme ennemis des préjugés de l'école et des superstitions de la théologie, comme amis des sciences positives, qu'ils professent une doctrine dont la clarté, la simplicité, l'affinité apparente avec les sciences physiques et naturelles les attirent et les séduisent. Mais, pour leur plaire, il faut que ce matérialisme dépouille les formes de l'école, et fasse agréable figure dans un salon, ou dans un souper de beaux esprits. Le fond de l'esprit philosophique du XVIIIe siècle n'en reste pas moins l'invincible défiance de toute spéculation métaphysique. Partout on ramène la science à l'observation, à la description, à la classification des faits, sans se soucier des causes, des principes et des substances. Et cela se fait par une répugnance instinctive plutôt que par une critique raisonnée des doctrines, des méthodes, des procédés qu'on repousse. Métaphysique et scolastique semblent synonymes. On se moque bien plus des métaphysiciens qu'on ne les réfute ; c'est par l'arme du ridicule qu'on attaque ce genre de spéculations. Rappelez-vous Candide. Voltaire est, dans la littérature philosophique, le parfait organe de cet esprit. Tout ce qui sent la métaphysique, tout ce qui ressemble à un système, à une théorie, lui agace les nerfs. Il veut bien croire en Dieu et à la spiritualité de l'âme, mais au nom de la morale et du sens commun. Les principes et les arguments de la métaphysique le font sourire de pitié et bondir d'impatience. Il n'a jamais assez de sarcasmes contre les prétentions qui dépassent les bornes du sens commun. Or, l'esprit de Voltaire, c'est l'esprit de tout le monde, comme on l'a si bien dit. C'est pour cela que son action a été universelle.

LE SAVANT. — Rien de plus vrai.

LE MÉTAPHYSICIEN. — Deux philosophes seulement, Hume et Kant, font exception à cette indifférence peu raisonnée pour la métaphysique. Mais s'ils s'en occupent, c'est pour la nier. Locke et Condillac, par leur idéologie, ferment la porte à la métaphysique idéaliste ou spiritualiste; mais ils la laissent ouverte à la métaphysique matérialiste. Hume est le véritable père de l'empirisme, de cette école qui supprime radicalement toute spéculation métaphysique. Des faits et des lois, c'est-à-dire encore des faits associés par l'habitude, sans autre lien possible, voilà à quoi il réduit toute la science humaine. Kant est d'une tout autre école, bien qu'il aboutisse à peu près aux mêmes conclusions, quant à la métaphysique. Il ne nie aucune des notions, aucun des concepts, aucun des principes de l'entendement et de la raison sur lesquels se fondent les systèmes métaphysiques; mais il en conteste la portée et l'usage. C'est le père de la philosophie critique proprement dite. Jusqu'à lui, l'ancienne métaphysique pouvait encore se défendre contre les attaques du sensualisme et de l'empirisme. A Locke et à Condillac elle pouvait répondre que leur analyse de l'esprit humain n'est pas complète, que la sensation n'explique pas tout le mécanisme des facultés et des opérations de la pensée. Mais que répondre à Kant qui reconnaît, qui rétablit même toutes les facultés, tous les principes de la pensée, par l'analyse la plus profonde, la plus complète qui ait jamais été faite, et qui ensuite, par une critique radicale, définit, restreint l'application de ces principes et de ces facultés, de manière à en finir d'un seul coup avec toutes les prétentions de la métaphysique? Vous comprenez l'impuissance des vieilles écoles devant ce nouvel adversaire. Jusque-là ces écoles se rencontraient sur un terrain commun, à savoir l'objet même de la métaphysique. On n'était pas d'accord sur cet objet; les uns l'appelaient *matière*, d'autres *force*, d'autres *esprit*. Mais tous commençaient par en reconnaître l'existence, indépendamment des représentations ou conceptions de l'intelligence; tous maintenaient le problème métaphysique et en supposaient la solution possible. Or, voici qu'un philosophe s'avise tout à coup de nier cet objet, ou du moins de le reléguer hors de la portée de la raison humaine. Comment parer un tel coup?

LE SAVANT. — Il me semble que ce jeu-là n'est pas aussi nouveau que vous le dites. Les écoles sceptiques ont nié l'objet même de la métaphysique.

LE MÉTAPHYSICIEN. — Sans doute, mais elles ont nié aussi l'objet de la science, de toute science, et de toute espèce de connaissance. Le scepticisme absolu est un défi porté au sens commun; s'il peut séduire quelques esprits malades ou excentriques par ses tours de force, il ne peut prévaloir contre l'autorité de la science et de la saine philosophie. Mais l'école critique est d'autant plus redoutable qu'elle concentre ses coups sur la métaphysique, en respectant d'ailleurs tout ce qui est science d'observation, les sciences morales, aussi bien que les sciences physiques. La métaphysique ne pouvait donc faire au kantisme la même réponse que les sciences elles-mêmes au scepticisme absolu, le renvoyer au sens commun et à l'évidence des vérités acquises. Il fallait le suivre sur le terrain de l'analyse et de la critique, et montrer, ou que l'analyse de Kant n'est pas exacte, ou que sa critique en tire contre le dogmatisme des conclusions qui dépassent les prémisses, ou enfin faire de l'*idéalisme transcendantal* de Kant le point de départ d'un *réalisme* tout nouveau. C'est cette dernière thèse qu'a essayé de faire prévaloir la *nouvelle philosophie*.

LE SAVANT. — Quel langage, mon cher philosophe ! On voit bien que nous avons passé le Rhin.

LE MÉTAPHYSICIEN. — Préparez vos oreilles à de bien autres surprises. Je ferai tous mes efforts pour familiariser votre esprit français avec ces monstres. Mais je vous demande beaucoup d'attention, et une forte dose d'impartialité. Nous disons donc qu'en sondant les bases de la connaissance humaine, et en limitant les prétentions de la pensée au domaine de l'expérience, Kant voulait couper court à l'interminable dialogue du dogmatisme et du scepticisme, et faire à chacun sa part légitime. Il comptait sans l'infatigable activité de l'esprit humain, inquiet et tourmenté devant ces mystérieux *noumènes* que le philosophe laissait entrevoir dans une sphère inaccessible. Il fallait, ou les supprimer, ou les ramener à la portée de la science et de la philosophie. Fichte en fit des créations du moi. Le monde des corps et le monde des esprits, il fit tout sortir de la toute-puissante activité de la pensée. « Nous allons créer Dieu, » dit-il un jour, dans un accès d'audace, à ses auditeurs fascinés.

LE SAVANT. — Le tour de force était vraiment digne d'un professeur et d'un auditoire allemands. De pareilles folies n'auraient rencontré chez nous qu'un sourire de pitié.

LE MÉTAPHYSICIEN. — Soyons plus justes pour l'esprit allemand et le génie de ses penseurs ; leurs paradoxes ne doivent point toujours être pris à la lettre. Cet esprit a des profondeurs où parfois se cache la vérité, sous la singularité des formules. Cette langue ne ressemble point à notre langue française, qui ne sous-entend jamais rien dans l'expression de sa pensée ; elle est pleine d'équivoques et d'obscurités, à travers lesquelles se joue la dialectique allemande. Quoi qu'il en soit, ce coup de logique était trop hardi, même pour la philosophie de nos voisins. Fichte eut beau grandir son *Moi* jusqu'aux proportions de l'Absolu ; l'Allemagne, plus enthousiaste encore de son caractère et de son éloquence que de sa doctrine, ne put lui sacrifier la Nature et Dieu. Cet idéalisme effrayant provoqua une réaction universelle. On revint à Dieu, à la Nature surtout, avec une ardeur que le formalisme avide de l'école de Kant n'avait fait qu'irriter. Mais on y revint par une voie toute nouvelle, par ce formalisme même qui semblait devoir fermer toute issue vers la métaphysique. Platon, Aristote, Spinosa et Leibnitz reparurent transformés par l'idéalisme kantien, et comme transfigurés par les sciences de la Nature.

LE SAVANT. — Je suis curieux de voir comment la nouvelle philosophie retrouve par l'idéalisme critique la réalité supprimée par cet idéalisme.

LE MÉTAPHYSICIEN. — La méthode est aussi simple que hardie. Ces *noumènes* que le dogmatisme s'est épuisé jusqu'ici à chercher, au delà de l'analyse et de la logique, dans les régions imaginaires de l'*ontologie* platonicienne ou néoplatonicienne, ne sont autre chose que les formes mêmes de l'entendement et les principes de la raison, tels que l'analyse de Kant nous les a décrits. Toute vérité est dans l'idée. Kant possédait l'absolu sans s'en douter. Il croyait les *noumènes* inaccessibles à la pensée humaine. Il ne voyait pas qu'ils habitent au sein même de cette pensée, et qu'ils ne peuvent avoir de sens et d'existence que là. En effet, la réalité n'est pas la vérité; elle n'en est qu'une représentation imparfaite.

Le Savant. — Mais il me semble que ce langage n'est pas nouveau. Platon n'a-t-il pas dit exactement la même chose?

Le Métaphysicien. — Attendez. Vous n'avez pas encore le secret de la pensée allemande. Les *idées* de Platon étaient des êtres, en dehors de l'esprit aussi bien que des choses ; tandis que les *idées* de Schelling et de Hegel comprennent tout à la fois l'Esprit et la Nature.

Le Savant. — Voilà ce que je ne puis comprendre. J'entends bien que toute vérité, c'est-à-dire toute essence pure, tout type parfait des choses, réside dans l'esprit, tandis que la Nature ne comprend que des *forces*, des types en puissance qui n'arrivent jamais qu'à une réalité imparfaite. Nous en sommes convenus. Mais je ne vois pas que cette vérité idéale soit l'être, l'absolu, le *noumène* que nous cherchons. Car dans la doctrine qui définit l'idée la *vérité*, et la chose elle-même la *réalité*, l'idée n'est qu'une simple notion de l'esprit. Le mot *vérité* est pris dans un sens logique et nullement ontologique ; il exprime l'essence des êtres, et non leur existence même.

Le Métaphysicien. — Vous n'y êtes pas. L'idéalisme de la nouvelle philosophie va plus loin ; il fait de la pensée tout à la fois l'essence et l'être des choses. Pour Schelling et pour Hegel, la pensée est l'Être absolu. Elle ne fait pas seulement que les choses sont intelligibles, elle fait encore qu'elles *sont*. Les formes de la pensée ne correspondent pas simplement aux choses, ainsi que l'avait dit Spinosa ; elles sont identiques avec elles. Les choses *n'apparaissent* comme telles qu'au sens et à l'imagination ; en soi, elles sont des idées, c'est-à-dire des déterminations de la pensée.

LE SAVANT. — *Fiat lux.* Je sens que nous entrons dans la région des ténèbres.

LE MÉTAPHYSICIEN. — Vous n'êtes encore qu'au parvis du temple. Que sera-ce donc quand il nous faudra pénétrer dans le sanctuaire? Mais tâchons d'abord de comprendre ce que les Allemands entendent par l'*identité* de la pensée et de l'être. Comme c'est le principe de toute leur philosophie, nous ne pouvons passer outre sans être édifiés sur ce point. Cette célèbre formule est une grosse absurdité, prise à la lettre par nous autres Français habitués à chercher dans les mots l'exacte expression des choses. Supprimez par hypothèse l'homme et tous les êtres pensants ; ces choses n'en seraient pas moins, et n'en seraient pas moins ce qu'elles sont. Or, c'est ce que ni Schelling, ni Hegel, ni aucun adepte de la philosophie nouvelle n'ont jamais songé à contester. Leur distinction de la pensée et de la conscience de la pensée ne laisse pas le moindre doute à cet égard dans leur langage. Si les êtres pensants venaient à disparaître, la Nature n'en existerait pas moins ; mais alors le Monde ne serait plus qu'une pensée sans conscience. Ceci est un trait de lumière pour nous. Le génie allemand, si profond et si paradoxal qu'il soit, l'est beaucoup moins qu'il ne le paraît. Quand il affirme, par exemple, que la Nature pense, que les choses sont des idées, que la pensée fait tout l'être des choses, croyez-vous qu'il entend par là que les réalités sensibles soit de purs actes de l'esprit, ou bien que tous les êtres de la Nature soit des *esprits?* Ni l'un ni l'autre. La nouvelle philosophie a une foi profonde dans la réalité des choses, et proteste énergiquement contre cet idéalisme tout *subjectif*, qui fait de la Nature une simple construction de l'imagination et de l'entendement. D'une autre part, lui attribuer que tout est pensée, dans le sens littéral et psychologique du mot, serait lui prêter une absurdité inintelligible que démentent toutes ses explications.

Le Savant. — Mais alors quel est donc le sens de la formule?

Le Métaphysicien. — Si je ne me fais illusion, le voici. Au mot *pensée* substituez le mot *idée*, dont Platon, Aristote, Plotin, Malebranche, Fénelon, Bossuet, et toutes les grandes écoles de philosophie se servent continuellement, vous commencerez à voir clair dans la mystérieuse formule. Et si vous remplacez ce mot par un autre tout aussi vieux et tout aussi usité, mais moins équivoque, l'*intelligible*, le grand principe de la philosophie allemande n'aura plus d'obscurités pour vous. Toutes les choses de la Nature, toutes les réalités ne *sont*, dans le sens métaphysique et même scientifique du mot, qu'autant qu'elles sont intelligibles. Les vrais savants sont d'accord là-dessus avec les philosophes. Vous en conviendrez, si vous vous souvenez de notre distinction de l'*image* et de l'*idée*, de la *sensation* et de la *notion*, laquelle est le point de départ de toute science aussi bien que de toute philosophie. Schelling et Hegel abondent dans cette distinction. Ils iraient jusqu'à rayer du grand livre de la vie universelle les choses, les phénomènes qui n'auraient rien d'intelligible, qui ne pourraient se ramener plus ou moins à une idée. Et en cela ils ne font que suivre l'exemple de Platon et d'Aristote. C'est ce qui fait dire parfois à Hegel que la philosophie n'est pas tenue de tout expliquer dans la Nature. Elle n'explique que ce qui est intelligible, ce qui répond à l'idée et à la pensée. Car cela seul est *vrai*, *est* véritablement pour le philosophe, ὄντως ὄν.

Le Savant. — Toujours est-il que la formule allemande est d'un mauvais langage. Autre chose est la pensée, pur acte de l'esprit; autre chose est l'intelligible, le vrai, l'être, objet de la pensée. Quand on admettrait qu'il n'y a de vrai dans les choses que ce qui répond à la pensée et tombe sous ses catégories, serait-ce une raison pour identifier la pensée et l'être ?

Le Métaphysicien. — Non, sans doute. Un écrivain français se garderait de l'équivoque. Chez nous, le mot *pensée* exprime proprement l'acte du sujet pensant, parfois la faculté elle-même chez les auteurs qui ne se piquent pas de rigueur philosophique, mais jamais l'objet pensé. Les philosophes allemands confondent tout cela dans une seule expression.

Le Savant. — Et pourquoi cette équivoque, quand ils ont dans leur langue si riche tous les éléments nécessaires pour donner à chaque idée, à chaque nuance d'idée son expression propre. Il semble que les penseurs de ce pays aiment à braver le sens commun. Ils se complaisent dans les hardiesses de formules, dans les obscurités de langage, alors même que le fond de leur pensée est simple et sensé.

Le Métaphysicien. — Ce n'est pas tout à fait cela. L'esprit allemand n'affecte pas gratuitement l'équivoque et l'obscurité. Quand vous le voyez réunir et confondre diverses choses sous un seul mot, soyez sûr qu'il y a une certaine analogie, un certain rapport plus ou moins profond, caché sous cette équivoque apparente. C'est ce qui arrive à propos de la formule en question, au point de vue de la nouvelle philosophie. Lorsque Kant ramenait les principes de la connaissance, les idées, à de pures formes de la sensibilité, de l'entendement et de la raison, il oubliait que ces formes constituent l'élément scientifique et intelligible des choses. Le vrai *noumène*, qu'il croyait inaccessible, réside dans la pensée. Loin que la pensée emprunte sa vérité des choses extérieures, c'est d'elle-même que ces choses la reçoivent. Car c'est la pensée avec ses concepts, ses principes, ses formes dites *subjectives*, qui fait la mesure de l'intelligibilité, partant de la vérité, partant de l'être des choses. Sans doute, on ne saurait trop le redire, la pensée, en tant qu'acte de l'esprit, n'est pas la chose elle-même. Mais toute chose n'étant vraie que pour la pensée et par la pensée, vérité et pensée sont identiques en ce sens, et le vrai réalisme est contenu en principe dans l'idéalisme kantien. Ainsi comprise, la formule de la nouvelle philosophie n'est plus une simple équivoque, ni un non-sens, et il y a moyen de s'entendre avec les philosophes qui en ont fait le pivot de leur système.

Le Savant. — Le nuage s'éclaircit en effet. Je crois comprendre le principe de l'identité de l'être et de la pensée. Mais quel langage !

Le Métaphysicien. — Vous avez bien raison. C'est ce langage obscur et semé d'équivoques qui nous fait mal juger la philosophie, et en général la science des Allemands, et qui ne permet pas à leurs idées et à leurs découvertes de devenir populaires, tant qu'elles n'ont point passé par la pensée et la langue françaises. Enfin voilà un point expliqué. Le principe de l'identité de l'être et de la pensée résout la première, la plus grave objection de la philosophie critique, à savoir l'impossibilité de dépasser la sphère des *phénomènes*, et d'atteindre les *noumènes* proprement dits. Reste une autre difficulté, les *antinomies*, que la nouvelle philosophie s'applique également à résoudre. Acceptant sur ce point, comme sur le précédent, les résultats de la critique de Kant, elle ne songe nullement à contester les contradictions théologiques, psychologiques et cosmologiques mises en évidence dans la *Critique de la raison pure;* mais elle en fait une nécessité logique, un point de départ pour une affirmation supérieure de la pensée. La nouvelle philosophie va même plus loin que Kant, en un sens. Elle généralise le système des antinomies, en l'étendant à tous les objets de la connaissance ; elle en fait la loi universelle de l'entendement. Seulement, au lieu de s'arrêter à cette contradiction, et d'en conclure, avec Kant, l'impuissance du dogmatisme, elle la résout dans le principe de l'identité.

Le Savant. — Voilà ce que je n'ai encore pu comprendre. Les antinomies sont réelles ou apparentes. Dans le second cas, il n'est pas besoin de supposer un troisième terme qui les concilie. Dans le premier, je ne vois pas comment la contradiction pourrait être résolue.

Le Métaphysicien. — C'est que le fin de la doctrine vous échappe. Pour Schelling et pour Hegel, les antinomies sont réelles, mais seulement dans la sphère de l'entendement ; elles s'évanouissent devant la lumière supérieure de la raison.

Le Savant. — J'avoue que je ne saisis pas bien cette distinction. Le principe de contradiction n'a-t-il pas toujours été le *criterium* de la logique ancienne et moderne, indistinctement applicable aux conceptions les plus sublimes, comme aux notions les plus simples de la pensée ? Si cet axiome n'est pas maintenu comme règle absolue et universelle de nos jugements, c'en est fait de toute démonstration ; nous voici retombés en pleine sophistique.

Le Métaphysicien. — C'est en effet l'accusation banale, portée contre la nouvelle philosophie par les esprits légers ou impatients qui ne pénètrent pas dans le secret de sa pensée. Je ne la crois nullement fondée. Quand le principe de contradiction s'applique aux objets de l'imagination et de l'entendement, ainsi qu'aux sciences qui s'y rapportent, ni Schelling, ni Hegel n'en contestent l'autorité, parfaitement légitime dans ces limites. Mais au delà de l'entendement et de l'imagination, dans la sphère de la *raison* proprement dite et de la métaphysique, ils en nient la portée. Cette prétention peut être discutée ; mais il est évident qu'elle n'a rien de commun avec les procédés de cette sophistique qui supprime le principe de contradiction en tout et partout. Toutefois, c'est déjà beaucoup trop que le langage de la nouvelle école ait prêté à la calomnie. La philosophie doit être aussi irréprochable dans son langage que dans sa pensée.

Le Savant. — Je comprendrais mieux votre distinction, si vous me montriez clairement ce que la nouvelle philosophie entend par le principe d'identité, posé comme la catégorie propre à la raison.

Le Métaphysicien. — Je vais tâcher de vous l'expliquer. Selon Schelling et Hegel, les antinomies sont propres aux affirmations de l'imagination et de l'entendement. Si l'ancienne métaphysique a abouti à des assertions contradictoires sur Dieu, l'âme humaine, et le Monde, c'est qu'elle s'est obstinée à ne considérer ces éternels objets de la philosophie qu'aux fausses clartés de l'imagination et de l'entendement, au lieu de les contempler à la grande lumière de la raison. Tandis que le Monde de l'imagination a des bornes, celui de la raison est nécessairement infini. Tandis que le Dieu de l'induction est individuel, le Dieu de la raison est nécessairement universel. Tandis que le principe de contradiction est la loi de l'entendement, le principe de l'identité absolue est la loi de la raison. Ce que l'imagination et l'entendement regardent comme absurde et contradictoire est précisément ce que la raison proclame nécessaire et absolument vrai. Ainsi il implique pour l'imagination que la matière ne soit pas divisible à l'infini. Il implique pour l'entendement qu'un être soit cause et effet en même temps ; que le Monde et Dieu soient substantiellement identiques, tout en restant distincts ; que l'activité humaine soit tout à la fois libre et nécessaire. Or la raison montre que la notion de la matière, telle que l'imagination nous la donne, n'est qu'une représentation sans vérité des phénomènes sensibles ; que l'action réciproque de l'âme sur le corps, et du corps sur l'âme, s'explique par la vraie notion de la substance ; que la liberté et la nécessité, loin de s'exclure, se supposent dans la vraie notion de l'activité ; que l'infini et le fini, l'universel et les individus ne sont pas des termes qu'on puisse distinguer et opposer entre eux, comme on distingue et on oppose les êtres individuels. Sur toutes ces questions, les contraires se résolvent dans une synthèse supérieure. Donc l'identité est le principe de la raison, comme la contradiction est le principe de l'entendement. Si celui-ci gouverne toutes les sciences, celui-là règne en maître sur la métaphysique. L'identité est le premier et le dernier mot de la philosophie allemande, la clef de son système, la formule universelle par laquelle tout s'explique et à laquelle tout vient aboutir. C'est l'Absolu, c'est Dieu. Tout est un, toujours et partout. Ramener toute différence à l'identité, tel est l'unique et constant problème de cette philosophie, dans la Nature et dans l'Histoire.

Le Savant. — Il me semble que l'entreprise n'est pas nouvelle. Est-ce que la métaphysique n'a pas essayé cela de tout temps?

Le Métaphysicien. — Sans doute, mais elle l'avait fait sans se rendre compte des difficultés de l'entreprise, ni des moyens de résoudre ces difficultés. La distinction de l'entendement et de la raison est un principe capital dans la nouvelle philosophie. C'est à l'aide de cette distinction que Schelling restreint le principe de contradiction au domaine de l'entendement, et lui substitue partout le principe de l'identité, dans la sphère de la raison, rouvrant ainsi à la métaphysique la carrière qui lui avait été fermée par la philosophie critique.

Le Savant. — Je reconnais le progrès.

Le Métaphysicien. — C'est sur ce principe que repose toute la nouvelle philosophie. Mais Schelling, qui l'a mis en lumière, ne l'a point scientifiquement démontré. Il se borne à le poser comme une intuition à priori et spontanée, une sorte de révélation naturelle de la raison; puis il l'applique à la réalité, à la Nature et à l'Histoire, sans méthode et sans suite. Aussi peut-on dire que sa doctrine forme plutôt un ensemble de vues hardies, profondes, souvent vraies, qu'un système régulier et complet. La philosophie de Hegel, quelque jugement qu'on en porte, ne mérite pas ce reproche. Il n'a pas paru, dans l'histoire de la métaphysique, de doctrine plus complète, mieux enchaînée dans toutes ses parties, plus systématique, en un mot. Tandis que Schelling s'élève d'un bond au principe de la philosophie, Hegel y parvient laborieusement, par un mouvement graduel et nécessaire de la pensée qu'il appelle la *dialectique*. Cette dialectique n'est ni celle de Platon, ni celle de Plotin, ni celle de Spinosa. Elle ne procède point du particulier au général, comme la première; ni du composé au simple, comme la seconde; ni du principe à la conséquence, du contenant au contenu, comme la troisième. Elle procède par opposition et par harmonie, par différence et par identité, par antithèse et par synthèse. La pensée pose, oppose et concilie; affirme, nie et rétablit son affirmation; produit, détruit et reproduit; unit, divise et réunit. Et cela, elle le fait toujours et partout, obéissant à une nécessité logique invincible, à un mouvement propre et indépendant des conditions objectives et même subjectives de la pensée (1). C'est la loi universelle du *progrès* qui entraîne toutes choses ; c'est le *rhythme* éternel du poëme de la création ; c'est le syllogisme indéfiniment répété de la Pensée absolue, dans le système de la Nature, et dans le système de l'Histoire. Tout l'exprime et la manifeste, la logique comme la philosophie de la Nature, et celle-ci aussi bien que la philosophie de l'*Esprit.* Les noms changent avec les termes du rapport, mais le rapport qui fait la loi est immuable et identique. Dans la logique, ce sera l'universel, le particulier et l'individuel ; ou l'être, le néant et le *devenir ;* ou la notion, le jugement et le raisonnement. Dans la philosophie de la Nature, ce sera l'espace, le temps et la mesure ; ou le mécanisme, le dynamisme et l'organisme ; ou la répulsion, l'attraction et la pesanteur ; ou le soleil, les satellites et les planètes ; ou l'azote, l'opposition de l'hydrogène et de l'oxygène, et le carbone ; la sensibilité, l'irritabilité et la reproduction. Dans la philosophie de l'Esprit, ce sera l'âme, la personne et l'esprit pur ; ou la sensibilité, l'entendement et la raison ; ou l'individu, la famille et l'État ; ou l'Orient, le monde gréco-romain et le monde moderne ; ou le symbolisme, le classique et le romantisme ; ou le panthéisme, le polythéisme et le christianisme. Mais au fond, c'est partout et toujours la même loi, le même rhythme, le même syllogisme avec des éléments divers.

Le Savant. — Voilà une dialectique d'un nouveau genre. J'aurai de la peine à m'y habituer.

Le Métaphysicien. — Je tâcherai de vous l'expli-

(1) *Encyclopédie*, § 19-21.

quer, mais laissez-moi achever la définition de la loi qui la domine. Hegel est tellement pénétré de cette radicale identité qu'il se plaît à emprunter indifféremment les formules d'une science pour exprimer les idées d'une autre. Il définit la Nature, comme l'Histoire, un syllogisme continu ; il applique sans cesse les termes de notions, de jugements, de raisonnements aux diverses opérations par lesquelles la Nature compose, décompose et recompose, produit, détruit et reproduit ses éternels éléments. Et de même il recherche parfois les images, les procédés de la Nature, surtout organique et vivante, pour rendre sensibles les lois et les principes de la philosophie morale et politique. Le mécanisme, le dynamisme, l'organisme comparés lui servent à faire ressortir la constitution de l'État et de la Société. Il faut dire toutefois qu'il est sobre de ces assimilations dangereuses, et les laisse à la philosophie de Schelling qui aime à les prodiguer. Quand il le fait, c'est pour rendre plus sensible son idée, jamais pour l'expliquer. Et ceci n'est pas seulement affaire de goût, mais de principe. S'il y a une vérité à laquelle Hegel tienne par-dessus tout, c'est que toute lumière vient de la pensée. Dès lors, la Nature peut bien être expliquée par l'Esprit, mais non pas l'Esprit par la Nature. Tout ce que celle-ci peut faire, c'est de représenter à l'imagination les forces, les procédés, les œuvres de l'Esprit. Cette méthode peut avoir son à-propos, mais généralement elle vaut mieux pour l'art que pour la science.

Le Savant. — J'aime à entendre parler ainsi un métaphysicien. Mais j'ai besoin que vous m'expliquiez ce merveilleux principe de Hegel. Jusqu'ici je lui trouve un air de *triade* alexandrine qui ne me prévient pas du tout en sa faveur.

Le Métaphysicien. — Même chez les néoplatoniciens

qui en ont abusé, le principe de la *triade* conserve une certaine vérité. Mais la doctrine de Hegel a un tout autre caractère. Selon lui, tout *procède*, dans la Nature et dans l'Histoire, par l'éternelle triade de la thèse, de l'antithèse et de la synthèse. Mais ce procès n'est posé comme loi de la Nature et de l'Esprit qu'après avoir été reconnu la loi de la Pensée elle-même. Le point de départ du système est donc l'analyse de la pensée, ou la Logique proprement dite. La Logique est la science de la pensée pure, abstraction faite de tout objet et de tout sujet de la pensée (1).

LE SAVANT. — Cette abstraction semble impossible, la pensée n'étant que le rapport de ces deux termes, le produit de ces deux facteurs. Je comprends, à la grande rigueur, qu'on fasse abstraction de l'objet, pour ne s'occuper que des facultés du sujet et des *formes* de l'esprit, comme a fait Kant. Mais si vous faites à la fois abstraction du sujet et de l'objet, c'est-à-dire des deux termes, que devient le rapport?

LE MÉTAPHYSICIEN. — Vous n'entendez pas la méthode de Hegel. C'est l'esprit le moins chimérique, le plus *positif* de toute la philosophie spéculative; depuis Aristote, il n'est peut-être pas de philosophe moins enclin à réaliser des abstractions. Hegel n'imagine nullement une Pensée absolue, en dehors de l'Esprit et de la Nature. Il répète constamment que toute philosophie, de même que toute science, a sa matière et son point de départ dans l'expérience. C'est donc la pensée réelle et concrète, c'est-à-dire un produit complexe de toutes les facultés, imagination, entendement, raison, etc., qu'il prend pour base de sa dialectique. Mais de ce produit il abstrait la pensée pure, le mouvement même de

(1) *Encyclopédie*, § 19-25.

la pensée, éliminant à la fois et les conditions extérieures, et les facultés subjectives proprement dites, telles que la sensibilité, l'imagination, et même l'entendement.

LE SAVANT. — Mais encore me direz-vous ce que c'est que cette pensée qui n'a rien de *subjectif* ni d'*objectif*, cette pensée pure de tout élément, soit interne, soit externe ?

LE MÉTAPHYSICIEN. — Avez-vous donc déjà oublié que, pour Hegel, comme pour Schelling du reste, la pensée ainsi prise en soi, c'est l'idée, le vrai, l'absolu, l'intelligible de toutes choses, corps ou esprits ? Or, c'est précisément de cet intelligible qu'il s'agit quand Hegel parle de la Pensée absolue, abstraction faite du sujet et de l'objet. C'est l'analyse de cet *intelligible* qui fait l'objet propre de la logique. C'est en ce sens qu'il répète si souvent que la Logique est la science de l'Idée pure.

LE SAVANT. — Me voilà édifié autant que mon esprit peut se prêter à un pareil langage.

LE MÉTAPHYSICIEN. — Du moment que la pensée est l'*être absolu*, la logique qui en traite est identique avec la métaphysique, et la distinction dans laquelle s'est retranché le scepticisme critique de Kant a disparu. Aussi Hegel mêle-t-il indifféremment les termes logiques et les termes métaphysiques, dans cette partie de sa philosophie. Tout y a une portée ontologique. C'est ce qu'il ne faut pas oublier, quand on s'engage dans ce dédale quelque peu scolastique. Hegel prend pour point de départ de sa logique la doctrine des catégories de Kant, en la modifiant profondément. Dans son analyse des diverses catégories de la pensée, Kant avait bien indiqué les rapports qui unissent entre eux les termes de chaque catégorie ; mais il n'avait pas songé à rechercher les rapports qui peuvent unir les catégories entre elles. En sorte que sa théorie ne forme pas un vrai système. Hegel donne ce caractère à la sienne, en enchaînant les uns aux autres les termes de chaque catégorie, et les catégories entre elles, de manière qu'un seul terme étant donné, tout le reste s'en déduit logiquement.

Le Savant. — Mais quel sera ce premier terme ?

Le Métaphysicien. — Hegel avoue la difficulté. Si l'on part du concret, il suppose l'abstrait, qui y est nécessairement contenu. Si l'on part de l'abstrait, il suppose le concret, sans lequel il n'a pas d'existence réelle. Hegel se décide néanmoins pour l'abstrait pur, pour l'être absolument indéterminé. Il n'ignore pas que cette notion est la plus vide de toutes ; il n'entend nullement faire de l'être ainsi conçu le principe générateur de la vie universelle. C'est un esprit trop sagace pour être à ce point dupe d'une abstraction. Il laisse cette chimérique illusion à la théologie indienne, aux Éléates, aux néoplatoniciens. S'il prend la notion abstraite de l'être pour point de départ de sa logique, c'est pour obéir au mouvement irrésistible de la dialectique, laquelle pousse la Pensée comme la Nature, comme l'Histoire, de l'abstrait au concret.

Le Savant. — J'avais toujours cru, au contraire, que l'esprit humain suit l'ordre inverse, qu'il procède du concret à l'abstrait.

Le Métaphysicien. — Hegel le nie et prétend trouver dans l'histoire de la philosophie la confirmation de sa thèse, en apparence paradoxale. Je dis en apparence, parce qu'il prend les mots *concret* et *abstrait* dans un sens différent de leur acception ordinaire. Le concret n'est pas pour lui la réalité sensible et individuelle, mais ce qui contient le plus d'être et de perfection. Ainsi l'Esprit est plus concret que la Nature ; la pensée est plus concrète que la vie, et la vie que le simple mouvement. En sorte qu'à ses yeux, le *procès* de l'abstrait au concret est la mesure du progrès, la loi de la Nature et de l'Histoire aussi bien que de la dialectique. Au reste, qu'il ait tort ou raison, en ce qui concerne l'histoire de l'esprit humain, veuillez remarquer qu'ici il ne s'agit pas de la succession historique des idées, mais de leur génération logique. Le problème, pour Hegel, est de trouver, non la première notion en date, mais la plus simple, celle que supposent toutes les autres, et qui n'en suppose aucune sous ce rapport. Cette notion première une fois posée, Hegel en fera sortir tout le système des idées dont se compose la Logique, par ce mouvement nécessaire de l'abstrait au concret qu'il appelle la dialectique.

Le Savant. — Je crois tenir maintenant la clef du système. La logique hégélienne n'est qu'une série continue de termes marquant tous les degrés du développement de la pensée et de l'être, depuis l'abstrait pur jusqu'au concret le plus absolu.

Le Métaphysicien. — Précisément. Le point de départ de la dialectique est donc l'être, en tant qu'être, abstraction faite de toute forme, et même de toute virtualité (1). Ce n'est ni l'être en acte, ni l'être en puissance ; c'est l'être, en tant que possible. Mais l'être ainsi conçu est aussi bien le néant que l'être ; car il n'est *tout* qu'autant qu'il n'est *rien* (2). C'est l'*être néant* du panthéisme indien, l'*être universel* de la dialectique platonicienne (non pas l'Idée suprême), la *matière* d'Aristote, l'*unité* de la dialectique alexandrine ; c'est la plus pauvre et la plus vide des abstractions. La

(1) *Encyclopédie*, § 84-111.
(2) *Logique*, l. I, p. 86-98.

pensée ne peut s'y reposer; elle en sort donc pour entrer dans la voie de l'être véritable, de l'être réel et déterminé, dans le *devenir*. Le devenir est un mouvement de l'être en travail pour se dégager du néant. Dans ce mouvement, l'être abstrait tend à se diviser, à se nier, à se déterminer, à être ceci, et non cela. Le *devenir* est le moment auquel Hegel attribue le plus d'importance, dans sa logique et dans toute sa philosophie. C'est pour lui le *fiat lux* de la création universelle, le secret du plus grand mystère de la métaphysique, le premier principe de critique, dans l'appréciation des doctrines philosophiques. Pour avoir omis ou mal compris cette catégorie, l'idéalisme a fait fausse route et s'est égaré dans les abstractions éléatiques, platoniciennes, néoplatoniciennes, et même spinosistes. L'être en soi, qui, sans le devenir, n'est qu'une abstration, a été pris trop souvent pour la réalité et la vérité. On n'a pas vu que l'être en soi n'arrive à l'*existence* qu'en passant par le *devenir;* qu'en un mot toute chose n'est qu'autant qu'elle *devient*. C'est l'éternel honneur d'Héraclite d'avoir mis en lumière cette précieuse catégorie. Si la sophistique en a abusé pour tout nier, ce grand esprit n'est pas responsable de tels excès. Il faut dire seulement qu'il y a prêté, en paraissant uniquement préoccupé de cette catégorie. Platon a rétabli la base de la vérité et de la science, en posant l'*idée*, l'*essence;* seulement il n'a pas su y rattacher le *devenir*, tout en le reconnaissant. A la philosophie d'Aristote était réservée l'incomparable gloire de trouver et de formuler le vrai rapport de l'être au devenir.

LE SAVANT. — Voilà, ce me semble, un trait de lumière pour l'histoire de la philosophie grecque.

LE MÉTAPHYSICIEN. — Même en pleine logique, Hegel aime à faire de ces sortes d'excursions dans le domaine de l'histoire. Quoi qu'il en soit, tel est le second terme du *procès* (nous nous servirons désormais de ce mot précédemment expliqué), dans la catégorie de l'être. Mais la pensée ne peut pas plus s'arrêter au devenir qu'à l'être pur ou au néant. Car le devenir n'est encore que l'agitation de l'être vague aspirant à se fixer ; il n'est pas l'être fixé. Quand il se fixe, il perd son caractère et son nom. Ce n'est plus le devenir, c'est l'*existence*, dans toute la force étymologique du mot. Mais alors même le devenir reste encore au sein de l'être fixé, comme le germe de mort, le ver rongeur de cette fleur éphémère qui s'appelle l'existence. C'est que toute détermination, toute forme positive de l'être est affectée d'un principe négatif qui la détruit incessamment. Pour qu'elle fût définitive, il faudrait qu'elle fût tout l'être. Tel est le premier *procès* de la dialectique appliquée au système de catégories dont se compose la Logique. L'existence est le dernier terme, le moment de repos provisoire, dans ce premier mouvement de la pensée (1).

LE SAVANT. — Je comprends cette dialectique. Je vois bien le second terme sortir du premier par une négation, le troisième sortir du second par une autre négation. Seulement je ne vois pas comment le dernier terme est moyen par rapport aux deux autres, ni comment il exprime un retour au premier à travers le second. En un mot, je saisis bien la thèse et l'antithèse ; c'est la synthèse que je ne saisis pas.

LE MÉTAPHYSICIEN. — Cela est pourtant assez clair. La formule la plus générale et la plus précise de la triade hégélienne se réduit à trois mots : *en soi*, *de soi*, et *pour soi*. Ce qui, dans la langue moins abstraite de Schelling, se traduirait exactement par cette autre for-

(1) *Encyclopédie*, § 88.

mule de l'*unité*, la *différence*, et l'*identité*. Dans la catégorie de l'*être*, qui figure en tête de la Logique, l'être proprement dit, c'est l'être en soi ; le devenir, c'est l'être de soi ; l'existence, c'est l'être pour soi. Le premier terme est bien l'être en soi, en tant qu'il exprime l'être à l'état d'enveloppement et d'abstraction logique. Le second est bien l'être de soi, en tant qu'il exprime l'être à l'état de développement, de scission et de séparation. Enfin, le troisième terme est bien l'être pour soi, en tant qu'il exprime l'existence, c'est-à-dire le devenir ramené à l'être, le retour à soi de l'être échappé dans le devenir. C'est, comme le dit Hegel, l'identité de l'être et du devenir. Or, par cela même que ce troisième terme est identité, il enveloppe et concilie les deux termes opposés, et leur sert de terme moyen. Donc l'antithèse de l'être pur et du devenir trouve réellement sa synthèse dans l'existence.

Le Savant. — Je crois comprendre maintenant la déduction logique des trois termes de ce procès, sans en être bien sûr toutefois. Vous n'ignorez pas qu'on fait des abstractions tout ce qu'on veut. Je vous avoue qu'ici je redoute quelque jeu de scolastique.

Le Métaphysicien. — C'est aussi ma crainte avec une dialectique aussi subtile que celle de Hegel ; il faut pourtant lui rendre cette justice, qu'il manque rarement l'occasion d'éclaircir ses abstractions par des exemples et des rapprochements historiques. Ainsi il retrouve la première triade de sa logique dans la célèbre antithèse de l'*infini* et du *fini*, qui fait le fond de la philosophie grecque (1). Il la trouve encore dans la formule péripatéticienne de la *puissance* et de l'*acte*, expression rigoureuse de cette antithèse. L'infini, ce principe qui est

(1) Michelet, *Geschichte der letzten Systeme*, t. II, p. 727.

tout et rien en même temps, en vertu de son absolue indétermination, n'est autre que l'être pur, première notion de la Logique. Le fini, tel que l'ont compris les anciens, l'être déterminé, est précisément l'existence, troisième terme de la première triade hégélienne. Seulement les anciens opposaient les deux termes de leur antithèse, de manière à rendre la contradiction insoluble. En faisant de l'infini un terme réellement contradictoire, ils le déterminaient sans s'en douter. Dès lors il ne restait plus que deux termes finis dont la synthèse devient impossible. Dans la Logique de Hegel, la contradiction n'est absolue qu'entre les termes finis qu'engendre le devenir. Mais entre la série de ces termes finis et l'infini proprement dit, elle est toujours soluble, par la raison que l'essence même de l'infini est de tout comprendre et de ne rien exclure. C'est dans le devenir que se prépare la contradiction, et dans l'existence seulement qu'elle se prononce. La formule antique qui répond le mieux à la formule hégélienne, est la *puissance* et l'*acte*. La puissance, l'acte, le mouvement, tels que les définit Aristote, sont exactement l'*être* pur, l'*existence* et le *devenir* de Hegel, si exactement qu'il est difficile de ne pas supposer que la formule d'Aristote ait servi de type à celle du philosophe allemand.

LE SAVANT. — En résumé, si j'ai bien compris, la pensée de Hegel peut se traduire ainsi : le possible, le devenir, l'être. L'être suppose le devenir, lequel suppose le possible. C'est-à-dire qu'en bonne logique une chose n'est qu'autant qu'elle est devenue telle, et qu'elle ne devient telle qu'autant qu'elle est possible.

LE MÉTAPHYSICIEN. — C'est cela même. J'ai insisté sur ce premier procès de la dialectique hégélienne, parce que le même procédé de déduction ou plutôt de génération se retrouve identiquement dans tout le cours de la

Logique. La dialectique est un mouvement incessant, irrésistible, qui pousse toujours la pensée en avant, de terme en terme, de procès en procès. L'existence, dernier terme d'un premier procès, n'est que le point de départ d'un autre, dont le troisième terme sera le principe d'un autre encore, et ainsi de suite jusqu'à l'épuisement des catégories de la pensée. Or, qu'est-ce que l'existence ? L'être déterminé, *qualifié*. C'est par sa qualité qu'une chose est ce qu'elle est, et c'est en la perdant qu'elle perd l'existence (1). Mais toute qualité est négative, en même temps et même en tant que positive. Car, du moment qu'elle *est* telle chose, elle n'*est pas* tout autre. Elle est donc une affirmation et une négation de l'être tout à la fois, par cela seul qu'elle en est une détermination. Seulement cette négation n'est plus le simple non-être, le pur néant; c'est la négation d'un *autre*, c'est-à-dire d'une chose, d'une forme déterminée. Ici donc la négation, qui tout à l'heure était abstraite, comme l'être auquel elle se rapportait, se détermine avec l'être déterminé, la qualité, et devient la limite, l'autre, το ἕτερον, la quantité proprement dite (2).

Le Savant. — Je ne saisis pas parfaitement la transition de catégorie de la qualité à celle de la quantité.

Le Métaphysicien. — Ni Aristote, ni Kant, ni la logique ordinaire n'ont aperçu cette déduction. Les catégories de la qualité et de la quantité ont toujours semblé deux déterminations de la pensée parfaitement parallèles et indépendantes. L'analyse de Hegel prétend à plus de rigueur. Toute qualité suppose une série déterminée de degrés au delà desquels elle s'évanouit ; c'est une pro-

(1) *Encyclopédie*, § 96.
(2) *Ibid.*, § 99-106.

portion dans la quantité. Donc elle cesse d'être qualité, en devenant quantité pure. C'est en ce sens que Hegel a pu dire que la quantité n'est que la qualité détruite. Mais la pensée n'en peut rester à une négation. La dialectique la pousse donc vers un troisième terme qui sera l'identité de la qualité et de la quantité. La mesure est précisément ce terme, en ce qu'elle réunit en soi les deux moments de la qualité et de la quantité (1). Toute mesure est un *quantum* appliqué à un *quale*. Sans la mesure, toute qualité est un être défectueux qui ne répond pas complétement à son *essence*. Mesure, perfection, essence sont des termes synonymes. C'est ce que la philosophie a compris de tout temps, et particulièrement la philosophie platonicienne qui faisait de Dieu ou de l'Être parfait la mesure de toutes choses.

LE SAVANT. — Si la mesure est l'être parfait et absolu, il semble que la dialectique soit parvenue à son sommet, et n'ait plus qu'à s'y reposer.

LE MÉTAPHYSICIEN. — La dialectique n'est encore qu'au début de son voyage. La mesure n'est l'être parfait qu'en *essence*. Ce mot vous avertit que nous entrons dans un ordre nouveau de *procès*.

LE SAVANT. — Permettez-moi de vous arrêter ici. Les yeux de mon pauvre esprit ne s'habituent pas facilement à toutes ces distinctions logiques. Quelle différence Hegel fait-il donc entre l'être et l'essence? Voyez-vous là autre chose que des abstractions?

LE MÉTAPHYSICIEN. — Ce sont, en effet, deux abstractions. Mais Hegel fait entre elles cette différence, que l'une exprime une indétermination absolue, tandis que l'autre n'exprime qu'une indétermination relative. C'est ce que la dialectique rend manifeste. L'être en soi est

(1) *Encyclopédie*, § 107-111.

devenu l'être pour soi. L'existence ou la qualité est devenue, par l'adjonction de la quantité, la mesure ou l'être parfait. Or, l'être parfait, vous venez de le voir, est précisément ce que la logique ordinaire elle-même appelle l'*essence*.

LE SAVANT. — Voilà la transition expliquée.

LE MÉTAPHYSICIEN. — Maintenant l'essence est elle-même le principe d'un nouveau *procès*, ou d'une série de procès dont les termes s'engendrent de la même manière que dans les procès précédents. La même formule s'y applique, parce que c'est toujours et partout la même loi de la triade. Les termes seuls diffèrent. L'essence en soi, ou prise abstractivement, est l'*essence* proprement dite. L'essence de soi, ou prise dans son opposition à elle-même, est le *phénomène*. Enfin l'essence pour soi, ou prise dans son identité avec elle-même, est la *réalité* (1). L'essence en soi, tout abstraite qu'elle est, n'est pas cependant, comme l'être en soi, pure abstraction. C'est déjà un type de l'*idée*, comme dit Platon. Or, ce type, bien qu'abstrait, est une *chose*, c'est-à-dire une détermination de l'être, tandis que l'être en soi est l'indéterminé pur. D'un terme à l'autre, il y a toute la différence de la simple *matière* à la *forme*, comme dirait Aristote. Nous disons la forme, et non encore la réalité.

LE SAVANT. — La distinction est évidente, en effet.

LE MÉTAPHYSICIEN. — Mais poursuivons ; car il est aussi impossible à la dialectique de s'arrêter à l'essence en soi qu'à l'être en soi. L'essence ne peut rester dans les profondeurs de l'abstraction. Elle se produit donc en s'opposant à elle-même, et devient phénomène,

(1) *Encyclopédie*, § 112-159.

φαίνεται (1). Le *phénomène* joue un grand rôle dans toute la philosophie de Hegel. S'il le distingue de l'essence, il se garde bien de l'en séparer. Il n'a aucun goût pour les abstractions platoniciennes, et n'est jamais dupe de ces prétendus principes des choses auxquels manque la *réalité*, et par conséquent la *vérité*. Il montre ici, comme en beaucoup d'autres points de sa philosophie, que son idéalisme tient grand compte de l'expérience. Vous verrez qu'en dépit des apparences, il n'est pas si difficile à la science positive de s'entendre avec lui.

LE SAVANT. — J'aime à le croire, mais il est bien dur à digérer.

LE MÉTAPHYSICIEN. — Pour l'esprit français surtout, qui ne supporte plus que les mets légers. Le phénomène est donc le produit de l'opposition de l'essence à elle-même. Mais le phénomène pur n'est qu'une négation, une contradiction de l'essence; voilà pourquoi il passe, tandis que l'essence persiste. Le séparer de l'essence, c'est détacher la fleur de la racine. Le phénomène n'a par lui-même aucune consistance, aucune réalité, aucune vérité; il n'a tout cela qu'autant qu'il repose sur l'essence, comme sur sa base. Donc la pensée ne peut s'en tenir au phénomène. Il lui faut pousser jusqu'à un troisième terme qui ne soit ni l'essence sans réalité, ni le phénomène sans fixité, mais l'identité de l'essence et du phénomène. Ce terme est la *réalité* proprement dite (2). La réalité n'est pas, pour Hegel, l'opposé de l'*essence*, de l'*idéal*, de la *vérité*, comme dit Platon; c'est l'unité, et par suite la *vérité* même de l'essence et

(1) *Encyclopédie*, § 130-141.
(2) *Ibid.*, § 142-159.

du phénomène; car les deux premiers termes n'existent véritablement que dans la synthèse qui constitue le troisième. Hors de là, l'essence n'est qu'une abstraction, et le phénomène une ombre. Par ce côté, l'idéalisme de Hegel est profondément *réaliste*. La *réalité* ainsi entendue est la *vérité*, dans le sens complet du mot, la vérité vivante, l'identité du réel et de l'idéal, et non la vérité abstraite de l'idéalisme, ou la réalité éphémère de l'empirisme. Ici le vrai caractère de la philosophie hégélienne paraît dans tout son jour, et nous pouvons comprendre le paradoxe qui lui a été tant reproché : *tout ce qui est réel est rationnel, et tout ce qui est rationnel est réel.* Ce paradoxe devient un principe évident, si vous le rapprochez de la définition de la *réalité*. Puisque la réalité est l'identité de l'essence et du phénomène, elle est *rationnelle*, en tant qu'*essentielle*. C'est la fausse réalité, le pur phénomène qui, détaché de l'essence qui lui sert de principe et de base, se réduit à une simple apparence, sans raison et sans vérité. Hegel n'oublie jamais, dans le développement de son système, cette distinction capitale du *phénomène* et de la *réalité;* et c'est par là qu'il échappe, quoi qu'on en ait dit, à ce réalisme empirique qui identifie la réalité et la vérité, le fait et le principe, l'accident et la nécessité, dans le monde physique, et dans le monde moral. S'il s'est trop incliné devant certains faits religieux et politiques de l'histoire, et surtout de l'histoire contemporaine, auxquels il a attribué un peu légèrement peut-être le caractère de la *réalité* et de la *vérité*, sa philosophie de la Nature, et sa philosophie de l'Histoire attestent généralement une grande liberté spéculative, et un mépris parfois excessif pour le phénomène pur et pour l'apparence.

LE SAVANT. — On commence à prendre goût aux

abstractions de la logique hégélienne, pour peu qu'on en comprenne le sens et la portée.

Le Métaphysicien. — La logique est la partie ingrate, bien que fondamentale, du système. Attendez la philosophie de la Nature, et la philosophie de l'Esprit, et vous verrez si c'est un rêveur de scolastique, comme on l'a dit. Mais suivons le mouvement de la dialectique. La *réalité* ainsi définie est le point de départ d'une série de *procès* nouveaux. Puisqu'elle est l'identité de l'essence et du phénomène, elle est d'abord, en tant qu'essence, *possibilité*.

Le Savant. — Il me semble que la dialectique nous ramène en arrière. Je croyais en avoir fini depuis longtemps avec cette abstraction vide qui figure au début même de la logique hégélienne.

Le Métaphysicien. — Il ne s'agit plus ici de simple possibilité logique, mais de *puissance* active, de *virtualité*. Maintenant, si la réalité est possibilité en tant qu'essence, elle est *contingente*, en tant que phénomène ; et cette contingence devient pur accident, si l'on fait abstraction de l'essence. Enfin la réalité devient *nécessité*, en vertu de l'identité de l'essence et du phénomène. C'est dans la nécessité seule que peut se reposer la pensée, parce que là seulement résident la réalité et la vérité, l'existence et la raison. Ni la possibilité, ni la contingence ne sont l'objet propre de la science. La scolastique s'est de tout temps nourrie d'abstractions logiques. L'empirisme ne se complaît que dans les ombres fugitives qu'il prend pour les seules réalités. Hegel proteste également contre cette double corruption de la science. Il aime la réalité autant qu'il dédaigne l'apparence. Selon lui, on attribue une trop grande valeur à la contingence ; on admire trop la Nature pour l'infinie variété de ses créations. Toute cette richesse est assurément d'un grand charme pour les yeux et l'imagination; mais elle est d'un médiocre intérêt pour la raison, surtout quand celle-ci n'y aperçoit point le sceau de la nécessité, et qu'elle ne peut y voir qu'un jeu brillant, mais fantastique de la contingence se déployant indéfiniment. Il faut savoir s'élever au-dessus de ce spectacle, et reconnaître la *réalité nécessaire*, c'est-à-dire l'unité et l'harmonie interne des lois de la Nature (1). Rien n'est plus difficile que le discernement de cette réalité, mais la science est à ce prix. La nécessité n'est pas une des formes de la science, c'est la science même. Le nécessaire a sa raison en lui-même; il est parce qu'il est. Spinosa l'a parfaitement démontré dans sa critique des causes finales. La nécessité n'est *aveugle* que pour celui qui ne la comprend pas. *Fatalité* pour l'ignorance et l'imagination, elle est *Providence* pour la science et la raison, dans le domaine de la Nature, et dans le domaine de l'Histoire. C'est en ce sens que la conscience religieuse, dans sa naïve intuition, parle des décrets éternels de Dieu, reconnaissant ainsi que la nécessité est l'essence même de la nature divine.

LE SAVANT. — Voilà qui est vraiment beau et fort. Cela sent le génie d'Aristote, dont les formules, si scolastiques en apparence, sont presque toujours des vérités fécondes en applications.

LE MÉTAPHYSICIEN. — Vous verrez mieux encore. Pour juger et admirer, il faut d'abord comprendre. Aussi avide de conclusions qu'impatient des détails, l'esprit français commence souvent par la fin. Il admire ou critique sans mesure, avant d'avoir bien saisi la pensée et la méthode des philosophes allemands. Mais la dialectique n'est pas au bout de son œuvre. La né-

(1) Addition au § 145,

cessité est l'identité absolue du possible et du contingent, ou, en d'autres termes, de l'essence et du phénomène. Je dis absolue, parce qu'une identité fortuite serait encore de la contingence. C'est ce qui arrive dans la simple réalité. Or cette identité absolue, prise en soi, c'est-à-dire abstraction faite de tout accident réel, est la *substance* (1). La substance est le sommet de la dialectique cartésienne, le principe de la philosophie de Spinosa. Voilà pourquoi ce philosophe n'a pu concevoir Dieu, l'Être absolu, que sous la forme encore limitée de la nécessité. Son Dieu est la *chose* absolue; il n'est pas la personne absolue (2). Spinosa s'est arrêté à moitié chemin de la dialectique, croyant avoir touché le but. La catégorie de substance forme un moment solennel dans le développement de l'Idée; mais elle n'est pas l'Idée absolue. Elle en est encore distante de tout l'intervalle qui sépare la Nature de l'Esprit, la nécessité proprement dite de la personnalité. C'est cet intervalle qui devait combler la monadologie de Leibnitz. Du reste, Spinosa ne possédant pas le secret de la vraie dialectique, fait de la *substance* le dernier, aussi bien que le premier mot de la philosophie. Il ne déduit pas la substance de termes plus simples, ainsi qu'il devait le faire; il la pose immédiatement comme puissance universelle négative, semblable à un abîme sombre et informe qui engloutit toute existence propre, toute réalité et toute individualité.

Le Savant. — Voilà, ce semble, le spinosisme jugé par un maître.

Le Métaphysicien. — A coup sûr. Quoi qu'il en soit, la *substance*, toujours sous la loi de la dialectique hégélienne, se développe en trois moments qui s'en-

(1) *Encyclopédie*, § 151.
(2) Addition au § 151.

chaînent non moins logiquement que les termes des procès antérieurs. La substance, prise en soi, est *puissance*, *virtualité*, *cause*. Prise dans l'opposition de ses accidents, elle devient *effet*. La cause est la substance active, et l'effet la substance passive. Mais la cause n'est cause que dans l'effet, et l'effet n'a sa vertu que dans la cause, dont il est inséparable. La cause et l'effet ont donc le même sujet, et la substance est cause d'elle-même. Mais la cause et l'effet appellent un troisième terme. Comment? Ici encore se révèle la vertu de la dialectique hégélienne. En apparence, la cause et l'effet sont deux formes séparées dans le sujet; en sorte que la cause est effet, et l'effet cause à son tour, et qu'il ne semble pas possible de trouver le principe de cette alternative d'actions et de réactions. Ainsi l'âme et le corps, dans l'être humain, agissent et réagissent de telle façon que le spiritualisme et le matérialisme trouvent dans l'expérience des arguments de même force pour la thèse exclusive que chacun soutient. Au fond, la cause et l'effet se concilient dans l'*action réciproque*, dernier terme du procès de la *substance*. La réciprocité d'action entre la cause et l'effet est un rapport incontestable, inexplicable dans la double hypothèse du matérialisme et du spiritualisme, simple et nécessaire dans une vraie conception de la substance. Tant que l'on s'obstine, ainsi que l'ont fait ces deux écoles, à poser à part et à opposer la cause et l'effet, on ne peut comprendre que l'effet puisse réagir sur la cause. Dans la doctrine, par exemple, qui fait du corps la cause, et de l'âme l'effet, on ne s'explique pas comment l'âme peut réagir sur le corps. Dans la doctrine, au contraire, qui fait de l'âme la cause, et du corps l'effet, l'action du corps sur l'âme est tout aussi inexplicable. Mais du moment qu'on rapporte la cause et l'effet à une substance commune, l'âme et le corps à un même sujet, l'action réciproque de la cause et de l'effet, de l'âme et du corps, s'explique naturellement par l'identité de substance.

LE SAVANT. — Encore une formule féconde ! Le fameux problème de la communication des *substances*, qui a fait le tourment et même le désespoir de la philosophie cartésienne, y trouve sa solution.

LE MÉTAPHYSICIEN. — Évidemment. Mais n'oubliez pas que cette solution est déjà dans le spinosisme, auquel la philosophie allemande et Hegel ont beaucoup emprunté. Toutefois, je crois la formule hégélienne un fruit pur de la dialectique. Quoi qu'il en soit, Hegel la fait servir à l'explication des plus grands mystères de la philosophie. C'est par là que se trouvent détruits, et l'antagonisme inexplicable de tant de forces qui agissent et réagissent, et ce progrès infini de causes et d'effets qui présente la causalité absolue sous la forme d'une ligne droite. Par l'*action réciproque*, les déterminations posées sont aussitôt réduites et converties en leurs contraires, dans l'unité primitive, dans l'identité absolue de la substance. Bien plus ; en poussant jusqu'à sa plus haute application le principe de la substance, on trouve que, dans cet enchaînement d'actions et de réactions qui lie ensemble toutes choses, s'évanouit la pluralité des substances ; que tout est un, une seule et même Substance, qui réagit sur elle-même, et qui, comme cause et effet, comme intérieur et extérieur, comme substance active et substance passive, comme nature *naturante* et nature *naturée* (selon la formule de Spinosa), se développe en deux séries d'attributs, dont les existences diverses ne sont que les modes.

LE SAVANT. — Voilà, ce semble, du spinosisme tout pur.

LE MÉTAPHYSICIEN. — Sans doute, mais quant à la

catégorie de substance seulement. Hegel va en sortir tout à l'heure, grâce à une catégorie nouvelle et supérieure qui couronnera la dialectique. En ce moment il est tout spinosiste. Sur la définition de la liberté, aussi bien que de la substance, vous croiriez entendre Spinosa lui-même. La liberté, n'étant que l'indépendance, n'exclut pas la nécessité. Loin d'en être une condition, la contingence y fait obstacle, par cela même qu'elle implique une dépendance des causes extérieures. Loin d'y faire obstacle, la nécessité en est une condition, puisqu'elle assure l'activité spontanée de la substance contre toute action ou influence étrangère. La plus haute liberté de l'homme consiste à se savoir déterminé par l'Idée absolue. C'est précisément cette conscience que Spinosa définit l'*amour intellectuel* de Dieu (1).

Le Savant. — Voilà une liberté dont la morale ne saurait se contenter.

Le Métaphysicien. — Je suis de votre avis, mais remarquez que nous n'en sommes encore qu'à la catégorie de la substance. Quand Hegel arrivera à la catégorie de l'*esprit* et de la *personnalité*, il tiendra un autre langage sur la liberté. En tout cas, cette définition n'est propre ni à Hegel, ni à Spinosa ; Platon, Plotin, Origène, saint Augustin, Malebranche, et la plupart des théologiens n'entendent guère la liberté autrement. Mais suivons la dialectique hégélienne au delà du spinosisme et de la catégorie de la substance. La liberté ainsi définie est le dernier terme de cette série de procès qui ont leur point de départ dans la catégorie générale de l'essence. Or, de même que les deux premiers termes de chaque catégorie, opposés entre eux, se concilient et s'identifient dans un troisième terme, de même

(1) *Encyclopédie*, § 58, addition au § 158.

les deux catégories de l'*être* et de l'*essence*, distinctes et opposées, retrouvent dans une troisième leur synthèse et leur identité. Cette dernière est la catégorie supérieure de la *notion* (1). La notion est la *vérité* de l'être et de l'essence ; c'est en elle que ces deux catégories ont leur réalité.

LE SAVANT. — S'il en est ainsi, pourquoi Hegel n'a-t-il pas débuté par la notion ?

LE MÉTAPHYSICIEN. — Parce que la dialectique ne le permet pas. Bien que l'être et l'essence ne se réalisent que dans la notion, il fallait commencer par le plus simple. On ne peut poser la notion, avant d'avoir parlé de ses éléments.

LE MÉTAPHYSICIEN. — J'entends. Vous m'avez fait comprendre tout à l'heure comment le passage de l'être à l'essence marque un progrès de la dialectique. Je voudrais que vous me rendissiez le même service pour la catégorie de la notion. Je ne vois pas bien le progrès de l'essence à la notion. Qu'est-ce que la notion, sinon l'acte de l'entendement qui a pour objet l'essence, c'est-à-dire le type, l'idéal, l'élément intelligible des choses auquel s'attache la science ?

LE MÉTAPHYSICIEN. — Vous n'y êtes pas. Ce mot, dans la logique de Hegel, a un sens tout autre que dans la logique ordinaire. Vous savez que notre philosophe, en vertu du principe une fois posé de l'identité de l'être et de la pensée, attribue une portée métaphysique à tous les termes qui n'expriment, dans la langue usuelle, que les actes ou les opérations de l'esprit. Le mot *notion* en est un exemple. Hegel nous avertit bien qu'en passant des catégories de l'être et de l'essence à celle de la notion, nous sortons de la logique objective pour entrer

(1) *Encyclopédie*, § 160-244.

dans la logique subjective ; mais au fond *subjectif* et *objectif* expriment une seule et même chose, un seul et même contenu, se développant dans une progression continue de l'être à l'essence, de l'essence à la notion. Le vrai *subjectif*, tel que le définit Kant, c'est-à-dire l'ensemble des actes de l'esprit, n'a point de place dans la logique hégélienne; il appartient à cette autre partie de sa philosophie que Hegel nomme *phénoménologie*. Donc la notion est *objective* au même titre que l'être et l'essence. Seulement elle l'est davantage, en tant qu'elle est plus concrète. L'être proprement dit, l'être en soi, est une abstraction vide. L'être de soi ou l'essence, bien que déjà déterminé, est encore abstrait. La notion ou l'être pour soi est l'être concret, non pas à la manière des choses sensibles, mais en ce sens qu'elle renferme dans l'unité réelle et vivante de la pensée toute la richesse des deux catégories de l'être et de l'essence.

Le Savant. — Je comprends bien que, par son caractère plus concret, la notion est en progrès sur l'être et l'essence. Mais je ne vois pas nettement à quoi elle répond.

Le Métaphysicien. — Sans être l'esclave du sens commun, qu'il brave quand la logique l'exige, Hegel ne néglige aucune occasion de l'invoquer à l'appui de ses théories. Le langage et la logique ordinaire expriment réellement par ce mot l'essence même des choses. Il n'y a que l'empirisme qui s'obstine, malgré l'évidence de l'analyse, à confondre la notion avec la simple perception. Mais l'empirisme, qui est le sens vulgaire, n'est pas le sens commun. Toute notion répond à la loi, au type, à l'essence même des choses. Platon disait l'*idée*, et Aristote la *forme*. C'est pour cela qu'elle est le véritable objet de la science, des sciences physiques, aussi bien que des sciences philosophiques, tandis que la perception proprement dite, la représentation sensible ou l'image, n'en est que la matière. Seulement où le sens commun ne voit qu'un acte de la pensée, répondant, il est vrai, à un caractère intelligible et scientifique des choses, Hegel voit l'être lui-même, en ce qu'il a de plus intime et de plus concret. Les catégories de l'être et de l'essence ne font encore qu'embrasser la surface de l'Idée, dans leurs abstractions plus ou moins déterminées. La catégorie de la notion en atteint le fond, la nature propre et vivante. C'est à proprement parler la catégorie de l'entendement, tandis que les deux autres ne sont que les catégories de la sensibilité et de l'imagination. La notion pourrait être rigoureusement définie : l'être et l'essence passant des formes vagues de la sensibilité et de l'imagination à la forme précise de l'entendement.

Le Savant. — J'y vois clair maintenant.

Le Métaphysicien. — Nous sommes donc dans le monde de l'être intime, de la vie. Cela explique pourquoi, de l'être et de l'essence à la notion, le mouvement de la dialectique change de caractère. De simple *transition*, il devient *développement*. Au lieu de procéder par thèse, antithèse et synthèse, comme dans les catégories de l'être et de l'essence, la dialectique, dans la catégorie de la notion, procède par génération, destruction, métamorphose (1). C'est ainsi que la plante sort du germe qui la contient *virtuellement*, germe qui est pour elle une puissance effective, et non une simple possibilité logique.

Le Savant. — Je comprendrais ceci parfaitement, si nous étions dans la sphère de la réalité. Mais nous sommes toujours dans la Logique, c'est-à-dire dans

(1) Addition aux § 160 et 161.

l'abstraction. Il me semble qu'il ne faut pas parler d'être concret, tant qu'on n'a pas franchi la Logique, et qu'on n'est pas entré dans le domaine de la Nature ou de l'Esprit.

Le Métaphysicien. — Vous oubliez que, dans le système de Hegel, le mouvement de la dialectique est partout le même. Elle procède de l'abstrait au concret, dans la Logique pure, comme dans la Nature et dans l'Histoire. Nous voici maintenant dans la partie la moins abstraite, la plus intime, la plus organique, si je puis parler ainsi, de la Logique. C'est pourquoi Hegel se sert des mots de *concret* et de *subjectif*, bien qu'il ne s'agisse encore ni du concret réel, ni du véritable *sujet* de la pensée. La distinction est subtile, si vous voulez, mais elle est fondée.

Le Savant. — Je ne vous arrête plus.

Le Métaphysicien. — La catégorie de la *notion* contient, comme les catégories de l'être et de l'essence, une série de *procès* dont les termes s'engendrent successivement. La notion, dans le sens abstrait et ordinaire du mot, est subjective (1). C'est la pensée considérée comme une activité purement idéale de l'esprit humain, abstraction faite de toute connaissance réelle. Elle se développe en *notion*, en *jugement* et en *raisonnement*. Seulement ces *formes* de la pensée, selon Kant, sont aussi des catégories objectives et des définitions métaphysiques de l'être. La notion proprement dite réunit les trois moments de l'*universalité*, de la *particularité* et de l'*individualité*. L'universel n'est pas, comme le général, une simple abstraction de l'esprit ; il est véritablement dans les choses (2).

(1) *Encyclopédie*, § 163-193.

(2) Hegel dit presque toujours général dans le sens d'universel. C'est nous qui faisons cette distinction pour faire bien comprendre sa pensée.

Le Savant. — Quelle différence Hegel fait-il donc entre l'universel et le général ?

Le Métaphysicien. — Le général est un simple caractère abstrait des choses, tandis que l'universel est un type qui contient la totalité des individus. Ainsi, faites abstraction des différences qui distinguent un certain nombre d'hommes, vous n'avez que le général. Mais concevez le type auquel répondent tous les hommes, ceux que vous ne connaissez pas, aussi bien que ceux que vous connaissez, vous avez l'universel. C'est ainsi, par parenthèse, qu'il faut entendre l'*idée* de Platon. Selon la profonde remarque de Hegel, il a fallu des milliers d'années pour que l'idée du véritable *universel*, soit l'homme, soit Dieu, entrât dans la conscience humaine. Les Grecs n'ont connu ni Dieu ni l'homme dans leur universalité. Ils connaissaient le Grec et le barbare ; ils ignoraient l'homme. Leurs dieux étaient les puissances particulières du Dieu universel, de ce Dieu inconnu dont leur parlait saint Paul, citant les paroles d'un de leurs poëtes : *En Dieu nous avons l'être, le mouvement et la vie.* L'universel est la *notion en soi.*

Le Savant. — C'est-à-dire sans doute la notion encore à l'état d'abstraction. Mais alors, comment Hegel a-t-il pu dire tout à l'heure que la notion est un principe concret ?

Le Métaphysicien. — Vous oubliez qu'il ne s'agit plus ici de la notion complète, mais seulement de la notion prise dans son premier moment ; il n'y a donc pas contradiction. Mais suivons la dialectique. L'universel s'oppose à lui-même et se détermine par cette opposition. Nous disons *se détermine*, et non pas *se réalise.* Nous ne sommes qu'au second terme du *procès ;* nous n'avons encore qu'une abstraction déterminée. C'est le *particulier*, la notion *de soi.* Enfin la dialectique tend à détruire cette opposition, à la résoudre dans une identité de l'universel et du particulier. Cette identité est l'*individualité* proprement dite. Chacun des trois moments de la notion est la notion tout entière. Mais l'individu est la notion posée comme tout; il est l'unité réelle, la vérité de l'universel et du particulier. Voilà comment trois ne font qu'*un*, et comment l'Être universel, Dieu, est personnalité absolue. L'individu est la notion *pour soi* (1).

Le Savant. — Hegel me semble s'écarter ici de la logique ordinaire, qui oppose l'universel à l'individuel confondu avec le particulier. N'est-ce pas le simple besoin d'une triade qui lui fait ajouter ce troisième terme dont la fonction n'a point frappé le sens commun ?

Le Métaphysicien. — La logique ordinaire aurait tort, si elle faisait cette confusion. Le particulier n'est pas plus l'individuel que le général n'est l'universel. Le particulier n'est encore qu'une détermination abstraite de l'universel, un genre, une espèce, une variété, une fraction, grande ou petite, mais toujours plus ou moins générale du tout. L'individuel, au contraire, est la réalité concrète du particulier et de l'universel. C'est ce que Hegel s'attache à démontrer. Lorsqu'on dit, par exemple, *ce livre*, *cette maison*, à coup sûr on a l'intention de désigner une chose individuelle, et pourtant on n'y réussit pas; car, malgré soi, on associe la notion générale *livre*, *maison*, à une autre notion générale exprimée par les mots *ce*, *cette*, ou par tout autre signe du discours ou du geste qui convient aussi bien au livre qu'à mille autres choses. Les sens se sont arrêtés sur une chose singulière, sur une seule chose, en un mot; et cependant on ne peut la désigner ni dire ce

(1) Michelet, *ibid.*, t. II, p. 472.

qu'elle est sans éveiller des idées générales. Il est donc faux de dire que, parmi nos idées, les unes sont universelles, les autres particulières, et d'autres encore individuelles. Il n'y a point, et il ne saurait y avoir de notions individuelles proprement dites, par cette seule raison que l'universel et le particulier subsistent toujours dans l'individu. Ils y demeurent comme ensevelis et cachés jusqu'au moment où les *idées* viennent les en tirer pour les mettre au jour. Toute chose *individuelle* est donc en même temps *universelle* et *particulière*, et cette synthèse de l'universel et du particulier dans son sein est précisément ce qui constitue sa notion propre ou son *individualité* (1).

Le Savant. — S'il m'en souvient, l'analyse des notions de l'entendement nous a conduits à un résultat semblable. C'est une chose étrange que la logique hégélienne. Cela nous semble une nuit profonde, à nous autres Français. Et de cette nuit s'échappent des éclairs qui illuminent tout à coup les profondeurs des choses, restées inaccessibles à la lumière de notre esprit et de nos méthodes.

Le Métaphysicien. — C'est que la clarté de nos discours et de nos livres est le plus souvent superficielle. Nous invoquons sans cesse le sens commun, sans nous soucier de vérifier si le sens commun exprime une vérité évidente, ou un simple préjugé. Ici c'est Hegel qui a raison contre la logique vulgaire. On veut que les noms d'homme, d'animal ou de chose, comme Cicéron, Bucéphale, expriment des notions individuelles. On ne voit entre les notions universelles, particulières et individuelles, d'autre différence que celle-ci : ces dernières seraient entièrement représentatives de la chose dési-

(1) *Logique subjective*, ch. I, etc.

gnée, servant à marquer l'ensemble ou la totalité de ses attributs, tandis que les premières ne serviraient qu'à désigner quelques attributs plus ou moins essentiels ou caractéristiques, laissant de côté d'autres qualités non moins importantes, et qui se trouvent spécifiées toutes ensemble dans les notions individuelles. D'où il faudrait conclure que les notions générales sont plus incomplètes ou moins vraies que les autres, et d'autant plus incomplètes qu'elles sont plus générales. Ce qui, de déduction en déduction, nous conduirait à penser que la notion la plus générale, la notion de Dieu, qui devrait être la plus complète ou la plus riche de toutes, se réduit à celle de l'*être pur*, qui est la plus pauvre de toutes. Hegel proteste contre un tel préjugé. Il trouve digne des temps barbares de croire que les mots Bucéphale ou Martin expriment des idées ou notions, et que ces prétendues notions sont plus riches que les autres, parce qu'elles expriment des réalités concrètes et sensibles. Selon lui, c'est le contraire qui est vrai. La richesse ou la pauvreté des idées a pour mesure leur degré d'intelligibilité. Or, comme les plus intelligibles sont les plus générales, il s'ensuit que celles-ci sont les plus riches. Ne voyons-nous pas, dans l'ordre de la Nature, la confirmation de ce principe? L'idée de *plante*, par exemple, se retrouve tout entière, mais à un degré plus élevé, dans l'idée d'*animal*, laquelle reparaît à son tour, à un degré plus élevé encore, dans l'*idée* du *corps humain*, la plus riche de toutes celles auxquelles la Nature puisse s'élever. Ce qui fait l'erreur de la logique ordinaire, c'est la confusion de l'abstrait et de l'universel. L'universel est un type absolu comprenant dans son unité idéale tous les types de perfection inférieure, et tous les individus nécessairement imparfaits qui correspondent à ces types. Ainsi, en passant d'un règne à l'autre, de la pierre à la plante, de la plante à l'animal, de l'animal à l'homme, la Nature se détermine, s'individualise, se perfectionne, et en même temps manifeste de plus en plus l'Universel. Et cette vérité, déjà évidente dans l'ordre de la Nature, nous apparaît plus éclatante encore dans l'ordre de l'Esprit. La beauté de l'Univers, la splendeur des cieux, les lois immuables qui dirigent les planètes et leurs satellites ne donnent qu'une image très affaiblie de l'Universel, en comparaison de celle que nous offre l'esprit humain. Car une idée, même absurde dans la tête d'un sot, a plus de valeur que toutes ces lois ensemble, en ce qu'elle procède d'une activité volontaire et libre qu'on ne trouve point dans le mouvement des astres (1).

Le Savant. — Voilà du Pascal tout pur, sauf l'expression, et avec cette différence encore que Pascal est naïvement sublime, tandis que Hegel a la pleine conscience de la grandeur de sa pensée.

Le Métaphysicien. — J'avais pensé plutôt à Aristote. C'est par là que Hegel rappelle le stagyrite. On est tout surpris de voir sortir brusquement d'une abstraction une vérité féconde dont on ne se doutait pas. Mais la notion n'est pas le dernier mot de la Logique. La transition de la notion au jugement se fait, comme toujours, par le développement naturel de la dialectique, avec cette particularité déjà signalée que ce développement n'est pas une *succession*, mais une *évolution* (2). Le jugement procède de la notion, comme l'*antithèse de la thèse*. C'est la notion qui se divise, se sépare d'elle-même, dans la distinction du sujet et de l'attribut. La fonction propre de tout jugement, quelle qu'en soit la forme, est

(1) *Logique subjective*, ch. I.
(2) *Ibid.*, ch. II.

d'exprimer qu'une chose *individuelle*, posée comme sujet, est une notion *générale*, donnée comme prédicat. Tout jugement ne fait donc qu'énoncer l'identité de l'individuel et du général. L'*individuel est le général, ou le sujet est l'attribut*, telle est la formule abstraite de tout jugement. Affirmatif ou négatif, c'est toujours cette identité qu'il exprime.

LE SAVANT. — Cette formule ne comprend que les jugements particuliers. Que fait Hegel des jugements généraux?

LE MÉTAPHYSICIEN. — Les jugements dits généraux, de même que les notions générales, ne sont pour lui que des abstractions qu'il laisse à la logique des mots ; ils n'ont point de place dans la logique des choses. Tout jugement *réel* est nécessairement *individuel*. C'est pourquoi il contient toujours les trois conditions essentielles de la réalité, l'individuel, le particulier et le général. Dans la proposition : *Cette maison est solide*, les mots *cette*, *maison*, *solide*, expriment les trois termes, dans l'ordre où l'on vient de les énoncer. Tout jugement, au point de vue de Hegel, peut donc être ramené à la formule de l'identité de l'individuel et du général. Seulement le sujet comprend toujours deux termes, l'individuel et le particulier.

LE SAVANT. — Si cette définition est juste, je ne vois pas ce qu'il y a de plus dans le jugement que dans la notion. La notion n'est-elle pas aussi l'identité de l'individuel et du général?

LE MÉTAPHYSICIEN. — Sans doute, mais le jugement manifeste *exprime*, nous répétons le mot, l'identité simplement contenue dans la notion. C'est ainsi que la graine, en se développant, fait un *jugement*, puisqu'elle pousse hors d'elle-même, *exprime* ce qui était virtuellement enfermé dans son sein. Et comme tout jugement annonce que le sujet est le prédicat, en d'autres termes, que l'individuel est le général, il s'ensuit que toute chose est un jugement réalisé, puisqu'elle est elle-même la synthèse du particulier et du général, en tant que chose singulière. L'objet caractéristique de tout jugement est donc de faire apparaître chaque chose sous son double aspect, c'est-à-dire comme individuelle et comme générale tout à la fois (1).

Le Savant. — Je comprends maintenant dans quel sens Hegel attribue la pensée à la Nature. La même loi dialectique s'applique à tout, dans l'esprit et hors de l'esprit.

Le Métaphysicien. — Vous voyez *comment* la Nature *juge ;* vous allez voir comment elle *raisonne.* De même que le jugement ne fait qu'*exprimer* la notion, de même le raisonnement ne fait qu'*exprimer* le jugement. La notion, le jugement, le raisonnement ont le même contenu, à savoir la synthèse du particulier et du général dans l'individuel ; mais ils diffèrent quant à l'*expression* de ce contenu. La notion contient cette synthèse sans l'exprimer ; le jugement l'exprime, mais incomplétement ; le raisonnement en est l'énonciation complète. C'est une certaine espèce de jugement, que Kant et Hegel appellent *apodictique*, qui forme la transition du jugement proprement dit au raisonnement. Le jugement *apodictique* est ainsi nommé, parce qu'il supprime toute incertitude en définissant d'une manière nette et précise la vérité qu'il exprime. Exemple : *Cette* (qui montre la chose individuelle) maison (qui marque le général), bâtie de telle façon (qui indique ce qu'elle a de particulier), est belle (qui formule le jugement apodictique). Ce jugement exprime donc finalement que

(1) *Encyclopédie*, ch. II.

l'*individu* est un *genre* rendu manifeste en se *particularisant*. Par où l'on voit que les trois formes essentielles de l'Idée, le général, le particulier et l'individuel, sont déjà exprimées, bien qu'imparfaitement, dans ce jugement. Mais c'est précisément cette expression imparfaite qui le rend sujet à erreur. Il faut donc que la force dialectique, dégageant les trois formes de l'Idée du jugement qui les cache ou les enveloppe, nous les rende manifestes dans le raisonnement proprement dit. Le raisonnement ou syllogisme est donc le produit de la notion se combinant avec le jugement. Il nous fait apparaître l'Idée parvenue à ce point de son évolution où l'opposition de la notion et du jugement s'évanouit. Sous la forme primitive de *notion*, la chose ou réalité individuelle est *une* ; puis, divisée en ses parties constitutives (de général et de particulier) sous la forme de *jugement*, elle revient, sous forme de *syllogisme*, à son unité essentielle. Le syllogisme a pour objet propre, de même que le jugement, de nous montrer que le *particulier* est le *général*. De là vient que, dans sa conclusion, le sujet se nomme petit terme ou terme mineur, et l'attribut grand terme ou terme majeur. Mais si le syllogisme dit la même chose que le jugement, il ne l'exprime pas de la même manière. Dans le jugement, toute la force de la vérité porte sur la copule *est*. Le syllogisme affirme d'une façon plus catégorique, en substituant à la copule le *moyen terme* qui en développe le contenu (1).

LE SAVANT. — Cela est clair.

LE MÉTAPHYSICIEN. — Très clair en effet, puisque c'est de la pure logique, dans le sens ordinaire du mot. Mais, sous cette logique, nous allons retrouver la méta-

(1) *Encyclopédie*, ch. III.

physique. Dans la pensée de Hegel, le syllogisme n'est point un artifice ingénieux de l'esprit, une sorte de *pis aller*, qui supplée sa faiblesse à défaut d'autre procédé, et tel qu'il pourrait s'en passer, si notre entendement était mieux fait. Bien loin de là, c'est au contraire la nature des choses et la vérité elle-même d'être un syllogisme, c'est-à-dire une synthèse dans laquelle le général et l'individuel s'unissent ou se confondent, par le moyen du particulier. Il n'est même pas dans la nature du syllogisme d'être formulé par une trilogie, c'est-à-dire par deux prémisses et une conclusion. En dehors de la logique, toutes les choses subsistantes sont sans aucun doute des syllogismes réalisés; et elles n'ont pas besoin, pour être telles, de nous faire apparaître, au moyen de ces trilogies, leurs membres disjoints, ou de se réaliser sous nos yeux, d'abord comme expression du rapport entre le général et le particulier, puis comme expression du rapport entre le particulier et l'individuel, le tout séparément. C'est la synthèse des deux termes qui fait le syllogisme, quels qu'en soient l'expression et l'objet. Au syllogisme se termine le *procès* de la notion dite *subjective*. Notion en soi ou notion proprement dite, notion de soi ou jugement, notion pour soi ou syllogisme, thèse, antithèse, synthèse, le cycle est complet (1).

Le Savant. — La dialectique est-elle enfin arrivée à son terme ?

Le Métaphysicien. — Vous oubliez que nous ne sommes qu'au début de la logique *subjective*. Cette partie de la logique comprend trois moments distincts : la notion subjective, la notion objective, la notion subjective et objective tout ensemble, ou absolue. Le syllogisme, terme

(1) *Encyclopédie*, ch. III.

final de la notion subjective, n'est que le point de départ de la notion objective.

Le Savant. — Je vous avoue que je commence à me fatiguer d'une dialectique qui multiplie ainsi les distinctions et les divisions sans une évidente nécessité. N'est-ce pas le cas de répéter l'axiome d'Occam : *Non entia sunt multiplicanda præter necessitatem ?* Jusqu'ici j'ai compris, non sans peine, la raison des triades de la logique hégélienne, mais ici il me semble qu'il y a abus. Les distinctions verbales de Proclus me reviennent à la pensée.

Le Métaphysicien. — Peut-être n'avez-vous pas tout à fait tort. En ce moment, nous ne jugeons pas, nous exposons la doctrine. Attachons-nous uniquement à la bien comprendre. Parmi les divers syllogismes que comprend la logique, il en est un dans lequel l'universel est posé comme essentiellement déterminé ; c'est le syllogisme de *nécessité*, le seul parfait, le seul *vrai*. Ici le sujet, dans la conclusion, est uni à un attribut reconnu pour identique avec lui-même. Ce syllogisme, dont la conclusion est nécessaire, marque mieux que tout autre le retour de la notion à elle-même. En ce sens, la notion y est vraiment réalisée, *objectivée* (1).

Le Savant.—Voilà l'énigme. Qu'est-ce qu'une notion *objective ?* Comment s'opère ce passage du sujet à l'objet, de la pensée à l'être ? La métaphysique a perdu jusqu'ici son temps à le chercher.

Le Métaphysicien.—Rien de plus difficile à trouver, en effet, dans la logique ordinaire qui oppose l'objet au sujet, en les déterminant l'un par l'autre. Rien de plus simple, au contraire, dans la logique hégélienne, qui n'entend pas seulement par *objet* une réalité distincte

(1) *Encyclopédie*, § 194-212.

de la pensée, mais tout ce qui est concret, indépendant, complet en soi. Pour Hegel, une chose, même abstraction faite de toute réalité *naturelle* ou *spirituelle*, *se réalise*, *s'objective*, par cela seul qu'elle se compose, se complique et s'enrichit de nouveaux attributs. Dans sa logique, les mots *sujet* et *objet*, *abstrait* et *concret*, n'expriment pas d'autre distinction que celle du simple et du composé. C'est en ce sens que *s'objective* la notion ramenée à elle-même dans le syllogisme, et particulièrement dans le syllogisme parfait. Les mots de sujet et d'objet exprimeront une opposition plus tranchée dans la philosophie de l'Esprit. Dans la Logique, la transformation de la notion de subjective en objective ne signifie rien de plus qu'un degré supérieur de *composition*. Il ne s'y agit encore que de notion subjective et de notion objective, nullement de sujet et d'objet proprement dits. La subjectivité et l'objectivité, dans lesquelles la logique ordinaire voit une opposition fixe et absolue, ne sont ici que des moments de la dialectique. La notion, purement subjective d'abord, devient naturellement objective par sa seule activité interne, et sans avoir besoin pour cela d'aucun élément étranger. De son côté, la notion objective n'est rien de fixe, d'arrêté, de déterminé en soi ; elle se développe dialectiquement, et passe ainsi à l'état de notion *absolue* ou d'*Idée* proprement dite (1).

LE SAVANT. — Quel sens Hegel donne-t-il à ce mot?

LE MÉTAPHYSICIEN. — L'*Idée*, dans la logique de notre philosophe, est l'Être absolument concret et complet, l'Idéal parfait de la vie universelle. C'est l'Idée suprême de Platon, le Bien, principe d'être, de vie et de lumière pour le monde intelligible et le monde sensible tout à la

(1) Addition au § 194.

fois ; c'est l'Être parfait de la théologie cartésienne ; c'est le Dieu de la raison dans sa plus haute et plus sévère expression. En passant de la notion à l'Idée, la Logique s'élève de la sphère de l'entendement à celle de la raison. Parvenue à ce point, elle est à son sommet ; elle ne pourrait plus que descendre. A l'Idée finit le mouvement dialectique de la Logique.

LE SAVANT. — Vous ne m'avez point expliqué le passage de la notion à l'Idée.

LE MÉTAPHYSICIEN. — C'est ce que je vais faire Pour que la notion arrive à l'Idée, il lui faut traverser un nouveau *procès* dont les trois termes sont le *mécanisme*, le *chimisme* et l'*organisme* (1). L'objet déterminé *mécaniquement*, c'est le rapport réciproque, parfaitement indifférent des objets divers, unis entre eux par un lien purement extérieur. A ce point de vue, l'action qu'ils subissent du dehors est violente et fatale ; c'est le règne de la force et du destin. Le mécanisme est la catégorie fondamentale du matérialisme proprement dit et de la physique cartésienne. Ce rapprochement semble étrange au premier abord. Quant à nous, nous le trouverons tout naturel, si nous nous souvenons que Descartes explique la Nature exactement de la même manière que l'école atomistique. Le mécanisme a longtemps dominé dans la philosophie de la Nature, mais c'est un principe superficiel et insuffisant, surtout pour expliquer la Nature vivante et intelligente. Déjà les phénomènes de la lumière, de la chaleur, de l'électricité ne peuvent plus se comprendre mécaniquement ; à plus forte raison faut-il un autre principe pour expliquer la Nature organique et le monde de l'*Esprit*. Mais si le mécanisme ne peut être érigé en catégorie absolue, il est néanmoins une

(1) Addition au § 194.

détermination logique applicable à tout, et jusqu'aux choses de l'intelligence ; il est partout, mais seulement comme un simple *moment*, dont le rôle est subordonné (1).

Le Savant. — Je n'aurais pas cru la science aussi voisine de la logique. Tout ce que Hegel vient de dire du *mécanisme* reçoit une éclatante confirmation de l'expérience.

Le Métaphysicien. — C'est que la logique hégélienne est en même temps métaphysique, et que la science ne peut pas plus se passer de la métaphysique que l'expérience de la raison proprement dite.

Le Savant. — Je commence à m'en douter, depuis que vous me parlez de philosophie allemande. Jusque-là je ne voyais pas ce que la science de la Nature pouvait avoir de commun avec ce genre d'abstractions.

Le Métaphysicien. — Poursuivons. De ce mécanisme proprement dit ou *formel*, Hegel distingue ce qu'il appelle le mécanisme *différent*, et le mécanisme *absolu*. Par le premier, l'objet est un composé, un simple agrégat, et son action sur un *autre* est tout extérieure. Par le second, chaque objet est concentré en soi et en même temps rapporté à un autre centre. Par le troisième, s'établit la centralité absolue (2). Dans le mécanisme *formel*, l'individualité des objets est isolée. Dans le mécanisme *différent*, elle est, bien que parfaitement distincte, rapportée à un centre. Dans le mécanisme *absolu*, elle exerce et reçoit l'action tout à la fois, dans un double rapport avec son centre. Ce mécanisme déjà *organisé* est la transition naturelle au *chimisme* proprement dit. Dans le *chimisme*, les objets ne se distinguent

(1) Addition au § 195.
(2) *Encyclopédie*, § 198.

plus d'une manière simplement extérieure et locale, comme dans le mécanisme (1). Ils se caractérisent par leur rapport les uns aux autres, et leur différence fait leur essence propre. *Indifférents* d'abord (au point de vue mécanique), les objets s'opposent réciproquement leur différence dans l'existence ; mais chacun étant en même temps toute la notion, ils tendent à passer les uns dans les autres. Comme termes extrêmes d'un syllogisme, ils se rencontrent dans un terme moyen, qui devient l'occasion de leur organisation réciproque. Le produit du travail chimique est la *neutralité des oppositions* (2). Mais ce produit neutre, où les qualités déterminées des extrêmes se détruisent réciproquement, ne peut être le terme de la logique objective ; il faut que la neutralité des oppositions se résolve en une réalité positive. Cette réalité est l'unité du mécanisme et du chimisme, l'*organisme*, troisième forme de la notion objective. En elle se réalise enfin le principe final, encore enfoui dans le principe mécanique, produit et détruit tout à la fois dans le principe chimique. C'est la notion *pour soi*, tandis que les deux autres principes ne sont encore que la notion *en soi* et la notion *de soi*. L'organisme est ce syllogisme dans lequel la fin subjective (l'intention) s'unit avec l'objectivité extérieure par un moyen terme qui n'est autre que l'*activité finale*, l'*entéléchie*. C'est cette activité que Hegel appelle la *ruse* de la Raison naturelle, parce qu'elle arrive à ses fins, en faisant jouer aux êtres son propre jeu, sans qu'ils cessent d'agir selon leur propre nature. Ainsi fait la Providence elle-même sur le théâtre de l'histoire ; elle laisse les hommes se conduire selon leurs passions

(1) *Encyclopédie*, § 200.
(2) Michelet, *Ibid.*, t. II, p. 744.

et leurs intérêts particuliers, tout en faisant servir leurs actions à l'accomplissement de ses desseins (1).

Le Savant. — Voilà qui est ingénieux.

Le Métaphysicien. — Pour Hegel, comme pour Spinosa, la fin d'une chose n'est au fond que la manifestation de sa nature intime. L'objet n'est en quelque sorte qu'une enveloppe sous laquelle est cachée la *notion*. Et comme la notion ou l'idée en soi est l'infini, la fin n'est jamais remplie réellement en ce monde fini ; la *perfection* y est une illusion. Le bien, le bien absolu se fait éternellement sans notre concours. Nous croyons sans cesse le réaliser, et cette croyance est le principe actif sur lequel repose l'intérêt de l'histoire. Mais l'Idée, dans son mouvement, se fait illusion à elle-même, s'oppose un *autre* que soi, et son action consiste à résoudre incessamment cette illusion (2) ; elle aspire à l'être, au bien, à la perfection, sans pouvoir y atteindre, ni s'y fixer jamais.

Le Savant. — Encore un trait de lumière.

Le Métaphysicien. — Ce nouveau procès de la dialectique inspire à Hegel une vue historique profonde. De même que le mécanisme est la catégorie de Descartes, que le chimisme ou le *dynamisme* est la catégorie de Leibnitz, de même l'organisme ou la téléologie est la catégorie principale d'Aristote, renouvelée par Kant dans sa philosophie de la Nature. On sait qu'Aristote est le père de la philosophie des causes finales, dans le sens scientifique du mot.

Le Savant. — Socrate et Platon en avaient parlé avant Aristote.

Le Métaphysicien. — Assurément, et avec une grande

(1) *Encyclopédie*, § 206, addition au § 209.

(2) *Ibid.*, addition au § 212.

éloquence. Mais ils en avaient abusé, pour le besoin d'une théologie plus ou moins anthropomorphique. Hegel, sans partager les préventions de l'école cartésienne contre les causes finales, en revient à la sévère théorie d'Aristote.

LE SAVANT. — Est-ce le terme du mouvement dialectique?

LE MÉTAPHYSICIEN. — Un peu de patience. Le principe téléologique, si haut placé qu'il soit dans l'échelle des catégories, n'est pas encore le terme final de la Logique. La notion subjective et la notion objective s'identifient dans la notion sujet-objet, dans l'*Absolu*, dans l'*Idée* proprement dite. L'*Idée* est le vrai *en soi* et *pour soi*, en *puissance* et en *acte* (1). En tant qu'unité de la notion et de l'objet, l'*Idée* est la *vérité*, si la vérité doit être définie l'accord de l'objet avec sa notion. Et c'est la vraie définition ; car le vrai n'est point dans la conformité de nos représentations avec les choses. Toute réalité, en tant qu'elle est vraie, est *idée*, et n'a de vérité que par celle-ci. C'est parce que toute chose individuelle n'est pas adéquate à sa notion qu'elle est *fausse* et périssable. Voilà ce que l'idéalisme a démontré de tout temps contre l'empirisme, qui fait de la notion une simple représentation de la chose.

LE SAVANT. — Nous rentrons dans la lumière.

LE MÉTAPHYSICIEN. — Seulement l'*Idée* hégélienne n'est plus un simple concept de l'entendement ou de la raison, mais l'absolue Vérité, dans laquelle se confondent le sujet et l'objet. De plus, elle n'est pas plus idée de telle ou telle chose que la *notion* n'est notion de telle ou telle réalité déterminée. En tant qu'absolue, elle est une et universelle. Par le *jugement*, qui est une divi-

(1) *Encyclopédie*, § 213 244.

sion, elle se fait le système des idées déterminées. Par le raisonnement, elle revient à son unité, substance et source commune des idées (1). L'*Idée* est tout, non comme être abstrait et comme pure possibilité logique, non pas même comme virtualité infinie, mais comme réalité absolue. Elle est sujet et objet, idéal et réel, infini et fini, âme et corps, et tout cela dans une parfaite identité (2). La philosophie de Schelling a fort bien établi ce principe, mais cela ne suffit pas à la Logique. Cette opposition et cette identité se manifestent dans un *procès* ou une série de *procès* qu'il s'agit d'exposer. L'*Idée* est essentiellement dialectique, c'est-à-dire mouvement. Par ce mouvement elle est alternativement objet et sujet ; elle se pose comme sujet, puis se détermine comme objet, puis retourne à l'état du sujet, en vertu de sa dialectique immanente. Dans ce progrès, l'*Idée* parcourt trois degrés (3). La première forme de l'*Idée* est la *vie :* c'est l'*Idée* posée comme unité. La seconde est la *connaissance* ou *jugement*, c'est l'*Idée* s'opposant comme différence. La troisième est l'*Idée* absolue, ou *raison*, dans laquelle le mouvement de la *connaissance* a pour résultat le retour à l'unité, mais à l'unité enrichie par la différence. Idée *en soi*, Idée *de soi*, Idée *pour soi*, thèse, antithèse, synthèse, la dialectique suit toujours la même loi.

LE SAVANT. — Cette Logique est imperturbable.

LE MÉTAPHYSICIEN. — L'Idée est immédiatement *vie;* la notion se réalise comme âme dans un corps. Dans le monde fini, le corps et l'âme sont séparables, et de là résulte la mort. Mais c'est la mort seulement qui fait de l'âme et du corps deux éléments différents du même

(1) *Encyclopédie*, § 213.
(2) *Ibid.*, § 214.
(3) *Ibid.*, § 215.

individu. Dans la vie, l'âme n'est que par le corps, et le corps n'est que par l'âme. Les membres du corps ne sont ce qu'ils sont que par leur réunion et leurs rapports. La partie séparée du tout n'est plus un organe ; la main détachée du corps n'est plus une main. Hegel ne fait que répéter ici Aristote. C'est à tort, du reste, que l'entendement voit dans la vie un mystère impénétrable. La vie est si peu incompréhensible qu'elle est la notion même, l'*idée* immédiate à l'état de notion (1).

Le Savant. — Quelle définition et quel langage !

Le Métaphysicien. — Spinosa s'exprime à peu près de même. La vie est donc l'*idée* à l'état de notion, c'est-à-dire l'*idée* en soi, avant toute différence. Mais dans la vie, l'être n'est pas encore adéquat à la notion. Il ne le devient que dans l'âme, laquelle a pour réalité le corps. L'âme n'est d'abord que *sensible ;* elle n'est pas encore *pour soi*. Le mouvement, le progrès de la vie consiste à vaincre sa forme immédiate, et ce progrès a pour résultat l'*Idée* sous la forme du jugement ou de la connaissance (2). Le jugement oppose l'idée à elle-même, l'objet au sujet, l'Univers au moi. Mais cette opposition est au fond sans réalité, et l'objet du savoir philosophique est précisément d'en reconnaître le néant. Aussi la raison s'attaque-t-elle au monde avec la conviction absolue qu'il lui sera possible de résoudre cette opposition dans une identité. La philosophie n'a pas d'autre but. D'une part, elle tend à *objectiver l'Idée*, en lui donnant le monde pour contenu : c'est la philosophie de la Nature. De l'autre, elle tend à *subjectiver l'Idée*, en lui donnant le moi pour contenu : c'est la philosophie de l'Esprit (3). Si nous exprimions en un langage

(1) *Encyclopédie*, addition au § 215.
(2) *Ibid.*, addition au § 216.
(3) *Ibid.*

plus français ce mouvement de la dialectique hégélienne, nous dirions que l'Absolu se manifeste graduellement par la sensibilité, par l'entendement et par la raison; par la sensibilité qui le *réalise*, par l'entendement qui le *distingue* en moi et non-moi, par la raison qui le *réconcilie* en le ramenant à l'unité. La raison est donc l'*Idée en soi* et *pour soi*, l'*Idée* absolue. C'est la connaissance de l'identité du sujet et de l'objet, la *conscience* de l'Absolu; c'est la *pensée* de la *pensée* (νόησις νοήσεως), qu'Aristote avait déjà désignée comme la forme souveraine de l'*être*. A cette forme s'arrête la dialectique. Si elle essaye d'aller plus avant, elle ne fera que rentrer dans le cercle des catégories précédentes. La raison est le point culminant, le terme suprême de la Logique (1).

Le Savant. — Laissez-moi reprendre haleine un moment. Quel voyage et à travers quel pays!

Le Métaphysicien. — Si nous sommes à la fin de la Logique, nous ne sommes encore qu'au début du système. La Logique n'est que l'introduction de la vraie philosophie, de celle qui a pour objet la réalité, et pour domaine l'expérience. Mais cette introduction est la clef de tout le système, clef un peu mystérieuse pour des mains françaises, habituées aux portes qui s'ouvrent d'elles-mêmes. La Logique a sa preuve en elle-même, mais elle a sa contre-épreuve dans la Nature et dans l'Histoire. Et de même, celles-ci trouvent leur explication, leur raison véritable, leur lumière dans la Logique. « Philosopher sur la Nature, c'est créer la Nature, » avait dit Schelling. La définition de Hegel est moins ambitieuse. Philosopher sur la Nature, c'est *repenser la grande pensée* de la création; c'est reproduire du fond de l'esprit par la pensée les idées créatrices de la

(1) *Encyclopédie*, addition au § 236.

Nature (1). La philosophie de la Nature reçoit sa matière de l'expérience ; les sciences physiques lui fournissent les faits. Son affaire n'est pas de les imaginer, de les construire, ou de les déduire à priori, comme l'a tant de fois essayé en vain l'idéalisme proprement dit, mais simplement de les expliquer, en les prenant tels que l'expérience les lui donne, à l'aide des *idées* que celle-ci ne donne point. C'est ainsi seulement qu'il est possible de réduire les phénomènes en un *système*, et de comprendre le côté intelligible du Monde. Cela n'est pas une œuvre facile. L'école de Schelling croit tout expliquer par la sainte *triade*, par l'*indifférence* dans la *différence*. C'est se jouer de la Nature. Cette philosophie n'offre que des rapports généraux, des aperçus superficiels qui sont loin d'épuiser la richesse de la réalité ; elle donne des hiéroglyphes pour l'interprétation du monde réel (2). D'un autre côté, les sciences dites positives tiennent trop peu de compte des idées métaphysiques : ce qui fait qu'elles se perdent dans le menu détail des phénomènes. La vraie science est celle qui allie la logique à l'expérience, les idées aux faits. Or la philosophie naturelle de Hegel se sert des *idées* qui lui viennent par la voie de la dialectique, par le mouvement nécessaire de la pensée. Elle n'a nullement la prétention de déduire directement de la Logique les créations de la Nature, ainsi qu'on le lui a reproché. Ce qu'elle déduit, ce sont des déterminations de la pensée relatives à la Nature, pour lesquelles elle recherche ensuite dans la réalité les intuitions correspondantes. Ainsi l'expérience seule peut dire comment s'opère le travail de la Nature, dans les sphères diverses où se déploie son ac-

(1) Michelet, préface du tome II de l'*Encyclopédie*.

(2) Link, *Grundlehre der anatomie*, etc., p. 245.

tivité. Mais pour ce qui est de l'ordre à suivre et des lois nécessaires à découvrir, c'est l'œuvre de la philosophie. C'est elle qui montre si le temps précède l'espace dans les constructions de la Nature, ou réciproquement ; c'est elle qui fait voir une dialectique vivante dans les mouvements et les progrès de la vie universelle (1).

LE SAVANT. — Mais comment passer de la Logique à la Nature, de l'idée à la réalité ? Hegel ne force-t-il pas le passage par un *salto mortale* ?

LE MÉTAPHYSICIEN. — A cela l'école hégélienne répond que la Pensée n'a point à se convertir en réalité, puisqu'elle est en soi identique avec la Nature. Il s'agit uniquement de savoir à quel moment de son développement elle apparaît comme Nature. La philosophie naturelle n'a pour objet que le général, ce qui demeure et subsiste ; l'individuel (dans le sens vulgaire du mot), ce qui passe et périt, ne la regarde point. Si on lui demande *comment* se produit l'individuel, elle peut répondre que ce *comment* n'est pas au-dessus, mais au-dessous de la science. Dans la transformation de l'*idée* en réalité, la science ne saisit que l'élément *idéal*. La Nature n'est pas intelligible en tout : à côté de la *nécessité* de ses productions, correspondant aux moments du développement de l'Idée, semble régner le hasard avec tous ses caprices, parce que ces productions ne sont pas adéquates aux déterminations logiques de l'Idée. Cette variété de formes naturelles, qu'on admire comme une richesse, n'est qu'un non-sens philosophique. C'est à tort qu'on demande à la philosophie de comprendre ce qui est étranger à la pensée. Partout, il est vrai, et jusque dans les moindres détails de la Nature, se retrouve la trace de la pensée ; mais enfin

(1) Michelet, préface, t. II de l'*Encyclopédie*.

elle ne peut rendre compte de tout. La philosophie a conscience de la vraie création, qui est celle de l'Être universel ; c'est l'*idée*, rien que l'*idée* que la philosophie cherche dans la réalité. Quand on lui reproche de ne pouvoir produire un *brin* d'herbe, on lui reproche précisément ce qui fait sa gloire (1). Il serait facile d'obtenir ce résultat par l'imagination, ainsi que cela a été fait trop souvent. Mais dans une vraie philosophie de la Nature, l'imagination trouve peu de pâture ; la raison seule doit se faire entendre. La science de la Nature, formant un système, un cercle où tout s'enchaîne, où chaque membre tient à ce qui précède et à ce qui suit, a nécessairement son fondement dans la Logique. La Nature procède de l'*idée* éternelle, selon les lois de la dialectique (2). La physique, ou science de la Nature proprement dite, n'est une *science* qu'autant qu'elle s'élève des perceptions des sens et des représentations de l'imagination aux notions de l'entendement. Si elle ne se composait que de perceptions sensibles classées les unes à la suite des autres, si l'on s'y bornait à voir, à entendre, à sentir, les animaux seraient aussi des physiciens (3). Mais c'est l'esprit qui voit et entend, et les sensations sont élevées à l'état de pensées. La philosophie de la Nature prend les matériaux fournis par l'expérience au point où la physique ordinaire les a laissés, les transforme, *en refusant de reconnaître l'expérience pour la dernière autorité.*

LE SAVANT. — Voilà un aveu précieux, après lequel il devient difficile de nier le caractère idéaliste de la philosophie hégélienne.

LE MÉTAPHYSICIEN. — Il faut s'entendre sur ce point.

(1) Michelet, préface, t. II de l'*Encyclopédie*.

(2) *Encyclopédie*, addition au § 244.

(3) *Ibid.*, addition au § 246.

Hegel n'est pas l'esclave de la réalité, comme on le lui a reproché, et n'en fait point l'expression adéquate de l'idéal. Il la juge et la corrige ; il la méprise et la néglige, s'il n'y retrouve pas l'idée. Même il comble parfois au besoin par des constructions à priori certaines lacunes prétendues de l'expérience et de la science positive. Mais, d'un autre côté, il ne sépare point la réalité de l'idée, comme fait l'idéalisme proprement dit. *Réalité* et *vérité*, telle est la formule de toute sa philosophie. Si donc il fait ses réserves au sujet de l'expérience, ce n'est point pour en contester le témoignage souverain, en matière de réalité. A son sens, nulle réalité attestée par l'expérience n'est contestable par quelque autre autorité que ce soit. Ce qui reste soumis au contrôle de la raison et de la logique, après le témoignage de l'expérience, ce n'est pas l'existence, mais la valeur, la portée, le sens intelligible, l'*idée* de la réalité. Ici se révèle clairement le caractère propre de la philosophie hégélienne, aussi éloignée du réalisme empirique que de l'idéalisme platonicien. C'est pour cela qu'elle a rencontré des adversaires dans les deux camps.

LE SAVANT. — C'est un double mérite.

LE MÉTAPHYSICIEN. — Sans doute ; mais poursuivons. La philosophie de la Nature a donc pour objet de traduire les généralités de la Nature en *idées*, en démontrant comment elles procèdent de l'Idée universelle, selon les lois nécessaires de la dialectique. L'*Idée*, l'Infini autrement dit, est la catégorie souveraine de toute philosophie, et par conséquent de la philosophie de la Nature, Si les lois et les forces sont l'intérieur, le fond de la Nature ; si les réalités qui les manifestent n'en sont que l'extérieur, l'*apparence*, il n'en est pas moins vrai que l'unique objet saisissable de la science, c'est la *vérité*, c'est-à-dire l'unité de l'infini et du fini, du général et du particulier, de l'idée et de la réalité.

Le Savant. — J'entends bien, ou du moins je crois entendre, maintenant que me voilà initié aux secrets de la logique hégélienne. Mais comment l'Idée universelle arrive-t-elle à se *réaliser* ? Comment s'opère ce passage de l'infini au fini, tant et si vainement cherché par toutes les écoles de métaphysique ? Comment l'Idée se fait-elle Nature ? En termes plus clairs, comment Dieu s'est-il décidé à créer le Monde ?

Le Métaphysicien. — Dites en termes plus français, mais non plus clairs ; car la lumière de l'anthropomorphisme n'est qu'illusion. Le mystère n'est pas difficile à expliquer dans une philosophie où tout s'explique par la dialectique. La Nature est l'Idée sous la forme d'un *autre*, l'Idée réfléchie hors d'elle, déterminée comme *extériorité ;* c'est l'Idée en tant qu'elle se divise, se nie, s'oppose à elle-même et devient *autre*, c'est-à-dire objet extérieur par cette opposition. Séparée de l'Idée, la Nature n'est que le cadavre de l'Esprit, l'intelligence pétrifiée, comme l'appelle Schelling (1). Mais en réalité, le Dieu qui est en elle n'est pas mort ; sans cesse il apparaît et s'évanouit pour reparaître. L'idée n'est pas dans la Nature telle qu'elle est *en soi* et *pour soi*, c'est-à-dire dans sa vérité même ; mais la Nature n'en est pas moins une manifestation nécessaire de l'Idée. Vue en soi et hors de l'Idée, la Nature ne paraît que hasard et aveugle nécessité (2). C'est ainsi que la science proprement dite nous la montre. L'intelligence et la *liberté* de la Nature ne se révèlent qu'au philosophe qui la voit dans l'Idée, comme Malebranche voyait les choses en Dieu. Du reste, il ne faut pas diviniser la Na-

(1) *Encyclopédie*, addition au § 247.
(2) *Ibid.*, § 248.

ture ; elle n'est divine que dans l'Idée qui en fait la substance. Telle qu'elle est en soi, elle n'est pas adéquate à sa notion ; elle n'est qu'une *contradiction irrésolue.* C'est pour cela qu'elle tend incessamment, par toutes ses puissances et à travers toutes ses transformations, vers l'Esprit, forme supérieure de l'Idée, dans laquelle se résout la contradiction. Le mouvement de la vie universelle est tout dialectique. La Nature est un système de moments qui procèdent nécessairement les uns des autres. Mais cette succession ne doit point être prise pour une génération véritable, ainsi que le prétendent les écoles matérialistes (1) ; elle a son principe générateur dans l'Idée, seul fondement de la Nature, véritable sujet de toutes les métamorphoses naturelles. C'est un mystère pour l'imagination, qui ne voit en toute chose que l'extérieur et l'apparent ; mais pour la raison et la philosophie, c'est une vérité manifeste.

LE SAVANT. — Je comprends tout cela d'autant mieux que je crois y retrouver Aristote.

LE MÉTAPHYSICIEN. — Vous ne vous trompez pas : l'analogie entre les deux doctrines est frappante. Mais c'est de Hegel seul qu'il faut nous occuper en ce moment. Fidèle au principe qu'il vient d'énoncer, il rejette la *loi de continuité*, dans le sens vulgaire du mot. Ce n'est point la Nature elle-même qui engendre un règne d'un autre, un organisme plus complexe d'un organisme plus simple. Il n'y a progrès, évolution que dans l'Idée ; c'est par elle que la nature animale devient la *vérité* de la nature végétale, et que celle-ci devient elle-même la *vérité* de la nature minérale. Ce qui ne veut pas dire que l'une soit vraiment *engendrée* de l'autre ; mais seulement que dans l'une l'*Idée* est arrivée à un plus haut

(1) *Ibid.*, § 249.

degré de réalité que dans l'autre. La Nature est en soi un Tout vivant; le mouvement tout dialectique qui l'emporte dans sa marche progressive tend à la *poser* ce qu'elle est *en soi*, c'est-à-dire à la faire Esprit, fin de la Nature, *vérité* de l'Idée. Le mouvement de la Nature vers l'Esprit est marqué par trois phases qui se succèdent graduellement : mécanique, physique et organique.

Le Savant. — Je vois que nous entrons enfin dans la réalité.

Le Métaphysicien. — Il y a deux manières de procéder dans la philosophie de la Nature : ou bien, partant de la forme la plus concrète de la notion, telle qu'elle se manifeste dans le phénomène de la vie, s'arrêter aux formes les plus abstraites où la vie expire ; ou bien, commençant par la forme la plus abstraite de la notion, s'élever jusqu'à sa forme la plus complète et la plus riche. Le premier procédé est familier à la philosophie ancienne (orientale surtout) ; Aristote seul fait exception. Le second est propre à la philosophie moderne, ou plutôt contemporaine. L'un est le système de l'*émanation*; l'autre est le système de l'*évolution*. Celui-ci est le seul scientifique, en ce qu'il répond au travail de la Nature ; c'est aussi le seul logique, en ce qu'il répond au mouvement de la dialectique. Puisqu'il s'agit de poser les déterminations successives de l'Idée, il faut bien commencer par ce qu'il y a de plus abstrait, c'est-à-dire par la matière, où domine la catégorie du *mécanisme*. Chaque degré du développement de l'Idée forme un règne à part et en apparence indépendant ; mais le dernier est l'unité concrète, la synthèse de tout ce qui précède : le degré supérieur réunit toujours les degrés inférieurs, en même temps que logiquement il leur est opposé. Tout se passe dans la Nature comme dans la Logique. C'est toujours et partout le même mouvement dialectique, thèse, antithèse et synthèse. La Nature procède invariablement, comme l'Idée, de l'abstrait au concret, du simple au composé, dépassant la limite d'une sphère déterminée, la débordant irrésistiblement, parce qu'elle ne peut se satisfaire dans un élément qui ne lui est pas adéquat, et qu'elle aspire nécessairement à une sphère plus élevée. Du reste, elle exprime ou plutôt *représente* l'Idée dans chaque sphère, ainsi que chaque goutte d'eau réfléchit l'image du soleil (1).

LE SAVANT. — La Logique est à l'aise dans ces généralités, mais j'ai hâte de la voir pénétrer plus avant dans les réalités de la Nature.

LE MÉTAPHYSICIEN. — C'est là, en effet, l'épreuve. La mécanique, point de départ de la science de la Nature, comprend les catégories de l'espace et du temps, de la matière et du mouvement (1). L'espace et le temps sont les catégories plus abstraites de la Nature. L'espace est la *contiguïté* idéale, et son caractère propre est la continuité ; c'est l'extériorité pure et abstraite. Le temps est la *succession* idéale, le *devenir* pur ; c'est Saturne qui produit et dévore tout. En soi, il n'est qu'une abstraction, aussi bien que l'espace. C'est le mouvement de la réalité qui fait le temps, de même que c'est la coexistence des choses réelles qui fait l'espace. Cette durée abstraite qu'on nomme le temps, n'est pas une bonne mesure de l'excellence de l'être. Les êtres durent en proportion de leur simplicité, de leur vulgarité, de leur abstraction ; les êtres inorganiques durent bien autrement que les êtres organiques.

LE SAVANT. — Pour n'être pas neuve, la remarque n'en est pas moins profonde.

(1) *Encyclopédie*, addition aux §§ 252 et 253.

(2) *Encyclopédie*, §§ 253-271.

LE MÉTAPHYSICIEN. — Ce qui suit est subtil. Le *lieu* est le point concret, l'unité du point dans le temps et du point dans l'espace, l'identité posée de l'espace et du temps. Ici l'analogie du langage n'est point trompeuse. Dans le *lieu*, l'espace devient temps, comme le temps y devient espace ; c'est cette transformation du point dans l'espace en un point dans le temps qui est le *mouvement*, contradiction par laquelle est constamment posée l'identité des deux, et sans cesse reproduite leur différence. Par leur identification, leur opposition est émoussée ; le mouvement réel, qui, dans cette sphère, correspond au *devenir* logique, se fixe dans son résultat, qui est la *matière*. En tant que composée, la matière possède la continuité de l'espace ; en tant qu'*impénétrable* ou résistante, elle a la *discrétion* du temps (1).

LE SAVANT. — Il me semble que la philosophie de la Nature débute par une énigme. Est-ce que votre entendement comprend cette explication de la matière ?

LE MÉTAPHYSICIEN. — Pas plus que le vôtre ; et ce qu'il y a de plus curieux, c'est que Hegel lui-même est de notre avis. Cette déduction logique de la matière, conçue comme le seul effet du mouvement, et comme la simple identité de l'espace et du temps, lui paraît incompréhensible pour l'entendement ; mais il n'y voit pas une difficulté propre à la mécanique. Tout passage de l'*idée* à la réalité offre le même mystère à l'entendement. Et cependant ce mystère est un fait qui se rencontre dans les phénomènes de la mécanique ordinaire ; à tel point que l'idéal peut être mis à la place de la réalité, et réciproquement. Ainsi, quant au *levier* par exemple, la distance supplée à la masse, et réciproquement la masse peut suppléer à la distance. De même,

(1) *Ibid.*, §§ 254-262.

la vitesse, qui est un simple rapport de quantité du temps et de l'espace, supplée à la masse. Lorsqu'un homme est mortellement blessé par la chute d'un corps, ce n'est pas le corps ou la masse elle-même qui le tue, c'est la vitesse, c'est-à-dire l'espace et le temps, pures abstractions. Cela est absurde pour l'entendement, qui a recours alors à une force occulte. Mais cette force est précisément la manifestation *réelle* d'un rapport purement *idéal*.

Le Savant. — Je ne vois pas ce que prouvent les exemples que vous venez de citer. La distance et la vitesse ne sont pas des principes, mais des conditions d'action. C'est à la force seule qu'il faut attribuer l'effet produit ; le principe de la matière est là, et point ailleurs.

Le Métaphysicien. — Hegel ne dirait peut-être pas non. Ce qui ne l'empêche pas de voir dans le fait cité plus haut la preuve que c'est bien l'idée, l'idée seule qui fait toute la vertu de la réalité, quelle qu'en soit la forme individuelle et accidentelle. Voilà une abstraction comme la distance, voilà une autre abstraction comme la vitesse, qui produisent exactement le même effet que la masse. Pourquoi cela ? Évidemment parce que la *force* occulte de la masse est identique avec l'idée abstraite qui a nom espace, temps et mouvement. Donc cette masse, en tant qu'*idée*, n'est pas distincte de ces abstractions. Donc la matière est réductible à l'*idée*, par la déduction qui vient d'en être faite.

Le Savant. — Il n'en reste pas moins vrai que la vitesse et la distance ne sont que de simples rapports de temps et d'espace. Ce sont des abstractions qui jouent, dans la mécanique, à peu près le rôle du zéro dans la science des nombres. La mécanique, tout en les considérant comme des facteurs dans l'effet produit, n'est pas dupe d'une illusion. Au fond, c'est la force qui est l'unique facteur ; tout revient à elle. La distance et la vitesse ne sont pas de véritables équivalents de la masse, mais de simples conditions du développement des forces qui la constituent. Déduire ainsi la matière d'abstractions, c'est la réduire elle-même à une abstraction ; c'est-à-dire que la Logique ne l'explique qu'en la supprimant.

Le Métaphysicien. — Hegel vous répondrait que ce n'est pas la supprimer, mais la ramener à ce qu'elle a d'intelligible et d'explicable, à son *idée*. Quant à ce qui, dans la notion de matière, ne s'adresse qu'aux sens et à l'imagination, il n'y a point à s'en inquiéter. C'est un phénomène, un accident qui ne rentre ni dans la philosophie, ni même dans la science de la Nature. La philosophie et la science, il ne faut pas l'oublier, pensent la Nature, sans s'arrêter aux représentations de la sensibilité et de l'imagination.

Le Savant. — Mais cet accident est la réalité.

Le Métaphysicien. — Réalité pour l'imagination, vous dit notre philosophe, pure apparence pour la raison, tant qu'elle n'y voit pas une manifestation de l'*idée*. Or dépouillez la matière de cet élément sensible : elle reste ce qu'elle est au fond, un rapport de l'espace, du temps et du mouvement.

Le Savant. — Je crains qu'il n'y ait là-dessous quelque tour de scolastique.

Le Métaphysicien. — Cela pourrait bien être. Du reste, par cette déduction logique, Hegel n'entend point une véritable génération. C'est toujours la même loi qui préside à la dialectique des choses, ainsi qu'à la dialectique des idées. Il en est des procès de la Nature comme des procès de la Logique ; tout s'y meut de l'abstrait au concret : ce qui ne veut pas dire le moins du monde que l'abstrait soit le véritable principe générateur du concret. Ainsi, bien que la dialectique nous force de procéder de l'espace et du temps au mouvement, il ne s'ensuit nullement que le mouvement soit la simple résultante de la synthèse du temps et de l'espace. Au contraire, s'il les suppose comme termes du rapport dont il est la synthèse, c'est par lui seul et en lui seul que ces termes arrivent à la réalité (1). Telle est la loi de tout procès dialectique : le vrai principe générateur n'est aucun des termes qui le composent, mais bien l'Idée elle-même, l'Idée suprême dans laquelle toute la Logique, toute la Nature, toute l'Histoire viennent se résumer. Hegel nous en prévient au début de sa philosophie naturelle, quand il nous avertit de ne point voir une véritable génération dans la succession des règnes et des époques de la Nature.

LE SAVANT. — Ceci atténue un peu l'énormité du paradoxe. Mais poursuivez.

LE MÉTAPHYSICIEN. — Le mouvement est le vrai principe de la matière, l'âme du monde ; il n'est point un simple prédicat, mais le sujet même de tout ce qui se produit. La matière, par son moment *négatif*, c'est-à-dire par la séparation abstraite de ses parties, passe à l'état de *différence :* de là la *répulsion*. Mais comme les parties différentes sont identiques au fond, la matière maintient sa continuité : d'où résulte l'*attraction*. La matière est donc attraction et répulsion en même temps. Cette identité constitue la *pesanteur*, par laquelle se complète et se réalise la notion de la substance matérielle (2). Vous voyez que Hegel n'oublie pas la dialectique au début de sa philosophie naturelle.

(1) *Encyclopédie*, addi ion au § 261.

(2) *Ibid.*, addition au § 261. — Michelet, préface du tome II de l'*Encyclopédie*.

LE SAVANT. — En effet.

LE MÉTAPHYSICIEN. — La matière, prise à l'état abstrait, ne diffère d'abord que pour la quantité, et se trouve divisée par *masses*. Ces masses, dans l'acception la plus générale et la plus superficielle, sont des corps. Les corps, en tant que masses, sont indifférents au repos et au mouvement, par conséquent *inertes*. L'inertie est propre à la matière abstraite et purement mécanique, mais nullement à la matière concrète et *physique*; c'est une abstraction, comme la *masse* proprement dite, dont elle est l'attribut. Pour se mouvoir, une *masse* a besoin de recevoir une impulsion, tandis que la matière réelle, la matière *libre*, selon le mot profond de Hegel, se meut d'elle-même. Le corps inerte, mu par un autre, forme momentanément avec celui-ci un même système, et leurs mouvements se confondent en un seul mouvement : de là la communication du mouvement. Mais cette identité de mouvement est en même temps opposition. La *communication* implique la *résistance*, et c'est le rapport des deux mouvements qui fait *extensivement* le poids ou *pesanteur relative*, et *intensivement* la pression déterminée, laquelle est identique avec la vitesse. C'est au *moment* du contact des masses que commence l'*idéalité* de la matière, son retour à l'*idée*. Déjà la vitesse est une détermination *idéale*. Le poids, comme quantité *intensive* concentrée en un point du corps, en est le point de gravité; mais, en tant qu'il pèse, le corps pose son centre en dehors de lui. Le choc et la distance ont donc rapport à un centre commun aux deux corps, et placé en dehors; et c'est dans ce centre commun que leur mouvement accidentel expire et devient repos. Mais ce repos, étant une tendance vers le centre, devient le *mouvement essentiel*, la *chute*. Cette distinction du mouvement essentiel et du mouvement accidentel est capitale dans l'explication des phénomènes mécaniques. Ainsi, par exemple, ce n'est pas la résistance de l'air ou le frottement qui diminue insensiblement la ligne que parcourt le pendule, et qui finit par en arrêter le mouvement. Le mouvement de la pesanteur et le mouvement transversal du pendule ne sont pas deux mouvements essentiellement différents, quoi qu'en disent les physiciens. Le premier est le mouvement essentiel, où doit nécessairement se résoudre le second qui n'est qu'accidentel. Le frottement est lui-même la pesanteur sous la forme de résistance extérieure, et c'est pour cela qu'il est proportionnel à la pression (1). La *chute* est donc le mouvement *essentiel*. Ce mouvement est *spontané*, en tant qu'il est le phénomène de la nature même du corps pesant ; c'est une *libre loi* de la Nature : dans le vide tous les corps tombent avec une égale vitesse.

LE SAVANT.—Il me semble que c'est abuser des mots que de parler de mouvement spontané, de libre loi dans la mécanique.

LE MÉTAPHYSICIEN. — Sous les mots, il faut voir les choses. Par mouvement libre, Hegel entend simplement le mouvement indépendant, absolu de la matière physique, en opposition au mouvement relatif de la *masse* ou matière purement mécanique. Mais reprenons la suite des déductions. La *chute* est un mouvement qui tient le milieu entre la matière abstraite et inerte, et la matière réelle et active ; il marque la transition de la mécanique *finie* à la mécanique *absolue*, ou astronomie proprement dite (2). Ici le mouvement est absolument *libre ;* la matière est parfaitement adéquate à sa notion. Le caractère propre des corps ou masses astronomiques est la

(1) *Encyclopédie*, addition au § 266.
(2) *Ibid.*, §§ 269-271.

gravitation (1). Dans la *chute*, dominait le *moment* de l'attraction ; à cet état un seul corps est pour soi et subsiste par soi. Le *moment* opposé à l'attraction, la *répulsion infinie* de la matière se manifeste par la dissémination infinie de la matière astronomique dans le ciel étoilé. La notion parfaite du mouvement, où l'attraction et la répulsion sont identiques, et où chaque masse, rapportée au centre commun, a en même temps une vie indépendante, est seulement réalisée dans le système planétaire. L'attraction et la répulsion ne sont pas deux forces opposées et indépendantes, force centripète, force centrifuge, comme l'enseigne la physique ordinaire ; ce sont deux mouvements de la même matière en mouvement, c'est-à-dire de la même force. C'est une erreur d'identifier la force centripète avec le mouvement de la chute. On suppose que, si cette force agissait seule, la terre tomberait sur le soleil dans la direction du rayon. Pour éviter cette catastrophe, on imagine une impulsion primitive qui pousse les corps sur la tangente. Et comme, par suite de ces deux sollicitations en sens contraires, ils sont sans cesse tiraillés de la tangente vers le rayon, et du rayon vers la tangente, ils suivent, d'après l'hypothèse, la ligne courbe, résultante des deux directions. Cependant il est constaté que la chute et l'impulsion ne peuvent former qu'une parabole dont les côtés se fuient indéfiniment. On peut, avec Rousseau, demander à cette théorie quelle est donc la main qui a lancé les planètes sur les tangentes de leurs orbites. C'est souvent à tort qu'on applique à la mécanique absolue du ciel les rapports de la mécanique relative. Dans celle-ci, l'impulsion et la chute, le point de départ et le point d'arrivée sont finis, et posés par un *autre*. Mais dans le mouve-

(1) Michelet, *ouvr. cité*, t. II, p. 753.

ment céleste, il y a tendance immanente, mouvement libre et absolu, qui a son principe en soi : c'est un véritable infini, qui se suffit à lui-même. Tout ce qui se meut soi-même, a dit Aristote, est *mobile perpétuel*. La courbe qui revient sur elle-même, n'a ni fin ni commencement. Ne trouvez-vous pas que ces principes font bien mieux comprendre les lois de Kepler que les principes de la mécanique ordinaire (1) ?

Le Savant.—En effet. C'est toute une révélation pour la science que cette philosophie.

Le Métaphysicien. —Vous voyez, en passant, que la métaphysique n'est pas inutile aux sciences. Mais Hegel vous convaincra bien mieux de cette vérité, à mesure qu'il avancera dans la philosophie de la Nature. Voilà donc les lois du mouvement céleste expliquées. Mais pour former la totalité du système solaire, il faut quelque chose de plus que le simple rapport des corps de la périphérie au corps central. Le système solaire est un syllogisme complet, dans lequel le soleil, corps central et *général*, se rapporte aux corps *individuels*, aux planètes, par le moyen de corps *particuliers* distribués aux extrémités, qu'on nomme *comètes* quant au soleil, *lunes* quant aux planètes. La planète est le terme moyen, en ce qu'elle est tout à la fois centre et périphérie. Les comètes et les lunes forment les termes extrêmes. Quant au soleil, bien qu'il réponde parfaitement au terme *général*, à la *notion en soi*, principe de toute différence et de toute identité, il n'a nullement la fonction d'un extrême, dans le syllogisme du système solaire ; c'est en réalité le vrai, le grand terme moyen, par cela même qu'il est le centre commun de tout le système. Dans le soleil, la rotation sur son axe est posée *par soi*, en té-

(1) *Ibid.*

moignage de son indépendance absolue. Dans la planète, la rotation sur elle-même est entièrement indépendante de sa révolution autour du soleil; et c'est par là que la planète est véritablement *individualité*. Dans la lune, au contraire, la rotation sur son axe dépend entièrement de sa révolution autour de la planète, et dure le même temps ; ce satellite présente à sa planète toujours le même côté, ce qui prouve qu'il lui est impossible de se détacher de l'axe de son corps central (1).

Le Savant. — Tout cela peut être accepté par la science la plus positive.

Le Métaphysicien. — Voici qui le sera sans doute plus difficilement. Selon Hegel et son école, il n'y a dans le ciel de véritablement rationnel que le système planétaire. Les planètes sont les corps célestes les plus parfaits; et si le soleil est le centre *mécanique* du monde, c'est la terre qui en est le centre vraiment *métaphysique*. Car c'est la planète habitée par l'homme, le *roi* de la création, le type le plus parfait de l'Esprit, la propre conscience de l'Absolu. L'excellence de l'Humanité est la preuve de la suprématie de la planète terrestre. L'entendement en juge autrement, parce qu'il est dans sa nature de préférer l'abstrait au concret. Mais la raison seule est juge en cette matière, et la raison préfère le concret à l'abstrait. Hegel élève notre terre bien au-dessus du monde infini des étoiles, et trouve chimérique la recherche d'un soleil central pour le système céleste universel. L'armée des étoiles n'est point un système, parce qu'elle manque de centre; c'est une multitude sans raison, sans lien, sans rapport entre les éléments qui la composent. On peut honorer les étoiles à cause de leur calme majestueux, mais elles sont infé-

(1) *Ibid.*

rieures en dignité au système concret du soleil. Ces brillantes *figurations* peuvent réjouir le regard, mais elles sont aussi peu admirables qu'une *éruption cutanée* (*sic*), ou la multitude des mouches. Leur contemplation intéresse le sentiment, calme les passions; mais du point de vue philosophique, ce spectacle est loin d'avoir le même intérêt. Le devoir de la philosophie est de partir de l'*Idée*, et alors même qu'en procédant ainsi, elle ne produit que peu, il faut savoir s'en contenter. La philosophie de la Nature aurait tort de vouloir faire face à tous les phénomènes; ce qui est reconnu par la logique est assuré à jamais, et la philosophie n'a pas à s'inquiéter si tous les phénomènes ne sont pas encore expliqués (1).

Le Savant. — Ici l'orgueil de la spéculation fait oublier à Hegel la mesure et le sens commun. Son dédain du monde des étoiles fixes est sans raison; sa théorie de la supériorité de la terre sur toutes les autres planètes repose sur une hypothèse gratuite. Quand il serait vrai que l'Esprit, en tant que conscience de l'Idée, en est la plus haute manifestation, qui nous dit que cette conscience soit parvenue dans l'humanité à son suprême degré de clarté, et qu'il ne puisse y avoir d'esprit supérieur à l'esprit humain?

Le Métaphysicien. — Cela est évident, mais ces paradoxes ne doivent pas être trop pris au sérieux. Ce sont des boutades du génie de la spéculation enivré de sa force, plutôt que des applications légitimes de la méthode. Quoi qu'il en soit, la mécanique, même céleste, n'est que la première phase du développement de l'Idée. Dans le système solaire, la notion de la matière est encore abstraite; c'est la *masse*, dont l'unique détermina-

(1) *Encyclopédie*, § 270, addition aux §§ 268 et 270.

tion est la pesanteur. La matière n'est vraiment qualifiée, individualisée que dans la physique proprement dite ; là seulement les corps sont considérés sous la catégorie de l'individualité (1). La matière se dégage, se détermine, se particularise, se soustrait à la loi de la pesanteur ; c'est la matière en soi et pour soi, qui passe de la *masse* à la *force*, de l'être à l'essence. La première forme de la matière, quant à la simplicité et à l'abstraction, est la lumière, phénomène identique dans toutes ses parties. La lumière, prise à l'état d'individualité, est l'étoile. L'étoile, comme moment d'un système, est le soleil. Le soleil et les étoiles fixes sont les corps de la lumière, les formes de la matière encore abstraite et identique dans ses éléments ; ce sont les corps impondérables, l'*essence* générale de la matière. Les corps de l'*opposition* sont les *comètes*, comme masses de vapeurs sans consistance, et les *lunes*, comme corps rigides et combustibles. La comète est l'eau ; la lune est le feu en *puissance*. Enfin le corps vraiment *substantiel* est la planète, la *terracéité* qui possède en acte toutes les qualités des autres corps. La planète est le vrai *prius*, le sujet où s'identifient toutes les différences. Le soleil est au service de la planète, aussi bien que les lunes, les comètes et les étoiles. Le système tout entier n'existe qu'à cause de la planète. Le soleil n'a pas produit la planète, ainsi qu'on le suppose généralement ; tout le système solaire se produit et existe simultanément, et le soleil y est tout aussi bien effet que cause (2). Les éléments *physiques* de la planète terrestre, qu'il ne faut pas confondre avec les éléments *chimiques* ou corps simples, sont l'*air*, le *feu*, l'*eau*. La *terre* est la base fixe, où les trois premiers

(1) *Encyclopédie*, § 371.
(2) *Ibid.*, addition au § 280.

passent l'un dans l'autre. Ce sont des existences naturelles, générales, qui ne sont ni indépendantes, ni individualisées. Le produit de leur mélange est la vie de la terre, le travail des éléments, la *dialectique* météorologique (1).

Le Savant. — Toujours et partout la Logique.

Le Métaphysicien. — C'est l'originalité de cette philosophie. Voilà pour les corps généraux. Le corps particulier est un tout individuel, et comme tel quelque chose de fixe et de mécanique encore soumis aux lois mathématiques. Ce mécanisme matériel du corps particulier est la *forme*, détermination interne de l'essence immanente (2). Cette forme tout intérieure, principe de la forme extérieure du corps, est le *point*, c'est-à-dire la *forme sans figure*. La *figuration* réelle s'opère par le magnétisme. La totalité virtuelle du corps en formation s'ouvre pour ainsi dire pour se développer, et se différencie. Le *point* devient *ligne ;* la forme s'y oppose à elle-même dans des extrêmes qui ne subsistent que par leur rapport entre eux. C'est ce rapport qui, en formant le point d'indifférence, devient le principe de la *figuration*. Le magnétisme est l'expression *naïve* de ce *syllogisme*. L'activité de la *forme* obéit au même mouvement dialectique que celle de la *notion* en général ; elle différencie l'identique et identifie le différent. Dans le magnétisme, cette activité s'exerce dans la sphère de l'espace et sur une ligne seulement ; les contraires s'unissent, les semblables se fuient, et l'identité véritable apparaît seulement comme un milieu entre les extrêmes. Les deux pôles et le point d'indifférence existent encore isolément. La forme alors, se réalisant dans

(1) *Encyclopédie*, § 281.
(2) *Ibid.*, §§ 308-336.

le produit de son activité, donne la figure et se détermine comme *cristal :* c'est la ligne mobile du mouvement magnétique affectant la forme arrondie d'un globe. Dans cette synthèse des différences, les pôles magnétiques sont réduits à la neutralité ; la *linéarité* abstraite de l'activité locale se réalise en plan, en superficie. La figure cristalline est l'activité inquiète du magnétisme arrivée au repos. La terre est le Cristal général. Le cristal individuel, comme réalisation de l'activité magnétique, est un tout où la tendance active expire, et où les oppositions se neutralisent sous la forme de l'indifférence. Voilà par quel procédé logique Hegel explique la figuration et la cristallisation des corps.

Le Savant. — Explication bien subtile, ce semble ! Je ne vois guère comment le point, pure abstraction mathématique, peut être le principe de la figure. Je ne goûte pas du tout cette intervention des mathématiques dans l'explication des phénomènes physiques. Que l'électricité et le magnétisme jouent leur rôle dans la constitution des corps, je le comprends, à travers l'explication obscure de Hegel, mais je me défie de toute philosophie qui explique la Nature par des abstractions.

Le Métaphysicien. — Je pense un peu comme vous. Je ne suis pas sûr qu'il ne se cache point parfois un jeu de logique sous ces ingénieuses constructions ; je crains que Hegel n'ait entrepris une tâche impossible, en voulant ramener sous les lois de la logique toutes les réalités de la Nature. Mais poursuivons. Dans le corps particulier, les éléments généraux et les principes abstraits de la Nature s'individualisent, et en constituent les *propriétés*. Ainsi constitué, le corps n'en reste pas moins en rapport avec ces éléments et ces principes qui forment le milieu dans lequel il se développe. Et alors les propriétés du corps ne sont plus les éléments généraux de la Nature, mais la simple manifestation de ces éléments. Par exemple, on a tort de dire qu'un corps est lumineux. Une figure matérielle ne *luit* pas comme telle; cette propriété qu'on lui attribue n'est qu'un rapport de ce corps à la lumière. La lumière, par son contact avec les ténèbres, produit la transparence du cristal; mais elle produit la couleur par son union absolue, son *identité* avec l'obscurité. La couleur n'est pas une émanation de la lumière abstraite, ainsi que le prétend Newton; c'est le troisième terme, né de la lumière et des ténèbres, comme le soutient Gœthe, sur la foi des anciens. Car la lumière, comme identité abstraite, ne renferme encore aucune différence; elle la trouve en dehors d'elle, dans les ténèbres. La lumière, devenue une matière particulière, est le *métal*, ou lumière *coagulée*. Toute matière colorante a une base métallique (1).

LE SAVANT. — Le métal une simple coagulation de la lumière! Je doute que la chimie admette cette définition.

LE MÉTAPHYSICIEN. — Je ne crois pas non plus que ce soit la pensée de Hegel. Il est trop au courant de la science pour laisser échapper une hérésie si contraire à toute expérience. Tout métal est un corps, et un corps dans la constitution duquel le magnétisme, l'électricité, la chaleur et d'autres agents physiques et chimiques jouent chacun leur rôle. Hegel ne l'ignore point. Quand donc il définit le métal une lumière coagulée, évidemment il ne considère dans le corps que sa propriété métallique. Comme corps, le métal comprend d'autres principes; mais ce qui en fait un corps métallique, c'est l'accumulation de lumière.

(1) Michelet, *ouvr. cité*, t. II, p. 759.

LE SAVANT. — Ainsi expliquée, la définition ne me semble plus en contradiction avec l'expérience.

LE MÉTAPHYSICIEN. — Après le magnétisme et la lumière, ce qui achève de constituer le corps comme un tout individuel, c'est l'*électricité*. Les corps ont, par leurs propriétés particulières, des rapports avec les éléments généraux de la matière. Mais comme individualités physiques, ils ont de plus des rapports entre eux, rapports purement mécaniques jusqu'ici. Par leur contact mécanique, qui tend à troubler leur indépendance, il s'établit entre eux une *tension* opposée, mais seulement à la surface. Cette tension est l'*électricité*, laquelle agit sur toute la surface, tandis que le magnétisme n'agit que sur une ligne. Le produit du mouvement électrique est *lumière différente* ou *couleur*, plus un commencement d'odeur et de saveur. Les corps maintiennent encore leur indépendance contre l'action électrique, qui ne les atteint que superficiellement.

LE SAVANT. — Hegel explique par l'électricité les trois propriétés de couleur, d'odeur et de saveur. Il est possible que son explication soit la vraie. J'ai même de fortes raisons de croire qu'elle est d'accord avec l'expérience. Mais il eût fallu donner ces raisons.

LE MÉTAPHYSICIEN. — Hegel suppose la science connue, et ne prend pas la peine de développer les explications qui s'y trouvent. C'est quand il ramène les réalités aux idées, et la science proprement dite à la logique, qu'il se croit seulement tenu d'expliquer sa pensée. En ce moment, il ne fait que résumer la science. L'électricité n'est pas le dernier terme de la dialectique *naturelle* ; elle fait le passage au procès *chimique* (1). L'action chimique, qui dissout les corps, en est en

(1) *Encyclopédie*, § 326.

même temps la condition. Dans l'ordre dialectique de la notion, la matière passe du magnétisme à l'électricité, et de celle-ci au travail chimique. Mais en fait, c'est ce troisième terme qui est le premier, et c'est lui qui contient *actuellement* les deux autres. Il en est ici comme partout ; la réalité est en raison inverse de la dialectique. Le magnétisme et l'électricité sont bien les principes constituants de l'action chimique ; mais, pour qu'ils se manifestent réellement, il faut que le corps ait passé par ce travail. La nature générale de l'action chimique est une double activité, activité décomposante ou d'analyse, activité recomposante ou de synthèse ; les éléments de cette décomposition et de cette recomposition incessantes sont l'*azote*, l'*oxygène* et l'*hydrogène*, et enfin le *carbone*. Ces quatre éléments dits *chimiques* ne sont que des abstraits des éléments *physiques*, seules réalités véritables.

LE SAVANT. — La science n'est-elle pas d'un avis contraire ?

LE MÉTAPHYSICIEN. — La science n'a pas à résoudre ce problème. Elle cherche les éléments simples, ou du moins les plus simples des corps, sans se demander si ces éléments existent isolément, ou seulement par leur rapport. Hegel pense avec raison qu'ils n'existent réellement à l'état de corps qu'en vertu de ce rapport. En ce sens, les éléments chimiques des corps sont de pures abstractions, tandis que les éléments physiques, l'air, l'eau, la terre, sont de véritables corps. Quoi qu'il en soit, les quatre éléments chimiques constituent le tout individuel, le corps, de la manière suivante. L'*azote* est le résidu mort qui correspond à la *métallité ;* il est impropre à la respiration et ne brûle pas, mais il est susceptible de *différence*, d'*oxydation :* l'air atmosphérique est un oxyde de l'azote. L'*hydrogène* est le principe positif de l'opposition déterminée, l'azote à l'état de *différence;* il amène l'asphyxie; le phosphore n'y luit pas, la lumière s'y éteint; mais il prend feu lui-même au contact avec le gaz atmosphérique. L'*oxygène* est le principe négatif et actif; il a de l'odeur et de la saveur. Enfin le *carbone* est l'individualité *détruite;* le charbon est l'élément chimique qui fait la base de tout corps terrestre; tandis que lui seul subsiste pour soi, les deux précédents n'ont qu'une existence momentanée due à une action violente. Le carbone, l'oxygène et l'hydrogène sont les *moments différents* du procès chimique; en s'ajoutant aux corps physiques, ils les *différencient :* l'azote reste en dehors du procès (1). L'action chimique, prise en soi, est l'identité du *jugement* (diremption) et de la *notion,* c'est-à-dire syllogisme complet; dans son cours, elle est la *notion* totale qui revient sur elle-même. Dans sa période de composition, l'action chimique parcourt divers degrés. La tension de deux métaux différents aboutit dans le *galvanisme* à l'oxydation de l'un des côtés. Le métal, oxydé par un effet de la décomposition de l'eau, est propre à devenir un élément de la totalité du corps neutre. Par l'action du feu, qui décompose l'air, le côté sulfureux est de même oxydé par voie sèche. L'*identité* de l'alcali avec l'acide est le *sel,* la forme totale qui se produit dans la modification de toutes les propriétés physiques; par l'affinité élective, deux sels échangent ensemble l'un de leurs éléments. La période de décomposition suit la marche inverse : c'est un retour aux acides, aux alcalis et à leurs radicaux (2).

LE SAVANT. — Je vois que la logique hégélienne

(1) Addition au § 328.

(2) Michelet, *ouvr. cité,* t. II, p. 760.

atteint la Nature dans ses opérations les plus techniques.

Le Métaphysicien. — En effet. Elle ne plane pas simplement sur la Nature, comme l'idéalisme de Platon, de Malebranche, ou même encore de Schelling ; elle pénètre jusqu'au cœur de la réalité, et s'engage dans les plus menus détails. Le travail chimique, dernier terme du *procès* physique proprement dit, est la transition de la phase *physique* à la phase *organique* du développement de l'Idée dans la Nature. L'action chimique est déjà *vie*, en ce qu'elle produit et détruit par le feu le corps tout à la fois. Mais cette vie s'éteint avec le feu dans le corps neutre, et ne s'y rallume plus spontanément. Il n'y a donc là qu'une apparence de vie, qui s'évanouit dans le produit. Pour que les produits de l'action chimique fussent réellement *vivants*, il faudrait qu'ils pussent d'eux-mêmes devenir actifs. La *vie* est un travail chimique qui *dure ;* l'activité infinie qui se rallume et s'alimente elle-même est la vie organique. Le passage de la nature inorganique à la nature organique marque la transition de la prose à la poésie de la Nature. L'organisme est la plus haute réalité, la vérité même et la liberté de la *notion* qui, enchaînée d'abord dans la masse purement mécanique, s'en dégage dans la *forme* physique, achève de s'en affranchir dans le travail chimique, et enfin apparaît triomphante et libre de toute entrave dans l'activité organique (1). La physique organique a pour objet l'*idée* libre, la vie proprement dite (2). La vie s'offre d'abord comme forme ou image générale de la vie, dans l'organisation *géologique ;* elle se montre ensuite comme sujet abstrait particulier dans

(1) Addition aux §§ 337-336.
(2) *Encyclopédie*, §§ 337-336.

l'*organisme végétal;* enfin elle s'élève à l'état de sujet concret individuel dans l'*organisme animal.* Dans le règne minéral, l'être géologique, réalité abstraite de l'*Idée*, est encore pour ainsi dire hors de soi, sans vie réelle, synthèse de la nature mécanique et de la nature physique, condition et forme générale de la vie, mais où la vie n'est pas encore réalisée. L'*Idée*, qui tend sans cesse à se *subjectiver*, n'y arrive qu'imparfaitement dans les végétaux ; l'individualité y est encore partagée, les parties de la plante étant elles-mêmes des individus. Ce n'est que dans l'organisme animal que le sujet individuel est véritablement constitué. La vie s'y déploie en une multitude de forces individuelles, d'éléments vivants, qui ne forment qu'une seule vie, un seul système organique, un seul sujet (1). La vie seule est *vérité*, parce que seule elle est la *notion adéquate*, selon l'expression de Spinosa. La moindre vie est plus que le ciel étoilé plus que le soleil, qui est bien un individu, mais non un sujet. Le troisième règne est le seul où la vie existe à l'état de sujet ; les règnes qui précèdent ne sont que la voie pour y arriver.

LE SAVANT. — Je me retrouve ici en pleine science. Seulement je n'aurais jamais songé à interpréter les faits comme le fait Hegel.

LE MÉTAPHYSICIEN. — Encore une fois, c'est l'affaire du philosophe, et non du savant. Le globe terrestre est le système général des corps individuels (2) ; c'est un organisme dont les éléments appartiennent à la nature physique, et dont les puissances créatrices sont au delà de la terre, dans le système astronomique. Ces puissances sont le rapport de la terre au soleil, sa vie

(1) *Encyclopédie*, § 337.
(2) *Ibid.*, §§ 328-342.

solaire, planétaire et cométaire, l'inclinaison de son axe sur l'orbite, l'axe magnétique, etc. Le travail historique auquel la terre a dû sa forme actuelle, a eu pour théâtre et pour matière les terrains d'alluvion, les formations *tertiaires ;* son dernier produit est le sol fertile (*humus*) (1). C'est par là que la terre aspire de toutes parts à la vie. Partout le rocher se couvre de mousse, la mer fleurit ; d'individu général, la terre, par le mélange des éléments qui la composent et se pénètrent mutuellement, devient vie *individuelle.* Les terrains d'alluvion sont le passage de la terre inanimée et du règne minéral au règne végétal. Ici éclate surtout la vie, qui, en se divisant en une multitude d'individus, forme l'organisme végétal. Chaque partie du végétal, comme l'a reconnu Gœthe dans sa *Métamorphose* des plantes, est tout l'individu : chaque branche d'arbre est l'arbre même ; la couronne peut devenir racine, et la racine couronne. La croissance du végétal est une production d'individus nouveaux ; la vie de la plante tend toujours au dehors : c'est un mouvement perpétuel d'*émission* et de reproduction, sans retour sur elle-même. La plante manque de cette unité absolue qui constitue la vraie individualité. La formation de la plante, comme travail interne, est d'une part la croissance et la *lignification*, d'autre part la circulation de la séve vitale, enfin la production d'un nouvel individu comme *bouton.* L'assimilation consiste dans l'absorption des éléments, lumière, air et eau, par la feuille, par l'écorce et la racine ; d'où naissent la couleur, l'odeur et la saveur de la plante. Enfin le travail sexuel de la reproduction se manifeste sous la triple forme de la

(1) *Encyclopédie*, §§ 342-349.

fleur, du fruit et de la maturation de la semence (1). La maturité du fruit en est la mort. La plante est un organisme subordonné, destiné à servir d'aliment à des organismes d'un ordre plus élevé (2). Dans le fruit mûr, la plante est la *notion* qui a matérialisé le principe de la lumière et transformé en feu l'élément aqueux ; elle entre alors en fermentation. Seulement cette chaleur interne n'en est pas le sang, la séve vitale, mais le principe de destruction ; ce travail tout animal est supérieur à la végétation. C'est ce qui explique pourquoi il fait mourir la plante, en même temps qu'il fait vivre l'animal.

LE SAVANT. — Tout cela me semble aussi vrai qu'ingénieux.

LE MÉTAPHYSICIEN. — Parce que l'idée ne va pas sans le fait. L'organisme existe comme sujet, lorsqu'il présente des membres qui en sont les moments nécessaires, et que, dans ses rapports extérieurs, il maintient son unité individuelle : tel est l'organisme animal (3). L'animal seul a la faculté de libre *locomotion*, parce qu'il est vraiment un sujet, c'est-à-dire une individualité parfaite, et comme telle, indépendante de la pesanteur. Il a de la voix, parce que l'âme, dont elle est l'écho, est en lui supérieure, comme *idée réelle*, à l'*idée* abstraite du temps et de l'espace. Il a de la *chaleur* interne ou animale, parce que sa puissante activité organique domine l'action chimique, et maintient la forme de son être dans le renouvellement incessant des parties élémentaires qui le composent. Il a surtout de la *sensibilité*, caractère propre de l'individu qui est un véritable *sujet*, différence spécifique de l'être animé, *conscience* du sujet qui se prend lui-même pour objet. L'organisme

(1) Michelet. *ouvr. cité*, t. II, p. 764.
(2) Addition au § 349.
(3) *Encyclopédie*, §§ 350-376.

animal est un *microcosme;* c'est vraiment le centre de la Nature, où toute nature, inorganique et organique, s'est concentrée et idéalisée. Ce travail s'accomplit par un triple mouvement, formation, assimilation, génération, dont chaque degré contient encore trois *moments.* Le travail organique qui produit la forme animale repose sur les trois moments de la *sensibilité* ou organisme interne, de l'*irritabilité* ou action réciproque, de la *reproduction* ou retour à soi de l'être organique. Ces trois déterminations sont des moments *fluides* de la notion, comme généralité, particularité et individualité; elles correspondent au système *nerveux*, au système *sanguin*, au système *digestif.* Chacun de ces systèmes pénètre l'organisme tout entier, est présent sur tous les points. Le système nerveux se manifeste d'abord par les *os*, comme base ou substance en soi de l'organisme; puis par les *nerfs* des sens et du cerveau, comme principe d'excitation extérieure ou de différence; enfin par les *ganglions* de l'abdomen, comme retour à soi par la reproduction. De même, le système sanguin est le centre de tout l'organisme : le sang est l'identité de tous les opposés, le corps fluide, l'unité de la vie plastique; il est dans un rapport d'action réciproque avec toutes les parties de l'organisation. C'est l'éternelle répétition de la naissance et de la destruction dans l'organisme, la négation incessante de la forme corporelle. Le système sanguin en soi, comme sensibilité, est le *muscle;* comme irritabilité extérieure, il est l'*artère;* comme retour du sang au cœur, il est la *veine.* Enfin le système *digestif* est, comme reproduction immédiate, les *glandes* et la *peau;* comme rapport extérieur, le *foie;* comme retour à lui-même, le *canal intestinal.* Indépendamment de leur action générale, les trois systèmes nerveux, sanguin et digestif, ont chacun leur organe spécial dans la forme extérieure de l'animal : c'est la *tête*, la *poitrine* et le *gâster* (1).

Le Savant. — Il me semble bien que toutes ces idées sont fécondes. Mais, pour en apprécier l'exacte valeur, il faudrait les voir dans leur complet développement.

Le Métaphysicien. — C'est ce que les proportions de cet entretien ne permettent pas de faire. Je vous renvoie à l'original lui-même, ou tout au moins à la première traduction exacte qui en paraîtra. Voilà pour la formation de l'animal. Quant à l'assimilation, elle a pour moyen l'*irritabilité*, comme faculté de relation extérieure. L'action de cette faculté est d'abord le rapport général de l'animal à l'extérieur, ou proprement la *sensibilité*; c'est le *procès théorique*. Puis elle est le rapport concret de l'animal à la nature inorganique, rapport à l'air par la *respiration*, rapport à l'eau par la *soif*, rapport aux productions terrestres par la *faim*; c'est le *procès pratique*. Enfin elle est l'*alimentation*, ou absorption de la nature inorganique par la nature organique. La nourriture mêlée de salive est immédiatement transformée en lymphe animale, bien que la digestion proprement dite exige plus de temps. La bile est une sorte de feu animal ; délivrée par la rate, elle devient la *colère* de l'organisme anéantissant tout ce qui s'introduit d'étranger dans son sein. La conclusion de ce travail est la *sécrétion* (2).

Le Savant. — La *colère* de l'organisme (χὸλη) est un assez joli jeu de mots.

Le Métaphysicien. — C'est une idée profonde sous un jeu de mots. Hegel en a souvent de pareils ; quand

(1) Michelet, t. II, p. 765.
(2) *Encyclopédie*, §§ 357-366.

il se permet d'avoir de l'esprit et du trait, c'est toujours au service de la logique. Mais achevons de résumer cette philosophie zoologique. L'être organique, par cette assimilation de l'inorganique, revient tout à fait à lui-même ; ce retour à soi est l'*individualité* accomplie, la reproduction réalisée. D'abord l'élément inorganique devient un moyen de conservation pour l'être vivant, dans l'*instinct ;* puis, dans la *métamorphose*, l'individu est lui-même l'objet de la production par l'individu ; enfin la conscience de l'espèce se montre seulement dans le *libre* rapport de deux individus, comme *génération*. C'est alors qu'apparaît le *type* de l'organisme dans sa complète réalité. La reproduction, étant la condition la plus générale de la vie, est ce qu'il y a de plus nécessaire dans l'animal ; elle doit donc se retrouver partout, jusque dans le *polype*, où manquent le sentiment et la faculté de locomotion. Du reste, là même où la totalité des fonctions organiques se rencontre déjà, elles n'apparaissent pas toutes au même degré. Les animaux placés au bas de l'échelle manquent encore de la rigidité de la colonne vertébrale : tels les *mollusques*, dans lesquels prévaut l'organisme interne, et les *insectes*, où prédomine l'organisme externe. C'est seulement dans l'équilibre de ces deux organismes que se montre le système *ostéologique*. Le sang blanc est remplacé par le sang coloré ; mais il n'y a encore ni chaleur animale ni voix : tels sont les *poissons* et les *amphibies*. Toutes les propriétés de l'organisme vital sont réunies dans les *oiseaux* et les *mammifères*, qui forment ainsi la classe la plus élevée. Le travail de la génération est devenu, dans ces derniers, sentiment complet de l'espèce, instinct énergique de maternité et de paternité (1).

(1) Michelet, t. II, p. 766.

LE SAVANT. — L'échelle zoologique est une vérité de la science.

LE MÉTAPHYSICIEN. — Sans aucun doute, et même de la science antique ; car nous la trouvons déjà dans Aristote. Ce qui est propre à la philosophie de Hegel, c'est d'en expliquer les divers degrés par les moments correspondants de la dialectique. Parvenue au type suprême de la vie animale, à l'*homme*, la Nature a fini son œuvre. Ce qui vient après elle et au-dessus, dans le développement infini de l'Idée, ne lui appartient plus. L'organisme individuel peut guérir d'une maladie, mais il est condamné à la mort par sa nature même. L'espèce seule survit et dure. De cette mort de la nature organique, enveloppe périssable, sort une nature plus belle, l'*Esprit*. Si la *vérité* des individus est leur identité avec leur type dans la variété individuelle, la mort, en faisant abstraction de cette variété, en frappant les individus, n'est qu'un retour à la vérité. L'Être général, l'espèce, dépouille sa *réalité* accidentelle pour se maintenir dans son immuable *idéalité* ; il reste l'*Idée* absolue, divine, éternelle (1). La mort est la *solution* de l'individu, et par là même la *procession* de l'espèce, c'est-à-dire de l'*Esprit*. Tel est le passage de la Nature à l'Esprit. La fin de la Nature est de se détruire, de s'élever au-dessus de l'existence immédiate et sensible, de se brûler elle-même comme le phénix, de renaître radieuse comme Esprit.

LE SAVANT. — L'image me semble plus poétique que juste. Je ne vois pas que la distinction de l'individu et de l'espèce explique la transition de la Nature à l'Esprit. Ne serait-ce pas encore une illusion logique ?

LE MÉTAPHYSICIEN. — Je crois comprendre la pensée

(1) Addition au § 376.

de notre philosophe. L'esprit étant l'*intelligible*, et l'intelligible étant le domaine de la pensée pure, Hegel peut dire à la rigueur, ce semble, qu'aller de l'individu à l'espèce, c'est passer de la Nature à l'Esprit. Mais ne perdons pas le fil des idées. La Nature est devenue un *autre* pour elle, afin de se connaître comme *Idée*, et de se réconcilier avec elle-même. Ce n'est pas que, dans cette transformation, l'Esprit soit réellement issu de la Nature et produit par elle ; au contraire, il est avant la Nature dans l'ordre métaphysique, puisqu'il en est la fin. Aristote l'a dit, c'est le meilleur qui est le vrai principe du pire ; mais l'inverse a lieu dans l'ordre physique. L'Esprit procédant d'abord de la Nature, mais ensuite subsistant par soi, tend à se délivrer lui-même, à se poser dans sa liberté ; il veut comprendre la Nature comme étant sortie de lui. Ce travail de l'Esprit est la *philosophie* (1). « Le but de ces leçons, dit Hegel en finissant, était de poser l'*Idée* de la Nature, et de forcer ce Protée de se révéler sous sa forme véritable ; de retrouver dans le monde extérieur l'image de nous-mêmes, et de faire voir dans la Nature la libre réflexion de l'Esprit ; en un mot, de reconnaître Dieu, non dans l'intime contemplation de l'Esprit (sous sa forme réfléchie), mais sous sa forme immédiate et sensible. »

LE SAVANT. — Je n'avais aucune idée d'une telle philosophie de la Nature. L'idéalisme s'en tient à des généralités vagues et stériles, ou bien se hasarde à des constructions à priori des choses de la Nature. L'empirisme se traîne dans le domaine des réalités, suivant pas à pas l'expérience et la science qu'il ne fait que répéter, ou bien se confie à une induction qui ne peut aboutir qu'à des hypothèses matérialistes ou anthropomorphiques.

(1) Addition au § 376.

Ceci n'est ni une construction idéaliste ni une induction empirique; c'est une explication rationnelle des réalités par les idées. J'y retrouve Aristote.

Le Métaphysicien. — C'est la méthode et l'esprit d'Aristote en effet, avec les ressources de la science moderne. La philosophie de l'Esprit n'est pas moins nourrie de faits que la philosophie de la Nature (1). La connaissance de l'Esprit est la plus concrète et par suite la plus difficile; *connais-toi toi-même* est un précepte sorti de l'obscurité d'un sanctuaire. Ce qui fait surtout la difficulté de cette étude, c'est que les degrés du développement progressif de l'Esprit ne forment pas, comme les déterminations de l'Idée dans la Nature, des existences particulières, et extérieurement distinctes. Ce sont de simples *moments*, des états qui se supposent et s'expliquent les uns par les autres. Bien que l'Esprit suppose *pour nous* la Nature et semble en résulter, en *soi* il en est le principe et la vérité absolue. Dans cette vérité, la Nature a disparu, et l'Esprit apparaît comme l'*Idée actualisée*, comme l'identité de l'objet et du sujet, enfin réalisée dans la *notion*. Le sentiment de l'unité vivante de l'Esprit ne permet pas de diviser sa nature en facultés et activités diverses et indépendantes les unes des autres; il nous invite au contraire à en rechercher la véritable essence, autant que les oppositions qui s'y rencontrent. L'essence de l'Esprit est la liberté, en vertu de laquelle il peut faire abstraction de tout ce qui est hors de lui, et de sa propre existence au dehors. Cette puissance est l'Esprit *en soi*, c'est-à-dire pris dans sa généralité abstraite. En se déterminant, il se manifeste, se pose comme moi, et s'oppose la Nature comme non-moi tout à la fois. C'est la *notion* proprement dite,

(1) *Encyclopédie*, §§ 377-577.

dans toute sa réalité. Le développement de l'Esprit s'opère en trois degrés ; il est d'abord sujet, puis objet, enfin identité du sujet et de l'objet, ou Esprit absolu. De là trois parties de la philosophie de l'Esprit. Comme sujet, l'Esprit est *âme*, puis *conscience*, enfin *raison*. Le principe de ces divisions est le même mouvement dialectique que nous avons vu engendrer tant de *procès*, dans le développement de la Nature. Ainsi l'âme est l sujet en soi ; le conscience le sujet pour soi ; la raison le sujet *en soi et pour soi*. Dans ce développement, tout est action *immanente*, mouvement, progrès. Ce ne sont pas des faits qui se succèdent comme dans une histoire, ou qui coexistent comme dans une description ; c'est la production, l'*éducation* de l'Esprit par lui-même. L'anthropologie est la science de l'âme proprement dite. L'âme est la substance, la base de toutes les déterminations de l'Esprit. Mais, comme telle, elle n'est encore que le sommeil de l'Esprit, le νοῦς passif d'Aristote, la simple *puissance* de la conscience et de la raison. La question de l'*immatérialité* de l'âme n'existe que pour la philosophie qui considère la matière et l'esprit comme deux choses opposées et indépendantes. Mais cette philosophie n'est plus prise au sérieux aujourd'hui, même par les physiciens, qui admettent des impondérables, et ne comptent plus l'étendue au nombre des propriétés des corps. L'Esprit est absolument *immatériel*, en ce sens qu'il n'a rien de commun avec les qualités sensibles des choses. Quant au commerce de l'âme et du corps, mystère impénétrable pour la philosophie dont nous venons de parler, il s'explique facilement par l'identité de l'âme et du corps dans l'*Idée*, ou en Dieu, pour parler le langage des philosophes du XVIIe siècle.

LE SAVANT. — C'est la théorie de Spinosa.

LE MÉTAPHYSICIEN. — Tout à fait. L'âme est d'abord

naturelle, puis *individuelle* et sensible, puis *réelle*. L'âme naturelle n'est que la substance universelle de la vie, et n'a de réalité que sous forme individuelle (1). La plus haute, la suprême individualité de l'Ame universelle est le genre humain, produit complexe de la vie *cosmique*, *sidérale* (Hegel eût dû dire *solaire* plutôt que sidérale) et *tellurique*. La position que la terre occupe dans le système planétaire la rend particulièrement propre à être le berceau de l'Esprit. Mais pour cela la terre a dû subir de grandes révolutions. Dans ces cataclysmes, c'était l'Esprit du genre humain qui, sans en avoir conscience, travaillait dans les entrailles de la terre pour se préparer sa demeure. Ensuite cet Esprit général se particularise; les moments de son développement se posent et existent comme formes indépendantes : de là la distinction des races. Le *nègre* est l'Esprit *naturel* comme tel. Dans le *mongole*, l'Esprit a déjà conscience de son opposition à la *Nature*, et tend à s'élever au-dessus d'elle. Mais ce n'est que dans la race *caucasique* que l'Esprit arrive à la pleine liberté. Ensuite, au milieu de ces grands groupes, naissent et se distinguent les types *nationaux*, *locaux*, dont la comparaison fournit également à Hegel l'occasion d'appliquer le principe de la dialectique. Même application aux différences d'âge, de sexe, aux rapports de famille, à l'état de veille et de sommeil, aux tempéraments, etc. Le réveil n'est pas seulement un état opposé à celui du sommeil : c'est le *jugement* par lequel l'âme se reconnaît pour individuelle, en se distinguant de sa substance générale. Le sommeil est un retour de l'Esprit à l'essence générale du sujet, qui en est la puissance absolue. Voilà pour l'âme naturelle.

(1) Encyclopédie, §§ 91-102.

LE SAVANT. — Toutes ces idées sont d'un grand intérêt, surtout au sein des faits qu'elles expliquent.

LE MÉTAPHYSICIEN. — L'âme sensible ou le *sentiment* est la forme de la sourde et secrète activité de l'Esprit, dans son individualité encore sans conscience. Tout est *virtuellement* dans le sentiment ; en un sens, tout ce qui se révèle dans la conscience et dans la raison y a son origine et son principe, puisque l'origine ou le principe n'est que le premier aspect, la forme immédiate sous laquelle une chose apparaît. Tout est dans le cœur, siége du sentiment, avant d'être dans la tête, siége de la raison ; mais c'est seulement par la pensée que ce contenu virtuel se réalise. La pensée, non le sentiment, est le titre de supériorité de l'homme sur les animaux (1). L'âme sensible est un *individu*, mais elle n'est pas encore *sujet* réfléchi en soi ; c'est pour cela qu'elle est passive. Par un nouveau progrès, l'âme parvenue au sentiment de soi, se distingue des sentiments particuliers qui manifestent sa vie multiple, s'en reconnaît le sujet général, se possède véritablement, et devient âme libre et *réelle*. C'est l'état qu'on nomme l'*habitude*. L'habitude fixe la conscience, comme la mémoire fixe l'intelligence. C'est en ce sens que Hegel a pu dire que l'habitude est le *mécanisme* de la conscience de soi, de même que la mémoire est le *mécanisme* de l'intelligence. Selon l'expression d'Aristote, c'est une *seconde nature* posée par l'âme. De ce moment, le corps n'est plus que l'extérieur de l'âme, l'âme elle-même s'exprimant au dehors ; et c'est cette identité de l'intérieur et de l'extérieur qui fait la *réalité* de l'âme. Mais, par cela même que l'âme, en se posant distincte du corps et en le faisant sien, s'est *réalisée*, elle est devenue *moi* ou *conscience*.

(1) *Encyclopédie*, §§ 400, 401, 403, 410.

Le Savant. — Je comprends la transition.

Le Métaphysicien. — La conscience est la réflexion de l'Esprit (1). Le *moi* étant le rapport infini de l'Esprit à lui-même comme sujet, la conscience est le sentiment de la contradiction de deux termes posés comme indépendants l'un de l'autre, et en même temps comme identiques. L'Esprit y apparaît comme phénomène, mais comme phénomène identique avec son essence. Le sentiment de cette identité est la *certitude* de l'Esprit, en tant qu'Esprit. Pour que cette certitude devienne *vérité*, il faut que l'Esprit passe successivement par les trois degrés de la *conscience en soi*, de la conscience *de soi*, de la conscience *pour soi*. La conscience *en soi* est d'abord conscience sensible ou *sensibilité* proprement dite, puis *perception*, enfin *entendement*. Dans la sensibilité, le sujet et l'objet sont chacun pour soi et immédiatement. Ce savoir, que l'empirisme donne pour le plus concret, le plus riche, le plus vrai, est au fond ce qu'il y a de plus abstrait, de plus vide de pensée; il ne contient rien autre chose que la distinction du *moi* et du *non-moi*, du sujet et de l'objet, sans aucune notion de l'un ni de l'autre. Par la *perception*, l'objet devient pour le moi quelque chose de plus qu'un simple non-moi; l'esprit y saisit l'objet sensible dans sa généralité, et par suite dans une certaine vérité. Mais la perception n'a sa *vérité* proprement dite que dans l'*entendement*, qui est la conscience de l'objet comme phénomène réfléchi et généralisé. Par là le monde sensible devient quelque chose d'intérieur, d'idéal, d'*intelligible*, en tant que soumis aux lois de l'entendement. Ainsi disparaît l'indépendance réciproque du sujet et de l'objet; le moi, comme jugement, a un objet qui n'est plus distinct de lui-

(1) *Ibid.*, §§ 413-439.

même. Dans la conscience *de soi*, l'objet disparaît comme tel ; il n'est plus que ma représentation ; c'est moi que je sais en lui. *Moi = moi*, liberté abstraite, idéalité pure, telle est la formule de l'*entendement*. Cela explique, par parenthèse, comment la philosophie de l'entendement est purement *subjective ;* le moi lui-même, pris ainsi, est sans réalité, puisque tout objet suppose une différence. Ce n'est que dans la conscience *pour soi* que le moi et le non-moi retrouvent leur réalité. Cette conscience est la *raison*, laquelle a pour caractère propre l'identité du sujet et de l'objet de la *notion*. C'est la certitude que les déterminations de l'esprit sont en même temps celles de l'essence des choses ; c'est la conscience de la vérité, ou la pensée qui s'est reconnue pour toute réalité ; c'est en un mot l'Esprit concret et parfait. N'oubliez pas que, dans la philosophie de Hegel, ces deux termes sont synonymes.

LE SAVANT. — En effet.

LE MÉTAPHYSICIEN. — L'Esprit ainsi conçu n'est encore que le troisième terme d'un premier procès, l'esprit *subjectif* (1). Parvenu à ce degré, l'Esprit n'ayant plus d'autre fin que lui-même, est libre et se détermine selon sa propre essence. Comme tel, il devient volonté raisonnable, *esprit objectif*. La volonté libre est d'abord et immédiatement volonté individuelle, la *personne*. La réalisation matérielle de cette liberté est la *propriété*. La personne et la propriété sont la matière du *droit*. L'homme a un droit absolu sur tout ce qui est sans maître. La propriété est le signe de la personnalité, parce que c'est en elle que celle-ci se manifeste généralement. Le droit, en tant qu'il réalise extérieurement la liberté, suppose une pluralité de personnes, et par

(1) Tome VIII des *OEuvres de Hegel*. — *Encyclopédie*, §§ 488-502.

là même est sujet à contention. Mais comme, en cas de contestation, une seule des parties peut avoir raison, il doit y avoir un *droit en soi*, opposé à l'apparence du droit. Cette apparence du droit, soutenue de bonne foi, est le *tort naïf*, simple négation constituant le *litige*. Mais alors que la volonté se prévaut de la seule apparence du droit, elle devient *injuste*. Du moment qu'elle sépare le droit véritable de son apparence extérieure, l'injustice devient *fraude*. Enfin, si l'apparence même du droit n'est plus respectée, la fraude devient *crime*. La négation toute personnelle et intéressée du crime est la *vengeance*. Ces deux jugements se détruisent et se confondent dans un troisième jugement désintéressé, qui est la *peine*. Mais la volonté *subjective*, d'abord opposée au droit, se réconcilie avec lui ; ce retour constitue la *moralité* (1).

Le Savant. — La déduction des idées est en effet évidente.

Le Métaphysicien. — Le sujet, le moi est libre, en tant qu'il ne veut que ce que veut toute volonté raisonnable. Sous l'inspiration de cette liberté, l'activité du sujet au dehors devient *action morale*. Tout changement produit par cette activité est de son fait ; mais il n'avoue pour son action que ce qu'il a produit sciemment et avec intention. La *moralité* ne comporte la recherche de la *félicité* qu'autant que celle-ci se renferme dans les limites de la morale. Le moi veut se satisfaire lui-même, et cette satisfaction est son bien. Mais, comme volonté raisonnable, il veut le bien général, le bien absolu, objet de la volonté universelle ; c'est ce bien qui fait le *devoir* de chacun. Le bien de la volonté personnelle préféré sciemment au bien de la volonté générale, et

(1) *Encyclopédie*, § 502.

réalisé aux dépens de celui-ci, est le *mal*. Le bien, comme harmonie du penchant et de la raison, c'est-à-dire le bien accompli de manière que la raison soit la juste mesure de la satisfaction personnelle, est *vertu*. Mais cette harmonie suppose toujours plus ou moins la lutte et la résistance : de là la possibilité, la *nécessité* du mal. Quant à l'harmonie de la félicité et de la vertu, elle n'est qu'accidentelle, à cause de la liberté avec laquelle tous peuvent rechercher la satisfaction de leurs fins particulières. Toutefois le cours du monde *doit* en définitive se conformer à la loi morale, satisfaire les *bons*, tromper les espérances des *méchants*, finir par anéantir le mal lui-même.

LE SAVANT.—Voilà une morale aussi pure que solide, et bien différente de celle de Spinosa.

LE MÉTAPHYSICIEN.—Vous voyez qu'on peut croire à la liberté, au bien, à la moralité humaine, sans croire au Dieu de l'imagination. La politique de Hegel ne ressemble pas plus que sa morale aux doctrines de Spinosa. Dans la famille (1), dans la société, dans l'État, la moralité abstraite et *subjective* se réalise. La logique, avec ses distinctions, règne ici comme partout ailleurs. La famille est l'Esprit *sensible* et *naturel*. La société civile est l'Esprit général considéré dans la totalité des rapports réciproques des individus comme personnes. L'État est l'Esprit dans son retour à l'unité, l'Esprit développé et identifié tout à la fois en une réalité organique. Dans le *mariage*, deux personnalités s'unissent en une même personne ; l'union corporelle est la conséquence du lien moral qui les unit, ainsi que la communauté de biens et d'intérêts (2). L'*objet*, la réalisation

(1) *Encyclopédie*, §§ 518-522.
(2) *Ibid.*, §§ 534-547.

objective de cette unité est l'*enfant*. L'éducation, qui est pour les enfants une seconde génération, en *fait* des personnes indépendantes, destinées à former des familles nouvelles. La pluralité des familles, représentées au dehors par les pères de famille, trouve d'abord son unité dans les *cités*, dans les *communes*, dans la *société civile*. Mais cette unité est de pure *agrégation*, non d'*organisation*. Toutefois les familles sont unies par un lien secret, mais réel, bien qu'elles n'en aient pas conscience. Chacune, en travaillant à pourvoir à ses besoins, produit en même temps les moyens de satisfaire à ceux des autres. C'est ainsi qu'à son insu l'égoïsme devient sociabilité. L'État est l'unité, l'unité organique de la famille et de la société civile, la *substance* morale des individus qui n'en sont en quelque sorte que les *accidents*, bien que lui-même n'ait sa vérité que dans la conscience et le patriotisme des individus.

Le Savant. — L'analogie des mots pourrait faire croire à une certaine parenté de l'*Etat* de Hegel avec la *République* de Platon.

Le Métaphysicien. — Oui, mais la différence est profonde dans les choses. Tandis que l'État de Platon est une unité abstraite, une *idée*, l'être politique par excellence, le *tyran* pour lequel les individus ne sont que des esclaves, l'État de Hegel est une unité organique qui n'a d'existence, de développement, de perfection que par les individus, lesquels, en leur qualité de personnes, ne peuvent jamais être traités comme des instruments. Sous ce rapport, Hegel est de l'école de Kant.

Le Savant. — Je ne vous arrête plus.

Le Métaphysicien. — L'État est d'abord dans son organisation, droit public *interne* ou *constitution*. Puis, dans son rapport avec d'autres individualités de même nature, il est droit public *extérieur*. Enfin, dans son rapport avec l'histoire universelle, l'État est l'État absolu, le type adéquat de l'Esprit. La constitution est l'organisation de la puissance publique, l'établissement de la justice comme liberté *réelle* et raisonnable. L'unique garantie de bonté et de durée pour une constitution repose sur l'esprit de la nation tout entière. Le droit public extérieur repose d'une part sur les traités *historiques*, et de l'autre sur le *droit des gens;* droit tout rationnel dont le principe général est la non-intervention. Ce *droit*, malgré les grands progrès qu'y a introduits la civilisation, est encore très imparfait, et manque d'ailleurs de sanction. L'État absolu est l'Esprit *universel*, substance et négation tout à la fois des esprits *nationaux*. Son but, dans la guerre et dans le mouvement progressif de l'histoire, est de les dissoudre, en tant qu'ils ne réalisent pas entièrement le droit général et l'état rationnel. La civilisation, tendant à réaliser cette idée, constitue l'*Histoire universelle*, où se développe souverainement l'Esprit du monde. L'Histoire a pour objet de donner à l'Esprit la conscience de soi comme absolu; c'est en ce sens qu'elle est une vivante *théodicée*. L'Esprit absolu qui règne dans l'Histoire universelle, en se dégageant du sein des nations et des époques, se saisit dans son universalité concrète, et s'élève à la conscience de lui-même, à cette vérité éternelle, où la raison libre et la nécessité, l'Histoire et la Nature ne servent qu'à faire éclater la gloire de l'Esprit.

LE SAVANT. — Voilà de grandes vues.

LE MÉTAPHYSICIEN. — Il faudrait en suivre le développement dans l'original pour en saisir toute la vérité. S'il est un système qui se prête à la philosophie de l'histoire, c'est celui de Hegel. Son école définit l'Histoire : le développement de l'Esprit universel dans le temps. La philosophie de l'histoire, c'est l'histoire considérée avec *intelligence*. Elle prend les faits tels qu'ils sont, et la seule pensée qu'elle y apporte, c'est la pensée fort raisonnable sans doute que la raison gouverne le monde. Le monde de l'Histoire est l'Esprit, et l'essence de l'Esprit est la *liberté*, comme l'essence de la matière est la *pesanteur*. Toutes les propriétés de l'esprit ne subsistent que par la liberté, et ne tendent qu'à la liberté : l'*Histoire universelle est donc l'histoire de la liberté*. Le monde oriental, le monde grec et romain, le monde moderne, en sont les phases successives. Dans la Nature, tout est harmonie et se reproduit sans effort. Dans le domaine de l'Esprit qui ne reconnaît pour loi que la conscience, et pour principe d'action que la volonté, il y a lutte de l'Esprit avec lui-même, et son développement est un travail pénible et plein de combats. Trois périodes marquent ce travail. La première est l'état primitif de l'Esprit plongé dans une sorte de sommeil *inconscient*. Dans la seconde, il s'éveille à la conscience de la liberté, conscience encore imparfaite et partielle. C'est dans la troisième période seulement que l'Esprit acquiert une entière conscience de lui-même, et qu'il s'élève jusqu'à la liberté générale. Ces trois périodes sont : le *despotisme de l'Orient*, l'enfance de l'humanité, où règnent la foi, l'obéissance, la confiance ; l'*esprit hellénique* avec son aristocratie et sa démocratie, la jeunesse du monde, suivie de l'*empire romain*, l'âge viril de l'antiquité ; enfin le *génie germanique*, l'âge mûr, l'âge de la science, de la vérité, de la liberté universelle. « L'Histoire universelle, dit Hegel en terminant, n'est autre chose que le développement de l'*idée* de la liberté. Nous avons dû nous borner à en suivre le progrès, et nous interdire le plaisir de peindre la félicité et la gloire des peuples, la beauté des caractères individuels. La philosophie n'a pas d'autre objet que la splendeur de l'*idée* qui se réfléchit dans l'Histoire du monde ; elle s'élève au-dessus des mouvements des passions pour ne s'attacher qu'au général, au progrès, et son intérêt consiste à faire comprendre comment la réalité présente est le résultat des révolutions du passé. »

LE SAVANT. — Nous voici enfin arrivés au terme de la dialectique.

LE MÉTAPHYSICIEN. — Pas encore. L'Esprit absolu est bien le dernier terme du procès de l'Esprit, mais il forme lui-même, dans son développement, de nouveaux procès qui se divisent et se subdivisent presque indéfiniment. L'Art, la Religion, la Philosophie, sont les moments d'un procès définitif au delà duquel la dialectique n'a plus rien à chercher. L'Art est l'effort par lequel l'Esprit cherche à réaliser l'idée sous une forme sensible (1). Cette identité de l'idée et de la forme est l'*idéal*, le beau proprement dit. Parmi les formes naturelles, le corps humain est la plus parfaite, parce qu'elle est l'expression directe de l'Esprit. Les beautés de l'art sont supérieures aux beautés naturelles de toute la supériorité de l'Esprit sur la Nature. L'Art est la plus haute transfiguration de la Nature, comme symbole de la Divinité ou de l'Esprit absolu. Mais il ne faut pas oublier qu'il est un effort, c'est-à-dire une lutte de l'*idéal* avec la *matière*. Or les diverses manières dont ces deux éléments s'unissent donnent lieu à trois formes distinctes de l'art, exactement correspondantes aux trois époques historiques : la forme symbolique ou l'art oriental, la forme classique ou l'art grec, la forme romantique ou l'art moderne chrétien. Dans l'art symbolique, qui est celui de l'Inde et de l'Égypte, la matière prédomine à tel

(1) Hegel, §§ 556-565, *Leçons sur l'esthét.*, t. XX. Voyez l'excellente traduction de M. Bénard.

point que la pensée s'y laisse deviner plutôt qu'elle s'y exprime réellement. L'expression orientale manque de clarté dans ce luxe colossal et bizarre de la matière ; c'est plutôt un *symbole* qu'un *signe* véritable. Dans l'art classique, l'expression est claire et adéquate à l'idée ; il y a harmonie parfaite entre la forme et le contenu. Seulement cette forme n'exprime encore que l'esprit *naturel* ou *sensible*. Le beau est plutôt le caractère propre de l'art grec, et le sublime celui de l'art oriental. Dans l'art romantique, l'idée rencontre enfin sa véritable forme ; l'Esprit s'y trouve exprimé dans ses profondeurs, l'Esprit pur, libre et infini. C'est lui qui prédomine, et la matière n'est plus qu'un signe, une simple apparence, à travers laquelle l'Esprit éclate partout. Ainsi cette unité de l'idée et de la forme que cherche vainement l'art symbolique, que trouve l'art classique, est dépassée par l'art romantique. Les différents arts correspondent plus ou moins à cette triple forme de l'art. L'architecture est l'expression de la forme symbolique : de là son obscurité. La sculpture exprime la forme classique : de là sa clarté parfaite, mais superficielle. La peinture, la musique et la poésie expriment la forme romantique : de là leur sens profond et leur puissant effet. Et comme chaque époque de l'art a son esprit propre qui en pénètre les diverses manifestations, l'architecture, la sculpture, la peinture, la musique, la poésie, affectent uniformément en Orient la forme symbolique, en Grèce la forme classique, dans le monde chrétien la forme romantique. Rien de plus intéressant que la critique des époques et des genres de l'art et de la littérature, au point de vue de la logique hégélienne. On y retrouve, comme partout, plus que partout ailleurs peut-être, l'originalité, la profondeur et la finesse d'esprit qui fécondent et vivifient cette logique abstraite.

LE SAVANT. — C'est en effet merveilleux d'application.

LE MÉTAPHYSICIEN. — Pour en juger, un résumé aussi sommaire ne suffit pas ; il faut lire l'auteur lui-même. L'art romantique fait le passage à la religion proprement dite, puisque en lui la Nature n'est plus qu'un voile transparent de l'Esprit divin (1). La religion, comme tout le reste, ne peut se manifester sous sa forme véritable qu'après avoir traversé toutes les formes inférieures ; les religions historiques sont autant de degrés nécessaires pour préparer l'avènement de la religion définitive. La philosophie des religions a pour objet de reconnaître la nécessité logique dans le progrès des manifestations religieuses de l'Absolu. Toutes ces formes sont autant de définitions successives de Dieu, auxquelles correspondent les différents cultes. Et comme la religion touche à tout ce qu'il y a de plus intime dans l'âme et dans la pensée de l'homme, il s'ensuit que l'histoire des religions coïncide exactement avec l'Histoire universelle, et même la comprend dans une certaine mesure. C'est surtout entre l'art et la religion que le rapport est intime : telle religion, tel art ; c'est le rapport de la cause à l'effet. L'art moderne n'est arrivé à sa perfection que sous l'inspiration du Christianisme, qu'il a de son côté contribué à épurer. « La religion est la région où toutes les énigmes de la vie et toutes les contradictions de la pensée trouvent leur solution, où s'apaisent toutes les douleurs du sentiment, la région de l'éternelle vérité, de la paix éternelle. Là coule le fleuve Léthé où l'âme boit l'oubli de tous les maux ; là

(1) *Encyclopédie*, §§ 564-571. — *Leçons sur la philosophie de la religion*, Œuvres, t. XI et XII.

toutes les obscurités du temps se dissipent à la clarté de l'Infini. Dans la conscience de Dieu, l'Esprit est délivré de toute forme finie ; c'est la conscience entièrement libre, la conscience de la Vérité absolue. »

Le Savant. — Voilà des paroles dignes de Platon.

Le Métaphysicien. — L'âme du philosophe éclate de temps en temps en pareils accents, à travers les déductions logiques de la pensée. Mais poursuivons. L'essence de la religion, l'*idée* religieuse à proprement parler, c'est l'unité de Dieu et de l'homme. Il n'est pas une religion, si incomplète et si grossière qu'elle soit, qui n'ait pour fond cette idée. Cela constitue ce qu'on nomme le *sentiment religieux*, et ce que Hegel appelle la *conscience religieuse*. Le développement de cette conscience engendre d'abord la religion de la Nature, puis la religion de l'Esprit, enfin la religion de l'Esprit absolu, la seule véritable. La religion de la Nature parcourt trois phases : elle est premièrement religion de la *magie* (Fétichisme, Chamanisme, Lamaïsme, Boudhisme) ; ensuite religion de l'*imagination* (le Brahmaïsme) ; enfin religion de la *lumière* (le Parsisme), et religion symbolique (celle de l'Égypte). La religion de l'Esprit est d'abord religion du Sublime (*Judaïsme*), religion de la *beauté* (l'Hellénisme), et religion de l'entendement (celle des Romains). C'est cette dernière qui forme (sans qu'on sache trop pourquoi) le passage à la Religion absolue. Dans la religion de la *magie*, c'est un individu qui dispose de la puissance divine ; Dieu est confondu avec l'homme ou la Nature. Dans la religion de l'imagination, dans le panthéisme brahmaïque, il y a progrès ; Dieu se distingue de l'homme et de la Nature, comme la Substance une et identique de ses manifestations multiples et passagères. Dans la religion de la *lumière*, cette distinction se prononce davantage ;

Dieu n'est plus enveloppé dans ses formes naturelles, mais posé comme mouvement de l'Esprit libre, dans la victoire définitive d'Ormuzd sur Ahriman. Dans la religion symbolique ou égyptienne, le dualisme commence à s'évanouir ; Typhon, le principe du mal, atteint Osiris, le principe du bien, qui en meurt, mais pour ressusciter comme souverain d'un empire surnaturel : c'est-à-dire que Dieu reprend sa liberté et sa puissance spirituelle par la négation de la Nature. C'est par cette transition que les religions de la Nature, de la force et de l'être s'élèvent aux religions de l'Esprit, de la sagesse, de la liberté pure. Dans le Judaïsme, Dieu est posé comme l'Être libre, spirituel, seul *positif*, devant lequel la Nature n'est qu'apparence et néant ; cependant ce Dieu n'est pas le Dieu unique, mais seulement le plus puissant. Le polythéisme est un progrès sur ce monothéisme incomplet ; la pluralité des dieux exprime les puissances morales qui président à la vie individuelle, humaine ou naturelle. C'est cette unité du divin et de l'humain qui fait du polythéisme grec la religion de l'art et de la *beauté;* les dieux des Grecs sont leurs passions et leurs vertus. Et c'est aussi ce qui fait la faiblesse métaphysique de ce système. L'unité, sous l'image du Destin, s'y montre déjà au fond de la scène ; mais c'est une unité inerte, une nécessité abstraite qui ne se manifeste comme puissance absolue que dans la religion romaine. Sous ce Dieu vraiment universel, toutes les personnifications naturelles, morales et nationales vont se réunir dans le Panthéon de l'empire. Tous les dieux servent la *fortune du peuple romain;* c'est la religion de la politique et de l'entendement. La religion chrétienne est la véritable Religion, parce qu'en elle s'accomplit la fin religieuse, l'union de Dieu et de l'homme. L'esprit fini a disparu ; c'est l'Esprit infini qui s'unit à lui-même ; l'Esprit absolu se sait comme tel dans la conscience du chrétien. C'est avec raison que cette religion se dit *révélation*, car elle est Dieu se révélant dans sa vérité. L'Esprit n'est esprit qu'autant qu'il est *pour* l'esprit, qu'il sait ce qu'il est. Le Christianisme est le dernier terme du développement de l'idée religieuse, un produit nécessaire du travail de l'Esprit parvenant enfin, à travers l'histoire, à la conscience de lui-même.

Le Savant. — Toute cette histoire religieuse me semble du plus haut intérêt philosophique.

Le Métaphysicien. — Que serait-ce si vous la suiviez dans tous ses détails ; nulle part, la logique hégélienne n'est plus à l'aise que dans la théologie chrétienne. Là, plus qu'ailleurs, elle trouve ample matière à l'application de ses formules. L'Idée se posant, s'opposant, s'unissant à soi dans sa réalité objective, l'Idée *en soi*, *de soi* et *pour soi*, qu'est-ce autre chose que le mystère de la *Trinité?* Dieu est l'être général, la pensée pure, substance de toutes choses, le Père. Mais cette généralité abstraite se particularise, se représente dans un autre, *devient* pluralité d'*idées*, c'est le *Fils*, le *Verbe*, le Type des *idées*. Puis Dieu *revient* à lui-même, et dans ce retour, il est *Esprit* ou Personnalité absolue. Dans l'Esprit se réalise le jugement (diremption) de la nature divine. De l'éther de la Pensée pure, Dieu descend dans la sphère de l'entendement humain pour remonter dans la *conscience* de la Pensée. C'est ce mouvement éternel de procession et de retour qui fait la création. La *chute* n'est que la procession ; la *rédemption* n'est que le retour. La Nature en soi n'est point le mal ; elle en est seulement la possibilité, en ce que l'Esprit, en s'individualisant par le *jugement* ou la diremption de l'Esprit général, peut se fixer comme conscience particulière, opposée à la substance divine, et faire servir, en cet état, la Nature à ses fins individuelles. L'homme seul est capable de se roidir, de se révolter contre Dieu, et aussi de se réconcilier avec Dieu. Si c'est par l'homme que la Nature a fait défection, c'est par lui aussi qu'elle est sauvée. Les deux moments de la *procession* et du *retour*, que l'entendement sépare historiquement et exprime sous les termes psychologiques de *déchéance* et de *réhabilitation*, forment l'histoire divine éternelle qui se reproduit en chaque individu. Chaque homme tombe dans le péché comme *Adam*, meurt et ressuscite comme le Christ, s'élevant ainsi à l'éternelle félicité dans le ciel de la foi. Le propre de l'esprit religieux est de se représenter, sous forme historique et extérieure, ce qui est l'essence de la conscience humaine.

Le Savant. — Voilà une philosophie des religions. La science d'un Creutzer n'est que chaos à côté de cela.

Le Métaphysicien. — Le Christianisme, en tant que religion parfaite, est le passage de la religion à la philosophie ; c'est en lui que la conscience religieuse se transforme dans la conscience philosophique (1). La philosophie est à la fois le couronnement et la négation de la religion. Le sentiment de cette union mystique de l'esprit individuel avec l'Esprit absolu, laquelle a pour symbole la *communion*, devient philosophie en passant par la pure lumière de la pensée. L'objet de la philosophie est le même que celui de la religion ; c'est la vérité éternelle, Dieu, rien que Dieu, l'*explication* de Dieu. Seulement, dans la philosophie, le même contenu se présente sous la forme de la pensée spéculative. La philosophie est le troisième terme du dernier procès de la dialectique, par suite l'unité des deux termes anté-

(1) *Encyclopédie*, §§ 572-577.

rieurs, l'art et la religion, Grâce à elle, l'Esprit est maintenant *pour soi* ce qu'il est en soi ou virtuellement; il s'est reconnu lui-même pour l'Absolu, et s'est ainsi identifié avec Dieu. L'*Absolu est l'Esprit*, telle est la plus haute définition de Dieu. La fin de toute dialectique, la fin de la vie universelle est de donner à l'Esprit la conscience de lui-même, et de donner à l'esprit humain la conviction qu'il est *un* avec Dieu. L'Esprit, qui avait paru être un résultat, est maintenant reconnu pour l'absolument *Premier*, qui se produit continuellement de lui-même et par lui-même; il est le principe latent de la Nature, qui se constitue et se développe par une dialectique immanente. La matière n'est rien en soi; elle n'a sa vérité que dans l'Esprit. La philosophie est la reproduction par la pensée *consciente* et libre de cette vie universelle à laquelle préside une pensée aveugle et sans conscience. C'est donc le plus haut degré du développement de l'Idée.

Le Savant. — La dialectique s'arrête sans doute à ce sommet.

Le Métaphysicien. — Oui, en ce sens qu'au delà de la philosophie, il n'y a plus rien. Mais la philosophie elle-même a son histoire, comme la Nature, comme l'art, comme le droit, comme la religion, comme toute chose vivante. Cette histoire, de même que toutes les autres, n'est pas la simple succession dans le temps des manifestations de la pensée, mais un tout organique qui se développe d'après des lois nécessaires. Les systèmes s'y engendrent par le même mouvement dialectique qui entraîne toutes choses dans la vie universelle. Dans le développement historique, c'est toujours le même contenu réel, la même vérité qui s'est produite sous des formes diverses; et la dernière philosophie n'est réellement que la dernière expression, la forme la plus vraie, la plus complète de ce contenu. L'histoire de la philosophie nous montre une seule et même philosophie à différents degrés de développement, et dans les divers principes sur lesquels reposent les systèmes, autant de parties dans un seul et même tout. L'ouvrier de ce travail de quelques milliers d'années est le même Esprit vivant que sa nature pensante porte à se donner la conscience de ce qu'il est. La philosophie qui est la dernière dans le temps, est le résultat de toutes les philosophies antérieures, et doit par conséquent renfermer les principes de toutes : elle est la philosophie la plus vraie, en ce sens qu'elle est le système le plus développé, le plus riche, le plus concret. Le fond réel des diverses philosophies qui se succèdent est éternellement jeune ; les formes seules vieillissent et périssent. Ce que nous sommes, nous le sommes par l'histoire. La science acquise à un moment donné n'est pas tout entière l'ouvrage du présent ; c'est surtout un héritage, fruit des travaux des anciennes générations. De même que les arts utiles, les institutions et les usages de la vie sociale sont le résultat des inventions et des nécessités du passé, de même ce que nous pensons dans la science, dans la philosophie surtout, nous le devons à la tradition qui, à travers les âges, forme une chaîne sacrée, et nous transmet ce qu'ont produit les générations éteintes. Cet héritage constitue l'âme de la génération nouvelle, sa substance morale, ses préjugés, ses croyances. Et en même temps que cette succession est acceptée, elle est enrichie et transformée ; chaque progrès, en ajoutant à la connaissance acquise, a sur elle un effet rétroactif, qui la transforme en même temps qu'il la développe davantage. Enfin l'histoire de la philosophie n'est pas une suite d'aventures de chevaliers errants, qui se battent au hasard pour une beauté qu'ils n'ont pas vue, et qui ne laissent d'autres traces après eux que le plaisant récit de leurs inutiles exploits. Dans tous les mouvements de l'Esprit, il y a nécessairement un lien et de l'unité; la philosophie est identique avec son histoire (1).

LE SAVANT.—Voilà ce que je n'ai jamais bien compris, malgré les éloquentes leçons de l'éclectisme resté fidèle en cela à la philosophie de ses maîtres allemands. Identifier la science avec son histoire, n'est-ce pas confondre l'idéal avec la réalité ?

LE MÉTAPHYSICIEN. — Pas précisément. Quoi qu'on ait pu dire, Hegel n'a jamais fait cette confusion. Personne ne comprend mieux que lui que la réalité ne peut être adéquate à l'idéal, que l'histoire, quel qu'en soit l'objet, Nature, art, droit, science, religion, philosophie, ne peut être l'expression pure et parfaite de l'Idée à laquelle elle se rapporte. S'il reconnaît des lacunes, des défectuosités, des accidents de toute sorte dans l'histoire de la Nature elle-même, où tout semble marqué du sceau de la nécessité, il n'a garde de méconnaître, à plus forte raison, ces mêmes accidents dans l'histoire de la science, de la philosophie, et de tout ce qui concerne le développement de l'Esprit. Seulement, vous le savez, l'histoire a pour Hegel, pour Schelling, pour tous les philosophes de l'*Identité*, un tout autre sens, une tout autre importance que pour l'école idéaliste proprement dite. L'Idée sous toutes ses formes, Nature, art, religion, droit, science, philosophie, n'est pas une chose abstraite, immuable, immobile, en dehors du temps, de l'espace et de toutes les conditions de la réalité, telle enfin que nous la montre la pure Logique. Elle se développe, se réalise, s'individualise, s'incarne et se personnifie; c'est son moment historique, c'est-à-dire *réel*. Admirez ici la précision et la fécondité des formules de la logique hégélienne. Vous

(1) *Histoire de la philosophie*, Introduction.

rappelez-vous la catégorie de l'*essence* comprenant le procès de l'essence, du phénomène et de la réalité?

Le Savant. — Certainement.

Le Métaphysicien. — Eh bien! cette formule trouve son application la plus heureuse dans la définition de l'histoire. L'histoire, c'est la réalité, en tant qu'identité de l'essence et du phénomène. Il va sans dire qu'il s'agit ici de l'histoire philosophiquement traitée, et non de cette histoire purement extérieure, simple recueil de phénomènes, d'incidents, de faits inintelligibles qui ne s'adressent qu'à l'imagination. C'est en ce sens qu'il n'y a de vérité que dans l'histoire. Pour Hegel et la philosophie de l'*Identité*, rien n'*est*, tout *devient*, non pas seulement pour l'esprit humain qui ne saisit que les manifestations de la vérité, mais pour la vérité elle-même, pour la substance des choses, pour l'Absolu, pour l'Idée qui n'a de réalité que dans le devenir.

Le Savant. — Je comprends maintenant la théorie historique de notre philosophe.

Le Métaphysicien. — Résumons en quelques mots l'histoire de la philosophie, telle que l'expose Hegel. La philosophie est la plus haute expression du caractère général d'une nation et d'une époque ; elle ne commence que là où la réflexion arrive à la conscience nette et distincte de l'Absolu, où l'esprit individuel conçoit son propre être comme Être universel, sans se confondre avec lui. Tant que la pensée en reste au sentiment de l'identité sans distinction, elle n'est encore que religion ; c'est le caractère de la philosophie dite orientale. Ainsi entendue, la philosophie ne commence réellement qu'en Grèce. Son histoire se divise en trois grandes périodes : la philosophie grecque, la philosophie scolastique, la philosophie moderne. Mais, au fond, ces trois périodes se réduisent à deux : la philosophie grecque, et la philosophie moderne ou *germanique* (Hegel comprend sous ce mot tout ce qui ne rentre pas dans le monde gréco-latin), entre lesquelles s'étend une époque de transition où la pensée aspire déjà à la liberté, sans la posséder pleinement.

LE SAVANT.—Il semble qu'ici la dialectique se trouve en défaut. Que devient la loi du procès, l'éternelle et universelle triade ?

LE MÉTAPHYSICIEN.—Hegel ne l'a point oubliée. Cette triade existe véritablement, et c'est la période orientale qui en forme le premier moment. Si la pensée de l'Orient ne mérite pas encore le nom de philosophie, elle n'en possède que mieux le caractère propre à ce premier moment : c'est la pensée vague et implicite, la conscience humble et confuse de l'infini et du fini. La période grecque est la pensée précise et explicite, la conscience distincte et orgueilleuse du fini. La période moderne est la pensée explicite et complète à la fois, la conscience sublime et modeste de l'identité de l'infini et du fini. Thèse, antithèse et synthèse, partout et toujours la même formule. Et vous voyez combien l'application en est naturelle.

LE SAVANT. — J'en conviens.

LE MÉTAPHYSICIEN. — Cette formule reparaît dans toutes les divisions et subdivisions de l'histoire de la philosophie. Vous connaissez les trois périodes distinctes de la philosophie grecque, période antésocratique, période socratique, période alexandrine. Dans la première, l'idée apparaît comme un tout dont Aristote unit et organise les éléments en corps de science. Dans la seconde, l'idée se développe sous des formes opposées, se divise en systèmes exclusifs, fondés sur des principes particuliers ; chaque face de l'idée y est posée comme le tout. Dans la troisième période enfin, s'opère la conciliation de ces oppositions : l'idée revient à sa totalité absolue (1). Chaque période s'engendre de celle qui la précède dans le temps, le dernier moment de l'une servant de point de départ et de principe au premier moment de l'autre. C'est ainsi que la philosophie moderne part du principe auquel est parvenue la philosophie ancienne, dans son moment alexandrin. Ce principe est la conscience de l'identité de l'infini et du fini, de l'être individuel et de l'Être universel. Ce qui lui a manqué pour être complet, ce que lui donnera la philosophie moderne, par l'inspiration de la conscience chrétienne, c'est le sentiment de la liberté et de la personnalité individuelle, sentiment qui manque aussi au spinosisme. La nouvelle philosophie, préparée par Platon, Aristote, Plotin, Bruno, Malebranche, Spinosa, Leibnitz, et toutes les grandes doctrines du passé, créée par Schelling, organisée et formulée par Hegel qui se fait ainsi sa place dans l'histoire, n'est autre chose que le christianisme élevé, comme dit M. Cousin, du demi-jour du symbole à la pure lumière de la science. Là s'arrête la dialectique, après avoir épuisé le cycle des catégories de la pensée et des procès de la logique.

Le Savant. -- Il était temps. Je commençais à perdre haleine et patience.

Le Métaphysicien. — Voilà l'idéalisme de la nouvelle philosophie. C'est peut-être l'œuvre la plus laborieuse et la plus systématique qui ait jamais paru dans l'histoire de la métaphysique, même en comptant les systèmes de Proclus et de Spinosa. On ne peut nier que cet idéalisme ne soit nouveau à beaucoup d'égards, plus profond, plus large, plus riche de science que toutes les doctrines de même nom qui l'ont précédé.

(1) *Histoire de la philosophie*, t. I.

LE SAVANT. — C'est ce que j'ai cru apercevoir à travers l'obscurité et la hardiesse paradoxale des formules.

LE MÉTAPHYSICIEN. — D'abord cette philosophie répond aux difficultés élevées par l'école critique contre l'ancienne métaphysique, en dissipant la fantasmagorie ontologique de l'opposition des *phénomènes* et des *noumènes*. Elle a compris que ce n'est pas la représentation, l'image, le *phénomène*, mais l'*idée* proprement dite, le *noumène* qui fait le véritable objet de la science ; que toute science, même expérimentale, n'est science qu'à cette condition ; que les savants, sous ce rapport, ne procèdent point autrement que les philosophes et les métaphysiciens. L'ancienne logique affirmait que l'idée est la représentation plus ou moins exacte de la réalité, et l'esprit un miroir plus ou moins fidèle de la vérité. Cette doctrine faisait beau jeu au scepticisme. Car comment s'assurer que l'image est exacte, et le miroir fidèle, à moins de connaître directement la vérité. Même dans l'hypothèse empirique de la table rase, une telle prétention est impossible à soutenir. L'esprit, quelque vide, quelque passif qu'on le suppose, modifie nécessairement la réalité dont il reproduit l'image. Mais que sera-ce donc, s'il est actif et pourvu de facultés originales, de principes, de concepts à priori, au moyen desquels il *forme* réellement cette connaissance des choses que l'école sensualiste définit une simple impression de la réalité ? C'est ce que Kant a démontré par l'analyse. Seulement, comme il maintient l'ancienne définition de la vérité, telle que la donne la logique ordinaire, il en conclut avec d'autant plus de force l'impuissance radicale de l'intelligence humaine à résoudre le problème ontologique. Comment en effet prétendrait-elle à percevoir les choses telles qu'elles sont, quand elle est, non pas un simple *récipient* qui recueille ces choses, mais un vrai *moule* où elles viennent prendre une forme intelligible ? Platon, Plotin, Malebranche, Spinosa, toutes les écoles idéalistes avaient compris de tout temps que la vérité réside dans l'*idée*, et non dans la réalité, comme le veulent les écoles empiriques. Mais ils avaient tous plus ou moins réalisé une abstraction, en faisant de cette idée un être à part, en dehors des choses et de l'esprit tout à la fois. Kant la fait rentrer dans l'esprit, dont elle n'est plus qu'une simple forme, condition nécessaire de toute représentation et de toute notion de la réalité, reléguant les choses elles-mêmes, les *noumènes*, dans une sphère inaccessible à l'intelligence. Ce scepticisme, également redoutable pour le dogmatisme sensualiste et pour le dogmatisme idéaliste, ne pouvait être vaincu que par une nouvelle logique et une autre définition de la vérité. Tout en acceptant les données de l'analyse kantienne, il fallait pouvoir en rejeter les conclusions. Pour cela, il était nécessaire de montrer que c'est la réalité qui est la représentation de l'idée, et que c'est la Nature qui est le miroir de l'Esprit ; que la vérité, ce mystérieux *noumène* cherché si loin et si vainement par le vieux dogmatisme, reconnu inaccessible par Kant et la philosophie critique, est dans l'idée et dans l'esprit ; que toutes choses, dans le domaine de la réalité, ne sont vraies qu'autant qu'elles sont intelligibles, c'est-à-dire pensées ; que l'ontologie se réduit au fond à la logique, et que le dogmatisme n'a été impuissant jusqu'à Kant que pour avoir mal posé le problème, méconnu le vrai sens du mot vérité, et cherché hors de l'esprit ce qui est et ne peut être que dans l'esprit.

LE SAVANT. — Voilà ce qui ne fait plus de doute pour moi, bien que mon esprit français ait eu peine à le comprendre.

LE MÉTAPHYSICIEN. — Oui, c'est la pensée qui fait la vérité des choses et des êtres ; ce qui ne veut pas dire qu'ils n'existent que par la pensée et dans la pensée. La nouvelle philosophie laisse cet idéalisme absurde à Berkeley et à Fichte. Mais, si les choses et les êtres subsistent par eux-mêmes, ils ne sont *intelligibles* et *vrais* que par la pensée. Ces concepts à priori, ces *formes* de la sensibilité et de l'entendement, ces principes de la raison, que Kant destitue de toute portée objective, sont les vrais, les seuls *noumènes* de la science et de la philosophie. La distinction du *phénomène* et du *noumène* n'a pas d'autre sens. Il ne s'agit pas d'exprimer par là le *dessus* et le *dessous*, l'extérieur et l'intérieur, la surface et le fond, l'apparence et l'être des choses. Pures et vaines métaphores que tout cela ! Le phénomène est la représentation de la réalité dans notre sensibilité et notre imagination, représentation purement subjective et sans rapport avec la nature même des choses. Il est la condition de la science, puisque la pensée n'atteint les choses que par cet intermédiaire; mais il n'en est pas l'objet. Le véritable objet de la science c'est le *noumène*, c'est-à-dire la chose *pensée*, ramenée aux formes de l'entendement et aux principes de la raison. Tant que les *phénomènes* ne sont point tombés sous les catégories de la pensée, tant qu'ils n'ont point été réduits en lois, en classes, en principes, en rapports fixes constituant un ordre rationnel, ils ne sont que la matière de la science ; ils n'en forment pas l'objet. La science, toute science est un système d'idées, nullement une association d'images. La vraie distinction du *phénomène* et du *noumène*, du *subjectif* et de l'*objectif*, se ramène à la distinction du sensible et de l'intelligible, de l'image et de l'idée, de la sensation et de la pensée. Vérité, pensée, science, c'est tout un ; dans la pensée résident toute science et toute vérité. C'est ce principe que la nouvelle philosophie a mis en pleine lumière. Par là elle a coupé court tout à la fois aux vaines spéculations de la vieille ontologie, et aux objections de Kant ; elle a fondé la métaphysique sur cette même critique qui semblait devoir en être le tombeau.

LE SAVANT. — Je vois en effet qu'en dépouillant la pensée allemande de ses formules obscures ou paradoxales, on y retrouve une vérité positive, déjà constatée par votre critique de l'intelligence.

LE MÉTAPHYSICIEN. — Ce n'est pas la seule. Vous êtes-vous aperçu que la nouvelle philosophie tient grand compte de l'expérience et de la réalité ? Les écoles idéalistes, depuis Platon jusqu'à Spinosa, procédaient autant que possible à priori dans leurs explications. Ils construisaient, ils imaginaient d'abord la réalité, sauf à plier ensuite les faits à leurs hypothèses, supprimant les uns, dénaturant les autres, faisant surtout ressortir ceux qui se prêtaient à leurs théories. L'idéalisme de Schelling, de Hegel surtout, n'a point ce caractère chimérique ; il n'induit ni ne déduit la réalité de données métaphysiques abstraites ; encore moins la crée-t-il d'imagination. Il la prend telle que la lui livre la science positive, et fait seulement servir la dialectique à l'*expliquer*. Expliquer la Nature, expliquer l'Histoire, sans rien supposer, sans ajouter aux révélations de l'expérience ni en retrancher, tel est l'objet de la métaphysique pour cette école. Au fond, quoi qu'elle en dise, elle a beaucoup moins d'ambition que les écoles qui l'ont précédée. Il ne faut pas trop la prendre au mot quand elle parle de créer la Nature et l'Histoire, de construire le monde de la réalité. Elle n'entend par là rien de semblable aux hypothèses ou aux déductions logiques de l'idéalisme platonicien, cartésien ou spinosiste. L'ancienne métaphysique usurpait le rôle des sciences positives, en se proposant, non pas d'expliquer seulement, mais de faire la science. Voilà pourquoi il est si difficile à l'historien de lui assigner son objet, son domaine propre. On la trouve mêlée à toutes les sciences physiques et morales, qu'elle fausse et corrompt plutôt qu'elle ne les dirige et les féconde. C'est même là une des causes principales de son impopularité depuis deux siècles. Beaucoup d'esprits, qui ne se rendent pas compte de son objet, la repoussent comme malfaisante ou comme inutile : malfaisante, si elle prétend coopérer directement à l'œuvre de la science ; inutile, si elle se tient en dehors et travaille avec ses propres éléments. La nouvelle philosophie a compris le véritable objet de la métaphysique, et fixé les rapports de cette science avec toutes les autres. L'œuvre de la métaphysique est d'expliquer la science faite, et non de la faire ; Schelling et Hegel le proclament sans cesse et partout. Leur *idéalisme* (le mot ne doit pas nous faire illusion) est beaucoup plus de son siècle qu'il n'en a l'air, siècle essentiellement positif et réaliste. La Nature et l'Histoire étant données par la science et l'érudition, il ne s'agit plus, pour Schelling et pour Hegel, que de les expliquer par les lois de la pensée et de la dialectique. C'est ce qu'ils appellent, dans leur langage exagéré, *repenser*, *reconstruire*, *recréer* la réalité. Le physicien, le naturaliste, l'historien perçoivent, décrivent, classent la Nature ou l'Histoire ; le philosophe et le métaphysicien la *pensent*. C'est toujours la même Nature, la même Humanité, la même matière, la même réalité pour les uns comme pour les autres ; mais cette réalité est vue sous des aspects divers, ici aux clartés de l'imagination et de l'entendement, là à la lumière supérieure de la raison. Voir des idées sous les réalités que révèle la science positive, reconnaître la nécessité sous la contingence, la raison sous l'expérience, la logique dans l'histoire de la Nature et de l'Humanité ; enfin ramener aux lois de la pensée tout ce qui y est véritablement réductible, telle est la vraie explication des choses, la seule métaphysique possible. La nouvelle philosophie ne la comprend pas autrement. Sans doute, quand l'expérience résiste à la logique, que la réalité ne manifeste pas l'idée imposée par la dialectique, ou en manifeste une toute contraire à cette idée, il arrive à Hegel de la prendre en pitié, et de la déclarer indigne d'occuper la pensée du philosophe. Cela est un tort ; le philosophe ferait mieux de se défier de la dialectique que de la réalité. Mais, remarquez-le bien, si l'orgueilleuse ivresse de la logique entraîne parfois Hegel à mépriser la réalité, il ne s'avise jamais de la nier ou de la dénaturer, comme faisaient les anciennes écoles idéalistes. Il ne craint pas de dire, à l'exemple d'Aristote du reste, que la Nature et l'Histoire ont leurs erreurs, leurs défaillances, leurs lacunes devant l'Idéal de la raison et de la logique ; mais sur aucune partie de la réalité, il ne récuse le témoignage de l'expérience. Vous avez vu combien il est explicite sur ce point.

Le Savant. — Ses explications ne laissent aucun doute à cet égard.

Le Métaphysicien. — Voilà pour la méthode. Si nous entrons dans le système, nous y trouvons un principe propre à la nouvelle philosophie, qui me semble d'une profonde vérité, bien qu'il ait attiré sur cette école l'accusation banale de panthéisme. Je veux parler du principe de l'Identité. Assurément le sentiment de l'Infini, de l'Universel, de l'Absolu, de la vérité métaphysique proprement dite ne se rencontre pas pour la première fois dans la philosophie de Schelling et de Hegel. Il est déjà, sous une forme plus ou moins obscurcie par l'imagination, au fond des religions de l'Orient. Il apparaît, sous une forme plus nette, plus précise, plus vraie, dans toutes les doctrines idéalistes de la philosophie; Platon, Plotin, Descartes, Malebranche, Fénelon, et surtout Spinosa l'ont exprimé avec une clarté et une énergie qui ne laissent rien à désirer. Vous n'avez point oublié les magnifiques enseignements de la *République*, les profondes spéculations des *Ennéades*, les démonstrations du *Discours de la méthode* et des *Méditations*, les fortes paroles du *Traité de l'existence de Dieu*, les belles théories de la *Recherche de la vérité* et des *Entretiens métaphysiques*, enfin le système entier de l'*Éthique*, qui n'est qu'une déduction perpétuelle de la définition de la *Substance*. Mais les religions et les philosophies antérieures faussent plus ou moins la vérité métaphysique, en la soumettant, les unes aux lois de l'imagination, les autres aux lois de l'entendement proprement dit. Les théologiens représentent et personnifient l'Infini ; c'est le détruire dans son essence même. Les philosophes ne tombent pas dans le même genre d'erreur ; mais l'horreur des représentations anthropomorphiques et des superstitions idolâtriques les rejette dans l'excès contraire, dans la conception abstraite et vide d'un Infini solitaire et inaccessbile, sans rapport intelligible avec le fini. Ce qui fait que les uns sont conduits à réduire le Monde à une vaine apparence, les autres à s'arrêter au dualisme. Double absurdité dont le sens commun et la critique ont fait de tout temps justice. Mais comme ni le sens commun ni la critique n'indiquaient la solution de la difficulté, les mêmes erreurs et les mêmes contradictions reparaissaient sans cesse, sous d'autres formes, sur la scène philosophique. En effet, tant que l'Infini, l'Universel, l'Absolu était posé comme un terme substantiellement distinct du fini, du relatif, de l'individuel, le rapport des deux termes devenait inexplicable, et formait une antithèse dont la synthèse était absolument impossible. C'est de ce système que sont sorties les deux doctrines également absurdes de l'*acomisme* et du *dualisme*. La philosophie était condamnée à se heurter contre l'un ou l'autre écueil, jusqu'à ce qu'elle eût compris la distinction des vérités de l'entendement et des vérités de la raison, et qu'elle eût sondé la vraie nature de l'Infini, de l'Universel, de l'Absolu. Malebranche et Spinosa sont les philosophes qui ont le plus approché de la solution. Malheureusement Malebranche fut arrêté à moitié chemin par la théologie orthodoxe. Et Spinosa, s'enfermant tout d'abord dans la catégorie de la substance, qui n'est encore que l'Absolu à l'état abstrait, se mit dans l'impossibilité de rendre compte des forces vives de la Nature, et des forces libres de l'Esprit. Donc, sauf un sentiment vague et fugitif, qui jaillit parfois de la raison naturelle, comme l'éclair de la nue, sans laisser de trace dans la science, jusqu'à la philosophie de l'identité, la métaphysique n'a point saisi le vrai Principe des choses : elle n'a réellement possédé qu'une abstraction ; abstraction pure et vide pour les théologiens rationalistes comme Platon, Descartes et Spinosa ; abstraction personnifiée pour les théologiens mystiques et empiristes. Un Infini abstrait ou un Infini concret à la manière des choses sensibles et humaines, c'est-à-dire un néant ou une idole, voilà l'alternative de l'ancienne métaphysique.

Le Savant. — Cela n'est que trop vrai. L'idéalisme et l'anthropomorphisme se renvoient la réplique depuis je ne sais combien de siècles, sans pouvoir ni s'entendre ni se fermer la bouche. Le dialogue a commencé avec la métaphysique, et semble ne devoir finir qu'avec elle.

Le Métaphysicien. — La question était en effet insoluble dans ces termes. Mais la nouvelle philosophie est venue mettre fin à cette antithèse par une synthèse nécessaire, au nom d'une logique supérieure à celle de l'entendement. Elle a montré que le principe de contradiction, *criterium* universel et infaillible de celle-ci, n'est point applicable à celle-là. Elle a fait voir que le rapport du fini à l'infini, de l'individuel à l'universel, du relatif à l'absolu, ne peut être en aucune façon assimilé au rapport que soutiennent entre eux les êtres finis et individuels. Elle a fait sentir que les mêmes termes n'ont pas le même sens, selon qu'on les applique aux objets de l'entendement, ou aux objets de la raison ; que, par exemple, en ce qui concerne le rapport de l'Infini et du fini, la distinction n'exclut pas l'unité, ni la différence l'identité. La métaphysique de l'entendement ne peut comprendre cela ; elle se croit bien forte contre le panthéisme, en lui opposant sans cesse le principe de contradiction. N'ayant pas d'autre criterium, elle conclut perpétuellement de la distinction à la séparation absolue, ou bien de l'union à l'absorption complète. C'est ainsi qu'en opposant le fini à l'Infini, l'individuel à l'Universel, le multiple à l'Un, elle ne peut s'expliquer comment l'Infini devient fini, l'Universel individuel, l'Un multiple. Comme elle ramène tout rapport de compréhension au rapport du tout à la partie, elle ne se figure pas l'Univers autrement qu'une collection d'individus. Comme elle ne voit dans tous les individus que des substances distinctes, elle ne peut comprendre comment une substance réagit sur une autre dont elle subit l'action ; comment, par exemple, l'âme réagit sur le corps, si celui-ci est la cause, ou comment le corps réagit sur l'âme, dans l'hypothèse contraire. Enfin, comme entre les objets de l'entendement tout se réduit aux deux rapports d'absolue distinction, ou d'absolue identité, elle ne comprend pas que tout puisse être distinct et identique en même temps au sein de la vie universelle.

LE SAVANT. — Convenez que cela n'est pas facile à comprendre.

LE MÉTAPHYSICIEN. — Pour l'imagination et l'entendement, mais non pour la raison. Où l'entendement ne voit qu'absurdité, opposition, mystère, la raison reconnaît l'invincible nécessité, la divine harmonie, la suprême lumière. L'entendement ne comprend pas que le fini et l'Infini, le relatif et l'Absolu, l'individuel et l'Universel soient substantiellement identiques sans se confondre. La raison l'affirme comme une vérité nécessaire. L'entendement, qui ne procède que par analyse, distinction, opposition, définition, pose l'Infini d'une part, et le fini de l'autre, alors même qu'il fait du fini une création libre de l'Infini. La raison, qui procède au contraire par synthèse, conçoit le grand Être comme l'identité de l'infini et du fini, de l'universel et de l'individuel, de l'être et du devenir. Voilà ce que la nouvelle philosophie a mis en pleine lumière. D'autres en avaient eu le pressentiment ; elle seule en a trouvé la formule et la démonstration logique ; elle seule a nettement vu que la raison a précisément pour fonction, dans toutes les catégories de la pensée, de résoudre en synthèses les inévitables antithèses de l'entendement. Voilà le côté profond et vrai de la dialectique de Schelling et de Hegel. Lors même qu'on n'accepterait pas toutes les affirmations, toutes les conclusions de cette dialectique, il est difficile de lui contester ce mérite supérieur, pour peu qu'on ait quelque intelligence des spéculations métaphysiques. Je sais bien que les esprits légers, ou les esprits bornés, qui se laissent abuser par les mots et les apparences, ne verront là que de la sophistique, mais la nouvelle philosophie peut se passer de leur approbation. La métaphysique, et surtout la métaphysique allemande, n'a pas l'espoir de plaire à tout le monde, même à ceux qui ne veulent pas se donner la peine de la comprendre. Que diriez-vous de gens qui voudraient aborder sans préparation les parties les plus difficiles de vos sciences?

LE SAVANT. — On ne s'avise guère de pareilles prétentions chez nous.

LE MÉTAPHYSICIEN. — Et l'on a bien raison. On est moins raisonnable en métaphysique. Chacun s'y croit juge compétent; on y veut trouver une clarté populaire, et tout ce qui n'y brille pas de la lumière du sens commun y est condamné comme mystère ou absurdité. On oublie que la clarté des faibles n'est pas toujours celle des forts, que la lumière de l'imagination et de l'entendement n'est que ténèbres devant celle de la raison.

LE SAVANT. — Ceci est entendu.

LE MÉTAPHYSICIEN. — Enfin je trouve à la nouvelle philosophie un mérite propre, plus manifeste encore que les précédents; c'est d'être féconde en applications aux sciences de toute espèce, mécanique, astronomie, physique, chimie, histoire naturelle, histoire proprement dite, psychologie, esthétique, morale et législation. Elle débute sans doute, à l'exemple des philosophies antérieures, par des spéculations abstraites et logiques; mais elle ne s'y enferme point. Elle en fait seulement le point de départ d'un système dont l'objet propre est l'explication de la réalité, Nature et Esprit. En vertu de son principe de l'identité, elle rattache la philosophie naturelle et la philosophie morale à la logique, comme elle ramène la Nature et l'Esprit à l'Absolu. On n'avait pas idée d'une philosophie en relation aussi intime, aussi nécessaire avec toutes les sciences de la réalité. Jusque-là la métaphysique, vraie ou fausse, avait le défaut de ressembler plus ou moins à la vierge stérile de Bacon. Ne se nourrissant que d'abstractions, elle ne pouvait engendrer que des abstractions sans rapport avec l'expérience. La nouvelle école ne comprend pas ainsi la philosophie. Comme elle lui assigne pour fonction d'expliquer, et non d'imaginer la réalité, elle prend sa matière dans les sciences positives. La dialectique transcendante de Schelling, ou philosophie de l'Absolu, la logique de Hegel, ou philosophie de l'Idée, ne sont, à vrai dire, qu'une introduction. Le système proprement dit réside dans la série des applications des formules logiques ou métaphysiques à la philosophie naturelle et à l'histoire. En cela, la nouvelle philosophie est bien l'expression fidèle du XIXe siècle, ainsi que je l'ai déjà fait voir. C'est elle qui a créé les véritables sciences de ce siècle, la philosophie de la Nature, la philosophie de l'Histoire, la philosophie de l'art, la philosophie des religions, la philosophie des législations, toutes ces sciences, en un mot, qui cherchent l'idée dans la réalité, la raison dans l'expérience, la logique dans l'histoire. Or, sauf Aristote dont le génie tout à la fois spéculatif et positif avait conçu et réalisé l'alliance de la métaphysique et des sciences autant que le permettait l'état des sciences naturelles et historiques, les écoles du passé en ont établi et maintenu plus ou moins le divorce ; elles ont traité la métaphysique comme une science indépendante et abstraite, qui trouve en elle-même sa substance aussi bien que sa forme et sa méthode. C'était priver tout à la fois la métaphysique de sa base, et les sciences de leur couronne. L'unité de la science n'a été réellement comprise et pratiquée que par la philosophie de l'*unité*.

LE SAVANT. — Voilà de grands mérites, qui suffiront toujours pour justifier la renommée et le succès de cette philosophie chez le peuple le plus savant et le plus penseur de l'Europe.

LE MÉTAPHYSICIEN. — Sans aucun doute. Ces mérites sont communs à Schelling et à Hegel. Schelling s'en contenterait peut-être, mais Hegel a de tout autres prétentions. Indépendamment de ces grands principes et de ces vues fécondes, il a créé une méthode, une logique qui fait surtout l'originalité de sa philosophie, par rapport à celle de Schelling. Toute sa philosophie n'est que l'application perpétuelle de cette méthode et des formules de cette logique. C'est ce puissant effort de dialectique qu'il s'agit d'apprécier. Hegel nous impose sa logique, au nom de la raison, comme un système d'idées à priori rigoureusement enchaînées les unes aux autres, et soumises à la loi de la nécessité, absolument comme les déductions et les démonstrations de la logique ordinaire. Toute la différence est que cette nécessité s'applique dans un cas à de simples notions de l'entendement, et dans l'autre à des conceptions rationnelles. Or la question est précisément de savoir jusqu'à quel point est fondée cette prétention sur laquelle repose toute l'autorité de la logique hégélienne.

LE SAVANT. — En effet, toute logique dont les affirmations ne sont pas nécessaires, n'a aucune valeur démonstrative.

LE MÉTAPHYSICIEN. —La dialectique ordinaire conclut et déduit. Quel que soit le rapport dont il s'agisse, rapport du genre à l'espèce, du concret à l'abstrait, de l'effet à la cause, du moyen à la fin, elle ne fait jamais que tirer le contenu du contenant, le même du même. Elle procède par analyse, et se fonde sur le principe de contradiction. De là la nécessité rationnelle de toutes ses opérations. La logique hégélienne ne déduit, ni ne conclut ; elle engendre et construit. Elle ne procède point du concret à l'abstrait, du composé au simple, du contenant au contenu, mais de l'abstrait au concret, du simple au composé, du contenu au contenant. C'est une œuvre perpétuelle de synthèse, non d'analyse, qui ne se fonde jamais sur le principe de contradiction. Avec un tel caractère, ses affirmations ont-elles, peuvent-elles avoir la même nécessité logique que les démonstrations de la logique analytique ?

Le Savant. — Il ne le semble pas.

Le Métaphysicien. — Rappelez-vous la distinction des jugements analytiques et des jugements synthétiques, la nécessité des premiers, en tant que jugements à priori, la contingence des seconds, en tant que jugements à posteriori. Si vous voulez appliquer cette distinction aux *procès* de la dialectique hégélienne, vous reconnaîtrez aisément qu'ils ne peuvent être ni à priori, ni nécessaires, par cela même qu'ils sont synthétiques. Hegel a beau dire qu'ils s'engendrent par un mouvement nécessaire de la pensée ; il n'y a rien de moins évident que cette prétendue nécessité. Quand on procède par l'analyse, il est tout simple que le résultat de cette opération soit nécessaire, puisque alors on procède du même au même. Mais, du moment qu'on procède par synthèse, on va d'un terme connu à un terme nouveau qui n'est contenu ni explicitement ni implicitement dans le premier. Comment le procès serait-il nécessaire ? Cela pourrait être, en vertu d'une certaine loi de la raison autre que ce principe de contradiction, s'il y avait réellement des jugements synthétiques à priori, ainsi que Kant l'a pensé. Mais nous avons vu, et Hegel a démontré tout le premier qu'il n'en est rien. Or, s'il n'y a que des jugements analytiques nécessaires, et des jugements synthétiques contingents, il s'ensuit que la dialectique essentiellement synthétique de Hegel est contingente. La conclusion est forcée.

Le Savant. — En effet ; mais s'il en est ainsi, comment Hegel a-t-il pu poser à priori tous les procès de sa dialectique, et tous les termes de ces procès, en les enchaînant logiquement les uns aux autres, sans recourir à l'expérience ? Comment surtout a-t-il pu trouver dans l'expérience, c'est-à-dire dans la Nature et dans l'Histoire, la confirmation de sa logique ?

LE MÉTAPHYSICIEN. — L'explication de cette double opération est facile. Quand je dis que la dialectique hégélienne n'est pas nécessaire, je n'en conclus pas pour cela qu'elle est purement arbitraire. Si j'ai bien compris comment opère notre philosophe dans ses constructions logiques, c'est en apparence seulement qu'il pose à priori les diverses formules de sa logique. A dire vrai, sa dialectique n'engendre rien ; elle ne fait que recomposer ce qu'elle a déjà décomposé par une opération naturelle de la pensée, dont elle ne parle pas, mais qui n'en est pas moins réelle. Au fond, le procédé de la dialectique hégélienne n'a rien de transcendant, rien qui excède les opérations de la dialectique ordinaire ; c'est tout simplement une synthèse logique, laquelle a pour base une analyse faite d'avance ? Mais cette analyse elle-même suppose une synthèse primitive, plus ou moins confuse. Or d'où peut venir cette synthèse, sinon de l'expérience, sans laquelle la pensée resterait éternellement vide et inactive ? L'esprit pense tout d'abord sans ordre, sans mesure, sans système, toutes les réalités que l'expérience lui révèle. Cette intuition spontanée produit une synthèse riche, mais confuse, que la science soumet ensuite à la double opération de l'analyse et de la synthèse logiques. Dans la logique ordinaire, on commence toujours par l'analyse. Hegel a l'air d'avoir inventé une logique nouvelle, parce qu'il débute par la synthèse. Mais soyez sûr que cette synthèse n'est possible, n'est régulière qu'autant qu'elle a été précédée d'une analyse réelle, exprimée ou non ; autrement ce ne serait qu'un jeu de l'esprit. Tout ce que pose, tout ce qu'engendre la dialectique hégélienne, était déjà donné par la synthèse primitive, et par l'analyse qui en a fait d'abord sortir tous les termes et tous les procès qui figureront dans la dernière synthèse. Ce qui est donné à priori, ce qui est réellement posé sans antécédent et sans condition, c'est la synthèse confuse, mais complète de la réalité et de la vérité, du fini et de l'infini, de l'individu et de l'universel, du relatif et de l'absolu, du phénomène et de la substance, du *concret* en un mot, dans toute la variété de ses attributs. C'est de ce riche contenu que la logique abstrait successivement tous les éléments qui le composent, jusqu'à ce qu'elle arrive à ne lui laisser que l'être, terme suprême de l'abstraction. Puis, quand ce travail est fait, elle reprend le dernier terme de son analyse, et lui ajoutant successivement tout ce qu'elle avait retranché de l'objet concret de l'intuition primitive, elle parvient sans peine à recomposer la synthèse qui a servi de point de départ à sa double opération, en suivant exactement le même ordre dans sa synthèse que dans son analyse. Voilà ce que Hegel appelle une construction et une génération. Vous comprenez pourquoi sa dialectique n'est point arbitraire. En définitive, c'est l'expérience qui en a fait les frais.

LE SAVANT. — Je comprends cela.

LE MÉTAPHYSICIEN. — Et vous devez comprendre aussi pourquoi l'Histoire et la Nature, c'est-à-dire l'expérience, donnent raison à la logique hégélienne. C'est qu'au fond c'est l'expérience qui parle par la bouche de cette logique, et qui lui souffle tous ses arrêts. Hegel, j'en ai déjà fait la remarque, est plus positif, plus partisan de l'expérience qu'il n'en a l'air. Si la plupart de ses formules s'appliquent à la réalité, c'est qu'elles en sortent, qu'il le sache ou l'ignore. La logique n'opère réellement que sur les données de l'expérience ; il le sait, et même il laisse parfois échapper son secret. Seulement, quand l'ivresse de la logique le gagne, quand l'orgueil de la spéculation l'exalte, il semble oublier son véritable point de départ. Hegel n'est pas un esprit d'inspiration et de création spontanée ; c'est un savant, un encyclopédiste, dans le sens le plus vrai et le plus profond du mot. En apparence, c'est la logique qui le mène à la science ; en réalité, c'est la science qui l'initie à la logique. Toute cette dialectique de la pensée pure, dont il fait grand étalage dans sa logique, il l'a préalablement constatée dans la science positive, dans la réalité, dans la Nature et dans l'Histoire ; toutes ces formules, dont nous admirons la fécondité, ne sont, à le bien prendre, que des généralisations des lois que l'expérience lui a révélées. En un mot, la logique hégélienne n'est qu'un résumé, sous forme d'introduction. C'est en ce sens que j'en accepte les formules principales, et que je lui reconnais une rare vertu d'application.

LE SAVANT. — Cette vertu n'est plus si admirable, du moment qu'elle est due à l'expérience.

LE MÉTAPHYSICIEN. — Elle n'en est que plus solide. Le génie a beau inspirer l'idéalisme ; il ne peut lui donner la science infuse, la divination certaine et précise des choses. C'est l'expérience seule qui donne la science. L'origine empirique de la logique hégélienne se trahit à chaque pas dans le cours de sa dialectique. Bien que Hegel nous annonce sa logique comme l'expression de la pensée pure, abstraction faite de son sujet et de son objet, les termes *subjectifs*, les termes *objectifs* reparaissent à chaque instant. Les mots de *notion*, de *jugement*, de *raisonnement*, d'*entendement*, de *raison*, de *pensée*, sont évidemment empruntés au rapport de la pensée avec son sujet, de même que les mots de *mécanisme*, de *chimisme*, d'*organisme*, de vie, d'âme, proviennent du rapport de la pensée avec son objet. Je sais bien que Hegel ne fait pas de la pensée un acte, un être à part de son objet et de son sujet ; mais s'il prétend poser à priori les lois de la pensée, il se trompe encore. Les lois de sa Logique ne sont autres que les lois de la Nature et de l'Histoire ; et c'est parce qu'il a d'abord expérimenté celles-ci qu'il a pu ensuite poser celles-là. Quoi qu'il ait fait pour le cacher, sa logique est pleine de réminiscences de l'expérience.

Le Savant. — C'est ce qui m'avait déjà frappé dans l'exposition que vous en avez faite.

Le Métaphysicien. — Quoi qu'il en soit, il reste bien établi que la dialectique de Hegel n'est ni à priori, ni nécessaire, qu'elle n'est qu'une généralisation de l'expérience, que tous ces procès, toutes ces triades sont au fond des emprunts faits à l'observation, qu'enfin tout ce puissant et laborieux système de constructions logiques n'a d'autre autorité que l'expérience, d'autre fondement que la réalité. Ainsi considérée, la logique hégélienne n'est plus une invention originale, une véritable création ; c'est un simple résumé, sous forme logique, de la science et de l'histoire. Quand elle pose ses termes avec l'appareil d'une dialectique irrésistible, il faut savoir qu'elle ne peut invoquer cette nécessité qui est inhérente aux déductions de la logique ordinaire, fondée sur le principe de contradiction ; que par conséquent elle est absolument impuissante à rien démontrer. Hegel en convient. Il est vrai que, de la logique de l'entendement et de l'analyse, il en appelle à une autorité supérieure, à la logique de la raison et de la synthèse. Mais c'est abuser des mots. Pour la raison, comme pour l'entendement, il n'y a de démonstration que par l'analyse. Du moment que la logique de Hegel procède par la synthèse, elle ne peut être que l'une de ces deux choses : ou une construction purement arbitraire, ou une simple généralisation de l'expérience. Dans le premier cas, elle ne peut avoir aucune espèce d'autorité ; dans le second, elle n'a pas d'autorité démonstrative.

LE SAVANT. — Cela est évident.

LE MÉTAPHYSICIEN. — Vous en jugerez bien mieux encore, si vous entrez dans le détail de cette dialectique. Prenons, par exemple, le premier *procès*, celui qui se rapporte à la catégorie de l'être. La dialectique va de l'être au devenir, du devenir à l'existence, par un mouvement que Hegel trouve nécessaire. En quoi nécessaire ? En vertu de quel principe fait-il sortir le devenir de l'être, et l'existence du devenir? Ce passage est si peu nécessaire de soi que des écoles considérables y ont vu de tout temps un abîme infranchissable. Qu'elles aient eu tort de s'arrêter à l'être pur, à un Principe abstrait, à une Unité immobile, dont la nature répugne à tout mouvement et à toute création, nous n'avons pas de peine à le croire. Quand on part d'une abstraction, on ne peut arriver à la réalité. Le plus simple et le plus sûr, en métaphysique, c'est de partir de la réalité, c'est d'affirmer tout d'abord l'Être vivant, l'Être concret qui comprend la vie universelle dans son sein. Hegel ne faisant, quoi qu'il en dise, qu'une opération logique, n'a le droit de passer de l'être au devenir, et du devenir à l'existence qu'autant que l'expérience le lui donne. La synthèse qu'il construit n'est possible que parce qu'elle se fonde sur une synthèse primitive, sur une pensée concrète, nourrie de réalités.

LE SAVANT. — En effet.

LE MÉTAPHYSICIEN. — Il en est de même de tous les procès dont se compose la logique hégélienne, et de tous les termes que comprend chacun de ces procès. Dans le second procès, qui se rapporte à la catégorie de l'essence, la dialectique va de l'essence proprement dite au phénomène, et du phénomène à la réalité. Dans le troisième, qui se rapporte à la catégorie de la notion, elle va de la notion au jugement, du jugement au raisonnement. Dans un autre procès, relatif à la catégorie de l'absolu, elle va du mécanisme au chimisme, du chimisme au rapport téléologique ou à l'organisme proprement dit. Croyez-vous à la nécessité de ce mouvement? De quel droit Hegel procède-t-il d'un terme à l'autre? Est-ce qu'un terme contient réellement l'autre, de manière à pouvoir en être déduit? Nullement. C'est l'inverse qui est vrai. Que l'essence et le phénomène soient logiquement impliqués dans la réalité, la notion dans le jugement, le jugement dans le raisonnement, rien de plus évident. Mais il n'y a aucune nécessité logique à faire sortir le phénomène et la réalité de l'essence, le jugement de la notion, le raisonnement du jugement, le chimisme du mécanisme, l'organisme du chimisme. L'expérience seule nous apprend cette procession et cette synthèse. Sans elle, la logique serait arrêtée à chaque pas, ou plutôt ne pourrait pas faire le premier pas. Car la logique ne peut procéder que par l'analyse et à l'aide du principe de contradiction. Si elle a l'air ici de marcher sûrement et sans trop d'embarras dans la voie de la synthèse, c'est que d'avance le chemin lui a été tracé par l'expérience.

LE SAVANT. — Évidemment.

LE MÉTAPHYSICIEN. — Si Hegel nous donnait sa logique pour ce qu'elle est, c'est-à-dire pour l'expression abstraite d'une pensée concrète, que l'analyse a d'abord décomposée avant de la recomposer, il perdrait peut-être en apparence d'originalité et de profondeur; mais il gagnerait sûrement en clarté. Ce serait d'ailleurs un travail qui aurait encore son importance, comme simple opération logique. Malheureusement Hegel paraît dupe de ses formules. Il a des illusions de dialectique, comme d'autres ont des illusions d'imagination; il croit à la nécessité de chaque *procès* et de chaque terme, dans le système si compliqué de ses constructions logiques; il affirme à priori tout ce système, pour l'imposer ensuite tyranniquement aux sciences de la Nature et de l'Histoire. Abusant perpétuellement d'une équivoque qui lui permet de confondre la métaphysique avec la logique, il se sert indifféremment de termes empruntés à l'une et à l'autre science, ce qui répand sur toute son œuvre une obscurité parfois impénétrable. La dialectique hégélienne est une trame laborieusement et subtilement ourdie de fils, qui, malgré l'art de l'ouvrier, semblent faire souvent disparates. Nous n'aimons pas, nous autres Français habitués à la précision du langage, qu'on mêle sans cesse les êtres et les idées, les notions et les choses, dans une œuvre de synthèse logique.

Le Savant. — Cela est fait pour désorienter à chaque pas le lecteur le plus attentif.

Le Métaphysicien. — Je le crois bien. Mais passons sur les imperfections de langage; substituons partout les termes logiques aux termes métaphysiques. Y verrons-nous plus clair?

Le Savant. — J'en doute.

Le Métaphysicien. — Vous a-t-il été possible de suivre la dialectique hégélienne depuis le premier terme jusqu'au dernier? Le dessein en est facile à comprendre; il s'agit d'aller de l'abstraction la plus vide à la réalité la plus concrète, en passant par une série nécessaire de termes moyens. Je vois bien le progrès de la notion de l'être à celle du devenir, et de celle-ci à celle d'existence. Je crois le reconnaître encore de la notion d'*être* à celle d'*essence*, telle que la définit la logique ordinaire. Mais je ne puis voir, malgré les explications de Hegel, les progrès de l'*essence* à la *notion*. Sans m'arrêter à l'impropriété des mots, j'ai beau chercher la différence qui sépare l'objet de la notion de l'essence proprement dite, je ne l'aperçois point ; je ne saisis pas en quoi le premier terme est plus concret que le second. Je ne vois pas non plus le progrès, en ce sens, du mouvement dialectique qui comprend successivement les termes de *matière*, de *forme*, de *possibilité*, de *contingence*, de *nécessité*, de *substance*, de *cause*. J'entends bien qu'ils se rapportent tous à une catégorie plus concrète que celle de l'être, et qu'ils sont bien à leur place dans le chapitre de l'essence ; mais je ne saisis point le degré d'abstraction qui les distingue les uns des autres. Je suis frappé de la gradation qui existe entre les trois moments du *procès* de l'*absolu*, le mécanisme, le chimisme et l'organisme. Dans le procès de la *notion*, du jugement, et du raisonnement, le progrès de l'abstrait au concret est manifeste. Mais, dans la catégorie générale de la notion, je ne remarque plus ce progrès entre les trois termes dans lesquels Hegel la décompose. Je vois bien que la notion de l'Absolu est plus concrète que celles du sujet et de l'objet, puisqu'elle en est la synthèse ; mais je ne vois pas que la notion objective le soit plus que la notion subjective. Pour résumer ma critique, il me semble que, dans ce système, tout n'est pas aussi logiquement gradué que Hegel s'en flatte, et que les divisions, les distinctions et les combinaisons scolastiques viennent se mêler trop souvent aux analyses et aux synthèses vraiment rationnelles.

LE SAVANT. — C'est aussi ce qui m'a frappé.

LE MÉTAPHYSICIEN. — Parfois même ne trouvez vous pas qu'il abuse des mots, qu'il en force le sens, et va jusqu'à se servir de l'équivoque pour combler une lacune, ou résoudre une difficulté? C'est ainsi qu'il arrive à compliquer, à hérisser sa logique de formules d'autant plus embarrassantes pour la critique qu'on n'est jamais sûr d'en avoir bien saisi la signification. On se croit revenu aux subtilités alexandrines, ou aux définitions de l'école. Est-ce là la manière simple, nette, directe de la science moderne? Il faut toujours se défier d'une œuvre que les meilleurs esprits et les mieux préparés ont tant de peine à comprendre.

LE SAVANT. — C'est mon avis.

LE MÉTAPHYSICIEN. — Concluons. La logique de Hegel ne forme point un système d'idées à priori enchaînées par une dialectique nécessaire; ce n'est qu'un résumé plus complet, plus systématique des plus hautes abstractions de la pensée empirique et concrète. Hegel a pu mieux faire en ce genre que Platon, Aristote, Kant, et toutes les écoles métaphysiques antérieures; mais il n'a pu faire l'impossible, à savoir : construire à priori le système des idées qui doivent servir à l'explication des réalités. Si telle a été réellement son entreprise, on peut hardiment affirmer qu'il a échoué, comme tous les spéculatifs qui l'ont précédé ou qui le suivront. Mais en réduisant la Logique à sa juste valeur, il n'en faut pas moins reconnaître qu'elle a fourni au philosophe de grandes lumières et de féconds principes pour l'explication de la réalité, pour la philosophie des sciences de la Nature et des sciences de l'Esprit. Si obscure, si contestable, si arbitraire même que soit cette philosophie en beaucoup de points, elle est pourtant la première œuvre véritablement digne de ce nom. Sans parler de Platon, de Plotin, de Descartes, de Malebranche, de

Spinosa, et des écoles purement idéalistes qui se sont bornées à des spéculations vagues sur la réalité, d'autant moins instructives qu'elles étaient plus générales, il est certain que les beaux travaux d'Aristote, de Leibnitz, de Kant, de Schelling lui-même ne peuvent soutenir la comparaison avec le système de Hegel, pour la suite, le développement, l'enchaînement des vues et des formules. C'est bien lui qui a créé la philosophie de la Nature, la philosophie de l'Histoire, la philosophie de l'art, la philosophie des religions, la philosophie de toute science spéciale. Il est nécessaire, nous le croyons, de rabattre de ses prétentions spéculatives, de réformer sa méthode et son langage, de rendre l'un plus simple, et l'autre plus clair. Mais enfin c'est Hegel qui aura eu la gloire d'avoir ouvert au XIXe siècle la voie de la vraie métaphysique.

Le Savant. — Vous lui faites la part belle.

Le Métaphysicien. — Les sottes déclamations, les indignes calomnies dont cette grande école est l'objet dans notre mobile pays, pourraient m'avoir un peu trop disposé en sa faveur ; je crois pourtant n'être que juste dans mon admiration. Mais passons du principe aux applications ; c'est la meilleure épreuve d'un système. Ne pouvant descendre dans les vues de détail, nous bornerons notre examen aux points essentiels. Deux principes dominent toute la philosophie de Hegel : 1° que le mouvement de la pensée et de l'être procède de l'abstrait au concret ; 2° que ce mouvement se développe invariablement en trois moments dont la formule est *thèse*, *antithèse*, *synthèse ; unité*, *différence*, *identité*.

Le Savant. — Ne semble-t-il pas que le premier principe soit en contradiction avec la psychologie et l'histoire ? C'est un axiome consacré par l'analyse que l'esprit individuel, comme l'esprit collectif, procède du concret à l'abstrait. Vous en avez la preuve dans l'histoire des religions et des philosophies. L'imagination domine sur l'entendement et la raison, dans l'enfance de l'humanité, comme dans celle des individus ; le sentiment y précède la pensée, et la poésie y prélude à la science. N'est-ce pas là une vérité élémentaire?

Le Métaphysicien. — Hegel, j'en ai déjà fait la remarque, entend la distinction du concret et de l'abstrait tout autrement que la logique vulgaire. L'abstrait, pour lui, c'est tout ce qui est simple, enveloppé, rudimentaire ; le concret, c'est tout ce qui est complexe, développé, organisé. Par le mouvement dialectique de l'abstrait au concret, Hegel n'entend pas autre chose que le développement incessant et continu de l'être. Notre logique confond d'habitude le concret avec le sensible, l'abstrait avec l'intelligible. En ce sens, on a mille fois raison de dire que l'esprit humain procède du concret à l'abstrait. Mais dans la logique hégélienne où ces mots ont un sens tout différent, c'est précisément le sensible qui est l'abstrait, et l'intelligible qui est le concret. L'abstrait est l'objet de l'imagination, le temps, l'espace et le mouvement, la matière proprement dite ; le concret est l'objet de l'entendement, l'essence, la cause, la force vive, l'âme, et plus encore l'objet de la raison, l'Esprit pur, l'Absolu. Les deux termes extrêmes de la logique hégélienne sont, vous l'avez vu, l'être et l'Idée ; l'être qui est l'abstrait pur, la simple possibilité de toutes choses sans aucune réalité ni virtualité ; l'Idée qui est le concret absolu, l'Être universel et vivant, conçu à la fois dans l'unité de sa substance et la totalité de ses déterminations. Entre ces deux pôles de la pensée se meut la dialectique, passant par tous les degrés qui forment la transition de l'abstrait pur au concret absolu. La Nature et l'Histoire ne font que répéter le mouvement de la Logique. La Nature procède de l'abstrait au concret par l'échelle des règnes, et, dans chaque règne, des familles, des espèces et des variétés. L'Histoire procède également de l'abstrait au concret par la succession progressive des époques, des religions, des systèmes philosophiques, des institutions politiques et civiles, des formes de l'art. Tout progrès, dans l'une et l'autre sphère, est un mouvement de l'abstrait vers le concret.

Le Savant. — Je comprends maintenant la formule de Hegel, et j'entrevois les heureuses applications qu'il en pourra faire à la philosophie de la Nature et à la philosophie de l'Histoire.

Le Métaphysicien. — Ainsi entendue, cette formule est aussi féconde que vraie. Si la Logique la montre tout d'abord dans le développement de la pensée, la Nature et l'Histoire la manifestent d'une façon éclatante dans le développement de la réalité. Plus l'être se développe, s'organise, se complète, s'élève dans l'échelle de la vie universelle, plus il devient concret. Le végétal est plus concret que le minéral ; l'animal l'est plus que la plante ; et dans le genre animal, ce qu'il y a de plus concret, c'est l'espèce humaine. Dans l'Histoire, même mouvement, même progrès. Plus la civilisation se développe, plus les produits en sont concrets. De la barbarie à la civilisation, de la civilisation orientale à la civilisation gréco-romaine, de celle-ci à la civilisation moderne, le progrès n'est autre que le mouvement de l'abstrait au concret. La loi n'est pas moins réelle dans l'histoire des formes de l'art, des religions et des philosophies, malgré les apparences contraires, que dans l'histoire générale. L'art de l'Orient est encore plus ou moins informe ; sa poésie est vague dans son charme infini. L'art grec, architecture, sculpture et poésie, est, dans sa forme parfaite, d'une simplicité qui en fait l'incomparable beauté. L'art moderne, sous toutes ses formes, a pour caractère propre la profondeur et la richesse. L'art, dans ses diverses époques, procède donc, comme la Logique, de l'abstrait au concret.

Le Savant. — En effet.

Le Métaphysicien. — Il en est de même de la religion. Dépouillez les conceptions religieuses de l'Orient du splendide vêtement dont les enveloppe l'imagination orientale ; vous n'y trouvez que des abstractions plus ou moins vides, plus ou moins pauvres. Le panthéisme de l'Inde, tant célébré par des savants plus érudits que philosophes, n'est qu'un rêve dont le fond est le néant. Le symbolisme égyptien n'est qu'un naturalisme tempéré par quelques notions psychologiques et morales. Le dualisme de la Perse n'est encore qu'une religion de l'imagination (de la lumière, comme dit Hegel) avec quelques éléments de spiritualisme. Le monothéisme hébreux vient d'une tout autre origine, et appartient à une autre catégorie de la pensée ; mais il est loin d'avoir la profondeur, la portée, la richesse métaphysique que sa relation historique avec le christianisme lui a fait attribuer. Le Dieu d'Israël est le seul Tout-Puissant, mais non le seul Dieu. D'ailleurs, sauf les représentations anthropomorphiques que lui prête parfois un langage infidèle à la pensée métaphysique, c'est un Dieu abstrait, sans rapport avec le Monde, dont il est conçu uniquement comme l'antithèse. Du reste, toutes ces religions, le judaïsme excepté, sont plus ou moins des religions de la Nature. Le polythéisme grec est déjà une religion de l'humanité et de l'esprit, mais de l'humanité et de l'esprit considérés dans leur forme *naturelle* et extérieure, non encore soudés dans l'intimité de leur essence; c'est le spiritualisme, sous sa forme primitive et enfantine. La vraie et virile religion de l'esprit est le christianisme, la plus riche, la plus profonde, la plus concrète des doctrines religieuses, la seule qui ait pénétré l'Être dans toute sa profondeur, et l'ait embrassé dans son universalité. Vous voyez donc que le mouvement de l'abstrait au concret est la loi de l'histoire religieuse. On peut contester certaines appréciations particulières de Hegel, dans cette partie de son système ; mais l'application du principe est manifeste.

LE SAVANT. — Il faut bien en convenir.

LE MÉTAPHYSICIEN. — L'histoire de la philosophie obéit à la même loi. La *matière* des premiers ioniens, le *nombre* des pythagoriciens, l'*atome* de Démocrite, l'*unité* des éléates, tous les principes de la philosophie antésocratique, qu'elles qu'en soient la nature et l'origine propre, ont cela de commun qu'ils sont plus ou moins abstraits. Les doctrines d'Anaxagore, de Socrate, de Platon, d'Aristote, des stoïciens, des alexandrins révèlent un progrès de plus en plus marqué de l'abstrait au concret. L'*idée* platonicienne, plus concrète que le *nombre* pythagoricien et que l'*unité* éléatique, l'est moins que la *forme* d'Aristote, ou la *raison* des stoïciens, ou même l'*unité* alexandrine. La philosophie moderne, fondée sur la notion de l'Esprit libre et vivant, est en cela plus concrète que la philosophie ancienne, plus ou moins enchaînée à la Nature ; et la succession de ses époques manifeste un développement de plus en plus riche et plus profond de cet Esprit, simplement Infini dans Descartes, Universel dans Malebranche, Substance dans Spinosa, Absolu dans Schelling, Idée dans Hegel. Toujours la pensée philosophique va se composant, s'organisant, se développant de plus en plus, comme la Nature et l'Humanité. Hegel a pu se tromper dans les détails de son histoire de la philosophie ; mais cette loi générale est incontestable.

LE SAVANT. — Ainsi comprise, la première formule de la logique hégélienne me semble d'une application universelle. L'histoire des sciences y obéit comme toutes les autres ; la notion de la Nature et la notion de l'Humanité s'y compliquent chaque jour d'éléments nouveaux. La simplicité, en toute chose, n'est que l'enfance de l'art, de la science et de la pensée.

LE MÉTAPHYSICIEN. — Cette formule est le triomphe de la nouvelle philosophie ; c'est l'expression la plus exacte et la plus simple de la loi du progrès, cette grande vérité de la science moderne. La philosophie antique n'avait pas soupçonné cette loi, dans les révélations incomplètes de la science. Au contraire, quand elle veut s'élever à une synthèse, c'est la loi de la chute qui lui semble manifeste, dans cette succession des époques de la Nature et de l'Histoire. Ce mouvement incessant de l'abstrait au concret, auquel l'être obéit dans ses créations, ses développements et ses transformations, lui paraît une décroissance perpétuelle de la vie, une dégradation continue de l'être. Voyez l'école qui a le mieux résumé et formulé les idées de l'antiquité, le néoplatonisme, dans son système d'hypostases ; l'abstrait pur est posé comme le type de la perfection, de même que le concret absolu est donné pour le type de l'imperfection. Dès lors le développement de l'être et de la vie n'est qu'une série de chutes : chute de l'unité à l'être, chute de l'être à la vie, chute de la vie à l'âme et à l'intelligence. Car il ne faut pas se laisser abuser par les mots d'*intelligence* et d'*âme*, sous lesquels les alexandrins déguisent leurs abstractions. Tout ce système d'hypostases se réduit, au fond, au mouvement de l'abstrait vers le concret : c'est une illusion perpétuelle sur l'être, la vérité, la perfection des choses. Ils ne voient pas que la vérité est en raison inverse de l'abstraction ; ils cherchent le type de l'être dans le néant, et l'idéal de l'esprit dans la matière. Plus haut ils croient s'élever, plus bas ils tombent en réalité. Ils renversent la vraie dialectique des choses, en faisant descendre la Pensée, la Nature et l'Histoire du meilleur au pire, au lieu de les faire monter du pire au meilleur. Et ceci n'est pas simplement l'aberration d'une grande école ; c'est l'erreur de toute l'antiquité. Les philosophies, comme les religions, en sont entachées. La théologie chrétienne en fait son principe, de même que la théologie néoplatonicienne. Cette erreur fait le fond même et le caractère distinctif de la pensée antique, de même que la pensée moderne se distingue essentiellement par la loi du progrès, dont la philosophie hégélienne a la gloire d'avoir exprimé la formule.

LE SAVANT. — Cela me réconcilie presque avec la dialectique de Hegel.

LE MÉTAPHYSICIEN. — Reste la seconde formule, à savoir : que le progrès de la pensée et de l'être s'opère invariablement par trois moments, thèse, antithèse et synthèse. C'est encore un principe emprunté, comme le précédent, à l'expérience et à l'histoire, malgré son apparente origine logique. Quoi qu'en disent Fichte, Schelling, Hegel, et tous les idéalistes anciens et modernes, la pensée ne crée rien ; la logique ne construit pas, mais résume simplement, sous forme abstraite, les éléments, les lois, les principes recueillis dans l'expérience et dans l'histoire. Du reste, le célèbre *procès* de la dialectique hégélienne n'est pas tout à fait une nouveauté. Nous le retrouvons dans les philosophies et les religions du passé, sous les noms de *triade*, de *circulus*, de *ternaire*, de *trinité*, etc. On a même beaucoup abusé de ces formules qui n'expliquent rien, à force de tout expliquer. Celle de Hegel a un sens plus précis; elle est la loi même du progrès, dans tout développement de l'être ou de la pensée; elle préside donc à des réalités, et non à des abstractions verbales comme les alexandrins savaient en créer. Toute la philosophie de Hegel est là pour prouver la vérité et la fécondité de cette formule, dans son application à la Nature et à l'Histoire. Mais elle nous montre aussi que l'une et l'autre répugnent à une application trop rigide. Vous avez déjà pu voir, par l'exposition de cette philosophie, que la réalité ne se prête pas à ce dur mécanisme d'une trichotomie perpétuelle, et qu'il faut parfois lui faire violence pour l'y ramener. Vous avez dû reconnaître que la Nature et l'Esprit n'affectent pas qu'une forme unique, qu'une seule allure dans la libre spontanéité de leurs mouvements, et dans l'infinie variété de leurs créations. La loi du procès dialectique peut être d'une application universelle, prise dans sa plus grande généralité ; mais la formule sous laquelle Hegel la pose dans sa logique, ne me semble pas avoir le même caractère de nécessité et d'universalité. La preuve en est dans la difficulté qu'il éprouve à y faire rentrer la Nature et l'Histoire. Sa philosophie de la Nature, sa philosophie de l'Histoire, son histoire de la philosophie, malgré leur puissant enchaînement systématique, sont pleines de lacunes, de contradictions, de subtilités, et d'erreurs graves dues au formalisme rigide auquel il a voulu tout plier. Rappelez-vous la théorie de la matière expliquée par les abstractions de l'espace et du temps, la théorie de la cristallisation, la théorie du système solaire ramenée à un syllogisme, le superbe dédain du monde des étoiles, la singulière exaltation de la planète terrestre, la glorification dù polythéisme grec aux dépens du monothéisme hébreu, et bien d'autres paradoxes scientifiques ou historiques.

Le Savant. — En effet.

Le Métaphysicien. — Pour en revenir au second principe de la logique hégélienne, il semble bien en définitive qu'abstraction faite des formules, il soit la loi de tout être et de toute vie dans les œuvres de la Nature, comme dans celles de l'Esprit et de la pensée. Tout est progrès dans la vie universelle. Or tout progrès peut se décomposer en trois termes ou trois moments : l'être à l'état d'enveloppement, d'unité, de simple puissance, de germe, de principe ; l'être à l'état de développement, de diversité, d'opposition, de contradiction ; l'être à l'état d'organisation, d'identité, d'harmonie. Cela répond assez bien à la formule logique de la thèse, de l'antithèse et de la synthèse. Je ne crois pas que rien échappe à cette loi, ni dans la Nature, ni dans l'Histoire. Seulement, comme c'est une vérité d'expérience, non de raison, elle ne peut avoir d'autorité que par l'expérience. Il ne s'agit pas de l'imposer aux faits, mais d'en chercher simplement et loyalement la confirmation dans la réalité, sans prévention systématique, sans préoccupation préalable de telle ou telle formule. Surtout il faut se garder d'étudier, d'exposer, d'arranger les faits en vue de la formule. La loi est universelle, et doit tout comprendre ; les faits ne peuvent lui être contraires. Mais la formule peut être trop étroite. C'est alors que les faits résistent, et qu'on ne les y fait rentrer qu'en les mutilant ou en les dénaturant. La philosophie hégélienne a eu trop souvent ce tort. Quand la réalité répugne à la formule, c'est la formule, et non la réalité qu'il faut modifier.

LE SAVANT. — La philosophie hégélienne fait parfois le contraire.

LE MÉTAPHYSICIEN. — C'est son défaut, et elle le doit à sa logique. Toute cette dialectique qui va de l'*être* à l'*idée*, en passant par la multitude de *procès* et de *moments* que vous savez, n'ayant pas pour elle l'autorité de l'à priori, il lui faudrait au moins la sanction de l'expérience. Il faudrait qu'elle se retrouvât tout entière dans la Nature et l'Histoire, de manière qu'à chaque terme, à chaque procès logique correspondît exactement une réalité, une loi de l'expérience. Or Hegel avoue tout le premier qu'il n'en est point ainsi. Il est vrai qu'il essaye de sauver son système aux dépens de la réalité, en disant que, si celle-ci n'est pas la représentation complète de celle-là, c'est la faute de la Nature et de l'Histoire, non de la Logique. Toujours est-il que la sanction de l'expérience manquant à cette logique, on ne voit plus sur quoi repose la légitimité de ses affirmations, puisque d'une autre part elle ne peut point invoquer la nécessité qui dérive du principe de contradiction.

LE SAVANT. — Je ne le vois pas plus que vous.

LE MÉTAPHYSICIEN. — Il est manifeste que Hegel fait parfois violence à la réalité pour la faire rentrer dans ses formules. Que tout être physique ou moral tombe sous la loi du procès dialectique; qu'il passe, dans le cours de son développement, par les moments de la thèse, de l'antithèse et de la synthèse, j'incline à penser que l'expérience ne résiste pas à cette formule largement appliquée. Mais au moins faut-il laisser aux faits leur développement et leur caractère propre. C'est à la formule de se plier à la réalité. Hegel au contraire accommode la réalité à la formule. Tantôt la formule l'oblige, si elle est trop vague, à effacer les traits de la réalité ; tantôt, si elle est trop étroite, à la mutiler. En voulez-vous des exemples ? La logique exige que le troisième moment du procès dialectique, la synthèse, soit un mouvement de retour à la thèse. Or ceci semble un jeu de scolastique alexandrine, auquel la réalité naturelle ou historique se prête peu. Ainsi, je vois bien que la Nature avance sans cesse de forme en forme, de règne en règne ; mais je ne vois pas qu'elle revienne jamais sur elle-même : je retrouve partout un progrès continu et indéfini, sans *triade* et sans *circulus*. Je remarque que chaque forme, que chaque règne absorbe la forme, le règne qui précède immédiatement ; mais je ne vois point que chaque forme nouvelle de l'être soit la simple synthèse de deux formes antérieures. Il est bien vrai que toute forme nouvelle résume celle qui la précède, et à ce titre, en est la synthèse ; mais elle n'est jamais un retour à une première forme, par l'intermédiaire de la seconde. La Nature se développe par une série de formes qui s'éloignent toujours de plus en plus de la forme primordiale ; son mouvement n'a ni chute ni retour. Il en est de même de l'Histoire. On y rencontre bien de petits accidents qu'on appelle réactions ou restaurations, mais comme ils ne laissent jamais de trace durable, de création féconde dans le champ de l'Histoire, la philosophie les néglige. Ce sont, comme dit Hegel, des *phénomènes* sans *réalité* que la logique ne doit ni ne peut expliquer. Ce n'est point à de pareils incidents qu'il applique sa dialectique ; c'est aux grands faits et aux grandes lois de l'Histoire. Mais là même cette dialectique me semble un défaut. Par exemple, il résumera l'Histoire universelle en trois époques, l'infini, le fini, l'identité du fini et de l'infini. Voilà une formule grandiose que l'éloquence de nos maîtres, en France, a pu nous imposer un moment. Mais, réflexion faite, trouvez-vous d'abord qu'elle nous apprenne grand'chose du vrai progrès de l'Humanité?

LE SAVANT.— Ma foi, non. C'est une de ces formules dans lesquelles on peut tout faire entrer.

LE MÉTAPHYSICIEN. — Ensuite la trouvez-vous bien exacte? Si vous considérez la valeur des idées en elles-mêmes, la transition de l'infini au fini est une chute; la transition du fini à l'infini est un retour. Faire ainsi procéder l'Humanité par chute et par retour me semble plutôt une réminiscence des religions et des philosophies de l'Orient qu'une conception de la science moderne. D'ailleurs, quand on dit que l'Orient est l'époque de l'infini, il faut s'entendre. Oui, si par infini l'on signifie l'informe, le vide, le chaos, le mélange de toutes choses et de toutes facultés. Non, si par infini l'on entend le pur et libre Esprit, l'Être absolu de la pensée. En ce dernier sens, je trouve la philosophie, et même la religion grecque plutôt sur la voie de l'infini que l'Orient. Qu'on me dise que l'époque orientale est le règne de l'*imagination*, que l'époque grecque est le règne de l'*entendement*, que l'époque moderne est le règne de la *raison*, j'en pourrai tomber d'accord, sauf explication. En tout cas, voilà une formule précise, qui me révèle un progrès continu, un développement de plus en plus profond et plus riche de l'Humanité, sans chute ni retour. J'en dirai autant de la formule de l'unité, de la variété et de leur synthèse. Quand on m'aura enseigné que l'Orient est le symbole de l'unité, le monde gréco-latin de la variété, le monde moderne de leur synthèse, en connaîtrai-je mieux pour cela le caractère propre, la nature intime des époques auxquelles on applique cette formule abstraite? N'est-ce pas en revenir à peu près à la méthode pythagoricienne, à laquelle Aristote reprochait avec tant de raison d'expliquer le fond et l'essence même des choses par les lois abstraites de leurs formes et de leurs relations extérieures? Je sais bien que ces formules et beaucoup d'autres, dans la philosophie de Hegel, s'expliquent par la grande formule qui les précède et les éclaire toutes, le progrès universel de l'abstrait au concret. Mais je regrette qu'il ne s'en soit pas tenu à cette loi unique, la seule qui soit incontestable, aussi bien dans la Nature et dans l'Histoire que dans la Logique. Par sa formule *trinitaire*, il me semble rentrer dans la scolastique des pythagoriciens et des alexandrins. *Numero Deus impare gaudet.* Je vois revenir le sacré *ternaire* avec toutes ses merveilleuses vertus.

Le Savant. — Je le crains comme vous.

Le Métaphysicien. — J'en dirai autant de l'application de cette formule à l'histoire de la philosophie. Dans la philosophie grecque, je vois bien que le néoplatonisme est la synthèse de toutes les doctrines du passé. Mais comment? Est-ce par le retour de la philosophie intermédiaire à son principe? Nullement. La philosophie grecque ne procède point par un retour sur elle-même, pas plus que par une chute, mais par un développement interne qui est un progrès continu de l'abstrait au concret. Une époque résume toujours celle qui la précède. La période socratique résume la période antésocratique, comme la période alexandrine résume la période socratique. Et comme une époque détruit toujours l'époque antérieure en la résumant, il s'ensuit qu'elle est pour celle-ci antithèse et synthèse tout à la fois. Je retrouverais facilement la même loi dans la philosophie moderne. C'est un développement de plus en plus intime, de plus en plus riche de la pensée; c'est un progrès continu de l'abstrait vers le concret. Hume, Locke, Reid, Kant approfondissent le problème posé et superficiellement résolu par Descartes. Schelling et Hegel creusent encore plus avant. Les trois périodes de cette philosophie procèdent également par antithèse et par synthèse à l'égard du passé. Il n'y a encore là ni chute ni retour.

Le Savant. — C'est ce qui me semble.

Le Métaphysicien. — Ainsi, le danger des formules de ce genre, quand elles sont vagues, est de glisser sur la surface des choses, sans pénétrer dans leur fond et leur vie intime ; quand elles sont trop étroites, de faire violence à la réalité. L'usage n'en est légitime et sûr qu'autant qu'elles s'adaptent naturellement aux faits. Alors elles éclairent et expliquent véritablement la réalité ; elles forment par leur ensemble et leur enchaînement la vraie philosophie des sciences, la logique vivante des choses. Hegel a le tort de ne point laisser assez parler la réalité ; il l'efface, la comprime, l'étouffe sous le poids de sa logique. Sa philosophie des sciences peut faire illusion par son puissant appareil de formules, par la nouveauté des applications, par un mélange habile de la spéculation et de l'expérience, par la science encyclopédique de son auteur. Mais je doute qu'elle rallie les esprits sévères et réconcilie définitivement la science avec la métaphysique. Pour vous gagner, vous autres savants, il faut une méthode plus simple, des résultats moins contestables, et surtout un langage plus clair.

Le Savant. — Assurément. Mais vous me sembliez plus favorable tout à l'heure à la nouvelle philosophie. Ne lui faisiez-vous pas un grand mérite d'avoir appliqué heureusement la métaphysique aux sciences positives ?

Le Métaphysicien. — Sans doute, et je persiste dans mon admiration. Nulle école n'a su rattacher aussi intimement les sciences à la philosophie ; nulle n'a plus fait pour la philosophie des sciences, cette œuvre difficile et féconde qui sera l'œuvre même du siècle. Mais elle l'a fait avec le génie, avec la science encyclopédique, avec les méthodes et les vues générales de ses penseurs, bien plus qu'avec le mécanisme tout scolastique de leurs formules. La dialectique hégélienne, sans justifier toutes les prétentions spéculatives de son auteur, contient de belles et fécondes parties qui ont fourni beaucoup de vues justes, profondes, ingénieuses à la philosophie des sciences. Mais si vous la considérez dans ses détails, et comme système complet, et que vous la suiviez dans l'application que Hegel en a faite aux sciences de la Nature et de l'Histoire, vous trouverez qu'en somme elle embarrasse la marche de l'esprit plutôt qu'elle ne la guide, et complique plus qu'elle ne simplifie l'explication des choses. La Nature et l'Esprit ont une liberté d'allures, une variété de créations, une spontanéité de mouvements qui réclament une méthode d'explication plus souple, plus large, plus élastique que la rigide et monotone dialectique des *triades* et des *circulus*. Devant ce prodigieux Cosmos, devant cette merveilleuse épopée de l'Humanité, il faut une pensée libre et tout entière à la contemplation de la réalité. La vraie philosophie de la Nature, et la vraie philosophie de l'Histoire doivent craindre également les illusions de l'imagination et les illusions de la dialectique. Tandis que l'une les arrête naïvement au côté pittoresque des choses, à tout ce qui est bruit, mouvement, image, l'autre les égare dans un monde d'abstractions vides et mortes, aussi loin de la vérité que de la réalité. Si Hegel a semé tant de vues fécondes, tant d'idées vraies dans sa philosophie de l'Histoire, dans sa philosophie de la Nature, dans son esthétique, dans sa symbolique, dans son histoire de la philosophie, c'est surtout grâce à son génie d'observation et d'analyse. Il serait injuste sans doute d'y méconnaître l'influence de certaines formules générales, mais il faut convenir que la plupart de ses erreurs, de ses paradoxes, de ses impénétrables obscurités proviennent de l'application minutieuse des formules logiques.

Le Savant. — C'est l'effet que m'a fait éprouver l'exposé de cette philosophie.

Le Métaphysicien. — Je n'insiste pas davantage. Ces mérites et ces défauts de la nouvelle philosophie vous expliquent son succès et son échec. La nouveauté de ses méthodes, l'étendue de ses conceptions, la fécondité de ses applications, la science encyclopédique de ses auteurs la firent accueillir d'abord avec enthousiasme de l'Allemagne. Les philosophes s'y rallièrent généralement. Chez nous, l'organe le plus éloquent de l'éclectisme ne craignit pas de proclamer la *vérité* du système, tout en faisant ses réserves sur la méthode (1). Les savants eux-mêmes s'y intéressèrent, en l'entendant parler leur langue, et en la voyant soumettre leurs sciences à ses formules. Jamais la métaphysique et les sciences positives ne s'étaient senti d'aussi nombreuses et profondes affinités. Le divorce semblait fini, et l'alliance consommée entre l'expérience et la spéculation ; la métaphysique avait enfin trouvé sa base, et les sciences leur couronne. En Allemagne, l'effet fut puissant et universel. En France, et dans tout le reste de l'Europe, la nouvelle philosophie ne fut guère connue que par le bruit qu'elle faisait au delà du Rhin. L'obscurité de ses formules, la hardiesse de ses paradoxes, l'étrangeté de ses méthodes pour des esprits si peu préparés à les comprendre, la difficulté et la rareté

(1) M. Cousin, *Fragments philosophiques*, préface de la deuxième édition.

des traductions, l'infidélité des commentaires ne lui permirent pas de rayonner beaucoup au delà de son berceau. Puis bientôt, même en Allemagne, l'abus de ses formules fit réfléchir les savants, qui lui retirèrent peu à peu leur confiance. D'une autre part, l'exagération de ses doctrines la compromit dans l'esprit des philosophes eux-mêmes. En sorte qu'aujourd'hui cette philosophie en est à sa période de décadence. Sans parler des esprits légers qui la quittent sur parole, comme ils l'ont adoptée, les esprits les plus sérieux, les plus convaincus de ses grands et solides mérites, la trouvent, après mûr examen, arbitraire et scolastique dans ses méthodes, forcée dans ses applications à la Nature et à l'Histoire. Et comme si ce prodigieux effort métaphysique eût épuisé les forces de la pensée allemande, elle n'a rien tenté de sérieux pour le remplacer. Depuis qu'on a vu le génie même de la spéculation impuissant, on a grand'peine à croire à l'avenir de la métaphysique, en Allemagne, aussi bien qu'en France et en Europe.

QUATORZIÈME ENTRETIEN.

PHILOSOPHIE DU XIXe SIÈCLE. — PHILOSOPHIE POSITIVE.

LE MÉTAPHYSICIEN. — La *nouvelle philosophie*, comme on disait en Allemagne en parlant de l'idéalisme de Schelling et de Hegel, a eu l'honneur, en tombant, d'entraîner dans sa chute la métaphysique elle-même. Du moins, il semble qu'il en ait été ainsi, à considérer les écoles qui ont recueilli son héritage.

LE SAVANT. — Les entreprises n'ont pas manqué pourtant, ni en France, ni en Allemagne.

LE MÉTAPHYSICIEN. — Je le reconnais ; mais elles sont individuelles et ne font point école. Il s'est produit chez nous, depuis trente ans, des œuvres auxquelles il est impossible de refuser un vrai mérite philosophique. L'*Esquisse d'une philosophie*, de l'illustre Lamennais, est assurément une grande œuvre métaphysique ; elle a la rigueur, la suite, l'ensemble d'un système. Mais la tradition platonicienne et chrétienne domine encore dans cette puissante synthèse, bien qu'elle y soit largement interprétée, et parfois heureusement transformée par la libre et ferme logique de l'auteur. On y sent à chaque page le souffle de l'esprit moderne, sous les formules un peu vieillies que l'auteur a cru devoir conserver. Sur le problème de la création notamment, Lamennais rompt ouvertement avec le dogme chrétien. Quant à la partie psychologique, morale, esthétique, politique de son livre, bien que l'influence du platonisme y soit manifeste, on y retrouve la pensée moderne développée avec le sentiment démocratique et la logique révolutionnaire qui caractérisent ce grand et violent esprit. Ce livre est certainement le plus remarquable des ouvrages de Lamennais, et pourtant il est resté presque sans écho, tandis que l'*Essai sur l'indifférence*, œuvre de logique éloquente et parfois déclamatoire plutôt que de philosophie solide et féconde, a mis en feu le monde et l'Église. Pourquoi ce bruit sur un livre, et ce silence autour de l'autre? C'est qu'au lieu que l'*Essai sur l'indifférence* répondait à une préoccupation générale des esprits, l'*Esquisse d'une philosophie* est tombée au milieu de l'indifférence universelle et d'une sorte de parti pris contre toute spéculation métaphysique. Voilà ce qui explique comment un livre qui n'eût pas manqué de faire école à une autre époque, n'a provoqué ni l'admiration ni la critique au moment où il a paru.

LE SAVANT. — Ce silence est en effet un signe des temps. L'échec de l'*Esquisse d'une philosophie* est l'échec de la métaphysique elle-même.

LE MÉTAPHYSICIEN. — Le beau livre de Jean Reynaud, *Ciel et Terre*, moins fort de logique, mais plus riche de science, offre le même caractère : c'est la science moderne mise au service d'une théologie ancienne que l'auteur essaye de transformer par une méthode tant soit peu alexandrine. Si *Ciel et Terre* a eu plus de succès que l'*Esquisse d'une philosophie*, cela tient d'abord à l'exposition attrayante, mais surtout à la réputation de savant que l'auteur s'est justement acquise. On admire généralement cette interprétation ingénieuse et toute scientifique des vieux dogmes, cette éloquence sans déclamation, cette onction, et ces grâces naturelles de style que l'auteur semble avoir empruntées tout à la fois de Malebranche et de Ballanche ; mais on se laisse peu convertir à cette philosophie chrétienne, en partie renouvelée d'Origène, et rajeunie par la science moderne.

LE SAVANT. — En effet, bien que Jean Reynaud soit des nôtres, je ne vois pas qu'il ait fait de grandes conquêtes dans le monde savant. Il est vrai qu'on s'y défie de tout ce qui s'appelle philosophie, théologie et métaphysique.

LE MÉTAPHYSICIEN. — Le cachet de l'esprit moderne est plus visible dans la philosophie de Pierre Leroux, malgré l'affectation de la méthode traditionnelle, et les illusions d'une érudition plus ingénieuse encore qu'exacte. Cet esprit fécond et original aime à mettre sa propre pensée dans la bouche des philosophes qui l'ont précédé. Toutes ses théories sur Dieu, sur le Monde, sur l'homme, sur la destinée humaine, sur le progrès, sur la fraternité, sont bien marquées de l'esprit du siècle. Par certains côtés, on le croirait un disciple de la nouvelle philosophie allemande, si l'on ne savait qu'il est resté entièrement étranger à ce grand mouvement, de même que tous les philosophes français du XIXe siècle, sauf M. Cousin. Mais ses œuvres, pleines de séve et de vérité, ne forment point un ensemble; ce ne sont que des fragments dans lesquels même l'expression de la pensée est rarement définitive. Il n'en a pas moins exercé une influence assez forte et assez générale sur l'esprit de son pays et de son temps, particulièrement sur les intelligences libres qui ont vécu dans le grand air du monde et à la lumière de la pure littérature. Quoi qu'on en ait dit, il n'a pas fait école, et a eu peu d'action sur les écoles proprement dites. Je ne sais plus de qui est le mot, mais il est juste; c'est le Diderot du XIXe siècle.

LE SAVANT. — Si Diderot revenait parmi nous, en vertu de la métempsychose dont Pierre Leroux s'est fait le promoteur dans notre siècle, êtes-vous bien sûr qu'il deviendrait le philosophe de la *triade*, du *circulus*, et d'autres doctrines auxquelles l'auteur du livre de l'*Humanité* aime à prêter son intelligence philosophique et son érudition ?

Le Métaphysicien. — Pourquoi pas ? Diderot excellait à exposer les idées d'autrui. Mais qu'importe ? Je vous abandonne le mot, s'il vous choque, et je reprends mon sujet. Les entreprises métaphysiques que je viens de citer, et quelques autres que je pourrais oublier, ont suscité plus d'admirateurs que de disciples ; aucune n'a concilié, même provisoirement, à la métaphysique, les suffrages des philosophes et des savants.

Le Savant. — C'est un fait.

Le Métaphysicien. — En Allemagne, je connais moins les œuvres qui ont pu manifester la recrudescence de l'esprit métaphysique, depuis le déclin de l'école hégélienne. J'entends bien parler de Krause, de Herbart, et d'autres noms encore plus ou moins contemporains de cette grande école. Mais le sentiment public proclame tout haut que la philosophie de Schelling et de Hegel n'a point eu d'héritiers, quelles qu'aient pu être les prétentions de certains esprits à l'originalité. Une preuve évidente que Hegel n'a point été remplacé dans l'empire qu'il a exercé sur la pensée et la science de son pays, c'est que le public philosophique, en Allemagne, bien réduit du reste, depuis le discrédit de l'école hégélienne, se partage maintenant entre les anciennes écoles. On est revenu, selon ses origines et ses goûts, les uns au kantisme, les autres au sensualisme, d'autres au mysticisme, d'autres à la théologie chrétienne plus ou moins largement interprétée. Krause paraît être le seul penseur libre et original qui ait donné à sa pensée l'étendue et la précision d'un système. Mais, s'il a fait quelques disciples, il est loin d'avoir rallié à ses idées, je ne dis pas la majorité, mais même une fraction un peu nombreuse, dans le monde de la philosophie et de la science. D'ailleurs, l'esprit qui prévaut en Allemagne en ce moment, ce n'est pas l'esprit métaphysique. On y est rentré dans la science proprement dite, et on y délaisse la spéculation pure pour la pratique.

LE SAVANT. — A peu près comme en France.

LE MÉTAPHYSICIEN. — En fait d'écoles contemporaines, je n'en connais que trois qui aient conservé ou qui aient acquis, en France surtout, un public assez nombreux d'adhérents : l'école théologique, l'école éclectique, et l'école *positive*. La première serait de beaucoup la plus considérable, si l'on jugeait de la valeur d'une école par le nombre, l'activité, et l'influence de ses adeptes. Mais c'est une école de pure tradition, sans liberté, sans originalité, et qui est en contradiction manifeste et perpétuelle avec l'esprit, les méthodes, les découvertes de la science moderne. Sa métaphysique n'est pas, ne peut être autre chose que la théologie *révélée*. Elle n'a guère d'autre liberté que celle de l'éclaircir et de la démontrer, de la rendre accessible à la raison (en ce qu'elle a de raisonnable, bien entendu) par des explications, des comparaisons, des faits et des arguments tirés de la philosophie et des sciences humaines. Ses anciens chefs, de Maistre, de Bonald, d'Eckthein, etc., ont fait peu de métaphysique. Je ne parle pas de Lamennais qui a rompu si héroïquement avec son passé. Ses nouveaux organes, MM. Bautain, Maret, Gratry, le père Bonaventure, et beaucoup d'autres, ont mis une science réelle et une ingénieuse érudition au service de leur foi, cherchant tantôt dans les sciences physiques et naturelles, tantôt dans la philosophie, tantôt dans les mathématiques, la preuve ou l'explication du dogme. Ainsi l'un trouve la confirmation de la *Genèse* dans la théorie des diverses époques géologiques du globe. L'autre croit découvrir là démonstration de l'infini métaphysique dans l'analyse de l'infini mathématique. Tel croit rendre compte de la distinction de la vérité scientifique et de la vérité métaphysique par la différence de la lumière solaire et de la lumière sidérale. Tel enfin va demander à la psychologie, ou même à la physiologie, l'explication du mystère de la Trinité, ou de telle autre formule théologique. Chacun cherche ses comparaisons, ses analogies, ses métaphores, ses arguments dans ses études de prédilection ; mais tous, en définitive, se gardent bien de ne rien changer à une doctrine qui s'impose à leur raison. Cette école, très puissante encore dans le monde par le dogme d'où elle tire sa métaphysique, est, de toutes, celle qui a la moindre valeur philosophique, en raison de son peu d'originalité. C'est donc celle qui témoigne le plus faiblement de l'esprit métaphysique contemporain. Si cet esprit donne signe de vie quelque part, ce n'est pas là qu'il faut le chercher.

Le Savant. — Sera-ce dans l'école éclectique ?

Le Métaphysicien. — Je ne le pense pas, mais pour d'autres raisons que je vous ai déjà fait connaître ailleurs, et que je me borne ici à résumer. Cette école est assurément un fidèle organe de la philosophie et de la science contemporaines, en tant qu'école d'érudition et de critique. On ne saurait trop rendre justice à ses travaux historiques, à quelques-unes de ses études psychologiques et esthétiques. Mais tout cela ne fait pas un système de philosophie qu'on puisse mettre à côté des grandes synthèses antérieures auxquelles ce nom a été donné. Tout au plus pourrait-elle revendiquer le mérite d'avoir apprécié à sa juste valeur chaque système du passé ; c'est une école d'histoire, de critique, de psychologie, d'esthétique, non de métaphysique. Quand elle veut dogmatiser, dans ce dernier genre de spéculations, elle s'entend mieux à restaurer le passé qu'à le remplacer. C'est tantôt Platon, tantôt Descartes, tantôt Leibnitz, tantôt un choix plus ou moins habile entre ces doctrines qui fait les frais de la métaphysique éclectique. Ce défaut d'originalité spéculative explique le nombre, la variété, la fécondité des esprits et des œuvres de cette école. D'abord c'est l'esprit de l'époque, plus avide d'érudition que de croyance. Ensuite une école historique a le précieux avantage d'ouvrir une libre carrière à cette diversité d'intelligences qu'étouffe ou fait éclater infailliblement toute école dogmatique, si larges que soient ses principes. Il y a place pour tous sous le drapeau de l'histoire et du sens commun.

LE SAVANT. — Je m'explique le succès de l'éclectisme, l'esprit du siècle étant donné.

LE MÉTAPHYSICIEN. — Reste l'école positive. Cette école, vous le savez, a eu la science proprement dite pour berceau, et n'a pas d'autre horizon. Son fondateur, Auguste Comte, est un savant. Presque tous ses adeptes sont des esprits qui allient l'esprit philosophique à une forte culture scientifique. La science proprement dite est leur premier et dernier mot. Toute théologie pour eux est un rêve ; toute métaphysique est une abstraction vide. Mais s'ils n'entendent point dépasser les limites de la science, ils ne veulent pas rester en deçà. Vivement frappés de l'incohérence et de l'anarchie des sciences actuelles, ils laissent généralement l'observation de détail, l'analyse des faits, les descriptions minutieuses, les monographies isolées aux savants spéciaux, et s'occupent des rapports, des vues d'ensemble, des travaux de synthèse. C'est à cette école qu'on doit tout ce qui a été fait de plus important sur la philosophie des sciences. Je dis la philosophie, et non la métaphysique ; car les *positivistes* ont une véritable horreurde toute spéculation à priori, et ne connaissent pas d'autres méthodes que les procédés qui sont propres aux sciences mathématiques, physiques et historiques. La raison n'est pour eux que l'expérience comparée et généralisée ; les idées ne sont que des rapports généraux, abstraits des faits. L'infini, l'absolu, l'universel, Dieu, l'âme, l'esprit, sont des mots, ou tout au moins des mystères impénétrables. Sur ce point, ils n'admettent même plus la discussion, et toute tendance aux recherches métaphysiques leur semble une véritable infirmité d'esprit. Tout savant, tout philosophe qui s'y laisse aller est jugé; s'il persiste au delà de l'âge des illusions et des rêves, c'est un cerveau malade ou mal organisé. Esprits d'ailleurs pleins de sens, de réserve et de tolérance, les adeptes de l'école positive entrent dans une sainte fureur au seul nom de métaphysique. Non-seulement ils l'exterminent, comme étude spéciale, du domaine de la science, mais ils la poursuivent partout dans les sciences expérimentales, n'en souffrant pas l'ombre la plus légère. C'est ainsi que Newton lui-même est repris pour avoir expliqué la pesanteur par la force d'*attraction*. Selon l'auteur de la *Philosophie positive*, l'illustre physicien s'est montré infidèle en cela à sa méthode : *hypotheses non fingo ;* il a fait sur la nature de la cause de la pesanteur une hypothèse fondée sur une vaine analogie, et par conséquent est retombé dans l'ornière de la métaphysique. C'est *gravitation* qu'il faut dire, et non *attraction*, parce que le premier de ces termes n'exprime absolument rien au delà de la loi, c'est-à-dire du fait généralisé. L'idéal de la science, dans cette direction, c'est, par exemple, la loi de la gravitation universelle ; si haute que soit cette vérité, elle ne sort point de l'ordre des faits, ni ne touche à l'ordre impénétrable des *causes* efficientes ou finales.

LE SAVANT. — J'étais de cette école avant de vous avoir entendu.

LE MÉTAPHYSICIEN. — C'est une école nombreuse et redoutable, depuis le discrédit des écoles métaphysiques. Elle répond à la disposition générale des esprits. Elle a le précieux avantage de savoir les sciences mathématiques, physiques et naturelles, que la plupart de nos métaphysiciens ignorent. Elle a des savants les connaissances positives, et des philosophes l'esprit de généralisation et de synthèse. De plus, sauf la métaphysique, il n'est pas une science à laquelle elle n'ouvre la porte, pourvu qu'on se présente avec le sceau de l'expérience ou de l'érudition. Depuis surtout qu'elle s'est dégagée des préventions aveugles et des exclusions implacables de son fondateur, trop préoccupé des sciences de la matière, elle montre autant de goût pour la philosophie morale que pour la philosophie naturelle; elle croit à l'autorité de l'observation et de l'analyse en tout et partout, qu'on les applique aux faits physiques, aux faits historiques, ou aux faits psychologiques. C'est, en un mot, la science tout entière qu'elle embrasse, analyse et synthèse, sauf la métaphysique. Aussi fait-elle de rapides conquêtes dans le monde savant. Tout ce qui s'y rencontre d'esprits élevés et généralisateurs se rattache à la philosophie positive. Même dans le monde littéraire, nombre de jeunes esprits, pleins de séve et d'avenir, se détachent des traditions de la vieille philosophie, et abjurent la métaphysique dont ils ont sucé le lait. MM. Renan et Taine ne paraissent pas trop répugner aux conclusions de l'école positive.

LE SAVANT. — Croyez-vous cette abjuration définitive?

LE MÉTAPHYSICIEN. — J'espère que non. L'analyse et la critique ramèneront à la métaphysique toutes ces généreuses intelligences, chez lesquelles se fait sentir la réaction contre les vieux systèmes. Je ne désespère même pas de voir se rallier à la saine métaphysique les bons esprits de l'école positive, le jour où le fatal malentendu qui nous divise aura cessé. Ce nom de métaphysique sonne mal à leurs oreilles ; il signifie pour eux la philosophie à priori, la méthode spéculative dont ils ne veulent à aucun prix, et je puis ajouter, dont ils ont parfaitement raison de ne pas vouloir. Nous sommes tout à fait d'accord avec eux sur ce point. L'idéalisme est une cause jugée et condamnée : le génie a eu beau se mettre à l'œuvre, dans les diverses époques de la philosophie ; ses spéculations à priori n'ont jamais pu aboutir à une science. Même l'*idéalisme absolu* de Schelling et de Hegel, malgré la science positive dont il s'est nourri, est jugé aujourd'hui une œuvre arbitraire, dans la plupart de ses constructions et de ses formules ; tout ce qu'il renferme de vrai et de fécond, il le tient de l'expérience et de la science. Nous partageons donc entièrement l'opinion de l'école positive sur la vanité des méthodes spéculatives et des théories à priori. Si la métaphysique est vouée à ce labeur ingrat et stérile, nous trouvons légitime le dédain des *positivistes* pour cette fausse science. Mais c'est là précisément la question.

LE SAVANT. — Question résolue par l'analyse et la critique en faveur de la métaphysique.

LE MÉTAPHYSICIEN. — Je le crois fermement. Mais comme l'école positive persiste dans son anathème, et qu'elle y associe chaque jour une foule de bons esprits auxquels elle donne d'ailleurs une certaine satisfaction philosophique, il est urgent, pour l'avenir de la métaphysique, que les raisons de cette école soient connues et examinées de près ; en sorte qu'on voie bien clairement si elle n'a pas plutôt tranché que résolu la question. La philosophie positive, d'ailleurs, est la dernière forme de l'empirisme, et la plus rigoureuse, de même que la nouvelle philosophie allemande est le plus complet et le plus profond développement de l'idéalisme. Il ne serait pas prudent d'arriver à la conclusion de cette longue étude, avant d'avoir soumis cette école aux principes posés dans notre critique de l'intelligence, ainsi que nous l'avons fait pour l'école allemande.

LE SAVANT. — La popularité croissante de cette école nous fait un devoir, en effet, d'y regarder de près.

LE MÉTAPHYSICIEN. — Commençons par le maître. Esprit vigoureux et systématique, mais obstiné et intraitable, l'auteur de la *Philosophie positive* n'avait pas toutes les qualités propres au succès d'une pareille entreprise. Son caractère était peu communicatif, et son style, bien que doué de qualités solides, ne l'était pas davantage. Sa réforme, du reste, était d'une haute portée, et arrivait à propos. Le discrédit de la métaphysique, après le règne de la nouvelle philosophie en Allemagne, avait amené le déclin, et même l'extinction de l'esprit philosophique lui-même. On n'en était pas seulement revenu à la science pure, mais, dans cette science elle-même, on s'enfermait dans le travail de l'analyse, comme si toute étude de rapports, toute vue d'ensemble, toute synthèse, en un mot, était un retour à la spéculation et à la métaphysique. C'était donc une heureuse et féconde pensée que de relever l'esprit scientifique perdu dans le détail de l'analyse et dans le terre à terre de la spécialité, et de réveiller chez les savants l'esprit de généralisation et de synthèse, l'esprit philosophique proprement dit, que les échecs de la spéculation métaphysique avaient découragé. Auguste Comte ne visait pas à moins qu'à fonder la philosophie des sciences, la philosophie proprement dite, sur les ruines de la métaphysique. Tel fut le dessein proclamé de la *Philosophie positive*.

Le Savant. — C'était une grande réforme.

Le Métaphysicien. —Soyons justes envers cet étrange et fécond esprit, qui ne l'a pas été pour nous. Il ne s'est pas borné, comme tant d'autres, à des généralités sur la méthode philosophique et la philosophie des sciences ; il a mis courageusement la main à l'œuvre, et a jeté lui-même les bases de cette science nouvelle et supérieure. Le livre de la *Philosophie positive* est plein de préjugés, de lacunes, de déclamations contre la métaphysique et les métaphysiciens. L'auteur, qui ne veut pas entendre parler de métaphysique, s'y montre partisan de certaines hypothèses matérialistes, telles que l'atomisme. Il confond, dans sa haine aveugle, avec la métaphysique la psychologie proprement dite, c'est-à-dire tout cet ensemble de sciences qui reposent sur les révélations du sens intime. Quant aux sciences morales, qu'il réduit à l'histoire, à la politique, à l'économie politique et au droit, et qu'il réunit sous le nom hybride de *sociologie*, il en parle en homme qui les connaît peu et les comprend mal. Mais si l'on veut juger du mérite d'une œuvre par ce qui s'y trouve, et non par ce qui y manque, les idées fortes, les vues fécondes y sont en assez grand nombre pour expliquer la profonde estime, même l'admiration de ses partisans. C'est un de ces livres qu'on ne peut lire sans effort (d'autres diraient peut-être sans ennui), mais qu'on ne lit jamais sans fruit. Mais j'oublie que je parle à un savant. Vous connaissez mieux que moi les travaux et les mérites de cette école ; c'est à moi de vous écouter là-dessus.

Le Savant. — Je suis charmé de vous entendre ainsi

parler d'un tel livre et d'un pareil esprit. Je connais nombre de vos philosophes lettrés dont le goût délicat n'a jamais pu supporter la lecture de la *Philosophie positive*. Et pourtant ce livre contient, sur les rapports des sciences entre elles, et sur le système qu'elles forment en vertu de ces rapports, une théorie dont le développement, sinon l'idée première, est entièrement original. Auguste Comte prend pour base de la philosophie des sciences une énumération complète des sciences spéciales, quel qu'en soit l'objet, la Nature ou l'Humanité. Ayant soin de procéder invariablement de l'abstrait au concret, il commence par les mathématiques pures, et finit par la *sociologie* ou science des sociétés humaines.

Le Métaphysicien. — Croyez-vous qu'il ait été le premier à comprendre cette échelle des sciences ayant son premier échelon dans l'abstrait mathématique, et son dernier dans le concret psychologique et historique? Cela n'avait point échappé au génie d'Aristote. Tandis que la *dialectique* de Platon, mesurant la perfection des êtres et des sciences sur leur degré de généralité, élève un système dont le concret forme la base, et l'abstrait le sommet, la *métaphysique* d'Aristote renverse la pyramide, et plaçant l'abstrait pur, la matière, avec les sciences mathématiques et physiques, à la base, pose au sommet la vie, l'âme, l'intelligence, avec les sciences psychologiques et morales qui en traitent proprement. Je soupçonne le père de l'école positive de n'avoir pas été cherché cette idée dans Aristote qu'il connaissait fort peu, et je n'ai nulle envie de lui contester l'originalité de ses vues à ce sujet. Mais enfin vous voyez que le principe de la grande théorie de Comte n'est pas tout à fait une révélation, et que l'honneur en revient à cette pauvre métaphysique, si cruellement traitée par vos amis.

Le Savant. — Je vous en crois volontiers, mais si

Aristote et la métaphysique avaient entrevu le principe de cette théorie, je ne sache pas qu'on en trouve nulle part le développement scientifique et systématique avant le livre d'Auguste Comte. Il est le premier, ce me semble, qui, définissant chaque science, à partir des mathématiques les plus abstraites, ait démontré que, de deux sciences, c'est toujours la moins abstraite et la moins générale qui suppose celle qui l'est le plus.

LE MÉTAPHYSICIEN. — Voilà en effet une vue aussi originale que féconde.

LE SAVANT. — Ainsi l'arithmétique, science des quantités numériques, au moins dans ses parties les plus élevées et les plus difficiles, relève de l'algèbre, science des quantités pures, qui lui fournit ses formules et ses puissantes méthodes d'analyse. Mais la réciproque n'est pas vraie ; l'algèbre pure n'a rien à emprunter à l'arithmétique. La géométrie, science des grandeurs, ne va pas sans l'arithmétique qui en évalue les rapports ; et, sans l'algèbre, elle n'eût pu atteindre aux belles spéculations de la géométrie analytique. La mécanique, science du mouvement et des forces abstraites, commence à faire quelques emprunts à l'expérience ; mais elle ne peut absolument rien sans la géométrie et les autres sciences purement mathématiques, lesquelles en sont indépendantes. On ne peut étudier le mouvement que dans son rapport avec le temps et l'espace, c'est-à-dire quant à la vitesse et à la distance ; mais il est possible d'étudier l'étendue dans les divers rapports des parties qui la constituent, sans la moindre considération du mouvement. L'astronomie, science des corps célestes, est, de toutes les sciences mathématiques, celle qui doit le plus à l'observation. Mais que pourrait-elle sans les mathématiques pures, sans l'algèbre, l'arithmétique, la géométrie et la mécanique, lesquelles n'ont nul besoin de l'astronomie, sauf la mécanique appliquée qui lui emprunte des exemples? La physique, science des propriétés concrètes, bien que générales des corps, doit aux mathématiques toute sa partie rationnelle, c'est-à-dire ce qui en fait une science véritable. Avant l'intervention des sciences abstraites, elle était réduite à un empirisme grossier et incohérent, d'où les progrès de l'observation n'eussent pas suffi pour la tirer. Quant à sa dépendance de l'astronomie, elle est évidente dans l'étude de la pesanteur, la plus parfaite des théories physiques, mais qui n'est qu'un cas particulier de la gravitation céleste. Mais ces sciences, qui prêtent tant à la physique, ne lui doivent rien, sauf l'astronomie. La chimie, science des actions moléculaires et de la constitution des corps, relève évidemment de la physique; cette dépendance est marquée surtout par le rôle que le calorique, la lumière, l'électricité jouent dans les phénomènes chimiques. Dire que la physique ne dépend en rien de la chimie serait aller trop loin; mais les services que celle-ci rend à celle-là n'intéressent nullement l'existence et les principaux développements de la physique, tandis que la chimie n'aurait jamais pu faire un pas sans le secours de la science plus générale que nous venons de nommer.

Le Métaphysicien. — Tout cela est évident.

Le Savant. — La biologie, science des êtres vivants, n'est devenue une science positive qu'après les progrès et avec le secours de la chimie. De la chimie seule elle apprend que les tissus organisés sont composés des éléments inorganiques disséminés dans le reste de la Nature. La biologie est tellement liée à la chimie que, dans ce qu'on nomme *chimie organique*, le domaine respectif de chacune de ces deux sciences n'est pas même déterminé. Quant à l'indépendance de la chimie vis-à-vis la biologie, elle est manifeste ; sa marche rapide et sûre, sans tâtonnements, sans hypothèses, sans conjectures, contraste trop bien avec les incertitudes, les embarras, les complications des recherches biologiques, pour qu'on puisse douter qu'elle ne tire d'elle-même et d'elle seule sa force et sa lumière. Enfin, la science sociale ou sociologie relève de la biologie, et même jusqu'à un certain point des sciences physiques proprement dites. L'étude de l'homme en société a pour fondement nécessaire l'étude de l'homme en tant qu'individu. Or il est constant que l'anthropologie se rattache intimement à la biologie, quoi qu'en ait pu dire certain spiritualisme abstrait et chimérique. D'une autre part, par la géographie à laquelle se lie l'histoire proprement dite, les sciences physiques pénètrent dans le domaine de la science sociale. Je n'ai pas besoin de vous faire remarquer l'indépendance absolue des sciences physiques et biologiques vis-à-vis les sciences sociales.

LE MÉTAPHYSICIEN. — Il n'y a rien à contester dans cette coordination des diverses branches de la science humaine.

LE SAVANT. — Voilà une théorie sur la hiérarchie des sciences, très solide, très simple, et pourtant neuve, et dont il faut rapporter le mérite au chef de l'école positive. Mais il ne s'en est pas tenu là. Cette loi, qu'il a démontrée philosophiquement, par la comparaison des sciences entre elles, il la vérifie historiquement, par le tableau des développements et des progrès de la science. Il montre fort bien comment les sciences ont successivement apparu et grandi sur la scène historique, en raison même de leur degré d'abstraction et de généralité, et par suite de leur indépendance. Ainsi le développement scientifique a commencé par les sciences mathématiques, par l'arithmétique, la géométrie, la mécanique et l'astronomie. Si l'algèbre, à laquelle ces sciences doivent tant, n'a paru que beaucoup plus tard, c'est qu'elle est plutôt une méthode qu'une science, méthode ingénieuse et savante, dont l'invention a fort bien pu échapper à l'esprit humain, au début de ses recherches. Puis est venue la physique, ou plutôt sous ce nom un certain empirisme mêlé à des spéculations métaphysiques, à défaut des généralisations graduelles et légitimes de la science. Ce n'est qu'au commencement du XVIIe siècle, avec la méthode de Bacon, avec les principes et les expériences de Galilée, avec les travaux de Descartes et d'autres savants, que la physique est devenue une véritable science. Quant à la chimie, vous en savez la date ; c'est une des créations du XVIIIe siècle. L'histoire naturelle est plus ancienne ; elle remonte jusqu'à Aristote, qui nous en a laissé un immortel monument. Mais la science du philosophe grec est toute de description et de classification ; ce n'est que la partie extérieure de l'histoire naturelle. La partie intime et profonde, le côté anatomique et physiologique de la science n'a été abordé que fort tard par les modernes, et après les progrès de la physique et de la chimie. Il faut en dire autant de la physiologie. Il est tout simple que les premiers éléments de cette science aient paru de très bonne heure, avant même les sciences physiques et naturelles. Elle était nécessaire à l'art de guérir, et sous ce rapport, a dû être abordée immédiatement. Mais la physiologie n'a été réellement constituée comme science que fort tard, et après les progrès de la physique, de la chimie et de l'anatomie proprement dite. La même remarque s'applique à la science sociale ; il a dû en être de celle-ci comme de la physiologie. La politique est d'un intérêt trop pratique et trop universel pour n'avoir pas éveillé, dès la plus haute antiquité, le sentiment des vérités morales et le goût des questions sociales. Voilà pourquoi, non-seulement cet ordre de recherches a commencé de très bonne heure, mais encore a pris un développement, un ensemble qui contraste avec la pauvreté et l'incohérence des autres études de l'esprit humain, sauf les mathématiques. Mais il n'en reste pas moins vrai que, si les sciences morales ont fleuri les premières, elles sont les dernières à atteindre le degré de maturité qui seul peut en faire de véritables sciences. A parler rigoureusement, les sciences morales sont encore à faire, à l'heure qu'il est, quand déjà les sciences physiques et naturelles sont constituées depuis deux cents ans. Or, quelle est la cause de cette imperfection, sinon que les sciences qui ont l'homme et la société pour objet, ne commencent à employer la vraie méthode que depuis que cette méthode a été expérimentée dans les sciences qui ont pour objet la Nature?

LE MÉTAPHYSICIEN. — Je n'ai rien à reprendre à ces considérations historiques.

LE SAVANT. — Telle est la coordination systématique des sciences pures. « Elle est fondée sur l'indépendance de la science supérieure à l'égard de l'inférieure, sur la dépendance de celle-ci à l'égard de celle-là ; sur les objets de moins en moins généraux dont elles s'occupent respectivement : l'étendue et le mouvement, le système céleste, les agents physiques, les phénomènes chimiques, la vie, la société ; enfin sur le développement historique lui-même, qui n'a laissé éclore les sciences qu'une à une, et au fur et à mesure de leur complication.... Ainsi, on arrive au plus haut point qu'il soit permis d'atteindre, et de là on embrasse tout ce qui est su : véritable position philosophique, où rien n'échappe, et où les choses sont vues dans leurs relations réelles, assez élevée pour dominer, assez judicieusement choisie pour ne donner aucun vertige (1). » La loi, ainsi démontrée et vérifiée par l'auteur de la *Philosophie positive*, pourrait être énoncée de la manière suivante : les sciences diverses, considérées dans leur rapport de subordination et de dépendance, forment un système hiérarchique, dans lequel la plus abstraite et la plus générale sert de point de départ, de condition, de base élémentaire à la science plus concrète et plus particulière qui la suit immédiatement, dans l'échelle de la généralisation.

LE MÉTAPHYSICIEN. — J'ai bien quelques réserves à faire, soit sur la théorie que vous venez d'exposer, soit sur certaines conclusions que le chef de l'école positive et l'école elle-même semblent en tirer. Ainsi je ne trouve pas la psychologie suffisamment reconnue et définie, dans cette énumération des sciences ; je crains qu'Auguste Comte, et même ses meilleurs disciples ne l'aient confondue avec la métaphysique, dont elle est devenue tout à fait indépendante, grâce à la méthode d'analyse qui y prévaut depuis le XVIIIe siècle.

LE SAVANT. — En cela je suis de votre avis.

LE MÉTAPHYSICIEN. — Je ne suis pas non plus sans défiance sur le système pédagogique que l'école positive recommande, au nom de sa théorie des sciences. Ne veut-elle pas que l'esprit humain procède dans l'école comme dans l'histoire ? Et parce que l'ordre hiérarchique des sciences exige que les plus simples soient à la base, et les plus compliquées au sommet du système, est-ce une raison pour assujettir l'éducation des jeunes esprits à une pareille discipline ? Que ce soit là l'ordre logique, je n'en disconviens pas, mais est-ce bien l'ordre de la Nature ? Je crains qu'on ne fasse pas violence im-

(1) Littré, *Conservation, Révolution et Positivisme.*

punément aux jeunes esprits, et qu'ils ne sortent faussés d'un régime aussi rigoureux.

Le Savant. — Cela pourrait bien être.

Le Métaphysicien. — Enfin, je ne suis pas tout à fait rassuré sur le parti que le matérialisme pourrait tirer de cette théorie. Qui l'empêchera, par exemple, de conclure du rapport des sciences aux choses elles-mêmes qui en font l'objet ? N'est-il pas naturel de penser que, de même que les sciences mathématiques et physiques servent de point de départ et de base aux sciences psychologiques et morales, de même l'étendue, la matière, le mouvement sont le principe de la vie, de la sensibilité, de la pensée, et de la volonté ?

Le Savant. — Les positivistes coupent court aux conséquences de ce genre, en s'interdisant toute espèce de conclusion métaphysique, soit dans un sens, soit dans l'autre.

Le Métaphysicien. — J'entends cela, mais l'interdiront-ils à l'esprit humain qui a besoin d'une explication quelconque des faits ? Et, parmi les positivistes eux-mêmes, serait-il difficile de trouver des imaginations qui se laissent prendre à l'hypothèse matérialiste ?

Le Savant. — Il n'en faut pas moins reconnaître que la théorie, sinon l'école, en est innocente. Mais je n'en ai pas fini avec la *Philosophie positive* d'Auguste Comte. Cette belle théorie n'en est que le principe ; la pensée de l'auteur n'est pas moins remarquable sur les méthodes et les résultats. Rien ne prépare mieux l'esprit à concevoir ces méthodes et ces résultats qu'un système où les sciences apparaissent dans leur vrai rapport de subordination et de dépendance. La nature de chacune d'elles se montre à jour, et la méthode se révèle à la suite. Dans les mathématiques règne en souveraine la *déduction* qui, de quelques définitions, tire l'immense série de propositions dont se composent ces sciences. Le rôle de l'*induction* commence dans la partie la plus générale et la plus abstraite des sciences physiques, et à mesure que le rôle de la déduction diminue, il se développe à travers la série de ces sciences. La méthode propre à l'astronomie est l'*observation* pure, sans *expérience*, puisqu'il est impossible d'en modifier les phénomènes ; mais l'œil y est aidé des plus ingénieux et plus puissants instruments qui puissent en étendre et en préciser les perceptions. Autre est la méthode de la physique et de la chimie, où l'expérimentation joue le premier rôle ; c'est à cet art que sont dus presque tous les progrès de ces sciences. Seulement la chimie, science intermédiaire entre le monde inorganique et le monde organique, participe des méthodes de la physique et de l'histoire naturelle ; si elle *expérimente* avec la première, elle *classe* avec la seconde. Dans la biologie, de la nature même des objets ressort une autre méthode qui est tout à fait propre à cette science, à savoir la méthode analogique ou comparative. Enfin la méthode historique, ébauchée dans l'une des sciences spéciales de la biologie, dans la géologie, arrive à son point dans la science sociale ; ici l'investigation procède, non plus par simple comparaison, mais par filiation graduelle. Telles sont les méthodes particulières dont l'ensemble constitue, suivant l'heureuse expression d'Auguste Comte, le pouvoir général de l'esprit humain.

Le Métaphysicien. — Il n'y a rien d'absolument nouveau dans cette théorie des diverses méthodes scientifiques ; mais il est impossible de mieux caractériser chacune de ces méthodes, dans son appropriation à la science qui lui correspond.

Le Savant. Voilà pour les méthodes ; voici pour les résultats. Mais laissons parler M. Littré résumant la doctrine du maître. « Embrasser dans un aperçu commun tous les phénomènes sans exception, et en saisir l'enchaînement, cela donne nécessairement la conviction que les choses sont soumises à des lois fixes, c'est-à-dire au jeu régulier de leurs propriétés. Tels agents étant en présence, tels effets en sortiront toujours. Le voyage que la philosophie positive fait faire dans le domaine mental ressemble assez aux premières circumnavigations qui révélèrent à l'homme les dimensions du globe terrestre. Tant qu'il n'avait pas fait le tour de sa demeure, il pouvait lui supposer des dimensions démesurées, et rien ne lui apprenait les limites réelles dans lesquelles il était renfermé. De même, le domaine mental a pu longtemps paraître infini ; mais du moment que la circumnavigation est achevée, du moment que partout les limites ont été touchées, il faut rentrer dans la réalité. Ces limites, ce sont les lois qui régissent toutes les catégories de phénomènes à nous connues. L'immutabilité des lois naturelles, à l'encontre des théologies, qui introduisent des interventions surnaturelles ; le monde spéculatif limité, à l'encontre de la métaphysique, qui poursuit l'infini et l'absolu : telle est la double base sur laquelle repose la philosophie positive. Rattachant chaque ordre de faits à un ordre de propriétés naturelles, elle met hors de cause les théologies qui, sous la forme de fétichisme, de polythéisme et de monothéisme, supposent une action surnaturelle, et les métaphysiques, qui vont chercher, par delà les phénomènes, leur point d'appui dans les hypothèses. L'esprit positif a successivement fermé toutes les issues à l'esprit théologique et métaphysique, en dévoilant successivement la condition d'existence de tous les phénomènes accessibles et l'impossibilité de rien atteindre au delà. »

LE MÉTAPHYSICIEN. — Si j'ai bien compris votre résumé de la philosophie positive d'Auguste Comte, il y a trois choses à considérer : 1° la hiérarchie des sciences; 2° la négation de la psychologie proprement dite, au profit de l'histoire; 3° la négation de la métaphysique, au profit de la philosophie des sciences.

LE SAVANT. — Toute la doctrine de Comte peut être en effet ramenée à cette triple thèse.

LE MÉTAPHYSICIEN. — Sur le premier point, j'approuve et j'admire sans réserve, comme vous avez déjà pu le pressentir. Cette synthèse des sciences, telle que l'a conçue et exposée le père de l'école positive, est un résultat acquis à la philosophie des sciences. N'eût-il que ce titre à l'estime du monde savant, cela suffirait pour faire vivre son nom dans l'histoire de la philosophie. Je n'irais pas jusqu'à voir dans cette théorie toute une esquisse de la philosophie des sciences. Je ne voudrais pas affirmer non plus que cette philosophie ne date que de l'école positive. Ce qui est vrai, c'est que la philosophie des sciences y trouve enfin le point de départ qui lui avait manqué jusqu'ici, et que, si elle a encore de grands progrès à faire avant de former un corps de science, la théorie d'Auguste Comte est singulièrement propre à les favoriser par les rapprochements et les analogies qu'elle provoque naturellement.

LE SAVANT. — C'est en effet sous cette discipline que l'esprit scientifique commence à se relever, et à ne plus tant se défier de toute synthèse, sous prétexte de ne pas tomber dans la spéculation métaphysique.

LA MÉTAPHYSICIEN. — Sur le second point, c'est-à-dire sur la négation de la psychologie, j'arrête tout court l'auteur de la philosophie positive, et je lui demande de quel droit il retranche ainsi du domaine des sciences expérimentales une science d'observation.

LE SAVANT. — C'est une lacune, en effet, de cette

philosophie, et une lacune qui commence à être reconnue de tous les bons esprits de l'école positive. M. Littré, par exemple, peut faire ses réserves sur la manière dont nos psychologues entendent la psychologie, et sur la méthode qu'ils y appliquent. Mais il a trop de sens pour ne pas reconnaître que l'esprit, le *moi*, l'homme moral est l'objet d'une étude propre, dont tant de travaux antérieurs démontrent la possibilité, dont tant de résultats pratiques prouvent le haut et vital intérêt. En tout cas, une pareille négation, si l'on s'y obstinait, ne devrait être considérée que comme l'erreur personnelle de quelques esprits étroits et peu délicats : elle ne tient pas le moins du monde au principe de la doctrine.

Le Métaphysicien. — C'est mon avis. Ce qui tient véritablement au principe et à l'esprit même de la doctrine, c'est la négation de la métaphysique. Sur ce point, l'école tout entière pense et parle comme un seul homme. L'esprit conciliant et modeste de M. Littré n'est pas moins intraitable que l'esprit absolu et superbe d'Auguste Comte. Or j'arrête encore ici l'école positive, et je lui demande les raisons de ce parti pris. Et remarquez bien que je n'entends pas me porter garant du passé de la métaphysique. L'école positive peut pousser jusqu'à l'injustice le dédain des systèmes métaphysiques; elle est dans son droit, tant qu'elle ne touche pas à la faculté métaphysique elle-même. Mais ici la question change. L'abus doit-il faire condamner l'usage, lors même que l'usage est naturel et provoqué par de puissants instincts de l'intelligence ? Quand on se prononce à tout jamais contre toute méthode à priori, on a raison, en un sens. Mais il est bon de s'entendre. Avez-vous vu qu'il s'agît de rien de pareil dans les prétentions de la métaphysique, telle que nous la comprenons ? Qu'il n'y ait pas de *science* proprement dite à priori, c'est-à-dire que nulle connaissance réelle ne s'obtienne par ce procédé, dans les recherches qui ont pour objet la réalité, c'est ce que nous ne contestons pas. Donc, si l'on se borne à établir, comme le fait l'école positive, et comme l'ont fait beaucoup de bons esprits avant elle, que la science des réalités, la connaissance des phénomènes et des lois ne s'enlève point par des spéculations abstraites, on ne prouve rien contre la métaphysique proprement dite, dont l'objet est toute autre chose. La méthode *spéculative* n'est pas l'usage, mais l'abus de la raison. Selon nous, cette faculté supérieure de l'intelligence n'a pas été donnée à l'homme pour construire la science à priori, mais pour l'élever, telle que l'expérience la lui livre, à l'unité de l'Universel, à la nécessité de l'Absolu, à la hauteur de l'Infini. Le Monde révélé par la science n'est qu'un magnifique tableau des mouvements et des forces de la Nature. La philosophie y met de l'ordre et en fait le Cosmos, en le ramenant à une certaine unité de système. Mais la métaphysique seule en fait comprendre l'intime harmonie et la substantielle unité. D'une collection d'êtres et de phénomènes, d'une variété de systèmes, elle fait l'Être universel. Et cette ascension de la pensée n'est point un effort de logique tenté seulement par le puissant génie de quelque métaphysicien ; c'est un mouvement naturel et irrésistible qui entraîne toute pensée, toute raison humaine vers l'Unité. Voilà, selon nous, tout l'objet de la métaphysique. Elle laisse aux sciences spéciales la tâche de faire connaître la réalité, à la philosophie réelle de l'expliquer. Elle ne réclame qu'une chose, dans ce concours de toutes les facultés de l'esprit humain pour l'œuvre complexe de la vérité : c'est la suprême Synthèse par laquelle la raison replace, dans l'unité de la vie universelle, la réalité déjà connue et expliquée. Rien de plus, rien de moins. C'est là toute la question entre l'école positive et nous. De quel droit, au nom de quelle autorité, l'école positive retranche-t-elle ce point de vue de la contemplation du Cosmos, et mutile-t-elle ainsi la pensée?

LE SAVANT. — L'école positive n'a garde de vous opposer un argument à priori; cela serait contraire à sa méthode. Elle sait d'ailleurs que, sur ce terrain, le dernier mot ne lui resterait pas. C'est par la méthode à posteriori qu'elle vous attaque. Elle invoque l'histoire à l'appui de sa thèse, et croit avoir trouvé dans le développement historique de la science une loi qui ferme l'avenir à la métaphysique. L'histoire des sciences se résume, selon elle, en trois grandes époques : l'époque *théologique*, où règne l'imagination; l'époque *métaphysique*, où domine l'abstraction; l'époque *positive*, où commence la science proprement dite. Chacune de ces phases marquerait un pas décisif dans la carrière ouverte à l'esprit humain. La théologie serait un progrès sur le fétichisme. La métaphysique en serait un autre sur la théologie. La science serait un progrès encore plus décisif sur la métaphysique. Et comme, en vertu de la loi générale du progrès qui est le dogme fondamental de cette école, l'esprit humain ne peut revenir en arrière, il s'ensuivrait qu'il a dépassé irrévocablement la théologie et la métaphysique, et que ce genre de spéculation ne peut avoir désormais qu'un intérêt purement historique.

LE MÉTAPHYSICIEN. — Cette théorie me semble plus ingénieuse que vraie. Sans doute, l'Histoire a ses lois comme la Nature. Mais l'induction y doit être d'autant plus circonspecte que les faits sur lesquels elle opère sont plus délicats et plus complexes. Vous savez ce qui est arrivé à l'école éclectique, dans la question de la classification des systèmes. Elle a érigé en lois immuables des faits qui, malgré leur importance et leur apparente permanence, n'ont nullement le caractère de la nécessité. Je crains que l'école positive n'ait commis une erreur analogue. Les expériences sur lesquelles elle se fonde sont incontestables. Mais je ne trouve pas qu'elles aient tout à fait le caractère et le sens qu'elle leur attribue ; j'y vois l'abus de la théologie et de la métaphysique, rien de plus. Je reconnais que ces sciences n'ont pas toujours été traitées par des méthodes sévères ; je conviens que, eussent-elles eu la sagesse qui leur a manqué, elles n'étaient pas en mesure de résoudre des problèmes pour la solution desquels le concours de l'expérience et des sciences positives leur était nécessaire. Mais tout cela ne prouve rien contre la possibilité et l'avenir de la théologie et de la métaphysique. Cela prouve d'autant moins, que la conclusion qu'on en tire est formellement contredite par l'analyse et la critique de l'intelligence. Or cette contradiction, quand elle se révèle, doit tenir l'historien en garde contre ses conclusions. Si l'analyse psychologique ne confirme pas l'induction historique, c'est un signe certain que cette induction est fausse, ou du moins qu'elle dépasse la mesure de la vérité. Il faut bien que la théologie et la métaphysique aient leur place dans la science, du moment que la raison a sa fonction dans la pensée. Il ne s'agit que d'en fixer la méthode et les limites. Que l'école positive nous enseigne que l'esprit humain a dû procéder d'abord par l'imagination, puis par l'abstraction, avant d'en venir à une méthode vraiment scientifique : rien de plus vrai. Mais cette loi n'atteint ni la théologie, ni la métaphysique. Si l'école positive n'a pas de plus fortes raisons à nous donner, il n'y a pas lieu de désespérer de l'avenir de ces sciences.

Le Savant.—L'école positive n'en cherche pas d'autre, et regarde ce genre de démonstration comme péremptoire. Ne reconnaissant d'autre science que celle des phénomènes et des lois, elle ne peut admettre, en dehors des faits et des lois, aucune autorité, aucune certitude, pour toute espèce de connaissance ayant pour objet la réalité. Elle exclut l'à priori de toute science qui n'est pas la mathématique pure. Et encore si elle accepte l'à priori des sciences exactes, c'est qu'il n'a rien de commun avec l'à priori de la métaphysique. Elle voit entre les deux méthodes toute la différence d'une analyse rigoureuse, et fondée sur le principe de contradiction, à une synthèse arbitraire, laquelle ne repose que sur des jugements *synthétiques* à priori.

Le Métaphysicien.— Cela ne suffit pas pour justifier la négation de la métaphysique. Je ne sais si vous avez remarqué combien l'école positive est forte et faible tout à la fois : forte par le sens scientifique et philosophique ; faible par le sens critique proprement dit. Admirable en tout ce qui concerne la définition, la classification, la méthode, la synthèse des sciences de la Nature, elle est nulle, ou à peu près, dans l'analyse et la critique des principes de la connaissance humaine. Son horreur de tout ce qui de près ou de loin ressemble à la spéculation métaphysique, lui inspire une défiance invincible, même pour un ordre de recherches où cette spéculation n'a rien à voir. C'est ainsi que l'école positive a délaissé toutes les questions relatives à l'analyse et à la critique de l'intelligence, uniquement parce que les écoles métaphysiques avaient pu les compromettre en les mêlant à leurs conceptions. Qu'est-il résulté de là ? Que cette école est restée une école de savants, et n'a pas eu grande action sur le monde philosophique, tant qu'elle s'est confinée dans les vues et les études exclusives dont Auguste Comte a tracé le programme. Assurément l'esprit intraitable du père de l'école positive, les formes laborieuses et un peu lourdes de sa diction, ses prétentions étranges à la fondation d'une religion, ses idées fort peu libérales, et beaucoup trop empreintes de saint-simonisme sur l'organisation hiérarchique des sociétés, tout cela et d'autres causes encore étaient autant d'obstacles au rayonnement de la philosophie positive. Mais ces obstacles ne suffisent point à expliquer l'isolement de cette école pendant nombre d'années. Le premier disciple d'Auguste Comte, supérieur au maître à certains égards, n'a certes aucun de ses défauts. Esprit très libéral, très cultivé, aussi versé dans les sciences historiques, morales et philologiques que dans les sciences mathématiques, physiques et naturelles, caractère noble et modeste, sans autre passion que celle de la vérité et de la liberté, M. Littré est bien l'homme fait pour ouvrir à tous les amis de la science et de la philosophie l'école dont la rude main du maître semblait avoir voulu garder la clef. Eh bien ! malgré toutes ces qualités, la direction d'un tel homme n'eût pas suffi pour donner à l'école positive la portée, la puissance, la popularité toujours croissante qu'elle a acquise dans ces dernières années. La philosophie des sciences, sous la plume simple, ferme, claire et précise de M. Littré, a gagné de plus en plus le monde savant. Quant à ses conclusions contre la métaphysique, bien qu'elles fussent du goût de la plupart des savants et des lettrés, elles ne pouvaient paraître suffisamment justifiées à tous ceux chez lesquels le sens critique est plus ou moins développé. S'en fier à l'histoire sur un tel problème, leur semblait d'autant moins sûr que la prétendue loi qu'invoquait l'école positive, pouvait être infirmée par la distinction très légitime de l'usage et de l'abus de l'esprit métaphysique. Il y avait donc nécessité de chercher contre la métaphysique d'autres arguments, et surtout de les chercher à une source plus haute et plus profonde que l'histoire.

LE SAVANT. — Pour résoudre le problème, il fallait préalablement sonder les bases des connaissances humaines.

LE MÉTAPHYSICIEN. — C'est ce qu'ont fait plus ou moins tous les esprits doués du sens critique, auxquels souriaient les conclusions antimétaphysiques de l'école positive. Quand donc des hommes tels que MM. Renan, Taine, Mill Stuart, Cournot, Renouvier sont venus prêter à ces conclusions la lumière de leur analyse, le *positivisme* (je demande pardon du barbarisme) est devenu l'école puissante et populaire que vous savez. Ce n'est pas à dire que tous les esprits que j'ai nommés partagent entièrement les idées de la philosophie positive. M. Renan aime trop l'histoire et l'exégèse religieuse pour n'avoir pas conservé le goût des questions et des idées métaphysiques. Seulement, la vérité métaphysique et religieuse l'intéresse beaucoup moins que le sentiment métaphysique et religieux. M. Taine entend la philosophie des sciences d'une façon autrement hardie que l'école positive, et même ne répugne point à une certaine conception *métaphysique* de la Nature. Mais il lui reste à expliquer comment cette conception se concilie avec son analyse des jugements dits métaphysiques, et sa théorie de la raison. M. Mill Stuart est un esprit d'une rare vigueur, qui a le mérite d'avoir donné sa forme définitive à l'empirisme de Locke, de Hume et de Condillac, en le dégageant de certaines hypothèses ou idoles matérialistes, et en ramenant tous les actes de la pensée à l'expérience, aidée soit de l'induction, soit de l'abstraction, soit de l'analyse, soit de la synthèse. M. Cournot possède éminemment toutes les qualités de l'esprit critique, jusqu'à cette extrême réserve qui ne permet pas de conclure dans les questions épineuses. Il n'a pas moins fait pour la logique des sciences, soit mathématiques et physiques, soit morales et historiques, qu'Auguste Comte et M. Littré pour la philosophie des sciences. Et, par parenthèse, un des plus tristes signes de l'indifférence du temps pour les fortes et solides études philosophiques, c'est le modeste succès de livres tels que ceux de MM. Cournot et Renouvier. Les intelligences d'élite, les livres vraiment originaux et instructifs, sont-ils donc si communs, dans cette foule d'écrits qui se produisent, et d'esprits qui se prélassent en ce beau pays de France, pour que la critique contemporaine soit si avare de ses comptes rendus, à propos d'œuvres aussi remarquables? Combien de savants, et même de philosophes savent, chez nous, que M. Cournot, entre autres vues fécondes, a fait une véritable révolution dans la philosophie naturelle, par sa théorie des propriétés de la matière? On répète encore imperturbablement que l'étendue et la solidité sont les qualités premières des corps, après une analyse qui démontre d'une manière irréfutable que ces prétendues qualités des corps ne sont autre chose que des propriétés de l'espace, et que la physique doit renvoyer l'étendue à la géométrie. Une autre idée d'une portée plus générale encore, c'est la distinction de l'image et de l'idée : théorie qui, sans être neuve quant au principe, l'est tout à fait par l'analyse toute scientifique sur laquelle l'auteur la fonde. Il est impossible de montrer avec plus d'évidence comment la sensation, condition et point de départ indispensable de toute recherche scientifique, n'entre pourtant pas dans la science elle-même, et comment les images ou représentations, auxquelles le sens commun est tenté d'attribuer une vérité objective, ne sont qu'un échafaudage provisoire préparé pour la construction de l'édifice, lequel ne comporte pas d'autres matériaux que les notions scientifiques proprement dites.

LE SAVANT. — Voilà ce que c'est que de ne point annoncer de système, dans la préface de son œuvre. Le plus curieux de la chose est que nos savants eux-mêmes ignorent parfaitement les rectifications de la philosophie critique, et continuent à enseigner la vieille doctrine des qualités premières et des qualités secondes de la matière, doctrine aussi contraire à la science elle-même qu'à l'analyse.

LE MÉTAPHYSICIEN. — Mais revenons à l'école positive. Sous l'influence de l'esprit critique dont j'ai nommé les principaux organes, elle vient de subir une profonde métamorphose. Ce n'est plus la petite secte à l'esprit étroit et roide, telle que l'a fondée et dirigée Auguste Comte de son vivant, avec ses exclusions non raisonnées, ses préjugés matérialistes, son horreur de l'idéologie, son inexpérience de l'analyse, enfin avec ses étranges prétentions religieuses, et ses singulières prédilections pour l'autorité et la hiérarchie. C'est la grande école que vous voyez se développer, s'étendre sous nos yeux, avec son sens critique puissant, avec son goût pour toutes les sciences morales et esthétiques, aussi bien que mathématiques et physiques, pour toutes les croyances, pour toutes les spéculations qui intéressent l'âme ou l'intelligence humaine, avec les fortes études d'analyse psychologique et logique, d'érudition ethnographique et philologique, qui en font une école de haute philosophie, en même temps que de science. Voilà ce qu'est devenue l'école positive, sous l'influence des esprits et des progrès qui en ont changé la direction. Auguste Comte, s'il revenait la visiter, ne la reconnaîtrait plus ; en la retrouvant occupée de recherches dont il n'avait guère le goût, il lui arriverait sans doute de dire d'elle ce que la tradition met dans la bouche de Socrate, à propos des théories de Platon : *Que de choses ce jeune homme me fait dire, auxquelles je n'ai jamais pensé !* C'est maintenant une école de critique universelle, qui a sa psychologie, sa logique, sa philosophie des sciences, sa philosophie de l'histoire, sa philosophie des arts, même sa philosophie religieuse et sa philosophie métaphysique, en ce sens qu'elle fait leur part à la théologie et à la métaphysique, sinon comme vérité, du moins comme pensée et comme sentiment. Elle n'a conservé de l'école positive que la négation de la métaphysique, en tant que science. Il est vrai que cette négation est le principe même du *positivisme*. Toute critique qui aboutit à une telle conclusion, toute philosophie qui la professe appartient à cette école. Par là l'esprit *positif* est devenu l'esprit dominant des œuvres de la critique et de la philosophie contemporaine.

LE SAVANT. — Je comprends les progrès et la popularité d'une école qui, positive et critique tout à la fois, répond complétement à la pensée du XIXe siècle.

LE MÉTAPHYSICIEN. — Maintenant fermons la parenthèse, et reprenons la thèse qui fait le fond de cet entretien, à savoir les conclusions de l'école positive contre la métaphysique. La critique ne pouvait accepter comme preuve décisive un fait historique incontestable, mais d'une portée douteuse, si l'on considère la confusion de l'usage et de l'abus de l'esprit métaphysique, un fait qui, d'ailleurs, est loin d'avoir l'autorité d'une véritable loi. Elle a donc dû chercher d'autres arguments plus concluants dans l'analyse des actes de l'intelligence, et en particulier des jugements de cette faculté de l'intelligence qu'on nomme la raison. Déjà M. Taine a établi, par cette méthode, que, non-seulement les jugements nécessaires et universels dont se composent les sciences exactes, mais encore les axiomes, les principes, tous les jugements dits *métaphysiques*, sont réductibles à l'abstraction (1). Certains métaphysiciens ont trouvé légère cette piquante et charmante analyse qui n'a, selon nous, que le tort d'être un peu rapide. D'où vient qu'ils n'ont pas même essayé d'en faire voir les erreurs ou les lacunes, s'il y en a (2)? Cela eût été plus concluant que des tirades lyriques en l'honneur de la raison et de la métaphysique. Parce qu'on se trouve le talent de parler une langue claire et facile, qui charme ses lecteurs au lieu de les endormir, mérite-t-on le reproche d'être superficiel, si surtout ceux qui vous l'adressent ne prennent pas la peine de le justifier? Quoi qu'il en soit, M. Taine, dans son analyse des jugements de la raison, n'a pas poussé sa conclusion au delà du problème de l'origine des connaissances dites rationnelles; il s'est arrêté devant la question qui nous préoccupe, c'est-à-dire devant la vérité objective des jugements métaphysiques. Croit-il à l'Infini, à l'Absolu, à l'Universel, à l'Unité que le panthéisme appelle Dieu, et que le théisme nomme le Monde? Il lui reste à s'expliquer sur ce point. Tandis que la négation de toute vérité synthétique à priori lui semble parfois entraîner la négation de la métaphysique elle-même, d'autre part, s'il faut voir dans les mots qu'il emploie autre chose que des métaphores, il paraît attacher une certaine vérité objective à la conception panthéistique qui domine ses vues philosophi-

(1) *Les Philosophes français au* XIXe *siècle*, ch. VII.

(2) Un modeste et judicieux esprit, M. Vapereau est le seul qui ait entrepris cette tâche, dans la *Revue de l'Instruction publique.*

ques sur la Nature. En tout cas, il nous dira son secret tôt ou tard.

LE SAVANT. — Il n'en est pas de même de M. Renouvier. Sa pensée est on ne peut plus nette et plus énergique sur ce point.

LE MÉTAPHYSICIEN. — Celui-là nie la métaphysique avec une sorte d'âpreté qui rappelle les anathèmes d'Auguste Comte, bien qu'il n'en soit pas le disciple, et qu'il ait soin de rappeler les points qui le séparent de l'école positive. Sa conclusion définitive est la même que celle d'Auguste Comte et de M. Littré; c'est la réduction de la science aux lois des phénomènes. Mais il y arrive par une tout autre voie, par l'analyse de la connaissance elle-même. « Si d'ailleurs je ne puis avouer une école dont j'apprécie certaines tendances, c'est que l'absence, ou même le dédain des premiers principes m'y semble manifeste, à ce point que les notions premières de phénomène et de loi n'y sont pas l'objet d'une analyse exacte; c'est qu'elle professe, à l'égard des possibilités laissées à la croyance libre, une négation dogmatique à outrance que je ne crois pas justifiée; c'est enfin qu'elle a conservé de l'esprit de Saint-Simon, dont elle s'inspira d'abord, telles prétentions à l'organisation scientifique et religieuse de l'humanité, chimériques à mon gré, et peu libérales (1). »

LE SAVANT. — Voilà qui est clair.

LE MÉTAPHYSICIEN. — Notre vigoureux critique commence son analyse par une définition qui contient en germe toute sa théorie de la connaissance, avec les conséquences négatives qu'il en tire, quant à la métaphysique. Toute connaissance, toute pensée, selon lui, se ramène à une *représentation*. La représentation se dé-

(1) *Essais de critique générale*, préface, p. II.

finit par la *chose représentée;* et réciproquement, la *chose* se définit par la *représentation.* Les deux mots représentation et chose, d'abord distingués, viennent se confondre en un troisième : *phénomène.* Toute représentation est à double face ; elle se divise en deux éléments, corrélatifs et inséparables, qu'il est plus facile de nommer que de définir : l'un, *représentatif*, l'autre, *représenté* (1). Cela posé, la thèse de l'auteur consiste à établir qu'en dehors de la représentation, il n'y a aucun objet sur lequel la science ait véritablement prise; que tout ce qui n'est pas susceptible de représentation n'est pas susceptible de pensée ; que les prétendus objets de la métaphysique, les choses en soi, telles que l'espace, le temps, la matière, les substances, les causes, les forces, l'Infini, l'Absolu, l'Universel, Dieu, le Monde (conçu comme être cosmique), ne sont que les vaines idoles d'une fausse science qu'il est temps de reléguer parmi les superstitions de l'esprit humain (2). Et cette thèse absolue, l'auteur la développe avec une rare puissance de logique, en l'appliquant à chaque *chose en soi.* Preuve quant à l'espace. L'espace *représenté* a pour caractère essentiel la divisibilité. L'espace, *chose en soi*, doit donc avoir des parties, et des parties effectives qui sont aussi des choses en soi : la conformité de la chose et du représenté l'exige. Mais l'espace est aussi toujours et partout homogène, de sorte que s'il a des parties, ses parties elles-mêmes en ont. Donc la division de l'espace est sans terme, et cela, qu'il s'agisse de l'espace total, ou de ce qu'on appelle une étendue finie. Donc l'espace, chose en soi, se compose de choses sans nombre, et il existe des choses réelles, actuelles, qui ne

(1) *Ibid.*, p. 6 et 7.
(2) *Ibid.*, p. 17, 18, 19, 20.

sont pas en nombre déterminé, ce qui est absurde (1). Le même raisonnement s'applique au concept du temps, vu la parfaite analogie des deux concepts.

LE SAVANT. — Il me semble reconnaître la dialectique des antinomies kantiennes.

LE MÉTAPHYSICIEN. — Vous ne vous trompez pas; c'est la même argumentation au fond, mais résumée avec une clarté supérieure. Preuve quant à la matière. Prise comme une chose en soi, étendue, figurée et divisible, la matière n'existe pas. En effet, si l'on admet que la divisibilité de la matière est sans bornes, et qu'il n'y a pas d'atomes, les parties de la matière seront en nombre infini, nombre qui n'est pas nombre, ce qui est contradictoire, aussi bien pour la matière que pour le temps et l'espace. Si, au contraire, on admet des atomes, les atomes sont dans l'étendue, et ils sont eux-mêmes étendus, sans quoi on composerait une matière étendue avec des éléments qui ne le sont pas. Or, si l'atome est *représenté* étendu, il est *représenté* par cela seul divisible. Donc enfin, si la chose en soi est conforme à la représentation, l'atome lui-même est divisible à l'infini, ce qui supprime toute idée de composition. Même contradiction que pour le temps et l'espace (2).

LE SAVANT. — Kant a déjà dit cela, et avant Kant, l'école éléatique et les écoles sceptiques de l'antiquité.

LE MÉTAPHYSICIEN. — M. Renouvier n'a pas la prétention d'avoir inventé ce genre d'arguments, mais il est certain qu'il lui donne une grande force par la clarté et la précision de sa logique. Preuve quant au mouvement. Le mouvement, pris en soi, serait un *continu*, de même que le temps et l'espace. Or la continuité du

(1) *Ibid.*, p. 21, 22.
(2) *Ibid.*, p. 26 et 27.

mouvement suppose celle de l'espace et du temps, laquelle a été démontrée contradictoire à la représentation de l'étendue et de la durée. D'ailleurs, la représentation du mouvement s'accorde parfaitement avec la représentation de l'espace et du temps, parce que les étendues parcourues et les durées écoulées, en tant que représentées, sont toujours déterminées par comparaison à d'autres durées, à d'autres étendues également représentées. Mais que le temps, que l'espace soit pris comme un continu en soi, on ne comprend plus comment un nombre sans nombre de parties d'étendue peuvent être parcourues en fait, et un nombre sans nombre de parties de durée s'écouler en fait (1).

LE SAVANT. — Tout cela se comprend.

LE MÉTAPHYSICIEN. — Voilà pour les concepts généraux d'espace, de temps, de matière, de mouvement. Notre auteur applique également sa thèse aux qualités premières et aux qualités secondes de la matière ; il établit que toute qualité, propriété, cause, force, du moment qu'elle est prise comme une chose en soi, cesse d'être conforme à la représentation dont elle est l'objet, et par suite devient inintelligible et impossible. Ce qui lui permet de conclure pour tous les concepts de ce qu'il appelle l'ordre *représenté* (2). Ses démonstrations se fondant toutes sur le même principe, je puis passer outre.

LE SAVANT. — Parfaitement.

LE MÉTAPHYSICIEN. — Quant aux concepts de l'ordre *représentatif*, tels que le moi, la personne, l'âme, l'esprit avec ses diverses facultés et opérations, M. Renouvier s'efforce de montrer que tous ces concepts n'ont

(1) *Ibid.*, p. 29 et 30.
(2) *Ibid.*, p. 31, 32 et 33.

rien d'intelligible, en dehors de la représentation, et, sous ce rapport, subissent exactement la même loi que les concepts de l'ordre représenté (1). Il résume ainsi toute cette analyse : « Tout représentatif, aussi bien que tout représenté, implique des relations. Si donc nous posons la chose en soi, la substance à part de toutes relations, la chose en soi, la substance n'a rien de commun avec la représentation, et alors n'est pas, ou est pour nous comme n'étant pas. Si, au contraire, nous posons les relations dans la chose en soi, ce qui ne se conçoit point (puisque, selon l'auteur, il n'y a ni représentation sans relation, ni relation sans représentation), nous ne sommes pourtant pas plus avancés ; car alors, dans la chose en soi, ce n'est pas la chose en soi, mais les relations posées que nous connaissons.

Le Savant. — Toute cette dialectique me semble très serrée.

Le Métaphysicien. — Nous verrons s'il n'est pas possible d'en trouver le défaut. Reste le concept de la substance universelle. Selon l'auteur, autre chose est considérer l'ensemble des phénomènes, synthèse à laquelle on ne peut en aucune façon se refuser, autre chose les englober dans une mystique unité dont toute représentation est impossible. Puisqu'il y a des phénomènes, il n'est pas douteux qu'ils ne forment une somme. Mais que cette somme soit une série unique, et cette série un infini, et cet infini le développement de quelque chose d'inconnu, un et absolu, autre que la série, autre que les phénomènes, voilà ce que l'auteur ne peut comprendre. Il résume dans la phrase suivante toute la conclusion de cette longue analyse : « *Ou nous parlons des choses en tant qu'elles représentent et sont représentées,*

(1) *Ibid.*, p. 34, 35, 36.

ou nous parlons des choses en tant qu'elles ont de tout autres rapports ou qu'elles n'en ont aucun; mais en tant qu'elles représentent et sont représentées, les choses se confondent avec les représentations; et en tant qu'elles ont de tout autres rapports ou qu'elles n'en ont aucun, elles n'apparaissent pas et sont comme n'étant pas; donc les choses sont des phénomènes quant à la connaissance, et les phénomènes sont les choses (1). »

LE SAVANT. — Je crains que le mot *choses en soi* ne prête à l'équivoque, et que notre habile et subtil critique n'enfonce une porte ouverte, en plaçant sous ce mot une hypothèse inintelligible.

LE MÉTAPHYSICIEN. — C'est un point à éclaircir. Quoi qu'il en soit, je ne résiste pas au plaisir de vous citer encore une page de ce vigoureux écrivain. « Il faut passer par les jeux d'une métaphysique nébuleuse, et lutter contre des ombres que la philosophie a douées d'un corps, avant d'aborder au pays de la lumière et des réalités toutes nues. L'idole qu'on doit abattre offusque d'abord la vue; son antiquité, sa divinité prétendue imposent aux plus hardis, et telle est la force du préjugé que chacun s'attend à voir la Nature entière s'abîmer quand tombera le Dieu. Les coups mêmes qu'on lui porte ont quelque chose de fantastique et rendent des sons étranges. Mais l'œuvre de démolition n'est pas plutôt accomplie qu'un étonnement tout nouveau se produit : l'idole est connue pour ce qu'elle est; on touche le bois qui est vermoulu; et lorsqu'enfin elle tombe en poussière, il se trouve que rien n'est changé autour d'elle; chaque chose a conservé sa place et son nom, il ne s'est point fait de vide dans la réalité. L'esprit,

(1) *Ibid.*, p. 42.

comme le cœur, a ses idoles. L'idolâtrie de la pensée (de l'esprit), l'idolâtrie de la matière, l'idolâtrie du temps, l'idolâtrie de l'espace, l'idolâtrie de la Substance qui les contient toutes, composent le fond légèrement varié d'une religion à l'usage des philosophes, religion primitive assez comparable au fétichisme des peuples en enfance ; et presque toute la philosophie n'est qu'idologie. Sans doute, on ne peut, sans quelque trouble, se sentir conduit par la logique à rejeter un espace en soi, une matière en soi, car l'autorité de la coutume est grande. Mais on se rassure en songeant que les motifs d'affirmer ces sortes de substances, sont les mêmes qui ont fait aux uns, poser des *idées* en soi ; aux autres, des *forces pures ;* à ceux-ci, des *monades ;* à ceux-là, des *atomes ;* et puis, des *qualités réelles*, des *espèces intentionnelles*, des *formes substantielles*, des *formes plastiques*, et des *âmes* au nombre de trois ou quatre espèces. On se rassure surtout, lorsqu'après avoir banni la méthode idologique, on voit les éléments naturels de la science apparaître et se classer d'eux-mêmes (1). »

LE SAVANT.—Toute cette ontologie n'a rien à voir en effet avec la science proprement dite.

LE MÉTAPHYSICIEN. — Avec la science telle que la fait l'expérience, j'en tombe d'accord. Mais avec la vérité et la réalité ? Il faudra s'expliquer là-dessus. Après cette critique de l'ontologie, l'auteur définit la matière et l'objet de la science. La matière de toute science, c'est le *phénomène*, c'est-à-dire la chose représentée. L'objet de la science, c'est la loi. Rien de plus, rien de moins. Mais qu'est-ce que la loi ? L'ontologie chassée de la science ne pourrait-elle pas y rentrer par cette porte? La définition de M. Renouvier ne lui laisse aucune issue :

(1) *Ibid.*, p. 43, 44.

Une loi est un phénomène composé, produit ou reproduit d'une manière constante, et représenté comme un rapport commun des rapports de divers autres phénomènes (1). Tout ordre qu'une relation constitue, s'il est constant ou supposé tel, prend le nom de *loi*. En un mot, une loi n'est autre chose qu'une relation constante. Toutes les réalités, nous ne disons pas tous les *êtres* (mot ontologique) de l'ordre représenté et de l'ordre représentatif, se réduisent à des phénomènes et à des lois. L'auteur est un logicien à outrance qui ne craint pas, au besoin, de se brouiller avec le sens commun et la langue vulgaire. Jugez-en par les phrases suivantes : « Si des actes ou impressions, nous passons à ce qu'on appelle des facultés, que seront pour nous la *volonté*, la *sensibilité*, la *mémoire*, l'*entendement*, la *raison*, pour nous qui savons qu'on ne sort pas des phénomènes ? Quoi, si ce n'est des phénomènes enveloppant les précédents, des rapports de leurs rapports, des lois de leurs lois? La volonté, par exemple, est l'ensemble des rapports de vouloir, la mémoire l'ensemble des rapports de souvenir, sous d'autres conditions données que l'expérience fait connaître. Ces deux ensembles se réunissent à d'autres sous une loi commune, la conscience. De *telles sommes* de faits, soit actuels, soit passés, soit même futurs ou possibles, *composent* l'homme intellectuel et moral, qui n'est pas encore tout l'homme ! »

Le Savant. — Ce passage est décisif pour faire connaître et juger la théorie de l'auteur.

Le Métaphysicien. — Il ne fait qu'énoncer une des conséquences du principe qui domine toute cette théorie. Je ne sais si vous avez éprouvé la même impression que moi, en suivant la dialectique serrée et précise de

(1) *Ibid.*, p. 54.

l'auteur. Avec les différences de doctrine et de langage, on se sent presque aussi perplexe que si l'on était aux prises avec la logique de Spinosa. Il en est de ce livre comme de l'*éthique*. Si le principe posé en tête de cette rude et puissante argumentation est accepté, tout le reste passe, jusqu'aux conséquences de la nature de celle qui vient d'être exprimée. Il en est tout à fait de la définition de la connaissance, comme de la définition spinosiste de la Substance. Elle contient en germe toutes les conclusions du livre. L'auteur est un esprit géométrique encore plus qu'analytique qui, pas plus que Spinosa, ne s'arrête à moitié chemin. Pour juger de la vérité de sa critique, il faut donc remonter à cette définition, principe de toute la doctrine. La connaissance n'est-elle que représentation? Toute la question, entre l'auteur des *essais* et nous, est là. Que la *représentation* soit le point de départ de la connaissance, je le conteste d'autant moins que c'est un des résultats de notre analyse, si vous vous en souvenez bien (1). Que la représentation laisse dans la connaissance elle-même certains éléments qui lui sont propres, c'est encore une de nos conclusions. Point d'objection jusqu'ici. Mais *penser* n'est pas simplement *sentir* et *imaginer*. Quand donc l'auteur exclut du domaine de la connaissance tout ce qui dépasse la représentation proprement dite, je trouve qu'il méconnaît certains éléments de la pensée irréductibles à l'expérience, et mutile l'intelligence. C'est l'empirisme, sous sa forme la plus exacte et la plus précise ; mais c'est toujours l'empirisme.

LE SAVANT. — En effet. Or le procès entre l'empirisme et l'idéalisme a été jugé en dernière instance, c'est-à-dire devant le tribunal même de l'intelligence, auquel

(1) Voy. tome II, le IXe Entretien.

vous avez fait appel par l'analyse. Si cette analyse est exacte, la critique de M. Renouvier est infirmée par une critique plus complète.

LE MÉTAPHYSICIEN. — Cela posé, je conviens que M. Renouvier n'a pas de peine à établir que ce qu'il appelle les *idoles* de la métaphysique, c'est-à-dire les *choses en soi*, ne satisfait point aux conditions essentielles de la représentation, et que cette contradiction est manifeste pour tous les jugements métaphysiques, pour les concepts de cause, de force, de substance, de matière, de temps, d'espace, d'infini, d'absolu, d'Unité, de Dieu, d'âme, d'esprit, etc. Mais qu'est-ce que cela prouve? Sinon que la représentation est insuffisante, et qu'un empirisme étroit peut seul la considérer comme la forme définitive de la pensée. Que l'infini, l'absolu, l'universel, la substance, la cause, les forces, etc., échappent à toute représentation, c'est ce qui a été souvent et clairement démontré dans le cours de ces entretiens. L'antinomie formée par les conceptions de la raison, d'une part, et les perceptions de l'expérience, de l'autre, ne saurait être contestée (1). Mais cela ne prouve rien contre la vérité objective des conceptions rationnelles. M. Renouvier s'enferme dans la *représentation*, et il y applique toute connaissance, bien décidé à retrancher du domaine de la science tout ce qui dépasse la représentation. C'est l'histoire du lit de Procuste. Il est évident que ce principe de critique est trop étroit, et que tout le travail de ce vigoureux esprit pèche par la base. Si, au lieu de s'engager dans la critique des jugements métaphysiques sur la foi d'une simple définition, il eût procédé par une analyse préalable de tous les éléments de

(1) Ce point a été démontré dans la critique de l'intelligence, Xe Entretien, p. 76 jusqu'à 93.

la connaissance et de toutes les facultés de la pensée, il eût sans doute compris que la représentation ne joue pas dans le développement de l'esprit, et même dans le domaine de la science, le rôle absolu qu'il lui assigne; qu'elle ne suffit à expliquer ni les hautes conceptions de la raison, ni même les plus simples notions de l'entendement ; et que, par conséquent, elle ne peut être posée comme la mesure de la vérité et le *criterium* de la certitude.

LE SAVANT. — C'est là en effet ce qui résulte de votre analyse de l'intelligence.

LE MÉTAPHYSICIEN. — Voilà le premier, le capital défaut de la critique de M. Renouvier. Ce n'est pas le seul. Vous avez tout à l'heure relevé vous-même une équivoque qui règne dans tout le cours de cette critique, équivoque produite par le mot *chose en soi*. L'auteur triomphe aisément des prétentions de cette ontologie vaine et creuse qui se crée des entités à force d'abstractions. Si, en effet, considérer les choses en soi, c'est les dépouiller de toutes leurs relations avec le sujet qui se les représente, par suite de toutes leurs propriétés et de toutes leurs formes, la science des choses en soi est pur néant, et mérite tous les sarcasmes de la critique. Mais cette ontologie scolastique n'est pas plus du goût des métaphysiciens sérieux que des philosophes et des savants de l'école positive. Il n'y a pas plus *de choses en soi* pour le philosophe et le métaphysicien que pour le savant, si par ce mot vous entendez les êtres pris indépendamment de toute relation et de toute détermination représentative. M. Renouvier a cent fois raison : tout cela est pur néant. Mais le mot est susceptible d'une autre signification, très simple et très positive. Au point de vue du sens commun, qu'est-ce que considérer les choses en soi? C'est les prendre dans leur existence propre et dans les qualités ou éléments qui les constituent, abstraction faite de la représentation toute subjective que notre esprit en a. Voulez-vous vous rendre compte de la justesse de cette distinction? Supprimez par la pensée l'esprit qui se représente les choses; celles-ci n'en seront pas moins d'abord ce qu'elles sont; et, par parenthèse, elles n'en posséderont pas moins toutes les propriétés qui font l'objet des sciences positives. Les rapports de succession et de concomitance des phénomènes entre eux, l'ordre, la loi qui résulte de ces rapports constants sont conçus par la pensée comme subsistant indépendamment de la manière dont notre sensibilité en est affectée, et dont notre imagination se les représente. Voilà le vrai sens du mot : les *choses en soi*. Voilà tout l'*absolu* que nous revendiquons, nous autres métaphysiciens du XIXe siècle. Qui s'avisera de nous le contester? Un des vôtres, un esprit que M. Renouvier n'accuserait pas de prétentions ontologiques, M. Cournot a formellement posé et scientifiquement établi cette distinction de l'*absolu* et du *relatif*, de l'*objectif* et du *subjectif*, dans la connaissance humaine. Pour cela, il n'a invoqué ni la vieille ontologie, ni la *critique* de la raison pure; il s'est borné à faire appel à la science positive. Une pareille ontologie n'a donc pas de quoi effrayer la science, ni égayer la critique.

LE SAVANT. — Cela est évident. M. Renouvier lui-même eût pu s'en accommoder.

LE MÉTAPHYSICIEN. — Je le crois bien, puisque les savants eux-mêmes l'acceptent. En résumé, la théorie de l'auteur ne repose pas sur une analyse assez large pour justifier les conclusions du livre contre la métaphysique. C'est la critique faite au point de vue de l'empirisme, réduit à sa plus simple expression. Aux conclusions étroites d'une pareille critique, il suffit d'opposer les résultats d'une critique supérieure pour raffermir les principes qu'elle attaque. Telle est l'école positive, avec la transformation que lui a fait subir la philosophie critique. Vous voyez comment elle doit être abordée par les amis de la métaphysique pour pouvoir être réfutée victorieusement. C'est à l'analyse de la pensée qu'il faut remonter.

Le Savant. — Vous l'avez fait.

Le Métaphysicien. — La question en est là aujourd'hui. L'école positive jouit d'une autorité légitime pour ses remarquables et solides travaux sur la philosophie des sciences. Elle jouit en outre d'une faveur singulière, qui s'explique par les dispositions sympathiques de l'esprit contemporain, aussi curieux des descriptions et des monographies de l'analyse qu'indifférent aux théories et aux spéculations élevées de la synthèse. Ce qui caractérise surtout cet esprit, c'est l'horreur de l'*absolu* et de l'à priori. Parlez-lui des sciences de la Nature, vous serez le bienvenu, pourvu que vous restiez dans le domaine de l'analyse. Parlez-lui d'histoire, vous serez encore le bienvenu, pourvu que vous ne tentiez pas de l'engager dans des considérations trop générales. Parlez-lui de psychologie expérimentale, il veut bien encore vous écouter, non sans quelque défiance. Mais parlez-lui de métaphysique, il refuse net de vous entendre. L'étude analytique et descriptive des faits, des sentiments, des idées, des croyances, voilà ce qui lui convient, et encore dans la mesure d'une attention molle et vacillante. Quant aux objets de ces sentiments, de ces croyances, de ces idées, l'esprit du siècle s'en soucie peu d'abord, et puis s'en défie comme de l'*absolu*. Ainsi que nous le disions dans notre entretien sur la philosophie critique, il supprimerait volontiers le problème de la vérité en toutes choses, dans les sciences proprement dites, en philosophie, en psychologie, même en esthétique. Parler aujourd'hui du vrai, dans les questions d'art et de littérature, c'est s'exposer à prêcher dans le désert. Qu'est-ce que le beau, quels en sont les éléments, les principes, les conditions ? questions *métaphysiques*, et par conséquent jugées oiseuses ou inaccessibles. La critique nouvelle abandonne tout cela à la vieille esthétique, à la critique *classique*, et se renferme dans l'analyse des sentiments, des qualités, des facultés personnelles, des circonstances historiques et sociales que laisse voir ou deviner l'œuvre étudiée (1). Prenant pour devise le mot de Buffon : *le style c'est l'homme*, et l'autre mot de Charles Nodier (ou de madame de Staël) : *la littérature est l'expression de la société*, la critique contemporaine ne se propose guère plus d'autre problème, dans l'étude des œuvres esthétiques, que d'y retrouver l'individu ou la société. M. Sainte-Beuve n'est pas le seul critique de cette école, mais il en est le type le plus complet. Sa méthode, si ingénieuse, si précise, si intime, et parfois si profonde, est l'idéal du genre. On sait les avantages et les inconvénients de cette critique, et comment la grande, la véritable esthétique est oubliée pour les curiosités historiques et psychologiques dont, il faut le dire du reste, la critique classique n'avait pas plus le goût que l'intelligence. Mais laissons là l'esthétique, et terminons notre entretien par une dernière réflexion : c'est que si la maladie de l'esprit contemporain est l'abus de l'analyse, ce n'est pour-

(1) Cela est si vrai que l'Académie a cru le moment venu de résister à cet esprit, en mettant au concours une question sur la nécessité de relever la critique historique par la critique classique.

tant que par cette voie qu'il peut revenir à la métaphysique.

LE SAVANT. — Vous me semblez l'avoir démontré dans votre analyse de l'intelligence, de manière à désarmer la critique la plus sévère.

QUINZIÈME ENTRETIEN.

CONCLUSION. — THÉOLOGIE.

Le Métaphysicien. — Enfin nous voici au moment de conclure ; l'œuvre de l'analyse et de la critique est finie. L'objet de ce travail est de savoir si la métaphysique est possible, comment elle l'est, quel en est l'objet, quelle en est la méthode, quels en sont les rapports avec les autres sciences. Nous sommes maintenant en mesure de résoudre toutes ces questions, que nous allons reprendre dans leur ordre logique. Pour savoir si la métaphysique est possible, il faut connaître d'abord ce qu'elle est, et de quoi elle s'occupe.

Le Savant. — Il me semble que nous le savons déjà.

Le Métaphysicien. —Pour bien comprendre ce que c'est que la métaphysique, il convient de remonter à la définition et à la division de la science elle-même. Considérée quant à son étendue, la science est la connaissance de la vérité, telle que nous la révèlent les diverses facultés de l'esprit humain, appliquées chacune selon son aptitude propre. Si elle dépasse la portée de ces facultés, elle devient fausse : c'est le cas de l'idéalisme. Si elle reste en deçà, elle est incomplète : c'est le cas de l'empirisme. Rien de plus, rien de moins que le témoignage des facultés de connaître, voilà quelle doit être la devise de la science. Or ces facultés, nous l'avons vu, sont la sensibilité, l'entendement et la raison. La science n'est complète qu'autant qu'elle épuise le développement de la pensée humaine. Elle n'est légitime qu'autant qu'elle assigne à chaque faculté sa véritable fonction. L'esprit *sent*, *juge* et *conçoit*. La science n'a le droit d'exclure aucun des objets qui correspondent à ces actes légitimes de l'esprit. La raison y a sa place comme l'entendement, comme l'expérience. Les conceptions à priori qui lui sont propres n'en font pas moins partie que les notions de l'entendement et les perceptions de la sensibilité. On peut les écarter de la science, tant que l'analyse et la critique n'en ont pas démontré la légitimité et défini la portée; mais ce travail fait, il faut leur laisser dans la science la place qui leur appartient dans la pensée. La science n'a pas d'autres limites que celles de l'esprit humain.

LE SAVANT. — C'est convenu.

LE MÉTAPHYSICIEN. — Voilà la science circonscrite, mais non définie. Elle se fait avec la sensibilité, l'entendement et la raison; mais comment se fait-elle?

LE SAVANT. — Vous l'avez montré dans l'analyse de l'intelligence. Toute connaissance tire sa *matière* de l'expérience, et sa *forme* de la pensée elle-même. La pensée est l'acte pur de l'esprit, la *synthèse* dans laquelle viennent se résumer les objets de la sensibilité, de l'entendement et de la raison. Or, comme il n'y a pas d'autres objets de connaissance que ceux-là, et que toute science n'est qu'un ensemble de connaissances, il s'ensuit que c'est la pensée proprement dite qui fait, avec les matériaux de l'expérience, la connaissance scientifique.

LE MÉTAPHYSICIEN. — Vous l'avez dit. La science est l'objet *pensé*, non l'objet *senti*. La fonction propre et unique de la sensibilité est de mettre l'esprit en relation avec la réalité. Il est certain que, sans elle, aucune expérience ne serait possible, et partant aucune science. Mais, par elle-même, la sensibilité n'atteint point le véritable objet de la science. Toute sensation, vous l'avez vu, est *affective*. Elle ne devient réellement *représen-*

tative que par l'élimination de l'élément affectif. Alors elle se transforme en *perception*, et n'exprime plus qu'un rapport fixe entre des phénomènes variables. C'est le passage de l'*image* à l'*idée*. Mais cette transformation ne s'opère que par une analyse et une synthèse de l'esprit. Il faut qu'il ait abstrait le rapport des termes, et en ait fait un objet à part pour que la science s'en empare. Il y a donc déjà de l'*à priori*, de la *pensée* dans la perception la plus concrète, avant même que l'entendement l'ait convertie en notion. Cela prouve que c'est la pensée qui fait la science à tous ses degrés. Donc, quand l'empirisme rejette telle science, ou telle partie de la science, parce qu'elle est à priori, il ne sait pas qu'il lui faudrait, pour être conséquent, renoncer à la science tout entière, et se borner aux pures impressions de la sensibilité. L'à priori est partout avec la pensée, dans le domaine de la connaissance scientifique. Il est dans les représentations de l'imagination, aussi bien que dans les notions de l'entendement, et dans les conceptions de la raison. La science, quel qu'en soit l'objet, quel qu'en soit le degré, est la *pensée* des choses. Ce n'est pas seulement à ce qu'on nomme la métaphysique qu'il convient d'appliquer cette définition ; c'est aussi aux mathématiques, à la physique, à l'histoire naturelle, à la psychologie, à l'histoire proprement dite. Nulle science n'est possible dans les limites où l'empirisme veut enfermer l'esprit.

Le Savant. — Je n'ai plus de doute sur ce point.

Le Métaphysicien. — Voilà donc la science définie. En la suivant dans ses principales divisions, vous comprendrez la légitimité de la métaphysique, et la nature de ses rapports avec les autres sciences. La science est une comme l'esprit qui la fait, une comme la vérité qu'elle exprime. Tout se tient dans la vie universelle, comme dans la pensée. Vous ne pouvez détacher un fragment de la Vérité totale sans le réduire en abstraction. Vous ne pouvez borner la pensée à tel ordre de recherches sans la mutiler. Les sciences spéciales ne sont donc, en dehors de la science universelle, que des abstractions. Il est bien entendu qu'au fond il n'y a qu'une Science, comme il n'y a qu'un Monde.

LE SAVANT. — Les savants eux-mêmes en conviennent.

LE MÉTAPHYSICIEN. — Ces réserves faites, la science se divise et se subdivise indéfiniment, selon la nature des objets auxquels elle s'applique, ou des facultés qu'elle emploie. En la divisant d'après cette seconde méthode, nous y distinguons trois groupes de sciences, ou plutôt trois degrés de connaissances correspondant aux trois facultés primordiales de la pensée, l'imagination, l'entendement, et la raison. Le premier degré comprend la *mathématique* proprement dite, ou la science des rapports abstraits ou extérieurs des choses, telles que l'imagination nous les représente. J'entends par là les rapports de temps, d'espace, de nombre, de figure, de mouvement, de masse, dont traitent l'arithmétique, la géométrie, la mécanique et l'astronomie. Le deuxième degré comprend la *physique*, dans le sens le plus large du mot, ou la science de la nature intime des choses, telles que l'expérience externe ou interne nous les révèle. J'entends par là les forces réelles, les propriétés concrètes, physiques, chimiques, physiologiques, psychologiques, politiques dont traitent les sciences physiques proprement dites et les sciences morales. Le troisième degré comprend la *métaphysique*, ou la science de l'Infini, de l'Absolu, de l'Universel, de l'Unité, du Tout, dans lequel la raison nous fait contempler les réalités finies, relatives, individuelles, multiples, partielles, attestées par l'expérience. C'est la véritable *vision en Dieu*, pour nous servir du mot de Malebranche.

LE SAVANT. — La science de l'Infini, de l'Absolu, du Tout ! Ne trouvez-vous pas la définition bien ambitieuse ? Définir la métaphysique par le mot d'un philosophe dont je ne sais plus quel plaisant a dit :

> Lui qui voit tout en Dieu, n'y voit pas qu'il est fou !

N'est-ce pas compromettre le genre de spéculation auquel vous voulez assurer une place dans le domaine de la science ?

LE MÉTAPHYSICIEN. — Vous auriez raison, si cette définition ne venait après un travail d'analyse et de critique qui en a fixé le sens, de manière à rassurer les esprits les moins spéculatifs. Vous le savez, les idées rationnelles de l'Infini, de l'Absolu, de l'Universel ne sont pas des *connaissances*, mais de simples *conceptions* dont l'empirisme ne peut nier la nécessité et le légitime usage, dans la mesure déterminée par la critique. Toute la question entre les amis et les adversaires de la métaphysique se réduit à savoir si la raison nous a été donnée pour n'en rien faire, si nous devons, si nous pouvons considérer comme non avenues les idées qui en sont les actes propres, idées dont la nécessité a été démontrée par l'analyse, dont la réalité objective a été établie par la critique. Or c'est un problème résolu. L'école empirique, vous le savez, n'a pu nier la métaphysique qu'en niant ou en dénaturant l'ordre de conceptions sur lesquelles cette science repose. Voilà donc trouvé l'objet de la métaphysique. Les réalités que les sciences expérimentales, physiques et morales, observent, analysent, décrivent, définissent et classent, en les considérant, soit en elles-mêmes, soit dans leurs rapports, la métaphysique les place dans le cadre de la vie universelle. Elle en fait, que dis-je, elle y voit véritablement les formes plus ou moins durables, mais toujours passagères de l'Être infini qui les produit toutes dans le temps et dans l'espace. Concevoir l'Être universel, comprendre dans leur rapport à l'Être universel les êtres individuels connus par la science positive, tel est l'objet de la métaphysique. Voilà comment le métaphysicien voit les choses en Dieu.

Le Savant. — Ainsi entendue, votre définition de la métaphysique n'a plus rien d'effrayant pour les esprits sensés.

Le Métaphysicien. — Sans avoir les prétentions *ontologiques* qui l'ont tant discréditée dans le passé, la métaphysique n'en garde pas moins la portée transcendante qu'elle doit à la nature même des conceptions dont elle fait usage. C'est ce qui la distingue essentiellement de la science proprement dite, même de la partie supérieure et philosophique des sciences. La philosophie des sciences, par la synthèse des notions analytiques, embrasse les rapports les plus étendus, saisit les lois les plus générales. Le *Cosmos* de M. de Humboldt en est un magnifique exemple ; et encore n'a-t-il pas atteint le terme de la philosophie des sciences. Il est possible de s'élever plus haut que cette synthèse, sans toucher à la métaphysique. Par l'observation comparée, la philosophie des sciences peut comprendre les rapports qui unissent entre eux les différents êtres de la vie universelle, et retrouver l'échelle hiérarchique dont la Nature monte successivement les degrés, depuis la simple force mécanique jusqu'à la pensée. Elle arrive à saisir l'identité des lois d'attraction, d'expansion, de développement, d'organisation, de progrès, qui régissent le monde physique et le monde moral. Elle découvre, dans cette immense série d'êtres qui s'échelonnent, la loi universelle de leurs relations ; comment les règnes et les genres supérieurs ont leur condition d'existence dans les règnes et les genres inférieurs ; comment, par exemple, le règne végétal, soutenu lui-même, alimenté, vivifié par les substances et les forces du règne minéral, soutient, alimente, vivifie les substances et les forces du règne animal : de telle sorte que la vie universelle s'arrêterait, si l'un des ressorts qui en composent l'admirable mécanisme était supprimé. Toutes ces grandes vérités qui appartiennent à la philosophie des sciences sont des révélations de l'expérience. Que l'observation se fasse en petit ou en grand, qu'elle porte sur des rapports plus ou moins généraux, qu'elle ait pour objet des individus, des règnes, ou des mondes, elle n'est toujours que l'expérience.

LE SAVANT. — Cela est évident. Il y a bien, parmi nos savants, une certaine espèce bornée et grossière qui croit que la science se fait tout entière avec les yeux et les mains ; mais tous les esprits de quelque portée apprécient et recherchent la philosophie des sciences, quelle que soit d'ailleurs leur défiance de la métaphysique.

LE MÉTAPHYSICIEN. — C'est ce qui montre la distinction des deux sciences. La philosophie rentre, comme la science elle-même, dans l'expérience, dont elle n'est qu'une plus haute généralisation. La métaphysique appartient à l'ordre des conceptions de la raison. Entre ces deux ordres de vérités et de sciences, il y a toute la distance de l'à posteriori à l'à priori, de la contingence à la nécessité. Ceci entendu, revenons à la division de la science. La gradation, comme vous le voyez, est sensible. La pensée, dans son développement hiérarchique, procède de l'abstrait au concret, comme dirait Hegel. Cette loi explique comment les sciences mathématiques ont été les premières à se former. Dès l'antiquité grecque, ces sciences avaient trouvé leur objet, leur méthode, leurs principes, leurs théories élémentaires, lorsque les sciences physiques et morales étaient encore dans l'enfance. Ce n'est que depuis les travaux des savants et des philosophes des deux siècles précédents que ces dernières sont réellement constituées. Et encore c'est à peine si les sciences morales sont émancipées de la théologie et de la scolastique qui en ont si longtemps arrêté l'essor.

LE SAVANT. — Il me semble que la métaphysique ne le cède à aucune autre en ancienneté. N'a-t-elle pas été le berceau de toutes les sciences ? Et ne mesure-t-on pas le progrès de celles-ci au travail d'émancipation qui a fini par aboutir à leur complète indépendance de la métaphysique ?

LE MÉTAPHYSICIEN. — Si la métaphysique est fort ancienne comme problème et comme spéculation de l'esprit, elle est récente comme méthode et comme science. Généralement, c'est l'imagination ou l'abstraction scolastique qui en a fait les frais, jusqu'à l'avénement de la philosophie critique. Quand elle ne s'égarait point dans les rêves de l'anthropomorphisme, elle allait se perdre dans les subtilités de l'idéalisme. Aristote, qui lui a donné son nom et sa définition, n'en comprit pas nettement l'objet, et l'enferma dans les limites de l'expérience. C'était la confondre avec la philosophie proprement dite. La vraie métaphysique, à la fois rationnelle et positive, date du XIXe siècle. Elle n'était possible qu'après les travaux de la critique et les progrès des sciences. Aujourd'hui même, après les puissants, mais ténébreux systèmes de la pensée allemande, on lui conteste encore, en France du moins, ses principes, sa méthode, et jusqu'à son objet. Tant il est vrai que les sciences les plus difficiles et les moins populaires sont celles qui répondent aux plus hautes facultés de l'esprit humain. Il en est de l'histoire de la science comme de celle de la pensée individuelle. L'imagination se développe avant l'entendement, et celui-ci avant la raison. De même les mathématiques s'installent les premières dans le domaine de la science; puis, après de longs siècles, les sciences physiques et morales s'y font leur place : en ce moment les sciences métaphysiques n'y ont pas encore conquis définitivement la leur, mais il faudra bien qu'elles arrivent à en forcer l'entrée. En tout cas, tant qu'elles n'y seront pas solidement établies, il y aura dans la science un vide que ni les sciences expérimentales ni la philosophie de ces sciences ne sauraient combler.

Le Savant. — J'en demeure convaincu.

Le Métaphysicien. — Cette première division de la science comporte une subdivision. Si vous vous rappelez les conclusions de notre critique de l'intelligence, vous devez savoir que les constructions de l'imagination, les notions de l'entendement, les conceptions de la raison n'ont de réalité objective que dans le domaine de l'expérience ; qu'autrement ce sont de pures idées de l'esprit. Or cette distinction de l'*idéal* et de la *réalité* s'applique aux trois ordres de sciences que nous venons d'énumérer. Dans l'ordre des sciences mathématiques, l'arithmétique, la géométrie pure, la mécanique rationnelle ont pour objet des quantités, des figures, des masses, des forces idéales, tandis que la géométrie et la mécanique appliquées, l'astronomie ont pour objet des quantités, des figures, des masses, des forces réelles.

Dans l'ordre des sciences physiques et morales, sans être aussi tranchée, la distinction existe, bien que toutes les sciences qui y sont comprises traitent de la réalité. La physique, la psychologie, la morale, la politique ont leur partie rationnelle et leur partie expérimentale. Cela ne veut pas dire que la première soit purement à priori. Il n'est pas de science, si abstraite qu'elle soit, même la géométrie pure, même l'arithmétique, qui ait entièrement ce caractère. Il n'en est pas moins vrai que les théories dont se compose la partie rationnelle de ces sciences ne sont pas l'expression de la pure réalité. C'est à une Nature, à une Humanité, à une Société abstraite qu'elles répondent. La théorie n'y simplifie l'expérience qu'à la condition d'en éliminer tels incidents, tels obstacles, telles irrégularités, telles imperfections qui n'eussent pas permis l'application des formules du calcul, s'il s'agit des sciences physiques, ou des définitions, s'il s'agit des sciences morales. La pratique doit compter avec toutes ces choses, sous peine de ne pouvoir agir sur la réalité. Les praticiens de l'industrie, de la morale, de la politique n'ignorent pas que le succès est à cette condition.

Le Savant. — Rien de plus vrai.

Le Métaphysicien. — Ce qu'on ne sait pas aussi bien, c'est que la même distinction est applicable aux sciences métaphysiques. Ces sciences ont également leur partie spéculative et leur partie positive, selon qu'elles considèrent leur objet sans rapport ou en rapport avec le monde de l'expérience. Ainsi la théologie proprement dite est la science de l'Être parfait, conçu dans son *idée*, et abstraction faite de toute réalité. La perfection de cet être de raison est tout idéale. C'est le Dieu de la pensée pure, en dehors du temps, de l'espace, du mouvement, de la vie, de toutes les conditions de la réalité ; c'est le Dieu que, dans leur élan de spéculation, Platon, Plotin, Descartes, Malebranche, Fénelon poursuivent en vain comme un Être réel ; le Dieu dont l'activité est sans mouvement, la pensée sans développement, la volonté sans choix, l'éternité sans durée, l'immensité sans étendue. Ce Dieu-là n'a pas d'autre trône que l'esprit, ni d'autre *vérité* que l'idée. C'est un Idéal engendré par une synthèse de la raison, ni plus ni moins que les figures de la géométrie construites par une synthèse de l'imagination, et que les types des genres et des espèces produits par une synthèse de l'entendement. Quand les théologiens lui assignent pour objet un Être réel à part du Monde, ils réalisent une abstraction.

Le Savant. — Voilà un point que les théologiens ne vous accorderont pas volontiers. Le géomètre sait fort bien qu'il n'opère que sur des figures idéales. Le physicien n'ignore point que la Nature ne se plie pas à ses calculs aussi parfaitement qu'il le suppose pour la plus grande simplicité de la science. Le psychologue, le moraliste, le politique spéculatif se rendent compte de leurs procédés, quand ils prennent pour sujet de leurs études l'homme et la société en général, sans se soucier des individus, des temps et des lieux. Mais le théologien, quand il parle de son Dieu, Être infini, absolu, nécessaire, immuable, parfait, hors du Monde, de l'espace et du temps, n'entend point définir, décrire, démontrer simplement une idée, une hypothèse, une construction de l'esprit, comme le géomètre, le physicien, le moraliste spéculatif.

Le Métaphysicien. — C'est que le théologien est dupe de ses abstractions. Pour s'en convaincre, il n'a qu'à se rendre compte par l'analyse de la manière dont se forment dans son esprit les conceptions théologiques ; il verra que l'opération de la pensée est la même que pour les constructions de l'imagination et les notions de l'entendement. C'est par une abstraction et une synthèse de l'esprit que se forment ces dernières. C'est également par une abstraction et une synthèse que se forment les conceptions qui ont pour objet l'Être parfait, l'Idéal hypercosmique dont le nom est Dieu. La perfection est conçue à propos des imperfections, l'idéal à propos des réalités, exactement de même que le rapport est abstrait des termes, la loi des phénomènes, le type des individus. Il n'y a pas un seul terme rationnel qui puisse être séparé de son terme empirique correspondant sans devenir une abstraction. La réalité objective de toutes les conceptions rationnelles est à cette condition. Quand donc le théologien distingue le parfait de l'imparfait, l'idéal du réel, Dieu du Monde, il fait une opération analogue à celle du géomètre, du physicien, du moraliste, du politique qui séparent le rapport de ses termes, la loi de ses phénomènes, les principes de leurs applications, afin de montrer la vérité dans sa pureté idéale. Il construit sa science par le procédé que le géomètre emploie à construire la sienne. La seule différence, c'est qu'il est dupe d'une abstraction dont le géomètre et le physicien ont parfaitement conscience.

Le Savant. — Je ne puis résister à l'évidence de l'analogie. Il y a donc une théologie spéculative, de même qu'une géométrie pure, une mécanique et une physique rationnelles. Mais alors que sera la théologie positive?

Le Métaphysicien. — Ce sera la théologie appliquée, autrement dit la cosmologie. Entre ces deux sciences, le rapport est exactement le même qu'entre la géométrie pure, la mécanique, la physique rationnelle, d'une part, et la géométrie appliquée, la mécanique pratique et la physique expérimentale, de l'autre. C'est toujours le rapport de l'idéal à la réalité. Science de l'Idéal universel ou *théologie*, science de la Réalité universelle ou *cosmologie* : voilà toute la distinction à faire entre ces deux sciences, dont l'objet est le même au fond. De là la relation intime, la parfaite correspondance de la théologie et de la cosmologie dans leurs développements et leurs progrès. Tout ce qui enrichit la seconde enrichit aussi la première. Toute grande loi, toute grande vérité qui passe dans la cosmologie passe aussi dans la théologie, avec cette seule différence que, réalité dans l'une, elle devient idéal dans l'autre. Platon, Plotin, Malebranche, et tous les grands théologiens ont exprimé la différence et le rapport des deux sciences par leur poétique théorie du monde *sensible* et du monde *intelligible*. Seulement il faut prendre le contre-pied de leur méthode. Ce n'est pas la théologie qui nous initie à la cosmologie, ainsi qu'ils ont paru le croire ; au contraire, c'est la cosmologie qui nous initie à la théologie, sauf à en rapporter ensuite une lumière supérieure pour l'explication des réalités dont elle traite. Le monde intelligible nous apparaît d'autant plus riche que le monde sensible est mieux connu. Les meilleures révélations dont la théologie puisse s'enrichir sont celles de la science positive.

Le Savant. -- Cette distinction me semble une véritable révolution dans les traditions de la théologie ; les conséquences en paraissent si graves que nos vieux théologiens ne se rendront pas sans combat.

Le Métaphysicien. — Il leur sera difficile pourtant de résister à l'évidence des faits. Quoi qu'il en soit, voilà l'objet de la métaphysique défini. Il est double : c'est la science de Dieu et la science du Monde, la théologie et la cosmologie (avec toutes les divisions que comporte cette dernière).

LE SAVANT. — C'est entendu.

LE MÉTAPHYSICIEN. — Maintenant quelle sera la méthode propre à cet ordre de sciences ?

LE SAVANT. — Problème capital, et bien difficile, à en juger par la divergence des opinions sur ce sujet. J'entends préconiser tour à tour la méthode géométrique des théologiens de l'école de Spinosa, la méthode psychologique des théologiens de l'école de Leibnitz, la méthode spéculative de Schelling, la méthode logique de Hegel, la méthode mystique de l'école de l'amour et du sentiment, enfin la méthode éclectique qui réunit tous ces procédés dans une certaine mesure. Laquelle est la bonne ? Je vois que la méthode psychologique est en grande faveur pour le moment. Qu'en pensez-vous ?

LE MÉTAPHYSICIEN. — Toutes ces méthodes diverses s'expliquent par les idées différentes qu'on s'est faites de l'objet même de la métaphysique. Il en est ainsi partout. Tel objet de la science, telle méthode. Les sciences physiques et morales n'ont eu leur méthode propre et définitive qu'à dater du jour où leur objet a été nettement reconnu et défini. De même, en métaphysique, la méthode se déduit de la définition même de l'objet de la science. Or vous venez de voir que cet objet est double. Par conséquent, la méthode sera double elle-même. Pour la métaphysique spéculative dont l'Idéal est l'objet, pour la théologie proprement dite, ce sera la méthode propre aux sciences abstraites, la méthode de définition et de déduction. Pour la métaphysique dont la Réalité est l'objet, pour la cosmologie, ce sera la méthode propre aux sciences positives, c'est-à-dire l'expérience. Seulement ce sera l'expérience généralisée, la synthèse des grandes lois et des grandes vues révélées par l'observation comparée et l'induction, en un mot, la philosophie des sciences.

Le Savant. — Voyons votre méthode à l'œuvre dans la théologie.

Le Métaphysicien. — Rien de plus simple. L'objet propre de la théologie est l'Être parfait. Dieu ne peut être conçu autrement. La perfection n'est pas un attribut quelconque ajouté à d'autres pour compléter l'idée de Dieu. Elle fait l'essence même de la divinité ; elle constitue, à elle seule, l'idée de Dieu. Quand on dit que Dieu est l'Être infini, l'Être nécessaire, l'Être absolu, l'Être universel, on définit mal l'objet de la théologie. Car le Monde peut également être défini l'Être infini, l'Être nécessaire, l'Être absolu, l'Être universel. Et pourtant le Monde, même ainsi conçu, n'est pas Dieu. Ce n'est que par un étrange abus de mot que le panthéisme lui donne ce nom. Quelque magnifique idée qu'on se fasse du *Cosmos*, entre Dieu et le Monde, il y a un abîme ; il y a toute la distance du Parfait à l'Imparfait, de l'Idéal à la Réalité. La vraie voie qu'il faut suivre pour aller à Dieu est l'idée de perfection. Ce n'est pas seulement la meilleure, mais la seule pour la théologie. Les véritables théologiens ne sont ni Parménide, ni Zénon le stoïque, ni Spinosa, ni Schelling, ni Hegel, ni tous ceux qui ont cherché Dieu dans l'Infini, le Nécessaire, l'Absolu, l'Universel, l'Être en soi et par soi ; c'est Platon, Aristote, saint Augustin, Descartes, Fénelon, Malebranche, Leibnitz, et tous ceux qui ont cherché Dieu dans l'idéal.

Le Savant. — Ceci m'étonne un peu. Je vous croyais plus de goût pour la métaphysique de Spinosa et de Hegel que pour celle de Platon, d'Aristote, de Descartes, et même de Leibnitz. Est-ce que vous auriez changé de maîtres, d'un entretien à l'autre ? Car, s'il m'en souvient, vous avez jugé assez sévèrement les abstractions de Platon, les démonstrations théologiques de Descartes, ainsi que les inductions anthropomorphiques d'Aristote et de Leibnitz.

Le Métaphysicien. — Qu'ai-je reproché à Platon et à Descartes? Deux choses : 1° de n'avoir pas défini le concept de perfection; 2° d'en avoir réalisé l'objet. Mais je n'ai jamais trouvé qu'ils aient eu tort de faire de ce concept la base de la théologie proprement dite. Je pense toujours de même; seulement veuillez remarquer que nous sommes en théologie, et non pas en métaphysique. Il ne s'agit pas de la science du Monde, mais de la science de Dieu. Sur la question cosmologique, Spinosa, Hegel reprendront leurs avantages; mais sur la question théologique, je ne vois de méthode légitime que celle des grands théologiens dont nous venons de parler.

Le Savant. — Mais comment pouvez-vous réunir ici ceux que vous avez si profondément distingués et séparés ailleurs? N'avez-vous pas classé Platon, Descartes et Malebranche dans l'école idéaliste, tandis que vous avez compris dans l'école empirique Aristote et Leibnitz?

Le Métaphysicien. — J'ai eu raison de le faire, en considérant ces philosophes comme métaphysiciens. Mais encore une fois, c'est de théologie qu'il s'agit maintenant. Or la méthode théologique de Platon, d'Aristote, de Descartes, de Leibnitz est exactement la même, en ce sens que tous prennent pour point de départ et pour base de leur théodicée, l'idée de perfection. Je ne veux pas nier pour cela les divergences qui les séparent. Le Dieu de Platon n'est pas le Dieu d'Aristote. Autre est le Dieu de Descartes; autre encore est le Dieu de Malebranche; autre enfin est le Dieu de Leibnitz, le mieux conçu de tous. Ce qui est constant et digne de remarque, c'est que toutes ces conceptions se réunissent dans l'idée de perfection: perfection de l'Être abstrait pour Platon, perfection de la Pensée pour Aristote, perfection de l'Être infini pour

Descartes, perfection de l'Être universel pour Malebranche, perfection de l'Être en soi pour Fénelon, perfection de la Monade individuelle pour Leibnitz.

Le Savant. — Et ne tenez-vous aucun compte des contradictions qui éclatent entre ces diverses conceptions, entre le Dieu fini d'Aristote et le Dieu infini de Platon, entre le Dieu universel de Malebranche et le Dieu individuel de Leibnitz ?

Le Métaphysicien. — Qu'importe ? Si *perfection* et *divinité* sont des termes synonymes, il s'ensuit que tous ces philosophes ont un égal sentiment du divin, une même science de Dieu. Prenez garde de confondre le sentiment de l'infini avec le sentiment de l'idéal, le sens *métaphysique* avec le sens *théologique*. Non-seulement ces deux sentiments sont distincts ; mais on ne voit pas ce qu'ils peuvent avoir de commun. Spinosa, Hegel ont le sens métaphysique au plus haut degré ; Platon, Aristote, Malebranche, Leibnitz ont surtout le sens théologique.

Le Savant. — Comment, Aristote aussi ? Je l'avais toujours cru plus remarquable par le sens scientifique, philosophique, et même métaphysique, que par le sens théologique.

Le Métaphysicien. — Si ce dernier sens se révèle surtout par l'intuition de la fin et de la perfection, le philosophe qui a fait de la pensée, type et source de toute perfection, le principe de la vie universelle, ne mérite-t-il pas d'être mis à côté des plus grands théologiens de l'antiquité et des temps modernes ?

Le Savant. — Évidemment. S'il en est ainsi, je comprends la pensée de Kant, pour lequel les deux mots *théologie* et *téléologie* avaient à peu près le même sens.

Le Métaphysicien. — Je suis heureux de pouvoir invoquer une telle autorité. Kant aussi, malgré les conclusions antimétaphysiques de sa critique, peut être considéré comme un des maîtres de la vraie théologie. On peut contester la vérité métaphysique, comme il l'a fait. On peut même n'avoir ni le sens de l'Infini, ni le sens de l'Universel, ni le sentiment du lien qui y rattache les êtres individuels et finis, sans pour cela manquer du vrai sentiment religieux. Quiconque a le sens de l'idéal possède ce sentiment, alors même que sa pensée s'enfermerait dans la contemplation des êtres finis et individuels. Au contraire, l'esprit métaphysique a beau planer dans la région supérieure de l'Infini et de l'Universel ; s'il n'y voit que la réalité, le sens du divin fera défaut. Dieu est dans toute perfection réelle ou idéale : aussi se révèle-t-il partout à la pensée, dans les détails comme dans l'ensemble de l'Univers, dans les types les plus élémentaires, de même que dans les types les plus compliqués et les plus riches de la vie universelle.

Le Savant. — Je vous comprends.

Le Métaphysicien. — Seulement, si le divin éclate dans toute perfection, il convient d'y compter des degrés, comme dans la perfection elle-même, et en raison directe de cette perfection. A mesure que l'être s'élève, dans la série hiérarchique de ses manifestations, le sens du divin se dégage et s'élève de plus en plus, dans la série parallèle des types conçus par la pensée, à propos de chaque réalité. C'est ainsi que le sentiment religieux se développe bien plus dans la contemplation des êtres moraux que des êtres physiques, et que la psychologie est une *révélation* bien autrement profonde que la physique ou l'histoire naturelle, pour l'intelligence qu'éclaire la lumière de l'idéal. Il n'y a pas de plus grand spectacle que le ciel étoilé. Mais le sage de l'antiquité, Plotin, qui a dit que la plus brillante étoile de ce ciel n'a pas l'éclat de la vertu, a exprimé une vérité profonde par cette heureuse comparaison. C'était proclamer la supériorité de l'Esprit sur la Nature, et par conséquent de l'Idéal moral sur l'Idéal physique. Et, par parenthèse, cela explique pourquoi le divin doit être cherché plutôt dans les types de perfection de la vie la plus individuelle que dans les types de perfection de la vie la plus générale. En ce sens, l'immense et sublime tableau du *Cosmos* nous en apprend moins sur la divinité que la raison du sage, ou la conscience du juste.

LE SAVANT. — J'entends ces choses, et je commence à les goûter singulièrement. Je m'attache à votre définition de Dieu, conçu comme l'Être parfait. Mais ce simple mot ne dit pas tout sur Dieu ; autrement toute la théologie tiendrait dans une définition.

LE MÉTAPHYSICIEN. — Ce n'est pas ce que j'ai voulu dire. Dieu est l'Être parfait. Voilà une définition qui dit tout et ne dit rien. Elle dit tout, en ce sens que la perfection est l'essence, l'idée même de la divinité. Elle ne dit rien, en ce sens qu'elle ne nous révèle aucun objet, en fait de perfection. Sous ce rapport, il en est de cette définition comme de toutes les idées de Platon ; elle ne devient instructive que par l'expérience. Dieu est l'Être parfait, axiome évident. Mais qu'est-ce que l'Être parfait ?

LE SAVANT. — Nos théologiens répondent : c'est l'Être en qui sont réunies toutes les perfections.

LE MÉTAPHYSICIEN. — Excellente réponse, mais qui ne nous apprend pas davantage ce que nous désirons savoir. Quelles sont ces perfections ? Ici commence la difficulté. Si nous réunissons toutes les perfections correspondant à toutes les qualités, propriétés, forces, facultés que nous montre l'expérience dans la Réalité universelle, ne risquons-nous pas d'introduire dans l'idée de Dieu des attributs incohérents, et même contradictoires ? Et si, d'une autre part, nous excluons de cette idée les attributs qui sembleraient répugner à telle ou telle détermination de la nature divine, n'encourons-nous-pas le reproche de n'obtenir un type divin homogène qu'à la condition qu'il soit incomplet ?

Le Savant. — Comment nous tirer de là ?

Le Métaphysicien. — Nos théologiens ne sont pas d'accord sur ce point. Les uns, comme Platon et Malebranche, font de Dieu l'Archétype suprême comprenant tous les types possibles de perfection, le Principe et la Substance de toutes les *idées*. Les autres, comme Aristote et Leibnitz, en font le Type de la plus parfaite individualité, l'Intelligence pure. D'autres en font le Type de l'Amour, jugeant cet attribut de l'Être supérieur à la Pensée elle-même : ce sont les mystiques. Ces divergences ne sont pas sans gravité, bien qu'elles se rallient toutes au concept de perfection, et, sous ce rapport, témoignent d'un égal sentiment religieux. C'est toujours le Parfait qu'on adore, mais sous des types très différents. Il importe donc de fixer nos idées sur ce point. Toutes les conceptions théologiques peuvent se ramener à deux méthodes : l'une, toute métaphysique, qui réunit en Dieu toutes les perfections physiques et morales, comme dans l'Idéal Suprême de la Réalité universelle ; l'autre, toute psychologique, qui, faisant au contraire abstraction des perfections physiques, concentre en Dieu toutes les perfections morales, comme dans le Type absolu de la vie individuelle la plus parfaite, sauf à rétablir, par le mystère de la création, le rapport du Dieu Esprit pur avec le Monde. C'est entre ces deux méthodes qu'il nous faut choisir.

Le Savant. — Il me semble que la seconde est celle qui a prévalu. N'a-t-elle pas l'avantage d'offrir à la pensée, et même à l'amour des hommes un objet d'autant plus facile à saisir et à définir que l'âme humaine le trouve au fond de sa conscience ; tandis que la première nous présente un type vague et abstrait, une sorte d'Idéal collectif, simplement intelligible, non susceptible de détermination et de personnification ?

LE MÉTAPHYSICIEN. — Je vois bien, en effet, le côté par lequel la définition psychologique de Dieu sera toujours plus populaire que la définition métaphysique. Mais que cherchons-nous, la popularité, ou la vérité ?

LE SAVANT. — La vérité, avant tout.

LE MÉTAPHYSICIEN. — Alors ceci tranche la question en faveur de la méthode métaphysique. Reprenons la définition par laquelle débute toute théologie, et pressons-en les conséquences. Qu'est-ce que Dieu ? L'Être parfait. L'Être parfait, entendez-vous, et non un être parfait. En d'autres termes, Dieu n'est pas telle ou telle perfection ; il est la Perfection elle-même. Il répugne donc à la définition qu'il soit une perfection déterminée, celle d'un corps, celle d'une âme, celle même d'un esprit, pour parler comme Malebranche ; car il serait un être parfait, et non l'Être parfait. Du moment que vous le concevez comme un type déterminé de perfection, vous excluez par cela seul de son idée toutes les perfections relatives aux autres types. Or, quand on définit Dieu l'Être parfait, on entend qu'il est le Type de toute perfection. Donc la perfection de Dieu répugne à toute espèce de perfection individuelle, si excellente qu'elle soit. Toute perfection déterminée est divine ; aucune n'est Dieu, si éminent qu'en soit le type. La perfection morale est supérieure à la perfection physique ; en ce sens, elle est plus divine, mais elle n'est pas plus Dieu. L'idée de Dieu est une couronne dont les fleurons sont les divers types de la vie universelle. Si un seul fait défaut, la couronne est détruite, et Dieu a disparu. Or comment réunir tous ces fleurons épars et en nombre infini ? Comment recueillir tous les rayons de la divinité en une seule image adéquate à la nature même de Dieu ? Cela est impossible. Voilà pourquoi la définition ci-dessus énoncée doit être maintenue, sans qu'on essaye d'y ajouter des déterminations qui lui feraient perdre en vérité ce qu'elles lui feraient gagner en précision. Elle est la seule définition qui soit rigoureusement exacte, en ce qu'elle comprend toutes ces perfections, sans en préciser, mais aussi sans en exclure aucune.

LE SAVANT. — Il me semble pourtant qu'il y a un moyen de concilier les deux doctrines théologiques, moyen bien simple, puisqu'il n'y aurait qu'un mot à substituer à un autre. Au lieu de dire que Dieu est le *Type*, disons, avec certains théologiens, qu'il est le *Principe*, la Source de toute perfection : voilà le problème résolu. Dieu peut alors être conçu comme un Type individuel, âme, esprit, personne, sans cesser de comprendre toutes les perfections de la Nature. L'école psychologique et l'école métaphysique obtiennent par là une égale satisfaction. N'est-ce pas ainsi qu'il faut entendre la pensée des théologiens qui font de Dieu tout à la fois l'Être individuel et l'Être universel par excellence ? Il est le Suprême individuel, en tant qu'Esprit pur, type de la plus parfaite individualité. Il est le Suprême universel, en tant qu'il comprend toutes les formes et toutes les forces de l'être dans le sein de sa puissance créatrice.

LE MÉTAPHYSICIEN. — Je ne vois qu'une petite difficulté à cette ingénieuse combinaison ; c'est qu'elle est en contradiction avec la définition qui est le principe de toute notre théologie. Quand nous disons que Dieu est l'Être parfait, entendons-nous qu'il est la perfection en *acte*, ou la perfection en *puissance* seulement, qu'il est véritablement le type, ou simplement le principe, source de la perfection ?

Le Savant. — Nous entendons que Dieu est la perfection en acte. Il est impossible de le concevoir autrement.

Le Métaphysicien. — S'il est la perfection en acte, il est nécessairement toute perfection en *acte*. Vous ne pouvez admettre qu'il est telle perfection en *acte*, et telle autre en *puissance ;* car cela serait contraire à la définition. Donc Dieu ne peut être conçu que comme le type (je dis le *type* et non le *principe*) de toute perfection. Donc il ne suffit pas, ainsi que le croient la plupart de nos théologiens, de concevoir Dieu sous un type de perfection déterminée, celle de l'esprit pur par exemple, sauf à faire de ce type le principe, la source de toutes les perfections qui n'y peuvent rentrer. Qui dit Dieu, dit l'Être parfait ; qui dit l'Être parfait, dit la perfection sous toutes les formes de la vie universelle.

Le Savant. — Les théologiens de l'école de Platon, tels que saint Augustin et Malebranche, ont compris la difficulté, et me semblent l'avoir heureusement résolue par leur théorie des *idées* ou des *intelligibles.* Leur Dieu, Esprit pur, comprend dans sa pensée toutes les idées, c'est-à-dire tous les types dont le monde sensible nous offre les grossières images ; en sorte que toute perfection se retrouve dans la nature divine, non plus simplement à l'état de virtualité, mais à l'état d'essence pure, et que Dieu peut être dit le type, aussi bien que le principe des choses.

Le Métaphysicien. — Cette solution est assez de mon goût, et vous verrez avant peu que je ne suis pas éloigné d'y adhérer. Seulement, elle ne résout un problème qu'en en soulevant un autre bien plus grave. Que sont les idées de l'entendement divin ? Si ce ne sont que de simples actes, analogues à ceux de l'esprit humain, et avec la seule différence des deux entendements, je vous comprends. Mais alors la théorie de nos théologiens ne résout pas la question, puisque de simples idées ne peuvent être considérées comme des perfections positives. Si les *idées* divines sont des êtres, les seuls véritables, comme dit Platon, le problème est résolu, mais par un mystère qui passe mon intelligence. Je ne connais, je n'entends que deux choses en métaphysique : des réalités et des idées ; des réalités, objets de ma connaissance ; des idées, purs actes de mon esprit. Mais des idées *réelles* me paraissent aussi inintelligibles que des réalités *idéales*. Pas plus dans l'entendement divin que dans l'entendement humain, je ne comprends, en dépit des explications ingénieuses et subtiles que j'ai lues, que les idées soient des êtres et des *substances*. Sur ce point, Platon et son école m'ont toujours paru réaliser des abstractions.

Le Savant. — C'est ce dont je n'ai jamais douté.

Le Métaphysicien. — Concluons définitivement au maintien de la proposition par laquelle débute notre théologie : Dieu est l'Être parfait. Fénelon ne voulait pas d'autre définition de Dieu que le mot de l'Écriture : *Il est celui qui est.* Pour lui, tout ce qu'on pouvait ajouter à cette proposition ne faisait que diminuer et réduire la nature divine. Et nous aussi, pour les mêmes raisons, nous ne cherchons pas à définir Dieu autrement que par le concept de perfection.

Le Savant. — Je commence à comprendre votre méthode théologique. Tandis que nombre de théologiens débutent par poser Dieu comme l'Être infini, ou l'Être nécessaire, ou l'Être absolu, ou l'Être universel, ou avec tous ces concepts réunis, pour finir par un dernier attribut qui est la perfection, vous débutez, vous, au contraire, par le même attribut, dont vous faites l'essence même de la nature divine, pour arriver ensuite aux attributs d'infinité, de nécessité, d'indépendance, d'universalité, s'il y a lieu.

LE MÉTAPHYSICIEN. — S'il y a lieu est bien dit. Vous en aurez la preuve tout à l'heure. En ce moment, cherchons ce que nous pourrions ajouter à notre définition de Dieu, sans la contredire. Serait-ce beaucoup risquer que d'affirmer l'attribut d'immutabilité?

LE SAVANT. — Non certes; car il dérive directement du concept de perfection. N'est-il pas de l'essence de l'être parfait d'être immuable?

LE MÉTAPHYSICIEN.— En effet, de même que le changement est la condition du progrès, de même l'immutabilité est la loi de la perfection. L'être imparfait change pour arriver à un état meilleur. L'être parfait ne pourrait changer que pour un état meilleur ou pire. Dans l'un et l'autre cas, il ne serait point l'être parfait. En un mot, il ne *devient* pas, il *est*. Il est donc immuable, en tant que parfait.

LE SAVANT. — La conséquence est évidente.

LE MÉTAPHYSICIEN. — Ce qui ne l'est pas moins, c'est que l'Être parfait est également immobile. Tout mouvement est une transition à un changement quelconque, même le mouvement de l'être immatériel, même l'acte pur de la pensée. L'être qui se meut ou agit ne le fait que pour arriver à une fin. Mais cette fin étant la perfection elle-même, l'être parfait n'a point à chercher ce qu'il possède. Il ne tend et n'aspire à rien. Il se repose, ou plutôt il demeure (l'autre mot est une image de la vie humaine). Et encore, quand je dis qu'il demeure, je n'entends pas assimiler cette stabilité à celle des êtres imparfaits qui changent d'état, sans changer de nature. Il n'y a pas de mot dans les langues humaines pour exprimer proprement cette vérité théologique. Au lieu de dire que l'Être parfait se repose ou demeure, disons qu'il *est*. Ce mot a l'avantage de ne mêler aucune image à l'expression de vérités sur lesquelles l'imagination ni la conscience n'ont prise.

LE SAVANT. — Cela commence, en effet, à tourner au mystère.

LE MÉTAPHYSICIEN. — Qu'importe, si le mystère est la vérité? La théologie vous en fera voir bien d'autres. Quand saint Augustin, Malebranche, Fénelon, Bossuet, et tant d'autres théologiens nous disent que ni l'espace, ni le temps n'entrent dans l'existence de Dieu, que la vie, l'activité, la pensée divine sont sans succession, sans développement, sans durée, qu'il ne faut pas dire de Dieu : *il a été*, *il sera*, mais simplement *il est*, en ayant bien soin de n'entendre par ce moment aucun moment déterminé de la durée, l'esprit se refuse à comprendre ces choses en contradiction manifeste avec toutes les réalités de l'expérience. Et pourtant un mot suffit pour leur donner l'évidence de la nécessité, c'est que Dieu est l'Être parfait.

LE SAVANT. — Voilà un Dieu bien difficile à comprendre, Être parfait, immuable, immobile, *relégué* par de là le temps, l'espace, le mouvement et la vie. Quelle énigme!

LE MÉTAPHYSICIEN. — Nous en trouverons le mot tout à l'heure. Mais cherchons auparavant s'il n'y a pas encore d'autres attributs compatibles avec notre définition. J'entends dire que Dieu est l'Être infini, l'Être nécessaire, l'Être absolu, l'Être universel. Je ne demande pas mieux que d'enrichir de ces grands attributs l'idée de Dieu; toute la question est de savoir s'ils conviennent à l'Être parfait.

LE SAVANT. — Est-ce que vous en douteriez?

LE MÉTAPHYSICIEN. — Je fais plus qu'en douter; je

le nie positivement. D'abord, en ce qui concerne l'attribut d'infinité, je ne vois, quoi qu'en aient dit Descartes et son école, rien de commun entre ce concept et celui de perfection. Ainsi que j'en ai fait la remarque ailleurs, l'infini s'applique aux catégories de la quantité et de la force, tandis que le parfait s'applique exclusivement à la catégorie fort différente de la qualité. En sorte qu'on peut concevoir la perfection d'une chose finie aussi bien que d'un être infini. Toute espèce de type, tout idéal, si particulier, si déterminé qu'en soit l'objet, n'implique-t-il pas la perfection?

Le Savant. — C'est vrai. C'est-à-dire qu'il est une certaine chose parfaite, un être parfait, mais non l'Être parfait.

Le Métaphysicien. — Qu'importe? Je veux bien que l'Être infini seul puisse être dit l'Être parfait. Est-ce comme Être infini qu'il est l'Être parfait? Voilà toute la question.

Le Savant. — Il est évident que le concept d'infinité n'implique nullement le concept de perfection.

Le Métaphysicien. — C'est tout ce que je voulais prouver. Donc la théologie n'est point admise à conclure de l'Être parfait à l'Être infini, ni réciproquement. L'être fini n'est pas moins conçu par la pensée comme l'Être parfait, que l'Être infini, dans certaines conditions.

Le Savant. — Il faut bien le reconnaître.

Le Métaphysicien. — Je vais plus loin. Sans nier qu'on ne puisse appliquer à l'Infini le concept de perfection, je prétends qu'il est impossible, en ce cas, à la pensée de ramener ce concept à un type déterminé, comme on peut toujours le faire pour un être fini. L'Infini se dérobe à toute notion de perfection définie, par cela même qu'il échappe à toute notion d'existence déterminée. Il ne comporte qu'une perfection abstraite et générale, où tout type de perfection est logiquement compris sans être exprimé.

Le Savant. — Il n'y a pas à en douter.

Le Métaphysicien. — Quant à l'attribut d'universalité, même thèse, et même raisonnement que pour l'attribut d'infinité. Ce concept n'implique pas plus que l'autre la perfection. Qu'on nous fasse remarquer que tout être individuel ne peut être conçu que comme un être parfait, tandis que l'Être universel seul peut être dit l'Être parfait, je l'accorde. Mais je maintiens que si l'Être universel peut être conçu comme parfait, ce n'est pas en tant qu'universel. Et j'ajoute, pour la perfection de l'Universel comme pour celle de l'Infini, qu'elle n'est pas réductible à un type déterminé sur lequel ait prise l'entendement.

Le Savant. — Cela ne fait pas question.

Le Métaphysicien. — Restent les attributs d'indépendance et de nécessité, relatifs aux catégories de la relation et de l'existence. Ici ne voyez-vous pas poindre un problème qui domine la double question de savoir si l'Être parfait est absolu, et s'il est nécessaire ?

Le Savant. — Quel problème ?

Le Métaphysicien. — C'est de savoir si l'Être parfait existe.

Le Savant. — Comment, s'il existe ? Que voulez-vous dire ?

Le Métaphysicien. — Vous devez le savoir aussi bien que moi, si vous vous souvenez de notre analyse et de notre critique de l'intelligence, ainsi que de notre réfutation de la théologie cartésienne (1). C'est ici le moment d'appliquer au principe même de la théologie les conclusions de cette analyse et de cette critique. Nous l'avons déjà dit, l'Être infini, universel n'est pas la Vérité

(1) Voyez les IXe, X^e^ et XIe Entretiens.

que la foi du genre humain salue du saint nom de Dieu. Le Monde aussi est infini et universel, et il n'y a que Spinosa et son école qui osent en faire un Dieu, contre le cri de toute conscience vraiment religieuse. C'est qu'ici vient une distinction capitale. L'Être universel peut être envisagé sous deux aspects : dans son *idée* et dans sa *réalité*. Sous le premier aspect, c'est Dieu ; sous le second, c'est le Monde. La théologie est la science qui, faisant abstraction de la réalité, place l'Être métaphysique au-dessus du temps et de l'espace, loin du changement, du mouvement et de la vie ; elle en fait l'Être parfait, immuable, immobile, et l'assied sur le *trône désert d'une éternité silencieuse et vide*, selon les fortes paroles d'un philosophe contemporain (1). Ici je me joins au chœur des théologiens pour célébrer les ineffables vertus de leur Dieu, le vrai, le seul Dieu qui soit un digne objet de notre adoration. Seulement je crains qu'ils n'oublient à quoi il les doit. Les attributs de perfection, d'immutabilité, d'immobilité, d'indépendance du temps et de l'espace, qu'ils ajoutent au concept de l'Être métaphysique, lui coûtent la réalité. L'Être infini, universel, ne devient parfait, immuable, supérieur au temps et à l'espace qu'en passant à l'état d'Idéal. Il est Dieu alors ; mais il ne prend la *divinité* qu'en perdant toute *réalité*.

LE SAVANT. — C'est payer un peu cher la majesté dont l'entoure le cortége de ces nouveaux attributs.

LE MÉTAPHYSICIEN. — Votre regret vient de ce que vous confondez peut-être encore la *vérité* et la *réalité*. En théologie, il ne faut se préoccuper que de la *vérité*. C'est un point sur lequel nous ne saurions trop insister. Quand le théologien applique le concept de perfection à l'Être métaphysique que nous a révélé la raison avec tous les attri-

(1) Victor Cousin, *Fragments philosophiques*, Préface.

buts qui lui sont propres, il fait une opération analogue à celle que font le géomètre, le physicien, le moraliste, le politique, lorsqu'il applique ce même concept aux êtres physiques ou moraux donnés par l'expérience. Et en la faisant, il arrive à un résultat également analogue : c'est d'*idéaliser*, de convertir en idée l'objet de sa conception. Dans cette transformation, Dieu et ses attributs passent, ainsi que je l'ai dit, à l'état d'Idéal. Ainsi compris, l'objet propre de la théologie n'est plus un Être réel, se développant dans le temps et dans l'espace ; c'est une Idée pure, une essence immuable et immobile dans sa perfection. Cet Idéal ne doit point être confondu avec tel ou tel idéal, avec l'idéal de la Nature, par exemple, ou avec l'idéal de l'Esprit, qui n'en sont que des déterminations saisies par l'expérience et idéalisées par l'abstraction. Le Dieu de la théologie est l'Idéal suprême, l'Idéal de l'Être infini et universel, de l'Être métaphysique, objet propre de la raison. Si nous voulions nous servir de la langue de Platon pour l'exprimer, nous dirions qu'il est l'Idée des idées, afin de le distinguer des déterminations plus ou moins générales comprises dans son infinie et universelle unité. L'*Idée* absolue de Schelling et de Hegel, telle que leur dialectique la donne, est exactement le Dieu dont il s'agit ici.

Le Savant. — Ainsi, selon vous, Dieu ne devient l'Être parfait qu'en perdant toute réalité. Il me semble que les théologiens l'entendent autrement. Selon les plus illustres docteurs, c'est le parfait qui est l'être positif ; c'est la perfection en toute chose qui est la mesure de la réalité. Dieu n'est l'Être réel par excellence qu'autant qu'il est l'Être souverainement parfait. Tel est le langage de Platon, de Plotin, de saint Augustin, de saint Anselme, de Descartes, de Malebranche, de Fénelon, de Bossuet. « On dit : Le parfait n'est pas ; le parfait n'est qu'une idée de notre esprit qui, sûr de l'imparfait qu'on voit de ses yeux, s'élève à une perfection qui n'a de réalité que dans la pensée. C'est le raisonnement que l'impie voudrait faire dans son cœur insensé, qui ne songe pas que le parfait est le premier en soi et dans les idées, et que l'imparfait en toute façon n'est qu'une dégradation. Dis, mon âme, comment entends-tu le néant, sinon par l'être ? Comment entends-tu la privation, si ce n'est par la forme dont elle prive ? Comment l'imperfection, si ce n'est par la perfection dont elle déchoit ? Mon âme, n'entends-tu pas que tu as une raison, mais imparfaite, puisqu'elle ignore, qu'elle doute, qu'elle erre et qu'elle se trompe? Mais comment entends-tu l'erreur, si ce n'est comme privation de la vérité ? Et comment le doute ou l'obscurité, si ce n'est comme privation du savoir parfait ? Comment dans la volonté le dérèglement et le vice, si ce n'est comme privation de la règle, de la droiture et de la vertu ? Il y a donc primitivement une intelligence, une science certaine, une vérité, une fermeté, une inflexibilité dans le bien, une règle, un ordre, avant qu'il y ait une déchéance de toutes ces choses ; en un mot, il y a une perfection avant qu'il y ait un défaut... Voilà donc un être parfait, voilà Dieu, nature parfaite et heureuse. » (Bossuet, *Élévations.*)

LE MÉTAPHYSICIEN. — Ce n'est pas moi qui méconnaîtrai la beauté, l'éloquence, la vérité même de ce langage, dans une certaine mesure. Mais vous me permettrez d'en contester la rigueur démonstrative. Bossuet me semble ici, avec presque tous les théologiens idéalistes, tirer une conclusion fausse de prémisses vraies. Que la notion de l'imparfait, en tout genre, présuppose l'idée du parfait, je suis entièrement sur ce point de l'avis de Bossuet et de toutes les écoles idéalistes. Platon l'a dit le premier, les *choses* ne sont que des copies des *idées* ; elles ne sont vraies et intelligibles qu'autant qu'elles les expriment, et dans la mesure où elles les expriment. Mais autre chose est la *vérité*, autre chose la *réalité*. L'erreur de Bossuet et des idéalistes est de confondre ces deux notions, et de conclure sans cesse de l'une à l'autre. L'*idée*, l'idéal, le type, le parfait, est la vérité pure ; mais du moment qu'on attribue à cet objet de l'entendement une certaine existence en dehors de la pensée, on réalise une abstraction. C'est ce qu'a fait Platon pour l'ordre entier des *idées* ; c'est ce que font Bossuet et les théologiens pour l'idée de l'Être parfait. Tant qu'ils se bornent à chercher la vérité dans les concepts de l'entendement, ils ont raison. Ils ne se trompent qu'alors qu'ils y cherchent l'être, la réalité par excellence. Il y a longtemps que les bons esprits ne sont plus dupes des entités platoniciennes et scolastiques. Mais la philosophie moderne a persisté à croire à la réalité objective de celle de ces idées qui a pour objet l'Être parfait, sans se douter qu'il n'y a pas plus de raison de réaliser cette abstraction que les autres. Cette illusion était toute naturelle, du reste, avant la critique de la *Raison pure*, alors que les théologiens ne s'étaient pas encore rendu compte des éléments et des lois de la pensée. Mais aujourd'hui, quelle que soit notre admiration pour les œuvres du génie, nous ne pouvons plus prendre au sérieux les démonstrations de Malebranche, de Fénelon et de Bossuet, touchant la réalité objective des types de perfection conçus par la pensée, à l'occasion des réalités imparfaites que nous révèle l'expérience.

Le Savant. — J'entends cela.

Le Métaphysicien. — Remarquez bien que ma négation s'adresse à l'Être parfait, et non à l'Être infini, absolu, universel. Pour nier celui-ci, il faudrait d'abord nier la raison. On ne comprend rien à la métaphysique, si l'on ne commence par distinguer ces deux conceptions, que les théologiens affectent perpétuellement de confondre. L'Être infini n'est pas seulement réel ; il est le fond et la substance de toutes choses : c'est le Dieu vivant, s'il nous est permis d'abaisser ce nom au contact de la réalité. Quant à l'Être parfait, le Dieu de la théologie, il n'est que le suprême Idéal de la pensée.

LE SAVANT. — Mais alors ce Dieu ressemble fort à une abstraction.

LE MÉTAPHYSICIEN. — Qu'importe, si cette abstraction est une vérité ? Prenez garde qu'abstraction et vérité ne sont point des termes contradictoires, ainsi qu'on le croit communément. Ici l'abstraction ne devient une erreur que pour les théologiens qui s'obstinent à la réaliser. Le Dieu de la théologie est vrai, dans le sens propre du mot, vrai de la vérité supérieure de l'idéal. La théologie est vraie, au même titre que la géométrie pure, qui n'opère que sur des constructions idéales, que la mécanique rationnelle, qui ne met en mouvement que des masses et des forces abstraites. Quand on parle de *vérité*, il y a une distinction capitale à faire. Entend-on l'essence ou l'existence des choses, l'idéal ou la réalité ? La théologie possède la vérité logique, la vérité de l'essence et de l'idée. Mais cette vérité ne doit point être confondue avec la vérité réelle, la vérité vivante et concrète. Celle-ci a son siége dans la réalité, dans la Nature et dans l'Histoire ; celle-là a le sien dans la Pensée seulement. Sous ces réserves, la théologie est la plus vraie de toutes les sciences, en tant qu'elle est la science de l'Idéal suprême.

LE SAVANT. — Le sens commun et le sentiment religieux s'accommoderont-ils d'une théologie dont le Dieu n'est qu'un idéal ?

Le Métaphysicien. — Le sens commun est un excellent juge dans l'ordre des vérités moyennes ; mais dans l'ordre des vérités supérieures, il n'a le plus souvent que des préjugés à opposer aux théories les plus solides de la science. Ne lui demandez pas trop son avis sur tout ce qui dépasse sa sphère, et par exemple sur les hautes questions de théologie ; il pourrait bien vous répondre par des mots convenus dont il ne se rend guère compte. Quant au sentiment religieux, toute théologie qui affirme le Parfait et l'Idéal en conserve la source. Qu'importe que cet Idéal conçu par la raison existe en dehors de la pensée, ou seulement dans la pensée ? Sa vivifiante et purifiante vertu ne s'en fera pas moins sentir dans une hypothèse que dans l'autre. Il y a plus : l'Idéal ne se montre dans toute sa vérité qu'à la lumière de la pensée. Assurément l'Être infini, absolu, nécessaire, universel n'est pas une simple idée de la raison, une synthèse supérieure de l'esprit ; il est réel, il est vivant dans l'Univers, dans le monde de la Nature et dans le monde de l'Esprit. Mais là les caractères propres de la divinité, la beauté, l'harmonie, la vertu, la sagesse, la sainteté, ne trouvent pas leur parfaite et complète expression. L'esprit les y devine plutôt qu'il ne les y contemple ; ils y sont cachés sous les formes obscures et incomplètes qui frappent l'imagination. C'est dans la synthèse de la pensée, à l'état de purs intelligibles, que la raison en saisit le mieux la vérité.

Le Savant. — L'Être parfait une idée ! Voilà une conclusion que vous ferez bien difficilement accepter à nos théologiens.

Le Métaphysicien. — C'est leur affaire ; mais il faut qu'ils sachent qu'il y va du salut de leur science. En réalisant leur Être parfait et immuable, ils ont soulevé une montagne de difficultés et de contradictions qui pèse encore aujourd'hui sur la théologie. En vain ils se débattent, depuis que le problème théologique est posé, contre les objections de toute nature que soulève leur solution ; ils ne peuvent parvenir à en débarrasser la science. Génie, subtilité, logique, éloquence, rien n'y fait. On écoute, on admire la théologie, quand elle parle par l'organe des Platon, des saint Augustin, des Malebranche, des Bossuet, des Fénelon, des Leibnitz ; mais après toutes ces brillantes discussions et ces magnifiques explications, l'esprit reste rebelle à la doctrine qui lui a été développée en si beau langage. Tout au plus parvient-on à le troubler, à l'éblouir un moment par le mouvement des pensées et l'éclat des paroles ; aussitôt le livre fermé, il revient au doute et au sentiment invincible des difficultés. N'est-ce pas ce que vous avez éprouvé à la lecture des plus beaux traités de théologie (1) ?

Le Savant. — Je le confesse.

Le Métaphysicien. — C'est qu'en effet les difficultés sont insurmontables. Si tout reste clair et facile dans la

(1) Les contradictions de cette théologie n'éclatent nulle part avec autant de force que dans le passage suivant d'un livre remarquable d'ailleurs à beaucoup d'égards. « Tandis que je fais effort, à travers la durée qui s'écoule, pour rassembler les fragments dispersés de ma vie et réaliser imparfaitement quelques-unes de mes puissances, lui (l'Être parfait), concentré dans un présent immuable, jouit de la plénitude de son être éternellement épanoui... Il est vrai : le fini n'a aucune proportion avec l'infini ; mais songes-y bien. De l'intelligence que tu es à l'intelligence accomplie, il y a l'infini. La pensée et toute pensée imparfaite est une puissance en voie de développement ; c'est là son essence et sa loi nécessaire. La pensée divine est une pensée pleinement développée, qui, par son essence, est antérieure à tout développement. La pensée finie implique l'effort ; la pensée divine l'exclut. La pensée finie se déploie sous la forme du temps ; la pensée infinie subsiste et se maintient sous la forme de l'éternité. Il n'y a plus ici les conditions d'une intelligence imparfaite, plus de borne, plus d'espace, plus de temps, plus de succession ; par conséquent, ni mémoire, ni raisonnement, ni induction, ni

théologie, tant qu'elle s'en tient à l'Idéal, tout devient obscur, impossible, du moment qu'elle en vient à réaliser ses abstractions. Je vous en fais juge. Sans vouloir suivre les théologiens dans le dédale de leurs subtilités scolastiques, attachons-nous aux difficultés qui sautent aux yeux. Cet Être souverainement parfait, simple idéal pour nous, réalité pour les théologiens, qui fait l'objet propre de la théologie, est nécessairement immuable dans sa perfection. Changement et perfection sont des termes qui s'excluent : tous les théologiens s'accordent à le reconnaître. Mais alors comment concevoir l'existence, la vie, la réalité d'un Être immuable? Que l'Être parfait ne soit pas soumis à la loi du progrès comme les êtres imparfaits, cela ressort de la définition même, et peut d'ailleurs se comprendre à la rigueur. Mais que son existence, sa réalité, sa vie, son activité ne se produisent, ne se trahissent par aucun changement, aucun développement ; que tout cela reste sans rapport, sinon avec l'espace, du moins

aucun de ces intermédiaires tout humains entre une vérité infinie et une pensée finie, ni aucune de ces opérations laborieuses qui sont le tourment et la confusion de notre raison. Il n'y a plus que la pure essence de la pensée, la pensée saisissant l'être et se saisissant elle-même. D'une part, une virtualité indéfinie tendant vers l'acte sans pouvoir l'atteindre ; de l'autre, l'acte absolu, infini, excluant toute virtualité, tout effort, toute mesure, tout degré, tout intervalle entre lui et sa fin. Ce n'est pas là une différence de degré, mais de nature et d'essence ; c'est la différence du temps à l'éternité, du fini à l'infini, du relatif à l'absolu. (*Essai de philosophie religieuse*, par E. Saisset, p. 329 et 339.) Tout cela est fort bien dit, et se trouve d'une exacte vérité, au point de vue de l'Idéal. Au point de vue de la réalité, tout cela est contradictoire et incompréhensible. C'est le dieu d'Aristote, sauf la considération de l'infini que la philosophie grecque distinguait profondément du parfait. Mais l'acte parfait, la pensée pure, conçue autrement que comme idéal de l'activité intellectuelle, est bien, j'en demande pardon à ce grand esprit, la moins intelligible des abstractions.

avec le temps, voilà ce que le génie des plus grands docteurs n'a jamais pu faire comprendre. Je sais bien que les mots ne manquent pas pour nous répondre ; mais sous les mots, il faut des idées. Quand on nous aura dit, avec celui-ci, que l'existence divine a cela de propre qu'elle n'a pas de durée successive, avec celui-là, que la vie divine est un acte simple, indivisible, nous n'en serons pas plus avancés. Ce ne sont pas même des mystères impénétrables pour notre intelligence ; ce sont des mots vides de sens.

LE SAVANT. — Il faut bien en convenir.

LE MÉTAPHYSICIEN. — Mais passons sur cette impossibilité ; consentons à laisser l'Être parfait, le Dieu abstrait de la théologie dans l'immuable et immobile majesté de sa perfection ; il faudra bien qu'il en sorte pour créer le Monde, puisqu'il est un Principe réel, une Cause active, et non un simple Idéal. Rien que l'acte de la création suffit pour changer les conditions de cette existence immuable. Quand on pourrait supposer que la pensée, que la volonté, que la vie intime de Dieu échappent aux conditions du temps et de l'espace, il faudrait bien reconnaître que son activité créatrice y tombe nécessairement, soit qu'on assigne ou non une date à la création.

LE SAVANT. — Je ne vois pas comment on pourrait s'y refuser.

LE MÉTAPHYSICIEN. — Encore s'il créait un monde parfait comme lui, l'anomalie serait moins choquante. Mais que devient la perfection d'un être condamné à une œuvre imparfaite ? Je sais que les théologiens ont réponse à tout. Ils nous disent que la sagesse divine est tenue de créer, non un monde parfait, mais le meilleur des mondes possibles. C'est le grand Leibnitz qui a trouvé cette ingénieuse explication. Elle serait bonne pour un Dieu qui serait dans la nécessité de créer. Mais où était pour l'Être parfait la nécessité de sortir de sa perfection? Le Monde, disent encore les théologiens, était un moyen de faire éclater sa sagesse et sa puissance. Platon a résumé en un fort beau mot tout ce qu'on peut dire de plus raisonnable à l'appui d'une thèse impossible : « Dieu a fait le monde, parce qu'il est bon. » Voilà donc Dieu travaillant par bonté ou pour sa gloire à une œuvre où il est réduit à faire de son mieux, comme le premier artiste venu.

Le Savant. — Étrange fonction pour l'Être parfait.

Le Métaphysicien. — Et l'existence du mal dans le monde créé, comment la concilier avec la Providence d'un Dieu parfaitement sage et bon? Il est vrai que l'autre monde est là pour répondre à toutes les difficultés de ce genre. Mais d'abord ce monde lui-même, s'il est réel, a pour loi un certain degré d'imperfection, par conséquent un certain degré de mal. S'il n'est autre que ce monde intelligible dont parlent Platon et Malebranche, il est un pur idéal comme Dieu, son Type suprême. Ensuite, le supposât-on réel, ce monde ne justifierait la Providence que pour les êtres moraux, les âmes et les personnes? Mais les désordres, les destructions inouïes, les souffrances sans nombre des êtres physiques resteraient toujours à expliquer. Car nul théologien n'a rêvé jusqu'ici un monde réparateur pour toutes les victimes de ces misères. Une pareille théologie, vous le voyez, n'est qu'un tissu de contradictions et d'absurdités.

Le Savant. — Je l'ai toujours pensé. J'en avais même conclu la vanité de toute théologie.

Le Métaphysicien. — C'était un tort. La théologie est dans le vrai, tant qu'elle ne s'avise pas de réaliser des abstractions. J'en aurais bien long à dire s'il me fallait relever toutes les fictions et tous les non-sens de cette théologie. Cela suffit pour vous convaincre qu'elle ne peut faire un pas hors de l'idéal sans tomber dans l'absurde et l'impossible. D'ailleurs la réfutation de ces erreurs, si complète qu'elle soit, ne pourrait jamais nous conduire à une conclusion absolue, quant à la nécessité de ramener la théologie à sa véritable portée. On pourrait toujours nous répondre qu'elle n'a pas dit son dernier mot, et qu'il lui viendra peut-être un jour un docteur plus ingénieux ou plus heureux qui résoudra toutes les objections à la complète satisfaction de tous. Il faut donc toujours en revenir à l'analyse et à la critique des idées, si l'on veut en finir radicalement avec les illusions et les abstractions réalisées de la théologie. C'est ce qui fait que jusqu'à la philosophie critique, malgré les attaques auxquelles il était en butte, le dogmatisme théologique réalisait ses abstractions en toute sécurité. Il concevait Dieu comme l'Être parfait, retiré dans les profondeurs de son essence, en dehors du temps et de l'espace, sans se douter qu'il supprimait par là les conditions de toute existence; il imaginait un monde intelligible où toutes choses subsistent à l'état de perfection, sans réfléchir que ce monde ne peut avoir d'existence que dans la pensée. Sans doute il avait raison de soutenir que ce Dieu est vrai, que ce monde est vrai, contre ces écoles empiriques qui ne connaissent d'autre vérité que la réalité; mais il avait tort de réaliser cette vérité tout idéale. C'est ce que la critique a établi d'une façon définitive.

Le Savant. — Pour le monde intelligible des Platon et des Malebranche, c'est aujourd'hui chose convenue. Sauf quelques rêveurs obstinés qui ne trouvent plus d'écho, même dans les écoles, on ne s'avise guère de voir dans les *idées* ou *types* de ce monde autre chose que des abstractions de la pensée. L'idéalisme est jugé; la part du vrai et la part du faux y sont irrévocablement fixées. La distinction capitale de la vérité *idéale* et de la vérité *réelle* y a clos la discussion sur ce point. L'arrêt de la critique est devenu un article du sens commun. Mais il ne semble pas qu'il en soit de même de Dieu. Le théologien en affirme l'idée et l'être, tandis que l'athée en nie l'une et l'autre. Mais c'est un paradoxe bien rare d'affirmer l'idée et de nier l'être. Pour toutes les écoles de théologie, Dieu réunit la réalité à la perfection. Il est l'être le plus réel en même temps que le plus parfait, *ens realissimum ac perfectissimum*, comme disaient les scolastiques.

LE MÉTAPHYSICIEN. — Je conviens que le préjugé a survécu à la critique; mais en y regardant de près, vous trouverez que c'est une illusion de même nature que celle qui a si longtemps égaré les écoles idéalistes. Perfection et réalité impliquent contradiction. La perfection n'existe, ne peut exister que dans la pensée. Il est de l'essence de la perfection d'être purement idéale. Donc il en est de l'Être parfait de Descartes et de Leibnitz comme du monde intelligible de Platon et de Malebranche. S'obstiner à réunir sur un même sujet la perfection et la réalité, c'est se condamner aux contradictions les plus palpables. Il suffit de lire saint Augustin, Malebranche, Fénelon, Leibnitz, pour s'en convaincre. La critique de Kant, si forte qu'elle soit, est peut-être moins décisive que le spectacle de telles subtilités. Un Dieu parfait ou un Dieu réel : il faut que la théologie choisisse. Le Dieu parfait n'est qu'un Idéal ; mais c'est encore, comme tel, le plus digne objet de la théologie, car qui dit idéal dit la plus haute et la plus pure vérité. Quant au Dieu réel, il vit, il se développe dans l'immensité de l'espace et dans l'éternité du temps ; il nous apparaît sous la variété infinie des formes qui le manifestent ; c'est le Cosmos. Avec ses imperfections et ses lacunes, c'est encore un Dieu bien grand et bien beau pour qui le comprend, le voit et le contemple des yeux de la science et de la philosophie. Le panthéisme s'en contente ; mais c'est la gloire de la pensée humaine de remonter plus haut.

LE SAVANT. — Je ne puis me refuser à l'évidence des principes : perfection et réalité sont deux notions absolument incompatibles. Mais la conclusion, bien que rigoureuse, n'en est pas moins dure. Dieu réduit à un Idéal ! Je ne puis m'y faire, et si j'ai tant de peine à me rendre, moi qui n'ai pas de préjugés, comment ferez-vous accepter votre doctrine d'un public esclave de la routine ?

LE MÉTAPHYSICIEN. — Le paradoxe vous sembler moins étrange, si vous réfléchissez que notre théologie n'a pas besoin, comme la théologie vulgaire, d'un Dieu substance ou cause du monde. Pour nous, le Monde, n'étant pas moins que l'Être en soi lui-même, dans la série de ses manifestations à travers l'espace et le temps, possède l'infinité, la nécessité, l'indépendance, l'universalité et tous les attributs métaphysiques que les théologiens réservent exclusivement à Dieu. Il est clair, dès lors, qu'il se suffit à lui-même, quant à son existence, à son mouvement, à son organisation et à sa conservation, et n'a nul besoin d'un principe hypercosmique. Or, du moment que Dieu n'est plus conçu comme la substance ou la cause du Monde, il n'y a plus d'absurdité à le ramener à n'être que le suprême Idéal de la vie universelle. C'est même, à notre sens, la seule conception qui sauve la théologie des deux écueils contre lesquels elle va heurter tour à tour : la doctrine de la création *ex nihilo*, et le panthéisme.

LE SAVANT. — Nous savons à quoi nous en tenir sur la première. Quant à la seconde, je voudrais vous voir expliquer plus clairement que vous ne l'avez fait jusqu'ici, et fixer ma pensée une fois pour toutes sur le sens de ce mot, sur le vrai caractère et les conséquences de la doctrine qu'il exprime. Que n'a-t-on pas dit pour et contre le panthéisme, exalté par les uns comme le triomphe de la pensée sur l'imagination, flétri par les autres comme la corruption de la raison et la destruction de toute morale ? Pourquoi cette doctrine a-t-elle tout à la fois le privilége de séduire les hautes intelligences, et le malheur de révolter les consciences sévères ?

LE MÉTAPHYSICIEN. — Jadis l'athéisme était la calomnie de tous les docteurs en théologie contre les philosophes qui n'acceptaient pas sans réserve le Dieu de leurs Églises. Aujourd'hui que la philosophie a rompu avec toutes les traditions de l'empirisme du dernier siècle, les théologiens ont substitué à l'accusation d'athéisme celle de panthéisme. Le mot spirituel de M. Cousin sur ce petit *spectre évoqué à l'usage des sacristies* est d'une parfaite justesse. Le jeu est habile, en ce que la calomnie gagne en vraisemblance, sans rien perdre de sa gravité. Le panthéisme, tel qu'ils le présentent, moins absurde peut-être, est encore plus immoral et plus dangereux que l'athéisme. Le premier supprime Dieu, dont les attributs métaphysiques sont indifférents à la morale. Le second supprime la liberté et le devoir, c'est-à-dire tout ce qui fait la valeur de la vie humaine. Mais ce jeu des théologiens n'en est pas plus loyal. En bonne critique, il n'est pas permis de juger, de condamner une doctrine avec un mot, sans tenir compte des explications que l'auteur s'empresse d'en donner. Je crois l'avoir déjà dit dans cet entretien, on n'est pas panthéiste pour soutenir que la Cause du monde n'est pas substantiellement distincte de son effet. Ce n'est point pour cela que Spinosa a mérité la fatale épithète : c'est pour avoir confondu toutes choses dans l'unité de la Substance, la vérité et la réalité, la liberté et la nécessité, la théologie et la cosmologie. Le vrai panthéisme, en effet, consiste à supprimer la distinction de l'idéal et du réel, et à marquer toutes les choses du monde réel du sceau de la vérité et de la nécessité. Toute doctrine qui consacre cette distinction échappe au panthéisme, soit qu'elle réalise l'Idéal en un Être imaginaire séparé du Monde, soit qu'elle ne lui accorde d'existence que dans la pensée. C'est le signe infaillible auquel on peut toujours reconnaître si une doctrine rentre ou non dans le panthéisme. A ce titre, Spinosa est panthéiste, tandis que Plotin, Schelling, Hegel ne le sont point, malgré certaines apparences.

Le Savant. — Je commence à comprendre.

Le Métaphysicien. — Ce point est d'une extrême importance. L'idéal, le monde *des idées*, pour parler le langage de Platon qui a doté la philosophie de cette grande doctrine, qu'on le réalise ou non, est la lumière de toutes les sciences positives, la véritable mesure de tous nos jugements sur la vérité, la bonté, la beauté des choses. C'est l'intuition de l'idéal qui fait découvrir au savant les lacunes et les incorrections de la Nature, si régulière d'ailleurs et si harmonieuse dans son développement. C'est ce même principe qui ramène et retient le regard de l'historien philosophe sur le sens et la portée des faits que lui livre la science, de manière à ne jamais se perdre dans la variété des accidents et des incidents plus ou moins insignifiants. Combien d'historiens de la Nature et de l'Humanité se laissent attirer, intéresser par le nombre, l'éclat, le mouvement des phénomènes et des êtres qui passent sur la scène du monde, faute de ce fil conducteur qu'on nomme l'idée? Pourquoi, au contraire, par exemple, le philosophe laisse-t-il là les multitudes de l'immense Orient pour ce petit nombre de héros, de citoyens, de savants qui s'agitent dans ce petit coin de l'Europe qu'on nomme la Grèce ? Parce que l'*idée* a délaissé ces multitudes pour visiter la terre classique de l'héroïsme et de l'intelligence. Qu'importe la luxuriante fécondité de la *matière* dans le monde de la Nature, et dans le monde de l'Histoire, si l'*Idée* ne s'y manifeste pas ? Cela n'est bon, comme le dit Hegel, qu'à réjouir la vue ou à frapper l'imagination. Le philosophe passe outre, sans regarder, s'attachant obstinément à la trace de l'idée, à travers le cours de la Nature et le cours de l'Histoire.

LE SAVANT. — J'entends tout cela.

LE MÉTAPHYSICIEN. — Vous comprenez alors l'erreur, je dirai presque le crime du panthéisme. Que le sens, la vérité, l'idée des choses, dans le monde de la réalité, échappent à l'empiriste, auquel manque le sentiment de l'idéal, cela est grave, et mène tout droit à l'athéisme. Mais que les *choses* elles-mêmes soient converties en *idées ;* que les faits soient érigés en lois et en droits ; que le Monde, dans ses plus tristes réalités, soit proclamé l'expression adéquate de Dieu : l'erreur est monstrueuse, et bien autrement funeste, en ce qu'elle imprime à tout également le cachet de la divinité. Entre ne voir Dieu nulle part et le voir partout, mon choix serait bientôt fait ; si j'étais condamné à cette alternative, je préférerais l'athéisme. Contre la réalité de la Nature et de l'Histoire, livrée à l'aveugle fatalité, je puis me réfugier dans ma raison qui juge, et dans ma conscience qui proteste. Contre cette même réalité idéalisée et divinisée, où sera le refuge de l'âme honnête et de la raison sévère ? Si le pessimisme de l'auteur de Candide est désolant, l'optimisme de Pangloss est aussi dangereux qu'il est ridicule. En détruisant l'espérance, le premier maintient le devoir. Le second le supprime, en confondant le droit avec le succès.

Diviniser le Tout, c'est tout justifier, tout consacrer. Quelle affreuse nécessité ! quelle amère dérision, surtout devant le spectacle de la réalité ! Au moins l'athéisme me laisse le droit de me moquer du laid et du ridicule, de maudire le mal et le crime. Certes, je ne suis pas suspect de goût pour les déclamations des théologiens, ni d'obéissance aux préjugés du sens commun. Parmi les arguments dont on prétend accabler le panthéisme, il en est beaucoup que ma raison ne peut prendre au sérieux. Mais quand j'entends reprocher aux panthéistes de profaner, de souiller le saint nom de Dieu, en le mêlant aux plus mesquines, aux plus viles, aux plus tristes réalités, je cherche ce qu'ils peuvent répondre à cette banale accusation, et je ne trouve que de vaines subtilités. Que disent-ils, en effet ? Que *rien n'est vil dans la maison de Jupiter;* que la bassesse des choses tient à notre fausse et grossière manière de les comprendre ; que ces misères qui nous font pitié, que ces détails qui nous fatiguent, vus dans le Tout et en regard du Tout, changent d'aspect. Tout cela est vrai, dans une certaine mesure. Plus la science avance dans la connaissance du Monde, plus elle trouve qu'il justifie son beau nom de *Cosmos*. Mais ce qui est vrai aussi, c'est que le mal s'y rencontre sous toutes les formes. Et si l'on nie le mal physique, niera-t-on le mal moral ? Dira-t-on que le vice, que le crime, que l'homme vicieux et criminel sont de simples aspects des choses considérées au point de vue de l'expérience ; que tout cela n'a de réalité que pour le sens psychologique ; que le sens métaphysique des choses ne reconnaît pas ces distinctions du beau et du laid, du bien et du mal, du juste et de l'injuste ; que tout, pour la raison, se réduit à être ou n'être pas ; que par conséquent la majesté et la pureté de l'essence divine n'ont rien à craindre des réalités quelconques qu'on fait rentrer dans son sein. Spinosa a osé proférer ces étranges paroles. Mais c'est bien en vain qu'il a bravé le sens commun et le sens moral. Sa logique n'a séduit personne ; elle n'a fait que compromettre les hautes et profondes vérités de son système. Et quand on admettrait, contre l'évidence, que tout est beau, bon, juste dans ce Monde, encore serait-il impossible d'identifier cette bonté, cette justice avec l'idéal que la pensée se fait de toutes ces choses. Le Beau, le Bien, le Vrai, le Dieu parfait de la raison habite un autre monde que le Cosmos, si magnifique que la science moderne nous l'ait révélé.

Le Savant. — J'espère qu'après cette explication vous ne serez plus accusé de panthéisme.

Le Métaphysicien. — Je n'en répondrais pas. Nos théologiens ne lâchent pas prise facilement, et le public est crédule, surtout dans ces questions qui ne se laissent pas saisir sans effort. Mais qu'importe ! Les esprits sérieux et libres liront, puis jugeront.

Le Savant. — Ce sont les seuls juges compétents.

Le Métaphysicien. — Le panthéisme n'est pas la seule difficulté que fasse évanouir notre méthode théologique. Il est un problème que les théologiens n'ont jamais pu résoudre de manière à fermer la bouche à la critique : c'est la redoutable question de l'origine du mal. Quelque optimisme que la philosophie porte dans la contemplation de la réalité, elle trouve le mal à chaque pas qu'elle fait, soit dans le monde physique, soit dans le monde moral. La Nature a ses irrégularités, même dans l'admirable système du monde céleste, ses excès de vie dans les règnes végétal et animal, ses *orgies* de production qui la feraient retomber dans le chaos, sans les effroyables destructions qui y rétablissent l'équilibre. L'histoire de l'Humanité a ses incidents, ses lenteurs, ses misères, ses horreurs que le philosophe peut bien oublier devant le magnifique spectacle du progrès universel vu du haut des siècles, mais que l'historien ne lui permet pas de supprimer. D'ailleurs, qu'importe la quantité dans une question de ce genre? N'y eût-il qu'un atome du mal dans la Nature ou dans l'Histoire, la difficulté serait la même. Comment concilier ce mal avec la puissance, avec la bonté, avec les perfections du Dieu qui serait la cause, le principe ou la substance du Monde? Rien n'est plus impossible dans la doctrine qui fait de l'Être parfait un Être réel. Qu'on définisse le mal un moindre bien, un moindre être, ainsi que l'ont fait nos plus profonds métaphysiciens, cela n'avance en rien la question. Pourquoi ce moindre bien, ce moindre être? Pourquoi cette ombre dans le ciel d'un Dieu qui remplit tout de sa lumière? Rien n'est plus simple, au contraire, dans la doctrine qui en fait un Idéal. Dieu et le Monde étant entre eux dans le rapport de l'idéal à la réalité, l'imperfection est essentielle au second, de même que la perfection l'est au premier. Vouloir que le Monde soit parfait, c'est vouloir changer la nature des choses, c'est demander à la réalité la vérité pure de la pensée.

Le Savant. — Mais le mal n'est pas l'imperfection, pourrait-on vous dire. Vous faites comprendre l'imperfection ; c'est le mal qu'il faudrait expliquer.

Le Métaphysicien. — Le mal n'est pas plus difficile à expliquer que l'imperfection, dont il n'est que la conséquence. Convenons d'abord d'une chose : c'est que la recherche des principes a un terme, en toute espèce d'explication, et que ce terme est toujours une vérité simple et évidente par elle-même. Ici le principe évident est que réalité et imperfection s'impliquent exactement comme idéal et perfection. Toute la question se réduit donc à montrer que le mal est nécessairement impliqué dans l'imperfection. Or n'est-ce pas une loi de la pensée que toute réalité dans la Nature et dans l'Histoire, alors même qu'elle est reconnue bonne, excellente, paraît encore défectueuse, impure, mauvaise, à la lumière de l'idéal? Rien n'y est absolument bon, comme rien n'y est absolument mauvais; tout y est mélange de bien et de mal. Les types du bien, de même que les types du mal, ne s'y rencontrent pas; Satan n'est pas moins étranger que Dieu au monde de la réalité.

En vertu comme en vice, aucun homme complet,

a dit un poëte de notre temps. C'est la loi de toute réalité, qu'il s'agisse de la Nature ou de l'Humanité. Où est le mystère? où est même le problème? S'étonner que toute chose ne porte pas le cachet de la perfection dans la vie universelle, c'est s'étonner que tout n'y soit pas esprit et pensée pure. Mais n'oubliez pas que l'esprit et la pensée ont pour base, pour substance cette Nature dont l'imperfection est la condition. Supprimer l'imperfection, c'est supprimer la Nature, c'est éteindre par là même le foyer de cette lumière qui en fait ressortir les taches et les défauts. Pour moi, je vous avoue ne pouvoir comprendre que l'existence du mal soit une difficulté pour la métaphysique, du moment que l'Être parfait est le Dieu d'un monde qui n'a rien de commun avec la réalité. Un Dieu vivant, cause ou substance du Monde, ne peut, si haut qu'on le place, rester pur de tout mal. Puisqu'il a créé ou produit le Monde, il a créé ou produit le mal. Il faut qu'il encoure la responsabilité de son œuvre ou de son fruit. Toute créature souffrante ou sacrifiée a le droit d'élever sa plainte jusqu'au trône de cette impassible majesté. Le juste qu'on torture, la victime qu'on immole, l'insecte qu'on écrase, la fleur qu'on foule aux pieds, toute vie qu'on éteint, toute forme qu'on détruit peuvent dire au Dieu tout-puissant et tout bon qui les a créés : Pourquoi m'as-tu donné l'être? Le seul Dieu que les traits de Satan ne puissent atteindre, c'est l'Idéal; le seul ciel jusqu'où les plaintes de ses victimes ne puissent remonter, c'est le ciel de la pensée. C'est la grandeur de l'homme de pouvoir dire à la Nature : Je te juge, t'accuse, te corrige, tout en t'admirant. Et la Nature, ce Dieu vivant qui n'est pas la suprême Perfection, ne peut, malgré sa puissance et sa bonté, que se soumettre et s'humilier devant le jugement de l'Esprit. Cet orgueil n'a rien que de légitime, si vous réfléchissez que le jugement de l'Esprit est le jugement de Dieu lui-même. Car c'est la lumière de l'Idéal qui a fait apparaître les ombres de la Réalité. Nature et Humanité, matière et esprit, tout est partie intime de l'Être universel. La Nature jugée par l'Esprit, c'est l'Être universel contemplant, des sommets de sa vie supérieure, la série de ses manifestations élémentaires.

Le Savant. — Je vous comprends.

Le Métaphysicien. — Vous devez trouver maintenant ma conclusion moins étrange. Quand je dis que le Dieu de la théologie est une Idée, je n'entends point réduire à une abstraction l'Être infini, absolu, nécessaire, universel, que la raison découvre sous les réalités finies, relatives, contingentes, individuelles de l'expérience. Rien n'est plus réel que cet Être; il n'y a que l'empirisme qui n'en convienne pas. Mais ce Dieu vivant est l'objet d'une autre science que la théologie. Le Dieu de la théologie proprement dite est toujours le même Être métaphysique, mais transformé par l'abstraction en un Idéal de perfection absolue qui ne comporte plus les conditions de la réalité. En lui attribuant la perfection, l'ancienne théologie ne s'est pas aperçue qu'elle lui retire la réalité, et qu'en devenant le Dieu de la pensée et de la raison, il cesse d'être le Dieu de la Nature et de la Vie.

Le Savant. — C'est bien entendu. Mais n'avez-vous pas reconnu vous-même, dans un de nos précédents entretiens, que l'Être cosmique, le Dieu vivant possède en puissance toutes les perfections ?

Le Métaphysicien. — Oui, sans doute, en ce sens que ses œuvres, si près de la perfection qu'elles arrivent, sont encore infiniment inférieures à la Puissance qui les produit. Mais cette *virtualité* infinie n'aboutit jamais à des *actes* parfaits. L'Être cosmique, c'est la Vie universelle avec toute sa fécondité, sa grandeur et sa beauté, mais aussi avec tout le cortége de maux, de désordres et de misères que traînent après elles la Nature et l'Histoire ; ce n'est plus cette perfection idéale, absolue, exclusive de toute imperfection, que la théologie attribue à son Dieu.

Le Savant. — Je comprends la différence. Je vois clair maintenant dans cette science que nous autres savants traitons volontiers de chimère. La théologie a pour objet une vérité, mais une vérité abstraite de même nature que les vérités de la géométrie, et qui devient une illusion, du moment qu'on prétend la réaliser. Décidément le préjugé des théologiens ne tient pas devant la critique.

Le Métaphysicien. — Voilà donc la théologie définie, expliquée et ramenée à son véritable caractère. C'est l'ensemble des attributs rationnels de l'Être métaphysique ramenés au concept de perfection ; c'est l'Être infini, universel, contemplé dans la pureté idéale de son essence, à part de toute réalité. Mais, si haute, si grande que soit cette intuition, elle ne suffit point à former toute seule une science, même en y ajoutant tous les commentaires auxquels elle peut servir de texte. On peut en multiplier les chapitres et même les volumes, à force de tourmenter des abstractions ; on ne varie pas l'objet, on n'enrichit pas la matière de la science pour cela. Réduite à ses propres ressources, c'est-à-dire aux seuls éléments de l'intuition rationnelle qui en fait l'objet propre, la théologie serait bien pauvre d'idées, quel que soit d'ailleurs le luxe des controverses et des explications auxquelles elle a donné lieu. Mais il faut reconnaître qu'elle est plus riche que son objet ne semble le comporter. A part la critique des erreurs et des fictions que l'imagination et l'analogie introduisent perpétuellement dans la théologie, l'histoire de cette science présente encore autre chose que la définition et la démonstration des quatre ou cinq attributs métaphysiques de Dieu. Assurément, les spéculations théologiques de Platon, de Plotin, de Malebranche, de Leibnitz, de Spinosa, et surtout de Schelling, de Hegel ne se bornent point à ce travail.

Le Savant. — A quoi tient ce développement de la théologie ?

Le Métaphysicien. — A l'expérience et à la science. En vous rappelant notre analyse et notre critique des conceptions de la raison, vous devez savoir que ces conceptions, stériles dans leur simplicité abstractive, ne trouvent leur fécondité et leur développement que dans leur application à la réalité. Si la théologie elle-même, à la prendre dans l'histoire, semble plus riche, plus variée, plus étendue que ne le comporte la nature de son objet, c'est qu'elle puise à d'autres sources que la spéculation rationnelle. Il y a dans les doctrines que nous venons de citer quelque chose de plus que la définition et la démonstration de quelques attributs métaphysiques de Dieu. Mais ce quelque chose, notez bien que c'est l'expérience qui en a fourni les éléments. L'expérience aidant, et le monde réel étant donné, la théologie conçoit Dieu comme l'*Archétype* de la vie universelle. Alors, procédant toujours par abstraction, elle retranche de ce monde donné par l'expérience tout ce qui est inhérent à la réalité, en supprime, comme dit Plotin, la *masse* et la matière, et en forme le *monde intelligible* proprement dit, Verbe éternel de la nature divine, où toutes choses sont à l'état d'essence pure et d'immuable perfection. Là, pour nous servir du langage de l'idéalisme, tout est, rien ne devient ; tout est acte, rien n'est mouvement ; tout est parfait, rien n'est perfectible. Là point de ces lacunes, de ces erreurs, de ces défaillances et de ces excès qui choquent la raison dans le monde de la réalité. C'est le monde de la lumière, de la beauté, de la paix, de la mesure, de l'harmonie, de la perfection en tous sens. Vous reconnaissez les descriptions de Platon, de Plotin, de Malebranche et de toutes les grandes écoles idéalistes. Or tout ce développement de la théologie est dû à l'expérience. Ce monde intelligible, ce système des idées, que nos idéalistes s'efforcent de déduire directement de l'idée de l'Être parfait, n'est au fond, dans toutes ses parties, qu'une série de notions empiriques, abstraites et généralisées. C'est le Cosmos, tel que nous le révèle l'expérience, avec ses lois, ses types, ses forces générales, ses individus même, à l'état idéal. Il y a de moins la réalité et la vie ; et il y a de plus la synthèse de l'esprit qui convertit chaque être de la Nature en un être de raison. C'est le monde réel vu en Dieu, comme dirait Malebranche, c'est-à-dire *pensé* par la raison opérant sur les données de l'expérience.

Le Savant. — Je comprends.

Le Métaphysicien. —Aussi le progrès de cette partie de la théologie rationnelle a-t-il pour mesure exacte le progrès des sciences positives. Plus celles ci font de découvertes dans le domaine de la réalité, plus celle-là se développe et s'enrichit. Le monde intelligible de Platon et de Plotin se réduit à un petit nombre d'éléments multipliés par l'abstraction, et combinés par une dialectique de plus en plus scolastique. Il faut lire Proclus pour en voir l'abus. Le monde intelligible de la théologie moderne est plus riche de toutes les grandes découvertes faites par la science. Ce n'est plus un tissu d'abstractions à peu près vides ; c'est le vrai système du monde, à l'état d'idées pures, dans la pensée divine. Toutes les forces et les lois de nos sciences physiques, tous les types de nos sciences naturelles s'y retrouvent dégagés des incidents de la réalité. La Nature et l'Histoire y reparaissent, mais transfigurées par la sublime lumière de l'idéal, au point d'être devenues, selon l'expression antique, le *Verbe* même de Dieu. Mais quels que soient les matériaux qui entrent dans la construction de ce monde intelligible, faits physiques ou faits moraux, forces de la Nature ou facultés de l'Esprit, il n'en faut pas moins reconnaître qu'ils sont empruntés à l'expérience. La théologie ne les tire pas de son propre fonds : elle ne fait que les épurer par l'abstraction, pour les faire servir ensuite à ses constructions idéales.

Le Savant. — Ceci me fait voir que la théologie idéaliste est plus raisonnable qu'elle n'en a l'air. Son *monde intelligible* est une simple abstraction de l'expérience, et nullement une spéculation à priori.

Le Métaphysicien. — Beaucoup de théologiens, sans

en faire précisément une intuition immédiate, le donnent pour une déduction logique de la nature divine une fois conçue à priori. Mais leur illusion est manifeste. Vous avez vu à quoi se réduit la conception rationnelle de Dieu. On aura beau tourmenter cette conception, on n'en tirera rien que des propositions identiques. Quand on a défini Dieu l'Être parfait, immuable, immobile, infini, universel, tout est dit ; et le livre de la théologie rationnelle peut être clos, sauf les commentaires qu'on ajoute pour la clarté à ce texte si court. Pour sortir de là, pour affirmer autre chose que les attributs logiquement inséparables de la nature divine, il faut recourir à l'expérience. Lorsque Spinosa déduit toute réalité de la définition de la Substance, il sait fort bien que cette réalité lui a été donnée d'abord par l'expérience. La logique le conduit bien aux attributs proprement dits de la Substance, l'unité, l'infinité, la nécessité, l'indépendance, l'éternité, l'immensité, etc. ; mais elle s'arrête là. Des attributs aux modes, il y a un abîme que l'expérience, et non la logique, franchit. Les modes les plus simples, les plus généraux de la nature divine, l'Étendue et la Pensée, sont de purs abstraits de l'expérience.

Le Savant. — On n'en peut douter.

Le Métaphysicien. — Ce serait une tâche longue et laborieuse que de compter tous les emprunts faits par la théologie à l'expérience. Je ne veux citer que les plus importants. Tous ces emprunts ne sont pas également heureux. Il en est qui obscurcissent l'idée théologique en la couvrant des symboles de l'imagination, ou la faussent en en ramenant l'objet à un type personnel révélé par la conscience. C'est la source du matérialisme et de l'anthropomorphisme.

Le Savant. — Vous en avez assez parlé pour n'avoir plus à y revenir.

LE MÉTAPHYSICIEN. — Il en est d'autres, au contraire, qui fécondent et développent cette idée d'une manière admirable. Ainsi, Platon a singulièrement enrichi la théologie en y faisant entrer la théorie des *idées*. Le Dieu de Parménide et de l'école éléatique n'était qu'une unité vide, un universel abstrait, sans rapport intelligible avec la multitude des réalités individuelles. Platon en a fait le Principe des idées, le Verbe au sein duquel toutes choses brillent à l'état d'essences pures. Or, d'où viennent ces idées, sinon de la perception des choses qui y correspondent ? Ce n'est pas la contemplation de l'Absolu, de l'Infini, de l'Universel, de l'Être, comme tels, qui eût pu donner l'idéal de la beauté, de la bonté, de l'harmonie, de la vertu, de l'humanité, de la justice, de tout ce que comprend le monde intelligible de Platon.

LE SAVANT. — Cela est évident. La théologie est parallèle à la cosmologie, comme l'idéal l'est à la réalité. Plus la science proprement dite fait de découvertes dans le champ de la réalité, plus la théologie doit compter de révélations dans le domaine de l'idéal. Avec tout cela, je ne vois pas que la théologie puisse être une étude bien féconde. Et même si elle n'est, à part quelques propositions rationnelles, qu'un perpétuel emprunt fait à l'expérience, je n'en comprends pas bien l'utilité. A quoi bon toutes ces abstractions qui n'ajoutent rien à la connaissance de la réalité ? Ne pourrait-on pas faire à la théologie en général le reproche qu'Aristote adressait à la théorie platonicienne des *idées* sur son inutilité scientifique ? Je comprends l'usage des conceptions rationnelles proprement dites et des notions de l'expérience. Ce qui m'échappe, c'est l'avantage pour la science elle-même de ces abstractions qui convertissent la réalité en idéal.

LE MÉTAPHYSICIEN. — Si je vous demandais quelle est

la valeur des sciences mathématiques, vous ne seriez point embarrassé de me répondre. Les choses qu'elles enseignent, pour être des abstractions, n'en sont pas moins des vérités, et des vérités fécondes dont l'application aux sciences expérimentales donne les plus heureux résultats. Croyez-vous qu'il soit inutile de spéculer sur les nombres abstraits, comme le fait l'arithmétique, ou sur les figures abstraites, comme le fait la géométrie? Croyez-vous qu'il soit inutile de spéculer sur les masses et les forces abstraites, ainsi que le fait la mécanique? C'est précisément dans ces spéculations que l'expérience trouve sa règle et sa lumière. Sans ces sciences, elle ne parviendrait jamais à généraliser les faits et à les convertir en théories. Vous voyez donc qu'une science peut être vraie et utile tout à la fois, sans avoir pour objet la réalité. Les sciences mathématiques ont pour objet, pour principes, pour résultats des abstractions, et elles n'en sont pas moins les premières de toutes les sciences. La morale rationnelle repose sur l'idéal de la nature humaine. La politique rationnelle se fonde sur l'idéal de la société. Ces sciences n'en sont pas moins les guides et les flambeaux de la morale et de la politique pratiques.

Le Savant. — Cela est certain.

Le Métaphysicien. — Il en est de même de la théologie. Pour être idéal, son objet n'en est pas moins vrai, ni moins beau, ni moins utile, même dans le sens pratique du mot. Je devrais dire qu'il est d'autant plus vrai, plus beau, plus utile qu'il est plus idéal. Quand la raison humaine, par une abstraction familière aux savants, dégage l'Être infini et universel des imperfections, des misères, des incidents plus ou moins irrationnels de la réalité, pour en faire le Dieu et le Monde des idées que Platon, que Plotin, que Malebranche, que

Hegel, que tous les grands théologiens présentent à nos méditations, ne croyez pas que la théologie perde son temps à imaginer des romans. C'est de la science qu'elle nous fait, vraie et utile s'il en fut. Le monde de la *réalité* n'est pas le monde de la *vérité*. La Nature, si féconde, si puissante, si belle, si bien réglée qu'elle soit, a ses lacunes, ses faiblesses, ses taches, ses désordres. L'Histoire a beau être, dans la succession de ses époques, l'éclatante révélation de la loi du progrès ; vous en connaissez les longueurs, les obscurités et les misères. Je sais bien qu'une philosophie fort à la mode tend sans cesse à confondre le fait avec le droit, le phénomène qui passe avec la loi éternelle, aujourd'hui surtout que la science nous fait comprendre de plus en plus le caractère rationnel de la Nature et de l'Histoire. Mais cette confusion n'en est pas moins une erreur déplorable, contre laquelle il n'y a de remède que dans la spéculation théologique. Le sentiment de l'idéal s'efface de plus en plus des esprits, sous l'influence de cette philosophie *panthéiste* qui trouve tout vrai, beau et rationnel dans la Nature et dans l'Histoire. C'est pour cela que la théologie, de même que la morale, de même que la politique rationnelle, a plus que jamais son prix et son rôle dans la science. Si vous la supprimez, la science humaine aura perdu le flambeau qui la guide dans cet inextricable labyrinthe des réalités que nous livrent les sciences naturelles et historiques, et s'abîmera infailliblement dans l'adoration de toute réalité, ne sachant plus ce que c'est que le vrai, le beau, le juste, le saint, le divin, à force de voir partout la vérité, la beauté, la justice et la divinité. Au-dessus de la Nature et de la vie universelle doit planer le Dieu de la pensée ; au-dessus du monde réel doit resplendir le monde idéal. Autrement tout est chaos et ténèbres ici-bas.

LE SAVANT. — Voilà un langage que nos savants ne connaissent guère.

LE MÉTAPHYSICIEN. — D'ailleurs, n'eût-il aucune application à faire de la science des idées à la réalité, l'esprit ne pourrait encore s'en passer. Le Monde assurément est un grand et beau spectacle, quand on le voit de haut et qu'on l'embrasse dans son ensemble ; il l'est aussi dans ses détails, quand on le voit des yeux de la science. La Nature et l'Histoire sont de magnifiques symboles pour le philosophe instruit du dessein, du plan de la dialectique interne et vivante qui se développe, par un progrès continu, sous les formes périssables et passagères de la réalité. Mais enfin tout cela est loin de répondre au sentiment de l'idéal. C'est toujours le Monde que nous retrouvons dans cette Vie universelle, dans ce Dieu vivant, comme on dit ; ce n'est pas le Dieu de la pensée pure. Au sein de ce monde de l'imagination et de l'expérience, l'esprit sent le besoin d'une lumière plus pure, d'une beauté plus correcte, d'une vérité plus exacte, d'un autre Dieu que celui dont la science étale, dont la philosophie explique les merveilles. Ce Dieu parfait dans son essence est celui que tout libre esprit adore ; ce monde des idées est celui vers lequel regarde tout œil humain fatigué du spectacle de la réalité. Qu'importe que Platon et son école se soient trompés sur le ciel où habite ce Dieu, où se déploie ce monde. Qu'importe qu'ils les aient placés dans une sphère imaginaire, au lieu de les laisser dans la pensée, leur vrai sanctuaire ? En sont-ils moins vrais, moins propres à purifier, à fortifier, à élever l'intelligence et l'âme de l'homme ? Que nous parle-t-on de réalité à propos de semblables objets ? Est-ce que l'*être* des choses, pour parler le sévère langage de la philosophie platonicienne, se mesure à leur *réalité* ? Est-ce que ce n'est pas dans la vérité, c'est-à-dire dans la perfection, dans l'idée, dans la pensée, qu'il faut en chercher la mesure ? Prendrons-nous toujours l'ombre pour la lumière, l'idole de l'imagination pour le Dieu de la raison ? Puisque l'idéal nous reste, dans ce naufrage des idoles de la vieille théologie, Dieu nous reste ; il nous reste, sans que nous ayons rien perdu que les vaines formes dont on avait enveloppé son essence. A ceux qui ne veulent ou ne peuvent entendre ce langage, nous laisserons dire que Dieu a perdu sa réalité. Pour nous qui en voyons la lumière, qui en sentons la flamme, nous ne le croyons point évanoui avec l'illusion qui nous le cachait. Nous reconnaissons, au contraire, que nous l'avions mal connu, avant de le comprendre ainsi. Quand on nous parlait de l'*immanence* de Dieu dans l'âme humaine, de sa grâce efficace, de communication intime, d'union de l'âme avec Dieu, nous renvoyions tous ces mots au dictionnaire du mysticisme, n'y pouvant trouver autre chose que l'expression des représentations illusoires de l'imagination. C'était pour nous autant de non-sens. Maintenant qu'une théologie vraiment rationnelle nous a enseigné la profonde distinction de la vérité et de la réalité, l'absolue identité des mots perfection, idéal, vérité, être, pensée, nous comprenons le langage de la théologie sur la nature des communications de l'âme humaine avec Dieu. C'est bien en effet Dieu qui nous visite, qui nous éclaire, qui nous soutient, qui nous fortifie, qui nous calme ou nous exalte, dans l'intuition et le sentiment de l'Idéal. Il fait mieux que nous visiter; il habite le sanctuaire même de la pensée. Notre imagination ne peut l'y voir, parce qu'elle a besoin de se représenter toute chose, Dieu comme le reste, d'une manière extérieure ; aussi ne peut-elle saisir que le Dieu-Nature. Quant au Dieu-Esprit, toujours présent à l'âme par le sentiment de l'Idéal, notre raison ne se trompe pas sur la nature de l'Hôte qui habite l'Humanité. *Effectu patuit causa.* Il n'y a qu'un Dieu qui puisse y produire de tels effets.

LE SAVANT. — Je ne me croyais pas si près de la divinité ; je laissais cette *illusion* aux mystiques. Mais la doctrine de l'Idéal est une révélation pour moi, depuis que vous l'avez dégagée des vaines entités qui en altéraient la vérité. Elle me fait comprendre, au moins dans une certaine mesure, le grand principe de la philosophie allemande, l'identité de l'être et de la pensée, principe que j'avais pris jusque-là pour une subtilité logique.

LE MÉTAPHYSICIEN.—La formule en effet semble paradoxale. Pour qui n'en pénètre pas le sens intime, il n'y a pas, dans toute l'histoire de la philosophie, de plus grosse absurdité. Et pourtant c'est la doctrine de tous les grands philosophes, depuis Platon et Aristote jusqu'à Hegel inclusivement. Raison de plus pour ne pas la juger légèrement. Tout le secret de cette formule est dans la distinction de la *réalité* et de la *vérité*. Quand la scolastique proclamait le Dieu de la pensée pure, l'Être parfait *Ens realissimum*, ou elle proclamait un non-sens, ou elle confondait l'être avec la réalité. L'axiome de la philosophie allemande a une tout autre portée. Lorsque Schelling et Hegel nous disent que l'absolu, l'*objectif*, l'être des choses est dans la pensée, ils n'entendent point par ces mots une réalité extérieure; *être* et *réalité* ne sont nullement des termes synonymes pour eux. Or je trouve très fondée la distinction qu'ils en font. Autrement, il y aurait non-sens à dire, dans la comparaison des êtres qui occupent les divers degrés de l'échelle de la Nature, qu'il y a plus d'être dans celui-ci que dans celui-là, plus d'être dans la plante que dans la pierre, dans l'animal que dans la plante, dans l'homme que dans l'animal. Cela se dit pourtant et se comprend, dans la saine langue philosophique. Nul philosophe ne s'est jamais avisé de soutenir qu'il y a plus de réalité dans l'un de ces règnes que dans l'autre ; cela n'offrirait aucun sens à l'esprit. Mais la métaphysique aura raison de dire qu'il y a plus d'être, en ce sens qu'il y a plus de richesse, de beauté, de perfection, de vérité, à mesure qu'on s'élève dans l'échelle des êtres. Et comme la pensée est le type suprême, le plus haut degré de la vie universelle, il s'ensuit rigoureusement qu'elle est l'être par excellence, l'être absolu, l'être *objectif*, dans le sens profond du mot. Voilà comment l'école allemande entend, et comment toute grande philosophie peut entendre l'identité de l'être et de la pensée. L'être véritable, ce n'est pas l'objet de l'imagination ou de la sensibilité, comme le croit le vulgaire ; c'est l'objet de la pensée pure. Or quel est cet objet, sinon l'idéal ? Donc le Dieu de la pensée, l'Idéal suprême, l'Idée des idées de Platon, l'Idée absolue de Hegel a plus de vérité, plus d'être (je ne dis pas de réalité) que le Dieu réel et vivant, dont les sens et l'imagination nous donnent le spectacle. Vous voyez que notre théologie est au fond plus *ontologique* qu'elle n'en a l'air. Elle est en plein dans l'être, quand il semble qu'elle ne soit que dans l'idée. En faisant justice de ce préjugé de l'imagination qui nous représente toute vérité objective comme extérieure au sujet pensant, elle n'en établit que mieux son saint Objet ; en plaçant son Dieu dans le sanctuaire de la pensée, elle lui assigne son véritable ciel.

Le Savant. — Me voilà tout à fait édifié.

Le Métaphysicien. — Vous comprenez enfin la haute valeur de la théologie, et pourquoi nulle cosmologie, si philosophique qu'on la suppose, ne saurait la remplacer.

La théologie n'a pour but ni de nous apprendre ni de nous faire comprendre la réalité. C'est à la science que revient la première tâche, et à la philosophie proprement dite que revient la seconde. L'œuvre de la théologie est de créer la science des idées pures, de construire ce *monde intelligible* où la pensée trouvera la lumière, pour éclairer la philosophie des sciences, où l'âme trouvera la flamme, pour ranimer une volonté toujours près de défaillir, en face des obstacles et des misères de la réalité. Ne croyez-vous pas la tâche assez belle encore ?

LE SAVANT. — Je n'en sais pas de plus importante.

LE MÉTAPHYSICIEN. — Vous pouvez vous fier à la théologie, maintenant que vous en sentez le solide fondement. L'illusion des théologiens n'infirme pas leur science. S'ils ont le tort, pour la plupart, de prendre un idéal pour un être réel, cela n'enlève point à l'objet de leur pensée et de leur culte son caractère de vérité. Il est deux concessions que l'idéalisme doit faire à la philosophie : la première, c'est que son objet est purement idéal ; la seconde, c'est que cet idéal est un abstrait de la réalité, épuré et transformé par la pensée. En faisant cela, il ne perd rien que ses illusions ; il garde toute sa vérité. Or c'est cet idéalisme qui fait la vérité et la grandeur de la théologie. Du moment qu'elle en descend pour s'attacher à une réalité quelconque, elle tombe dans les abstractions contradictoires de la scolastique ou dans les idoles de l'imagination ; car il y a égale erreur à réaliser l'idéal ou à idéaliser le réel. Entendue ainsi, la théologie est une spéculation sérieuse de l'esprit. Autrement, elle n'est pour la science que rêve de poésie, ou jeu d'école.

LE SAVANT. — Je ne vois plus de raison d'hésiter, et pourtant les préjugés du sens commun me retiennent encore. Je ne puis me faire à l'idée qu'il y ait dans l'Humanité quelque chose de plus parfait qu'en l'Être infini. Combien un tel paradoxe eût révolté notre grand Descartes, qui fondait précisément la démonstration de l'existence de Dieu sur la nécessité de supposer à l'idée de l'Être parfait un objet autre que l'être imparfait qui le conçoit! Quel orgueil, quelle apothéose de l'Humanité dans cette philosophie qui n'admet de perfection nulle part que dans la pensée! Cela n'est point du panthéisme, j'en conviens et je vous en félicite; mais les théologiens pourraient trouver que cela sent tant soit peu l'athéisme. Ne pourraient-ils pas vous reprocher, comme à Fichte, de faire de Dieu une création de la pensée?

LE MÉTAPHYSICIEN. — Il ne s'agit de rien de tel ici. Dieu est, pour nous, l'Idéal. Or l'idéal est la lumière même et la substance de la pensée. Qu'on nous accuse d'identifier la pensée avec Dieu, nous acceptons le reproche.

LE SAVANT. — J'entends bien; mais enfin, si Dieu est la pensée, n'en résulte-t-il pas que Dieu est dans l'être pensant?

LE MÉTAPHYSICIEN. — Entendons-nous. J'admets parfaitement que le signe de la divinité ne se révèle que dans l'être pensant. Cela ne veut pas dire que je fais de l'être pensant l'être en soi. Non; il n'est, il ne peut être qu'un individu, si haut placé qu'il soit dans la hiérarchie universelle. L'homme, l'esprit, la pensée qui s'élèvent à l'idéal ne sont, métaphysiquement parlant, que des déterminations supérieures de l'Être infini. Que ces déterminations soient le dernier degré de l'échelle que monte l'Être universel, dans la série de ses manifestations à travers le temps et l'espace, ou bien qu'il y en ait encore au delà d'autres plus parfaites, toujours est-il que c'est cet Être qui se retrouve partout au fond des formes plus ou moins parfaites, plus ou moins durables de son existence. La pensée de l'homme, sa volonté, cet idéal de vérité et de sainteté qui fait l'objet de l'une et de l'autre, tout cela est de l'Infini, pour la raison qui ne sépare jamais les individus de l'Être universel, dans la définition et l'explication qu'elle donne des êtres finis. Ce serait un orgueil bien insensé pour l'homme que de se glorifier de sa force, de sa vertu, de sa sagesse, en faisant abstraction du Principe d'où il tire ces excellentes facultés. Il n'est grand, il n'est fort, il n'est sage, il n'est saint que de la grandeur, de la force, de la sagesse, de la sainteté qu'il puise à la Source de toute vie, de toute lumière et de toute vertu. La raison ne lui permet pas d'oublier que tout ce qu'il a d'être et de perfection n'est qu'une émanation du grand foyer de la vie universelle. L'orgueil humain ne tient pas devant le sentiment de l'Infini. Quoi qu'il puisse et quoi qu'il fasse, quand l'homme se voit seul, il sent sa faiblesse et s'effraye du vide où il s'agite. C'est le sentiment de l'Infini, de l'Universel qui le soutient en tout ce qu'il médite et fait de grand. Quand ce n'est pas dans la suprême Unité de l'Infini et du Tout qu'il prend pied pour résister et agir, c'est dans une unité qui en est l'image, dans l'unité de l'Humanité, de la Patrie, d'une Société quelconque. Là est le secret des grandes forces et des puissantes vertus. Où se prend la foi qui remue les montagnes, l'énergie qui résiste aux tempêtes des passions et des appétits déchaînés? Dans le sentiment des grandes causes, des choses universelles qui s'appellent le Tout, l'Humanité, la Patrie, l'État. Qu'après avoir été soulevé par ces tout-puissants mobiles, le moi retombe sur lui-même; c'est alors qu'il sent ce qui lui manque, et combien sa force était d'emprunt. La conscience de son origine et de sa dépendance suffit pour ramener l'homme à la juste mesure de sa force et de sa vertu personnelles.

LE SAVANT. — D'un bout à l'autre de ces entretiens, votre langage proteste contre l'orgueil de l'*égoïsme*. Pour vous, qui ne perdez jamais de vue l'infini et l'universel, dans la représentation des choses individuelles, ce serait jouer de malheur que d'encourir le reproche adressé à l'idéalisme de Fichte.

LE MÉTAPHYSICIEN. — Je sais que les préjugés sont implacables, et que les mots ont une puissance effrayante, surtout dans les sciences qui reposent sur des conceptions abstraites, et non sur des réalités toujours susceptibles de vérification. La vicieuse éducation des esprits, faite sous l'influence d'une fausse métaphysique, habitue la pensée, même chez les meilleurs, à n'attribuer de *réalité objective* à nos idées qu'autant que leurs objets peuvent être distingués, extérieurement et individuellement, du sujet pensant. Une vérité qui s'impose à notre raison et à notre volonté ne semble plus un *objet* pour la pensée, par cela seul qu'elle ne lui est pas extérieure. Si vous dites que Dieu est un idéal, et non une réalité individuellement distincte de la pensée, on criera tout d'abord à l'athéisme. Mais demandez au théologien qui vous jette la pierre de vous expliquer comment il entend la réalité objective de son idée; il lui sera impossible de le faire sans substituer l'imagination à la raison dans ses explications. Quand il vous a dit que Dieu est un Être réel, substantiellement distinct du sujet pensant qui le conçoit, il croit avoir tout dit; mais il ne s'aperçoit pas qu'il assimile les objets de la pensée aux objets de l'imagination. La réalité objective de l'être imaginé, par rapport à l'être imaginant, se marque toujours par une distinction extérieure. La vérité de l'être pensé, par rapport à l'être pensant, se reconnaît à de tout autres signes. Ici, l'être pensant, l'homme, sent trop bien, dans sa profonde imperfection, qu'il n'est pas l'Être pensé, l'Être parfait, Dieu. Il sent donc en lui un Être supérieur à lui, qu'il ne peut confondre avec sa propre nature, puisqu'il en reçoit la lumière de sa pensée, et la loi de sa volonté. Qui donc réclame? Qui demande un autre Dieu, sinon l'imagination? C'est cette *folle du logis* qui jette feu et flamme, qui se plaint de la science, de la critique, de l'*orgueilleuse* raison qui lui enlève l'objet de ses représentations, son *idole*, pour dire le mot. Il lui faut un Dieu qui soit ici ou là, en dehors du sujet qui le contemple et l'adore, un Dieu ayant son monde à part, son ciel dans la partie supérieure du domaine de la vision.

LE SAVANT. — Les théologiens philosophes n'ont jamais cru à ces rêves de l'imagination. Le ciel n'est pour eux qu'une figure servant à exprimer le monde intelligible, pur objet de la pensée.

LE MÉTAPHYSICIEN. — Sans doute. La philosophie a dissipé les plus grossières illusions de cette théologie tout imaginative, surtout depuis que les révélations de l'astronomie moderne ont fait connaître le Système du monde; mais la théologie, à l'heure qu'il est, n'est point encore complétement libre des préjugés de l'imagination. Si elle a renoncé à placer son Dieu dans un ciel visible et matériel, si elle proclame bien haut que Dieu est partout et nulle part, en sa qualité d'Esprit universel, elle a conservé l'idée d'individualité comme le signe de toute distinction des êtres, et elle applique encore cette mesure à la distinction de Dieu et de l'homme, de Dieu et du Monde. Elle ne dit plus où est Dieu; elle ne croit plus qu'il occupe un lieu déterminé. Mais elle le met à part de l'homme et du Monde; elle en fait une réalité individuellement distincte de l'être qui le contemple: elle ne peut renoncer à ne plus le *voir;* elle ne peut s'habituer à le *penser.* Les esprits les plus sévères, les plus métaphysiques, ont beaucoup de peine à se garder de cette illusion. Tant l'imagination a d'empire sur la pensée humaine! Que Malebranche avait raison, quand il s'indignait des fantômes dont l'imagination obscurcit la pure intuition de la vérité! Cette menteuse faculté fait si bien par ses artifices qu'elle intervertit complétement les rôles. Elle fait prendre le faux pour le vrai, et le vrai pour le faux; elle fait confondre la sévère raison avec l'athéisme, et la fiction grossière avec la religion; elle fait que les philosophes ont à se défendre de l'accusation d'impiété, tandis que c'est aux théologiens idolâtres à se justifier devant le tribunal de la philosophie.

Le Savant. — Et je crains que la tyrannie de l'imagination ne soit pas près de finir.

Le Métaphysicien. — Je le crains comme vous; mais qu'importe! Raison de plus pour la science et la critique de lui rompre en visière. Le salut de la vraie théologie est à ce prix. Du moment que l'esprit humain, secouant le joug de la foi, s'en remet à la raison du soin de l'instruire de la vérité religieuse, il lui faut s'en rapporter exclusivement à elle, et se défaire de tous ses préjugés et de toutes ses illusions. L'histoire nous apprend que rien ne coûte plus à l'humanité que de s'arracher à ses idoles. Elle en a sacrifié beaucoup, depuis qu'elle vit, au progrès de la philosophie et de la science. Il lui en reste encore, et bien plus qu'on ne croit. La croyance à la *réalité* du Dieu de la théologie en est une, encore bien chère à ses trop nombreux adorateurs. Elle ne soutient pas la lumière de l'analyse; mais je crains avec vous qu'il ne s'écoule bien du temps avant que l'arrêt du sens commun vienne confirmer le jugement de la science. L'Humanité demandera encore longtemps où est Dieu, après qu'on lui aura prouvé qu'il n'a pas d'autre ciel que la pensée.

LE SAVANT. — Étrange erreur, si l'on ne savait combien est grande la puissance de l'imagination !

LE MÉTAPHYSICIEN. — L'homme cherche partout son Dieu ; il le demande aux plus subtiles spéculations de l'école, aux plus fantastiques visions de la légende ; il affecte d'autant plus d'y croire qu'on le cache et qu'on l'éloigne davantage. Je dis qu'il affecte ; car au fond il n'est pas aussi sûr, aussi tranquille, aussi dupe qu'il le fait voir des abstractions ou des fictions dont on l'abuse. Son inquiétude perpétuelle, son impatience des prétendues *révélations* qu'on lui prodigue, son incessante activité prouvent qu'il ne se sent pas complétement satisfait. L'imagination ne le fixe un moment que pour le faire errer de nouveau dans le monde des songes, où il cherche indéfiniment un objet imaginaire qui recule à mesure qu'il avance. Et pourtant le Dieu qu'il cherche est bien près de lui. Il fait, sans que l'homme ainsi abusé s'en doute, acte de continuelle *présence*. C'est lui que l'homme voit dans toute conception, c'est lui qu'il sent dans toute inspiration de l'idéal. Les grands théologiens ont conscience de cette vérité. Tous ont compris que Dieu n'est pas un objet extérieurement distinct de la pensée, comme sont les objets des sens et de l'imagination, les uns vis-à-vis des autres. La philosophie ancienne, dans ses plus puissants organes, dans Platon, Aristote, Plotin, ne sépare point l'objet *intelligible* de l'*intelligence* qui le contemple. Malebranche identifie *substantiellement* la raison humaine et la Raison divine. « O raison, raison, s'écrie Fénelon, n'es-tu pas le Dieu que je cherche ! »

Le Savant. — Je n'avais jamais aussi bien compris le mot qu'en ce moment.

Le Métaphysicien. — Sans doute ce sentiment n'est ni assez clair, ni assez pur chez ces philosophes; il est mêlé de préjugés théologiques qui en altèrent ou en obscurcissent la vérité. D'ailleurs le défaut d'analyse et de critique se fait sentir dans les formules ontologiques et les images poétiques dont ils enveloppent une idée vraie. Il fallait la critique de Kant et de la nouvelle philosophie pour délivrer la métaphysique de ses abstractions réalisées, de ses entités scolastiques. Ce n'est pas dans une métaphysique obscure et hypothétique qu'on doit chercher la définition de la raison, et la nature, ainsi que la portée de ses idées, comme l'ont fait les philosophes cités; c'est au contraire dans l'analyse et la critique toute psychologique des facultés et des idées de l'intelligence qu'il faut chercher Dieu, et ce monde intelligible dont ils ont trop poétiquement parlé. Avec cette méthode et sur ce terrain, tout est lumière et certitude. La pensée humaine n'hésite plus sur les objets de ses conceptions, comme s'ils étaient en dehors d'elle, et cachés dans la région inaccessible des *noumènes*. Elle les sent, elle les trouve en elle-même ; elle y croit d'autant plus sûrement qu'elle en a conscience. Oui, elle a conscience de Dieu, comme elle a conscience du bien, du beau, du juste, du saint, de tout idéal, de toute vérité. Ce dont elle n'a pas conscience, c'est la *réalité*, l'objet propre de la sensibilité et de l'imagination. Or, nous ne saurions trop le redire, la réalité n'est pas la vérité; de l'une à l'autre, il y a toute la distance du Monde à Dieu. Il faut à la théologie le Dieu vrai. Le Dieu *réel* et vivant, si l'on veut à toute force allier ces termes contradictoires, c'est le Monde lui-même, dans sa vérité impure, sa beauté incorrecte, sa luxuriante fécondité, sa confuse grandeur. Trop longtemps on a séduit les intelligences avec l'image incohérente d'un Dieu réunissant des attributs incompatibles, empruntés à la raison et à l'imagination. Cette équivoque ne peut plus tromper les esprits sévères. Entre la vérité et la réalité, entre le Dieu de la pensée et le Dieu de l'imagination, il faut choisir. Au point où l'analyse et la critique ont amené le problème, il n'y a plus que cette alternative pour tout esprit qui n'entend pas réaliser une abstraction.

Le Savant. — J'ai beau être convaincu, j'ai toujours peur des réclamations du sens commun. « Si Dieu n'est que le suprême Idéal, dira-t-il, comme l'Idéal n'existe que par la pensée et pour la pensée, il s'ensuit que l'existence de Dieu tient à celle de l'être pensant. Donc supprimez l'homme et les autres êtres pensants, s'il en est dans le monde; Dieu n'existe plus. Point d'humanité, point de pensée, point d'Idéal, point de Dieu. »

Le Métaphysicien. — Vous l'avez dit : Dieu n'existe que dans l'être pensant. L'Être infini et universel, le Dieu *réel*, s'il est permis de parler ainsi, existerait toujours, attendu que l'Être est nécessaire, et que l'être pensant n'en est qu'une forme contingente, si supérieure qu'elle soit ; mais le Dieu *vrai* aurait cessé d'exister. Pourquoi le nier? Vous voyez assez clair maintenant dans ces questions pour n'être plus la dupe des mots. Nous pourrions, par une équivoque familière au panthéisme, conjurer les déclamations du sens commun, en réservant le nom de Dieu à l'Être absolu, dont les imparfaites manifestations n'épuisent jamais l'essence infinie. La différence alors entre Dieu et le Monde se réduirait à l'opposition de la Puissance aux actes, de l'essence aux formes : Puissance infinie et essence parfaite; actes limités, formes imparfaites. Mais Dieu et le

Monde ainsi entendus, c'est tout un. Cette distinction peut suffire au panthéisme. La foi du genre humain ne peut s'en contenter. L'Être infini, l'Être universel n'est point son Dieu ; c'est l'Être parfait. En ce sens, la théologie idéaliste est la seule vraie. La conception de Dieu est inséparable de la notion de l'idéal. Toute philosophie qui supprime l'une supprime l'autre ; toute philosophie qui reconnaît l'une reconnaît l'autre, quoi qu'en puissent dire les théologiens de l'imagination et du sens commun. La foi du genre humain n'a jamais varié sur ce point, dans l'étrange variété des formes sous lesquelles elle a cru retrouver son Dieu ; elle a toujours élevé Dieu à une distance infinie du Monde, alors même qu'elle se servait de symboles empruntés à celui-ci pour le représenter. Au fond, sous toutes ces idoles, c'est l'Idéal qu'elle adore constamment. En cela le genre humain a profondément raison contre les panthéistes, même les plus subtils. Son erreur est de réaliser à tout prix cet Idéal. C'est ce qui fait le triomphe du panthéisme auprès des esprits qui ne veulent pas d'entités métaphysiques. Une théologie vraiment rationnelle se garde de ces deux erreurs. Elle sépare Dieu du Monde, en le concevant comme l'Idéal suprême, mais sans lui créer une existence solitaire et vide, par delà le temps et l'espace ; elle le maintient dans le ciel toujours accessible de la Pensée.

Le Savant. — Je me rends à l'évidence.

Le Métaphysicien. — Nous voyons enfin Dieu, ce grand mystère de la foi et de la science, sortir de ses redoutables ténèbres. Il vient à nous, il se révèle dans la pure et éclatante auréole de la Pensée. Que n'ai-je l'éloquence sublime d'un Fénelon pour saluer sa présence ! « Idéal ! Idéal ! lumière des esprits, flamme des cœurs, n'es-tu pas le Dieu que je cherche ! Je l'ai cherché longtemps, ce Dieu que je croyais *caché*, sur la foi des livres saints. Je l'ai cherché dans l'imagination et dans la conscience ; j'ai cru le trouver dans la Nature et dans l'Humanité. Partout je n'ai vu, je n'ai saisi que des idoles. Les formes les plus belles de la Nature sont des réalités ; Dieu n'y est pas. Les plus nobles manifestations de l'Humanité sont encore des réalités ; Dieu n'y est pas davantage. Alors j'ai essayé de traverser la scène mobile du Monde pour pénétrer jusqu'au fond immuable, au Principe inépuisable de la vie universelle. Là, je l'avoue, j'ai eu un moment d'éblouissement et d'ivresse ; j'ai cru voir Dieu. L'Être en soi, l'Être infini, absolu, universel, que peut-on contempler de plus sublime, de plus vaste, de plus profond ? C'est le Dieu Pan, évoqué pour la confusion des idoles de l'imagination et de la conscience humaines. Mais ce Dieu vivant, que d'imperfections, que de misères il étale, si je regarde dans le Monde, son acte incessant ! Et si je veux le voir *en soi* et dans son fond, je ne trouve plus que l'être en puissance, sans lumière, sans couleur, sans forme, sans essence déterminée, abîme ténébreux où l'Orient croyait contempler la suprême Vérité, et où l'admirable philosophie grecque ne trouvait que chaos et *non-être*. Mon illusion n'a pas tenu contre l'évidence, contre la foi du genre humain. Dieu ne pouvait être où n'est pas le beau, le pur, le parfait. Où le chercher alors, s'il n'est ni dans le Monde ni au delà du Monde, s'il n'est ni le fini ni l'Infini, ni l'individu ni le Tout ? Où le chercher, sinon en toi, saint Idéal de la pensée ? Oui, en toi seul est la Vérité pure, l'Être parfait, le Dieu de la raison. Tout ce qui est réalité n'en est que l'image et l'ombre. Hélas ! ma pauvre nature a peine encore à ne pas prendre l'image pour l'exemplaire, l'ombre pour la lumière. Puisque l'imagination a besoin d'idoles, qu'elle continue à confondre Dieu avec ses symboles ! Désormais ma raison n'y verra qu'un artifice de poésie. Tu n'es pas seulement divin, sublime Idéal, tu es Dieu ; car devant ta face, toute beauté pâlit, toute vertu s'incline, toute puissance s'humilie. L'Univers est grand ; toi seul es saint : voilà pourquoi toi seul es Dieu. Pour l'Être infini, pour le puissant et terrible Pan, l'admiration et la crainte ; *in conspectu ejus siluit terra.* Pour toi seul l'amour, Dieu de la Beauté et de la Vérité. Mais qu'on te laisse dans ton ciel, avec la pure auréole de la Pensée. Veut-on te réaliser, on fait de toi une *idole*, ou une vaine *entité :* une idole pour l'imagination qui te mêle aux formes de la vie universelle ; une entité pour l'abstraction qui te relègue par delà le temps et l'espace, hors des conditions de toute réalité. Dieu de ma raison ! il y a longtemps que la foi du genre humain te poursuit, te trouve, te contemple et t'adore sous les idoles et les abstractions ! Mais le jour n'est-il pas venu enfin de te voir dans tout l'éclat de ton essence, de t'adorer, comme dit l'apôtre, *en esprit et en vérité?* Plus d'abstractions, plus d'idoles ; et l'athéisme, désormais sans raison, devient un mot vide de sens. Dieu de ma pensée, enfin je comprends ta transcendante vérité, ta majesté sublime, la pure lumière du ciel que tu habites ! Quoi de plus élevé et en même temps de plus intelligible que ton Essence ? Toi l'Être caché, l'Être mystérieux, l'Être impénétrable ? Qui a pu dire cela ? Une théologie qui t'a cherché dans l'ombre et le néant. On a cru avoir tout dit de toi, en te proclamant l'Être infini, l'Être universel, l'Être nécessaire, l'Être absolu, comme si le Monde ne possédait pas tous ces attributs ; on n'a pas vu que ta vraie nature, ta propre essence, ta Divinité n'est dans aucune de ces définitions métaphysiques. Le Monde ayant tout cela, que répondre à ceux qui l'ont mis à ta place et nommé Dieu? C'est l'Idéalisme seul, je le confesse maintenant, qui a compris la sainteté de ton nom. Oui, tu es bien l'Être parfait, dans le sens pur du mot; tu es l'Être dont toute l'essence, toute la vérité est dans la perfection. Tu es l'Être immuable; tu habites au delà du temps et de l'espace; de toi seul on doit dire : *il est*, quand de tout le reste on dit : *il devient*. Toute religion, toute philosophie qui n'a vu en toi que l'Infini, la Substance, la Puissance, le Père de la vie universelle, ne t'a pas compris. Ton vrai nom, dans le passé, est Intelligence ou *Pensée*. Le *Verbe*, pour parler la langue mystique, est le vrai Dieu de l'Humanité; lui seul est pour elle objet de pensée et d'amour. Platon, Aristote, Descartes, Malebranche, Fénelon t'ont vu sous ces traits, et c'est pourquoi leur théologie est la vraie, malgré l'illusion qui leur fait placer ta Divinité au delà de la Nature et de l'Humanité. Qu'importe? Tu n'en es pas moins le Dieu de la Pensée. Si loin de l'Humanité qu'ils te relèguent, ta lumière n'en éclaire pas moins de ses rayons mon être intelligent et libre. Qui a pu te dire étranger à la beauté, à la justice, à l'héroïsme, à la sainteté, à tout ce qui élève les intelligences et purifie les cœurs, quand rien de beau, de juste, de grand, de saint ne se fait sans toi? Est-ce que ton nom n'est pas le nom de toute vertu, de toute vérité pure? Est-ce que ton ciel n'est pas le monde de la lumière et de la liberté? Est-ce que ta science n'est pas la science de la Nature, de l'homme, de toutes choses élevées à la sublime perfection de l'Idéal? C'est bien toi dont il faut dire : il est partout et nulle part; car tu es dans toute vérité, et tu n'es dans aucune réalité. Mon esprit, mon âme te retrouvent à toute occasion, sans jamais te confondre avec aucun des symboles de la vie universelle qui te représentent. S'agit-il de science, c'est ta lumière qui brille. S'agit-il de vertu, c'est ta flamme qui brûle. Tu te fais voir dans nos grandes pensées ; tu te fais sentir dans nos pures amours et nos saintes amitiés. Être sans voix, sans figure, sans matière, Esprit pur, c'est de ton reflet que toutes choses, dans la vie universelle, reçoivent la beauté, l'harmonie, la vérité qui en font le charme et le prix. Qui donc osera nous dire que tu n'es qu'une abstraction, Idéal suprême ? Quelle Réalité possèdent ta Vérité et ta Vertu ? Abstraction pour l'imagination qui ne croit qu'à ce qu'elle peut se représenter, pour la sensation qui ne saisit que des réalités, tu es la souveraine Vérité pour l'intelligence qui veut penser, pour l'âme qui veut aimer. C'est l'imagination qui est idolâtre ; c'est la sensation qui est athée. Le règne des faux Dieux dure tout juste autant que la tyrannie de ces deux maîtres de la nature humaine. Avec l'aurore de la Pensée commence le règne du vrai Dieu. Idéal, Idéal ! Tu es bien le Dieu que je cherche ! Ta lumière est la seule qui puisse faire évanouir à jamais les deux fantômes de l'idolâtrie et de l'athéisme. »

Le Savant. — Votre enthousiasme me gagne. Je crois sentir passer dans mon âme quelque chose du beau feu qui vous possède. Vous avez dit vrai ; l'Idéal n'est plus seulement une lumière qui éclaire ; c'est une flamme qui pénètre. Voilà qui m'étonne. Comment une vérité aussi abstraite a-t-elle la vertu de vivifier les cœurs, et d'entraîner les volontés ?

Le Métaphysicien. — Telle est la vertu des puissances de l'esprit. Vos sciences de la matière n'en donnent aucune idée ; elles ne nous font sentir et comprendre que les forces qui se déploient, par le mouvement, dans l'espace. L'action des forces morales se produit tout autrement. Le plus grand philosophe de l'antiquité,

Aristote, nous en offre un type bien remarquable, et qui est tout à fait propre à nous faire comprendre la toute-puissance de l'Idéal. Vous rappelez-vous son Dieu, la Pensée en acte, mouvant le Monde par l'irrésistible attrait que l'objet désiré exerce sur l'être qui désire? Ce Dieu agit sur les êtres de la Nature, non pas à la façon d'une cause motrice, mais comme simple cause finale. Il est le Bien, c'est-à-dire la Fin suprême vers laquelle tous ces êtres aspirent invinciblement. C'est ainsi que l'Idéal meut et gouverne le monde des âmes et des esprits dont il est le Dieu. Si la Nature entière, selon la belle image d'Aristote, est *suspendue* à l'attraction du Bien, vers lequel elle gravite incessamment, le monde moral obéit à l'impérieuse loi du progrès qui pousse vers l'Idéal. Que veut de plus la théologie?

LE SAVANT. — Entre nous, je vous le dirais bien, mais vous avez été si sévère pour ses entités et ses idoles, que je n'ose plus vous demander grâce pour les faiblesses de l'esprit humain.

LE MÉTAPHYSICIEN. — Je devine ce que réclament obstinément nos théologiens : un Idéal réalisé! Je le leur accorde, à une condition : c'est que, dans cet Idéal réalisé, ils verront, non plus Dieu lui-même, mais simplement son image. Le Monde, l'Être cosmique tout entier est l'image de Dieu ; il n'est pas Dieu. L'homme, le type le plus élevé de la vie universelle, est plus l'image de Dieu que la Nature ; il n'est pas Dieu. Nulle réalité, soit individuelle, soit générale, n'est Dieu, si grande, si intense que soit en elle la concentration des rayons de l'Idéal. Que l'imagination ait besoin de voir Dieu; que le cœur ait besoin de le sentir, de l'aimer : rien de plus vrai. La poésie et la religion seront toujours là pour faire à l'homme des dieux à son image. Il lui faudra longtemps, il lui faudra toujours peut-être des incarnations, des personnifications de la divinité. Qu'il se crée ses idoles par l'art, ou qu'il les trouve toutes faites dans l'histoire ; cela mérite le respect de tous les temps, de tous les lieux, de tous les hommes ; car cela répond à un sentiment indestructible et nécessaire de la nature humaine. Je dis nécessaire, parce que l'idéal réalisé exerce un tout autre empire sur les âmes que l'Idéal pur et abstrait. En un mot, pour l'imagination, pour le cœur, pour la volonté, pour la foi, j'accepte tout. Pour la raison seule, je ne veux ni confusion ni illusion. Nulle réalité ne peut être Dieu. Nulle même ne peut être divine, dans le sens rigoureux du mot, fût-elle grande comme le Monde, belle comme le Ciel étoilé, pure comme l'Ange, sublime comme le Christ. L'Idéal seul est Dieu. L'idéal seul est divin.

SEIZIÈME ENTRETIEN.

CONCLUSION. — COSMOLOGIE.

LE MÉTAPHYSICIEN. — Pour les philosophes qui font de Dieu et du Monde deux objets substantiellement distincts, la théologie et la cosmologie sont deux sciences indépendantes. Pour nous qui en faisons un seul et même objet, vu dans l'idéal et dans la réalité, ces deux sciences sont entre elles dans le rapport étroit de la théorie à l'application. Dieu étant l'Idée du Monde, et le Monde la Réalité de Dieu, il s'ensuit que la théologie n'est qu'une cosmologie idéale, et la cosmologie une théologie réalisée. Or, de même que toute théorie rationnelle, dans la mécanique, la physique ou la morale, emprunte ses principes élémentaires à l'expérience, de même toute cosmologie générale, si abstraite qu'on la suppose, sauf le petit nombre de conceptions métaphysiques qui servent également de base aux deux sciences, n'est qu'un système de vérités, de lois, de principes abstraits de l'expérience. Quoi qu'en ait dit l'école allemande, la science des idées et la science des réalités ne sont pas des sciences parallèles, indépendantes, et dont la première puisse se construire à priori, tandis que l'autre se forme à posteriori. Toute science tire ses principes de l'expérience, la mécanique et la physique rationnelles comme la chimie et l'histoire naturelle, la théologie comme la cosmologie ; toute la différence est du plus au moins.

LE SAVANT. — Cela est convenu.

LE MÉTAPHYSICIEN. — S'il en est ainsi, la cosmologie ou la science de la vie universelle n'a rien à voir avec cette dialectique transcendante, ou avec cette logique pure qui prétend s'imposer à la Nature et à l'Histoire, au nom de la raison et de l'à priori. La philosophie de la Nature, la philosophie de l'Histoire ont la même matière, la même base, la même méthode que les sciences proprement dites ; leurs plus hautes spéculations, leurs formules les plus abstraites ne peuvent être que des généralisations de l'expérience. La seule part à faire à la raison (je ne dis pas à la logique), c'est ce petit nombre de conceptions métaphysiques sur l'Être, l'Infini, l'Absolu, l'Universel, qui fait l'objet propre de la métaphysique. Mais l'introduction de ces principes dans la cosmologie suffit pour la transformer. Comme ils reparaissent perpétuellement dans la contemplation des grandes réalités qui forment le système de la vie universelle, le Monde éclairé par cette lumière supérieure prend un aspect nouveau. La science a beau l'enrichir chaque jour des découvertes de l'expérience, c'est toujours le monde des sens et de l'imagination. Mais laissons tomber sur ce monde un rayon de métaphysique ; vous l'allez voir transfiguré comme par miracle.

Le Savant. — N'oubliez pas que, dans ce changement de scène, je suis en garde contre l'illusion.

Le Métaphysicien. — Je vous ai prévenu que cela se ferait sans avoir recours à la baguette magique de la dialectique hégélienne.

Le Savant. — Je vous écoute.

I. — Cosmologie métaphysique.

Le Métaphysicien. — Pour que vous puissiez mieux juger de cette métamorphose, je prends la science, non dans les détails d'analyse où elle se perd, mais dans sa plus haute synthèse, dans le tableau du *Cosmos*, tel que le retrace M. de Humboldt. Ce dernier livre est tout plein de vues générales et de sentiments élevés sur la Nature; la conception en est grande, et l'effet admirable. Et pourtant ce n'est point encore une vraie philosophie de la Nature. Magnifique synthèse des résultats de l'expérience, cette œuvre est dépourvue de toute conception métaphysique. Pour l'illustre auteur du *Cosmos*, le Monde n'est qu'une collection de phénomènes et d'êtres qui remplissent l'espace et le temps. Toute la philosophie de ce livre consiste à embrasser ces phénomènes et ces êtres dans leurs rapports, à les grouper en grandes masses, en procédant invariablement du tout à la partie, et en commençant par les phénomènes les plus simples, les plus généraux de l'astronomie pour finir par les phénomènes les plus complexes, les plus intimes de l'histoire naturelle. Du reste, cette synthèse ne dépasse point les représentations cosmiques de l'imagination et les généralisations de l'expérience. M. de Humboldt s'en tient à la science pure; il laisse à la métaphysique, non sans une ironique défiance, le périlleux honneur de compléter l'œuvre cosmologique.

Le Savant. — Il me semble que la science a beaucoup fait, à elle seule, pour cette synthèse dont vous réservez tout l'honneur à la métaphysique. Est-ce que vous n'êtes pas frappé des progrès de l'*idée cosmique*, depuis les grandes découvertes des sciences astronomiques et physiques? Jadis la cosmologie en était réduite à quelques observations plus ou moins exactes, mêlées à toutes sortes d'imaginations puériles ou d'hypothèses arbitraires. Sur le Système du monde (1), comparez les idées de Pythagore, de Platon, d'Aristote, d'Hipparque, de Ptolémée, des premiers savants et philosophes de l'antiquité, du moyen âge et de la renaissance, avec les théories de

(1) J'emploie le mot de *système* pour me conformer au langage des savants, tout en reconnaissant que ce mot ne peut rigoureusement s'appliquer qu'à un tout fini, possédant un *centre* et des extrémités.

la science moderne. Quelle simplicité, quelle grandeur, quelle harmonie, quelle unité dans ce Système, contemplé à la lumière de la science ! Comme il justifie bien ce beau nom de *Cosmos* que l'antiquité lui avait donné sur de vagues apparences, sans en avoir la preuve par l'expérience ! Chaque science est une véritable révélation de l'Idée cosmique : la géologie vous démontre l'unité organique, les transformations et les progrès de la planète que vous habitez ; la géographie physique vous fait toucher au doigt les analogies de structure extérieure qui rapprochent l'organisation de la terre de celle des êtres vivants ; la chimie vous initie au travail de formation et de développement interne des forces élémentaires qui s'agitent au foyer du globe central ; la physique vous le montre en rapport avec les éléments de l'océan atmosphérique qui le fait respirer et vivre ; l'histoire naturelle vous décrit la merveilleuse échelle des règnes, des genres et des espèces, depuis le minéral jusqu'à l'homme. Mais le monde terrestre, si riche, si varié, si vaste, n'est aux yeux de la science qu'un point dans l'immensité du ciel. L'astronomie, par la loi de l'attraction universelle, fait rentrer notre planète dans le monde solaire, et le monde solaire lui-même, avec les innombrables mondes du ciel étoilé, dans le Monde infini de la vie universelle. L'Univers apparaissant enfin comme un Système unique, où les êtres, les mondes se meuvent dans une parfaite harmonie, sous l'empire d'une seule loi, sous l'action d'une seule force, quelle idée plus belle l'imagination pourrait-elle vous offrir, quelle conception plus simple et plus rationnelle la métaphysique pourrait-elle vous donner ? Que voulez-vous de plus ? Quelle unité chercherez-vous au delà de l'unité de système ? Quel organisme rêverez-vous, autre que l'harmonie des corps célestes comprise par Kepler et Newton ?

La philosophie, dans ses meilleures inspirations, avait deviné que l'Univers est un vrai Cosmos, où tout concourt et conspire. La science a fait mieux ; elle l'a démontré, défini et décrit avec une exactitude qui ne laisse rien à désirer. Je ne vois pas trop ce que la métaphysique pourrait y ajouter.

LE MÉTAPHYSICIEN. — Je vais vous le dire. D'abord êtes-vous bien sûr que la métaphysique soit entièrement étrangère à la conception cosmique des savants ? Qui leur a dit que l'attraction est une loi universelle ? Ce ne peut être l'expérience. Ce serait tout au plus l'analogie. Mais l'analogie, dans de telles conditions, et avec l'impossibilité absolue de vérification, ne peut donner qu'une bien faible probabilité. Il a fallu, pour s'élever à la certitude d'une loi pareille, un principe d'un ordre différent, dont il sera fait mention tout à l'heure. Ce n'est pas non plus l'expérience qui a appris aux savants que le Monde est infini. Même aidée de l'induction, il est trop évident qu'elle n'a pas une telle portée. Mais je laisse ces difficultés, et je prends la conception cosmique, telle que la science prétend nous la donner. Si elle suffit à la science, la pensée demande davantage. Vous ne voyez aucune difficulté, vous autres savants, à concevoir le Monde comme un système de corps et d'éléments disséminés dans l'espace. Les philosophes sont plus exigeants. Une conception qui réduit le Monde à n'être qu'un théâtre immense des phénomènes sans nombre que l'expérience nous révèle, peut convenir à l'imagination ; mais la raison répugne invinciblement à cette représentation tout extérieure de la réalité. Pour la science sans doute, la totalité des phénomènes forme un tout ; la variété des êtres constitue un véritable système. Mais le Monde de la raison et de la métaphysique est mieux qu'un tout, mieux qu'un système d'êtres ;

c'est l'Être universel lui-même, sujet et cause de tous les phénomènes dont il paraît n'être que le théâtre. Voilà ce que la science proprement dite, dans ses plus hardies synthèses, n'arrive pas à comprendre, sans le secours de la métaphysique. Quand elle ne lui devrait que ce service, ce serait un titre sérieux à son estime.

Le Savant. — J'en conviens.

Le Métaphysicien. — En bornant leurs idées cosmologiques aux données de l'expérience, vos savants ne s'aperçoivent pas qu'ils s'enferment dans de fausses représentations. La crainte des spéculations métaphysiques les fait donner tête baissée dans les grossiers préjugés de l'imagination. Ils se figurent l'Être universel sous la forme de particules infiniment petites, semées en nombre infini dans l'immensité de l'espace, et engendrant par leur réunion et leur séparation les phénomènes et les êtres de ce Monde. Les plus philosophes d'entre eux vont jusqu'à substituer les forces aux atomes qui commencent à perdre leur crédit. Mais ni les uns ni les autres ne paraissent se douter de l'unité substantielle de la vie universelle, et de la nécessité d'un principe unique pour l'expliquer. Un espace vide, une matière qui le remplit, continue ou divisée en atomes, incréée ou créée, se mouvant elle-même ou mue par une autre, selon l'hypothèse théologique qu'on adopte, c'est à quoi se réduit toute la philosophie cosmologique de nos savants.

Le Savant. — Vous oubliez l'école positive, qui ne se permet aucune espèce de conception théologique ou métaphysique.

Le Métaphysicien. — Cela vaut mieux sans doute que de s'engager dans une mauvaise théologie, ou une mauvaise métaphysique. Et encore ne suis-je pas sûr que cette école n'incline vers la philosophie des atomes. Du moins, c'est l'opinion de son chef. Il semble qu'expliquer le jeu des forces physiques et chimiques par la théorie des atomes n'engage à rien. Et pourtant c'est de la métaphysique, et de la plus fausse, par parenthèse. On a horreur des systèmes ; on croit s'en tenir à l'expérience et à la réalité pure. Et l'on se fait, sans s'en douter, l'esclave de l'imagination ; on en préfère les grossières illusions aux plus saines, aux plus nécessaires notions de la raison. On tranche une question toute métaphysique, le problème de la matière, par la moins admissible de toutes les hypothèses. Mais cette hypothèse convient à l'imagination ; chez tous les esprits qui se servent plus de leurs sens que de leur raison, elle a presque acquis l'autorité d'une vérité de sens commun. Vos savants les plus *positifs* seraient étonnés d'être surpris en flagrant délit d'hypothèse. Qu'est-ce autre chose pourtant que leur théorie de la matière atomique ?

Le Savant. — Nos savants commencent à se défier de cette théorie. Le mot d'ordre est donné et suivi : plus de spéculations d'aucune espèce, plus de système, soit spiritualiste, soit matérialiste. Les faits et les rapports, voilà tout l'objet de la science.

Le Métaphysicien. — C'est une règle fort sage, que vos savants font bien de mettre en pratique. Mais leur science ne répond pas à tous les besoins de la pensée. La raison ne s'arrête point aux limites qu'il plaît à l'expérience et à l'entendement de poser. De là l'absolue nécessité des problèmes et des solutions métaphysiques. Quand la science a fini son œuvre, la métaphysique commence la sienne. A cette totalité indéfinie de phénomènes et d'individus, épars dans l'espace et le temps, que lui livre la science, la métaphysique rend l'unité, l'infinité, la nécessité ; elle en fait l'Être universel, le Dieu réel et vivant. Cette seule conception suffit pour transformer la cosmologie. Elle nous transporte dans un Monde nouveau, où nous retrouvons cet *Infini*, cet *Absolu* dont la théologie nous offre le type idéal.

LE SAVANT. — Me voilà bien édifié sur le véritable objet de la cosmologie. Seulement, je ne vois pas que vous vous préoccupiez beaucoup d'une difficulté qui embarrasse tous les théologiens. Comment passez-vous de Dieu au Monde? Que la science ne s'inquiète pas de cette transition, cela se comprend ; elle prend le Monde comme un fait révélé par l'expérience, sans se demander si ce fait a une cause. Mais la métaphysique doit expliquer comment la cause engendre l'effet, avant de poser le pied dans la réalité. Or cette explication me paraît impossible. Comment votre Dieu, qui n'est qu'une abstraction, engendrerait-il le Monde, qui est une réalité?

LE MÉTAPHYSICIEN. — Une abstraction n'engendre pas une réalité. Toute la logique de Hegel échouerait contre une telle impossibilité. Seulement, veuillez remarquer que la difficulté n'existe pas, dans notre manière de concevoir Dieu et le Monde. Dieu, étant l'Idéal, ne peut être donné comme le principe d'une réalité quelconque. D'ailleurs, Dieu et le Monde ne sont pas pour nous deux êtres distincts, dans le rapport de la cause à l'effet ; c'est le même Être universel avec la seule différence de l'idéal à la réalité. Cet Être universel, infini, nécessaire, absolu, nous est donné tout d'abord dans toute sa réalité par la raison, au sein des choses finies, contingentes, relatives que nous atteste l'expérience. Puis la pensée en fait une essence pure, un Idéal, un Être parfait, en l'affranchissant de toutes les conditions de temps, d'espace, de matière qui en font la réalité. Que si nous essayions après cela de faire sortir la Réalité cosmique de cet Idéal, nous tenterions l'impossible et l'absurde. Mais nous nous en garderons bien.

LE SAVANT. — J'entends cela. Mais alors comment arrivez-vous à l'Être métaphysique, principe et substance de la vie universelle ? Il ne suffit pas d'en poser l'existence à priori ; il faut la démontrer.

LE MÉTAPHYSICIEN. — C'est chose facile à faire. Il est un axiome sur lequel reposent toutes les définitions et démonstrations de la métaphysique : c'est le principe qu'il y a de l'être partout et toujours. La proposition est bien un axiome, s'il en fût, en ce qu'elle exprime un jugement identique, et d'une évidente identité. L'idée de l'être est seule positive ; l'affirmation du néant implique contradiction. Or cet axiome domine la catégorie de l'existence, et par suite toutes les autres catégories qui s'y rattachent par la relation de l'attribut au sujet. C'est en vertu de cette loi que la raison conçoit l'être comme infini, comme absolu, comme nécessaire, comme universel ; c'est-à-dire que la pensée ne peut s'enfermer dans les représentations et les notions de l'être telles que les lui donnent l'imagination et l'entendement. Si l'expérience ne révélait pas à l'esprit une forme quelconque de l'être, la raison manquerait de base pour son analyse, et d'éléments pour son activité ; elle ne pourrait donc s'exercer en aucune façon. Mais, du moment que l'être lui est donné sous une forme déterminée, l'axiome précité ne lui permet de s'arrêter ni à cette forme, ni à toute autre, si étendue qu'elle soit. Alors la raison *pense* l'être avec de tout autres attributs que l'expérience ne l'avait perçu. De là la conception de l'infinité, de la nécessité, de l'indépendance, de l'universalité, et de tous les attributs de l'être. Voilà comment cet axiome est le *fiat lux* de la métaphysique tout entière (1).

(1) Voir l'analyse et la critique de la conception de l'Être et de la substance dans les IXe et Xe Entretiens. Ceci n'en est qu'un résumé.

LE SAVANT. — Je le comprends.

LE MÉTAPHYSICIEN. — L'axiome trouvé, les jugements qui s'y appuient ne sont pas difficiles à exprimer en définitions. La raison prend le contre-pied de l'imagination et de l'expérience, dans ses jugements sur le fond des choses. Si tout être est perçu ou imaginé comme fini, contingent, relatif, particulier, mobile, l'être, en tant qu'être, est conçu comme infini, absolu, nécessaire, universel, immuable. Or l'être ainsi pensé est si peu la simple négation des êtres perçus qu'il en est le fondement. C'est bien lui qui est l'être positif, comme l'a dit Fénelon avec tant de force et d'éloquence. Les êtres individuels et finis tiennent de lui le peu d'existence qu'ils possèdent, et le peu de durée qu'ils ont. Ce n'est pas l'Être universel qui est dans les individus ; ce sont les individus qui sont dans l'Être universel. Celui-ci n'est pas pour les êtres individuels une unité collective se résolvant dans ses éléments, un tout se réduisant à la somme de ses parties ; il est l'Être en soi et par soi, par qui tout est et tout dure. Voilà ce que dit la raison : où l'expérience ne voit qu'abstraction, elle voit la suprême réalité ; où l'expérience voit la réalité, elle n'aperçoit qu'apparence. Ainsi la métaphysique est conduite à négliger les perceptions et les notions qui ont servi de point de départ à ses conceptions, dans les diverses catégories de la pensée, pour ne s'occuper que de ces conceptions, et de l'ordre des vérités auquel elles répondent. Elle les exprime d'abord en définitions, dont elle fera ensuite les principes de toutes ses démonstrations. Voici les principales :

1° L'être proprement dit est ce qui est en soi et par soi. Tout ce qui ne rentre pas dans cette définition n'est que phénomène.

2° L'infini est ce qui est sans bornes dans le temps et dans l'espace.

3° L'absolu est ce qui n'a besoin d'aucune condition, soit pour exister, soit pour agir.

4° Le nécessaire est ce dont l'essence implique l'existence.

5° L'universel est l'Unité, non pas collective, mais réelle, l'Être Tout qui comprend la totalité des individus.

Le Savant. — Tout cela est évident.

Le Métaphysicien. — Ces définitions énumérées, la métaphysique n'a pas de peine à montrer qu'elles s'impliquent toutes logiquement. Toutes en effet ne sont que les diverses faces d'une même vérité, correspondantes aux diverses catégories de la pensée. Un seul terme étant donné, la logique en fera sortir tous les autres. Qui dit être en soi et pour soi dit être infini, absolu, nécessaire et universel. Qui dit infini dit également tous ces attributs à la fois. Même déduction de l'absolu, du nécessaire, de l'universel. De tout temps, la métaphysique a nettement compris et fortement exprimé cette relation. Mais nul ne l'a exposée avec autant de vigueur que Spinosa ; nul métaphysicien n'a mieux déduit les attributs de la substance unique, et démontré l'infinité, l'indépendance, la nécessité de l'Être en soi et par soi. Je ne pourrais qu'affaiblir la démonstration en la résumant ; j'aime mieux vous renvoyer à l'Éthique. C'est là qu'on trouve une démonstration en règle de l'existence de l'Être métaphysique et de ses attributs. Axiomes, définitions, théorèmes, rien n'y manque.

Le Savant. — Vos théologiens et même vos philosophes ne me semblent pas goûter beaucoup cette méthode de démonstration.

La Métaphysicien. — Ils ont tort. Spinosa a pu abuser

de la forme géométrique; mais la démonstration par axiomes et définitions est la seule rigoureuse. Et, à ce propos, j'ai à cœur de montrer que l'histoire de la métaphysique surabonde d'arguments qui n'ont nullement ce caractère. Cette espèce de digression servira de vérification pour notre méthode. Les preuves de Platon, d'Aristote, de Descartes, de Clarke, de Leibnitz, de Fénelon, reposent presque toutes sur des principes dont Kant et l'école critique ont mis à nu le vice ou l'impuissance. Sans suivre la métaphysique dans une énumération qui nous entraînerait trop loin, il n'est pas inutile de résumer et d'apprécier rapidement ces principes dont l'autorité a généralement survécu à la critique kantienne. Toutes les démonstrations de l'existence et des attributs de l'Être métaphysique peuvent se ramener aux catégories suivantes de la pensée : quantité, qualité, relation, existence. Ainsi les preuves *per motum et finem*, par la cause efficiente et la cause finale, développées par Platon, par Aristote, par Fénelon et Bossuet avec tant de génie et d'éloquence, se rapportent à la catégorie de relation. Les preuves de Descartes, par l'idée de l'Être parfait, appartiennent à la catégorie de la qualité et de l'essence. Les preuves de Leibnitz, par l'idée de l'être nécessaire, rentrent dans la catégorie de l'existence. Enfin, les preuves de Clarke, par les idées de temps et d'espace, correspondent à la catégorie de la quantité. Si donc les démonstrations sont très nombreuses et très diverses, les principes en sont fort simples: et comme toute la valeur des démonstrations réside dans les principes, la critique de ceux-ci nous dispensera de l'examen détaillé de celles-là.

LE SAVANT. — Cette division, outre l'avantage de simplifier la critique, a celui de la généraliser. Les démonstrations se multiplient à l'infini ; la philosophie en invente chaque jour. Si la critique s'attaquait à chacune en particulier, son œuvre ne serait jamais finie. En ne s'attachant qu'aux principes, elle peut en finir d'un seul coup.

LE MÉTAPHYSICIEN. — Sans aucun doute. Voilà donc les preuves de l'existence de l'Être métaphysique réduites à quatre principes. Si vous vous rappelez notre analyse des jugements métaphysiques relatifs aux diverses catégories de la pensée, vous comprendrez que cette simplification peut être poussée encore plus loin. C'est l'impossibilité de s'arrêter aux notions de l'entendement relatives à chacune de ces catégories qui fait franchir à l'esprit la sphère de l'entendement proprement dit, et l'élève à la conception rationnelle de l'infini, de l'absolu, du nécessaire, de l'universel, de l'être en soi. Or cette nécessité logique est le principe sur lequel sont fondées toutes les démonstrations des métaphysiciens, principe qu'on ne peut nier sans nier en même temps la pensée, la raison, l'esprit dont il est la loi. Il semble donc que toutes ces démonstrations, l'ayant pour fondement, devraient être à l'épreuve de la critique. Aucune pourtant n'a résisté à la terrible machine des antinomies kantiennes.

LE SAVANT. — D'où cela peut-il venir ?

LE MÉTAPHYSICIEN. — De ce que ce principe est mal entendu et mal appliqué par les métaphysiciens. Ainsi que la pensée ne puisse s'arrêter qu'à l'absolu, dans la série des effets et des causes dont la vie universelle nous offre le spectacle, cela est une nécessité de la raison. Ce qui n'est nullement nécessaire, c'est de s'arrêter, comme le veut Aristote, à un premier Moteur, distinct du système qui en reçoit le mouvement. Au contraire, l'essor de l'esprit n'a point de terme, dans cette série de relations qu'il conçoit comme infinie. Toute succession infinie de mouvements n'admet pas de premier Moteur ; et quand Aristote dit qu'il faut bien s'arrêter, χρὴ στῆναι, c'est une nécessité de son système qu'il exprime au fond, non une nécessité logique. Sans doute il lui faut s'arrêter, parce que s'étant mépris, comme Platon, sur le véritable principe du mouvement, l'hypothèse d'un premier Moteur est l'unique ressource qui lui reste pour échapper à une absurdité. Il lui faut ce Moteur à tout prix, sans quoi le mouvement de sa machine cosmique est impossible. Mais alors vient Kant qui lui prouve, ainsi qu'à toute la scolastique, que, si c'est une nécessité de s'arrêter à un premier Moteur, c'en est une autre non moins impérieuse de remonter à l'infini la série des causes. Et encore Kant ne dit point assez. Il parle de nécessité égale dans les deux affirmations contradictoires, parce qu'il tient à établir une parfaite antinomie sur ce point, comme sur tous les problèmes de la métaphysique. Mais il n'y a de nécessité vraiment logique que dans la seconde affirmation. En sorte que la thèse du premier Moteur est non-seulement une hypothèse, mais une hypothèse contraire à la raison.

Le Savant. — C'est grand dommage pour la théologie, qui n'a pas d'argument plus populaire et plus commode que celui-là. Le principe de causalité est d'une intelligence si facile et d'une application si générale ! Le Monde a une cause ; donc Dieu existe : voilà un raisonnement que tout le monde peut faire. Vous savez la belle parole de Vanini accusé d'athéisme : « Ce brin de paille que je ramasse ne s'est pas fait tout seul ; donc Dieu existe. » Avec ce principe, tout peut devenir matière à démonstration ; tout mène à Dieu.

Le Métaphysicien. — Le principe de causalité n'est point applicable au problème métaphysique. Tout effet suppose une cause, dit-on vulgairement ; donc le Monde a une Cause première. Oui, sans doute, si le Monde est un effet. Mais voilà précisément la question. Le Monde n'est un effet qu'au point de vue de l'imagination, qui n'en voit que la scène mobile et tout extérieure. Mais pour la raison, qui le comprend dans son fond et sa substance, la Nature a en elle-même son principe de mouvement et de changement : elle est la cause de tous ses effets. Toute démonstration d'un premier Moteur, ou d'une Cause première, par le principe de causalité, repose sur l'hypothèse d'une matière essentiellement inerte et recevant son mouvement d'une cause étrangère. Si cette conception cosmique était vraie, l'esprit humain se trouverait dans un cruel embarras. D'une part, nécessité de s'arrêter à un premier Moteur pour expliquer le mouvement ; de l'autre, impossibilité de s'arrêter dans la série infinie des effets et des causes. L'antinomie serait absolue, et l'esprit condamné au doute, Heureusement la difficulté vient d'une hypothèse fausse. La vraie notion de la Nature et de la matière nous délivre tout à la fois des démonstrations d'un premier Moteur, et des contradictions que la critique oppose sur ce point à la métaphysique.

Le Savant. — Je vois tout un ordre d'arguments fort accrédités à retrancher du chapitre des preuves de l'existence de l'Être métaphysique.

Le Métaphysicien. — Il le faut bien, sous peine de tomber sous la terrible loi des antinomies. Mais ce n'est pas le seul sacrifice que la métaphysique ait à faire pour y échapper. Dans la catégorie de l'existence, l'esprit obéit à la même nécessité logique que dans la catégorie de la relation. Il lui est tout aussi impossible de s'arrêter dans la série des formes que dans la série des mouvements de la vie universelle. Or que fait la métaphysique ? Elle conclut à la nécessité d'une substance immuable, distincte des substances aux modes changeants, comme elle a déjà conclu tout à l'heure à la nécessité d'un premier Moteur immobile. C'est le même procédé de démonstration, avec cette différence que le principe de substance y figure au lieu du principe de causalité. Tout phénomène suppose une substance ; or le Monde est un phénomène, ou une série de phénomènes ; donc il suppose un principe d'être, comme il suppose un principe de mouvement ; donc il existe une Substance première créatrice, comme il existe une Cause première motrice. Mais alors Kant arrive encore qui démontre que, la série des formes de l'être étant infinie, de même que la série des mouvements, l'esprit n'y trouve pas plus la substance qu'il n'y trouve la cause, dans le sens absolu du mot. Le point d'arrêt est impossible dans les deux cas ; et comme, d'une autre part, l'esprit ne peut s'en tenir au phénomène, le voilà encore condamné à l'alternative de ne pouvoir ni s'arrêter ni poursuivre à l'infini.

Le Savant. — Mais alors que fera-t-il ?

Le Métaphysicien. — Il fera ce qu'il a fait pour la démonstration de la Cause première ; il supprimera la difficulté, en supprimant la fausse hypothèse sur laquelle repose la preuve par le principe de la substance. Leibnitz conclut l'existence de l'Être métaphysique de la distinction du phénomène et de la substance, ou, pour nous servir de ses termes, du contingent et du nécessaire. Il y a des Êtres contingents ; donc il existe (s'il est possible) un être nécessaire. Assurément, rien de plus sûr que cette distinction du contingent et du nécessaire ; rien de plus sûr non plus que la connexion logique qui unit les deux termes. Parler d'êtres contingents, c'est appeler infailliblement l'Être nécessaire, comme on ne peut parler d'effet sans éveiller l'idée de cause. Ce qui est plus que contestable, c'est l'application qu'on fait ici du principe de la substance ; c'est la conclusion qu'on tire de la distinction du contingent et du nécessaire. Le Monde est contingent, dit-on ; donc il existe un Être nécessaire. C'est là précisément la question. Le monde de l'imagination est contingent, par la mobilité incessante de ses formes. Mais le monde de la raison est nécessaire, par la fixité de ses lois et de ses types, et surtout par l'indestructibilité de sa substance. Il est donc contingent et nécessaire tout à la fois, comme il est effet et cause. Ce qui fait qu'il n'y a pas plus lieu de lui chercher un principe d'être qu'un principe de mouvement, au delà du temps et de l'espace. Donc toutes les démonstrations de l'existence de l'Être métaphysique conçu comme être à part du Monde, fondées sur la distinction du phénomène et de l'être, du contingent et du nécessaire, sont infirmées dans leur conclusion.

Le Savant. — Encore un sacrifice imposé par la critique à la métaphysique.

Le Métaphysicien. — Ce n'est pas le dernier. La catégorie de la qualité et de l'essence a fourni également un grand nombre de preuves, fondées sur l'idée même de la perfection. Les célèbres démonstrations de Descartes n'ont pas d'autre origine. Il est très vrai que l'esprit ne peut s'arrêter, dans cette catégorie, à aucune des formes plus ou moins imparfaites que l'expérience nous montre, ou que l'imagination peut nous faire supposer. Mais la métaphysique a-t-elle pour cela le droit de conclure à l'existence réelle et objective de l'Être parfait, suprême Idéal de la pensée ? C'est ce que nie la critique. De deux choses l'une : ou il s'agit d'un être absolument parfait, et alors cet être n'est qu'un idéal ; ou il s'agit d'un être simplement plus parfait que tous ceux que l'expérience nous livre, et alors la pensée ne peut s'y arrêter. Quant à un Être absolument parfait et réel en même temps, c'est une chose qui implique contradiction. Voilà donc encore tout un système de preuves qui croule par la base. Platon, Descartes, Malebranche, Bossuet, Fénelon, ont eu beau y mettre leur génie et leur éloquence ; ils n'ont pu résister à l'épreuve de la critique (1).

Le Savant. — Il faut que la métaphysique en fasse encore son deuil.

Le Métaphysicien. — Viennent enfin les preuves tirées de la catégorie de la quantité : par exemple, les démonstrations de Clarke fondées sur l'infinité de l'espace. Mais, en thèse générale, il est trop évident qu'il n'y a pas lieu de conclure de l'idée de l'infini à l'existence de l'être infini, tant qu'on s'en tient à la notion de la quantité abstraite, nombre ou étendue. Que la pensée ne puisse s'arrêter, dans la catégorie de la quantité, cela est certain, mais ne prouve pas qu'il existe un nombre infini, une étendue infinie, distincte des étendues et des nombres finis. L'infini en quantité, nombre, temps, espace, n'est qu'un attribut de l'être. Loin de servir à en prouver l'existence, c'est, au contraire, l'idée et la démonstration de l'Être qui impliquent l'idée et la démonstration du nombre, du temps, de l'espace infinis. Clarke a donc entrepris une œuvre impossible, en essayant de fonder l'existence de l'Être métaphysique sur la réalité objective de l'espace infini.

Le Savant. — Je vois que la critique a prise sur toutes les preuves tirées des diverses catégories de la pensée, quantité, qualité, existence, relation. On peut en conclure, ce semble, qu'il n'y a pas de démonstration possible de l'existence de l'Être métaphysique.

Le Métaphysicien. — Ainsi pensent les théologiens

(1) Voyez le XIe Entretien, *Critique de l'idéalisme.*

mystiques, avec lesquels la science n'a point à compter. C'est aussi l'avis d'excellents esprits qui, fatigués des fausses démonstrations d'une philosophie plus ou moins scolastique, croient pouvoir se reposer dans une intuition immédiate des vérités premières. A leur sens, l'Être métaphysique se pose et ne se démontre pas ; il est objet de conception et de foi intime non de démonstration. Il n'en est pas plus sujet au doute pour cela. Au contraire, il a, comme toutes les vérités premières, le privilége d'être évident par lui-même, et par suite au-dessus de toute démonstration. Ce n'est donc pas un vague sentiment de l'âme qui l'appelle ; c'est une vue claire de la raison qui le saisit dans sa pure essence. La raison le conçoit, comme le sens perçoit l'être individuel, et, de même que dans la perception extérieure, croit à son objet sans démonstration. Il n'y a pas là l'ombre de mysticisme, et la science conserve tous ses droits.

LE SAVANT. — N'est-ce pas votre opinion?

LE MÉTAPHYSICIEN. — J'en serais tenté, si vraiment la métaphysique n'avait pas le choix entre un simple acte de foi de la raison, et les démonstrations que repousse la critique. Je conviens même que cette doctrine tend à prévaloir dans la philosophie actuelle, en haine de la scolastique théologique dont on a tant abusé. Mais je ne vois pas que la science en soit réduite à cette extrémité. L'Être métaphysique, vous l'avez vu, se démontre de la manière la plus simple et la plus rigoureuse, absolument comme la première vérité mathématique venue, par axiomes et par définitions. Les conceptions de l'être, de l'infini, de l'absolu, du nécessaire, de l'universel, sont impliquées de telle sorte dans les notions du phénomène, du fini, du relatif, du contingent, de l'individuel, que la logique ne peut les en séparer. Donc, en affirmant l'un des derniers termes, la pensée affirme l'un des premiers. Et comme elle ne peut rien affirmer que sous les catégories dont je viens de parler, il s'ensuit que toute affirmation, quel qu'en soit l'objet, est une affirmation de l'Être métaphysique, et peut servir de matière à une démonstration de son existence et de ses attributs. Oui, on a eu raison de le dire, tout révèle, tout affirme, tout démontre le Principe des choses, le brin de paille aussi bien que l'Univers. L'erreur de la théologie n'est pas d'avoir proclamé ce principe, mais de l'avoir mal appliqué. De l'Être métaphysique qui sort ainsi de toute notion du fini, du contingent, du phénomène, de l'individuel, elle fait un Être à part, relégué par delà le temps, l'espace et le monde de la réalité. Cet Être-là, nul signe ne le révèle, nulle route n'y conduit, nul principe ne le démontre. C'est une pure abstraction, que la raison ne saisit pas mieux que l'imagination.

Le Savant. — C'est entendu.

Le Métaphysicien. — Voilà l'Être en soi et par soi posé avec tous ses attributs essentiels, objet propre de la métaphysique. Cet objet ne se comprend et ne se définit qu'en opposition avec toutes les réalités révélées par l'expérience. On peut dire, décrire, expliquer indéfiniment tout ce qu'il n'est pas. Mais s'il s'agit d'affirmer ce qu'il est, trois ou quatre mots suffisent, répétés de siècle en siècle, d'école en école, avec des variantes qui tiennent à l'expression plutôt qu'à la pensée. Et encore, à y regarder de bien près, ces affirmations, bien analysées, se réduisent elles-mêmes à des négations. Voyez plutôt. L'Être en soi de la raison pure n'est aucune réalité qu'on puisse percevoir ou imaginer ; car alors il ne serait point l'Être en soi, toute réalité étant un phénomène qui passe. Il n'est ni dans le temps ni dans l'espace; car il serait borné. Il n'a aucune forme déterminée ; il n'est ni corps, ni âme, ni même esprit, pour parler comme Malebranche ; car il serait un être, et non plus l'Être en soi. Sa nature d'Être universel répugne à toute espèce d'individualité, si excellente et si compréhensive qu'elle soit. Enfin il est sans rapport avec quoi que ce soit, l'isolement absolu étant la condition de l'absolue indépendance. Avec Fénelon, nous ne trouvons qu'une affirmation pour exprimer la nature de l'Être métaphysique : *Il est celui qui est*.

Le Savant. — C'est de Dieu même que parle Fénelon.

Le Métaphysicien. — La définition peut être contestée pour Dieu, mais non pour l'Être cosmique, source de la vie universelle.

Le Savant. — Ainsi réduit à ses attributs abstraits, l'Être métaphysique n'est-il pas l'être dans le sens purement abstrait du mot, l'être vide de la dialectique éléatique ou platonicienne? J'en ai grand'peur, quand je pense que ces attributs, de votre propre aveu, ont un sens tout négatif.

Le Métaphysicien. — Prenons bien garde ici. Vous semblez confondre deux choses fort différentes : une conception de la raison, et une simple abstraction de la pensée. Prendre la réalité pour base de la spéculation métaphysique, la dépouiller successivement de tout attribut, de toute propriété, jusqu'à ce qu'on l'ait réduite à la notion vide de l'existence abstraite, et donner cela pour l'Être en soi, est un jeu de dialectique, auquel un esprit sérieux ne se laisse pas prendre. S'il n'y a rien de plus que cette abstraction sous l'*Unité* éléatique, et sous l'*Idée* platonicienne, ce dont je doute fort, je conviens que Parménide et Platon n'ont rien compris à l'Être universel de la raison et de la vraie métaphysique. Tout autre est notre pensée. Je n'ai jamais songé à isoler l'Être infini, absolu, nécessaire, universel, auquel notre raison donne ce nom, des réalités finies, relatives, contingentes et individuelles qui le manifestent. Le résultat de notre analyse et de notre critique des conceptions rationnelles, vous ne l'avez point oublié, est que ces conceptions n'ont d'autre objet réel que la totalité des phénomènes et des êtres dont se compose la vie universelle, embrassée dans l'éternité du temps, et dans l'immensité de l'espace. Quand je dis que l'Être métaphysique n'est aucun être déterminé, qu'il n'est pas plus âme que corps, esprit que matière, intelligence qu'instinct, Personne que Nature, je n'ai point en vue un certain être à part de tous ceux-là, dont l'essence propre serait d'être sans propriétés et sans attributs définissables. Si l'Être métaphysique n'est aucune de ces réalités, il les contient toutes, non pas en puissance seulement, mais en acte, bien différent en cela de l'être abstrait et parfaitement vide de la dialectique scolastique. En ce sens, il est Esprit comme il est Nature ; il est intelligence et volonté, comme il est instinct et nécessité (1). Car c'est précisément le propre de l'Être universel d'être tout, sans être aucune réalité déterminée ou particulière. Voilà pourquoi, dans la définition rationnelle de l'Être métaphysique, il faut bien se garder de faire entrer une propriété, un attribut quelconque de la réalité, si grand et si excellent qu'il soit. Quand on a dit qu'il est l'Infini, l'Absolu, l'Universel, l'Être, la définition est complète. Tout attribut qu'on ajoute, pour la préciser ou l'enrichir, ne peut que la fausser. Tous les grands métaphysiciens l'ont senti, depuis Plotin jusqu'à Fénelon. Leur erreur n'est pas d'avoir maintenu l'idée de l'Être métaphysique à cette hauteur, mais de l'avoir

(1) Strauss, *Glaubenslehre*, t. I, p. 575 : « Dieu est tout sachant, parce qu'il embrasse toutes les intelligences finies, qui dans leur ensemble représentent tous les degrés possibles du savoir. »

convertie en abstraction, en lui assignant un objet à part, au delà du monde réel.

LE SAVANT. — Cette explication me montre que vous n'êtes point dupe d'une illusion logique.

LE MÉTAPHYSICIEN. — J'espère qu'elle vous prémunira également contre un sophisme qui a acquis dans la science, et surtout dans le sens commun, l'autorité d'un argument invincible. Quand la métaphysique, pénétrée de la nécessité de limiter l'idée de l'Être métaphysique aux attributs qui lui sont propres, en retranche toute représentation, et même toute détermination empruntée à l'expérience ; quand elle en fait l'Être absolu, universel, l'Être tout court, sans les attributs de conscience, de personnalité, de volonté, on croit l'arrêter d'un mot. Peut-il y avoir moins dans la cause que dans l'effet? Le Monde serait-il plus riche en attributs que son Auteur? Enfin comment concevoir que l'Être créateur ait créé, engendré, produit (peu importe l'hypothèse) des êtres vivants, actifs, intelligents, libres, sans être tout cela lui-même?

LE SAVANT. — L'objection est spécieuse en effet.

LE MÉTAPHYSICIEN. — Elle est même sans réplique pour toute doctrine qui sépare l'Être infini de l'être fini, et ne les rattache l'un à l'autre que par la relation de la créature au Créateur. En ce cas, il est impossible de comprendre le Créateur dotant la moindre de ses créatures d'attributs qui lui feraient défaut à lui-même. Ce n'est pas l'être intelligent et libre seulement qui serait un mystère dans l'œuvre créatrice; le premier être vivant, le moindre fétu de paille offrirait la même difficulté. L'absurdité n'est pas moindre au bas de l'échelle qu'au sommet. On ne se tire pas d'affaire, en disant qu'il suffit que la Cause possède en puissance et à un degré bien supérieur tout ce que l'effet possède en acte.

Car alors faire de la Cause l'être en puissance, c'est la réduire à une abstraction, tout être n'existant réellement qu'en acte. Vous l'avez vu, la distinction de la puissance et de l'acte n'implique pas la distinction substantielle de deux êtres qui seraient entre eux dans la relation de la cause à l'effet. Tout être est en puissance, en même temps qu'en acte; en puissance de ce qui sera, en acte de ce qui est. Or l'Être métaphysique de nos théologiens, Cause créatrice du monde, est conçu par eux comme un être en acte, substantiellement distinct de son effet; ce qui rend impossible la supposition qu'il y ait moins dans la cause que dans l'effet. Mais l'objection tombe devant la conception rationnelle des vrais rapports qui unissent l'Être infini aux êtres finis. Si ceux-ci ne sont que des manifestations de celui-là, ainsi que l'a démontré la critique des conceptions de la raison, il n'y a plus lieu de chercher comment il se fait que l'effet possède des attributs qui manquent à la cause. L'Infini possède tout, puisqu'il est le Tout; il possède l'intelligence, la conscience, la volonté, comme le reste. Il n'en est pas moins vrai qu'aucun de ces attributs ne doit entrer dans la définition rationnelle de l'Infini, sous peine de le confondre absolument avec tel objet fini. Vous voyez que toute la force de l'objection tient au préjugé théologique qui imagine la relation de l'Infini et du fini sur le type des rapports que l'expérience perçoit entre les réalités individuelles. La loi de toute création, de toute génération, dans le monde des individus, est que la cause ne peut contenir moins que son effet, sinon en acte, du moins en sa puissance. Mais cette loi n'est plus applicable au rapport de l'Universel aux individus, tel que le conçoit la raison. La difficulté disparaît donc avec l'hypothèse qui l'avait suscitée.

Le Savant. — C'est ce que je pense aussi.

Le Métaphysicien. — Il en est de même d'une autre objection tirée du principe des causes finales. Vous ne niez pas, dit-on, l'ordre qui éclate dans toutes les parties connues de l'Univers. Partout la correspondance des moyens à la fin révèle les intentions d'une cause intelligente. La nécessité de supposer à l'ouvrier les attributs qui brillent dans son œuvre, de reconnaître, comme dit Voltaire, l'horloger dans l'horloge, est un dogme du sens commun.

Le Savant. — Si ce n'est qu'un préjugé, il faut convenir que c'est un des préjugés le plus enracinés dans la croyance humaine.

Le Métaphysicien. — Il est en effet invincible pour cette école de théologiens qui font du Monde une *création*, dans le sens propre du mot. Mais si cette conception n'est qu'une fiction, ainsi que nous l'avons démontré, si la Cause et l'effet sont substantiellement identiques, il n'y a plus lieu de conclure du caractère intelligible de l'œuvre à l'intelligence de l'ouvrier. Ce n'est pas qu'on puisse mettre en doute, comme l'a fait de tout temps la philosophie matérialiste, le caractère intelligible de la vie universelle, et l'intelligence de son Principe. Seulement il faut se garder de transporter dans l'ordre des vérités métaphysiques les idées et les images du monde de l'expérience. Le développement de la vie universelle n'a absolument rien de commun avec la création d'un artiste. L'Être infini n'est pas un Être distinct des êtres finis, concevant et créant son œuvre à un moment déterminé. La vie universelle est son acte nécessaire, sa réalité intime, et identique avec son essence. Ne disons donc point que l'œuvre révèle l'ouvrier, et l'horloge l'horloger, ces façons de parler supposant, entre la Cause et l'effet, une relation purement imaginaire. Parlons de l'intelligibilité de l'effet, et de l'intelligence de la cause; rien de plus rationnel et de plus conforme à l'expérience. Si par cause finale, vous entendez simplement la relation des moyens à la fin, des organes à la fonction, dans la vie universelle, il faut être aveugle, ou fermer systématiquement les yeux à la lumière, pour ne pas voir partout cette relation. Ce n'est point, quoi qu'en dise Spinosa, une pure distinction empruntée aux convenances humaines, et appliquée arbitrairement à la nature même des choses; c'est la loi des choses et des êtres qui s'impose à la pensée et à la science avec un caractère d'évidence et de nécessité absolue. Pourvu qu'on n'abuse pas de l'analogie, et qu'on ne prête pas gratuitement à la Nature des fins et des intentions incompatibles avec la simplicité et la généralité de ses lois, ainsi que l'ont fait trop souvent les *cause-finaliers* de la famille de Bernardin de Saint-Pierre, l'usage du principe des causes finales est aussi fécond que légitime dans la science. Ce qui n'est plus rationnel, c'est l'induction théologique qu'on en tire, c'est l'hypothèse d'un Principe créateur du Monde, à l'instar de l'artiste qui dépose sa pensée dans une matière extérieure. La métaphysique rationnelle a l'air d'énoncer un paradoxe, quand elle nie l'auteur intelligent d'une œuvre intelligible. Mais ce n'est, remarquez-le bien, ni l'intelligibilité de l'effet, ni l'intelligence de la cause qu'elle nie; c'est uniquement la relation de l'œuvre à l'ouvrier. Il n'y a point à conclure de l'intelligibilité de l'œuvre à l'intelligence de la cause créatrice, parce que le Monde n'est point une œuvre, et que la Cause ne peut, sans anthropomorphisme, être assimilée à un artiste. L'Être métaphysique est intelligence aussi bien que puissance; il est intelligence en tant qu'Esprit, comme il est puissance en tant que Nature.

LE SAVANT. — Votre démonstration ne laisse aucun

doute dans mon esprit sur ces points. L'Être métaphysique est proprement l'Être infini, absolu, universel. Ces attributs sont d'une nécessité évidente, et il n'est pas une école de théologiens qui ne commence par les poser à priori. Tout attribut qui les contredit doit être exclu de l'idée de l'Être en soi, quelles que soient les réclamations du préjugé commun. J'abandonne donc à la métaphysique empirique toutes ces déterminations, toutes ces personnifications qui répugnent à l'essence de l'Infini. Je ne veux ni d'un Infini qui s'étend dans la Nature, ni d'un Infini qui se concentre dans l'Esprit.

Le Métaphysicien. — Il faut également renoncer à concevoir l'Être métaphysique sous l'attribut de personnalité.

Le Savant. — Mais en faire un être impersonnel, n'est-ce pas le rabaisser au niveau des êtres de la Nature ? Comment l'Être universel pourrait-il être inférieur aux êtres moraux dont il est le Principe ?

Le Métaphysicien. — Vous n'entendez pas ma pensée. L'Être universel ne comporte aucune détermination individuelle, en ce sens qu'il les comprend toutes. L'unité de l'Être universel ne peut être conçue comme *personnelle*, par la raison très simple qu'il est infini. Toute personnalité, vous le comprenez facilement, a pour condition la conscience, laquelle a elle-même pour condition la limite. Je ne veux pas dire par là que tout être fini soit nécessairement *conscient*. Il est trop clair que la conscience ne peut appartenir, dans l'ordre des êtres finis, qu'aux êtres pensants, aux *esprits*. J'entends seulement que pour qu'un être ait conscience de soi, pour qu'il s'affirme, se pose comme moi, il faut qu'il se distingue, se sépare d'un non-moi quelconque. Or ce moyen de distinction, ce non-moi manque à l'activité infinie de l'Être universel, quelle qu'en soit d'ailleurs l'unité. Il ne pourrait se saisir comme moi, prendre conscience de lui-même qu'en s'opposant un non-moi ; ce qui est impossible, puisqu'il est tout, en sa qualité d'Être infini et universel. Donc ici encore nos métaphysiciens ne se rendent pas compte de la nature des notions qu'ils emploient. La contradiction est manifeste ; entre les attributs métaphysiques et les attributs psychologiques, il faut choisir. Il n'est pas plus facile de concevoir l'Être infini et universel comme personnel, que de le concevoir comme fini et individuel (1).

LE SAVANT. — Je comprends cela. Mais n'est-ce pas, comme on dit, éviter Charybde pour tomber en Scylla ? Ne craignez-vous pas qu'on ne voie plus dans votre Être infini et universel qu'une simple totalité, le τό πᾶν de certains panthéistes grossiers ?

LE MÉTAPHYSICIEN. — On aurait grand tort. De ce que Dieu est *impersonnel*, en tant qu'infini et universel, il n'en faudrait rien conclure contre son unité. L'unité est pour l'Être infini et universel l'attribut même de son

(1) « La personnalité est un moi concentré en lui-même par opposition à un autre moi ; l'Absolu, au contraire, est l'Infini qui embrasse et contient tout, qui par conséquent n'exclut rien. Une personnalité absolue est donc un non-sens, une idée absurde. Dieu n'est pas une personne à côté et au-dessus d'autres personnes ; mais il est l'éternel mouvement de l'Universel qui ne se réalise et ne devient objectif que dans le sujet. La personnalité de Dieu ne doit donc pas être conçue comme individuelle, mais comme une personnalité totale, universelle (*allpersonlichkeit*), et au lieu de personnifier l'Absolu, il faut apprendre à le concevoir comme se personnifiant à l'Infini. » (Strauss, *Glaubenslehre*, t. II, p. 505 et 524.) Sauf le mot Dieu, qui a mérité à l'auteur le nom redoutable de *panthéiste*, il est impossible d'exprimer avec plus de force et de précision la contradiction des deux attributs d'infinité et de personnalité. On peut soutenir que Dieu est l'Être parfait, et non l'Être infini. C'est notre thèse. Et alors rien n'empêche de le concevoir sous la forme supérieure de l'esprit pur et de la personnalité. Mais, du moment qu'on le donne pour l'Être infini, on ne saurait soutenir qu'il est personnel.

existence. S'il pouvait être conçu comme un simple Tout, il pourrait bien être encore infini et universel; mais il ne serait pas l'Être infini et universel. Pour qu'il fût l'Être en soi, il ne lui manquerait que l'être. Vous n'auriez plus, sous ce mot, que la série ou le système des êtres dont se compose l'Univers. L'Être universel est donc un, ou il n'est pas.

LE SAVANT. — J'en conviens. Mais cette unité elle-même peut-elle se concilier avec l'infinité et l'universalité?

LE MÉTAPHYSICIEN. — Parfaitement. Vous venez de voir pourquoi la personnalité est incompatible avec ces deux attributs. On ne peut concevoir l'Infini se posant comme personne, c'est-à-dire comme moi, qu'en s'opposant un non-moi, et par suite en se limitant et en s'individualisant. Mais l'unité est un attribut tout métaphysique, qui n'a rien d'incompatible avec les autres attributs de ce genre. L'Être cosmique peut être conçu comme Un, sans cesser d'être infini et universel. Il suffit de ne point assimiler cette unité infinie et universelle à l'unité finie et individuelle de tout être ou de tout système d'êtres perçu par l'expérience. Si l'on peut dire de l'Être infini ce que Pascal a dit de l'espace infini, dont le centre est partout et la circonférence nulle part, il faut admettre que l'unité de l'Être cosmique a son siége partout et nulle part, bien différente en cela de l'unité des individus dont le centre peut toujours être déterminé. Mais cette unité n'en est pas moins réelle pour cela.

LE SAVANT. — Je le comprends.

LE MÉTAPHYSICIEN. — Quant à la personnalité de l'Être cosmique, il y faut décidément renoncer. Ce n'est pas que le langage de la métaphysique la plus rationnelle ne se prête de temps en temps à l'expression de cet attribut. L'école allemande elle-même parle de la conscience, de la liberté, de la personnalité de l'Être absolu. Seulement gardons-nous de prendre cela à la lettre. Il n'y a qu'un moyen pour l'Être infini et universel de devenir personnel ; c'est de cesser d'être l'un et l'autre. Comme, à parler rigoureusement, rien n'est en dehors de l'Infini, et que tous les êtres de l'Univers n'en sont que les diverses manifestations, on peut dire de chacun de ces êtres qu'il est l'Infini, à un moment donné de son activité. En ce sens, l'Infini est Nature, est Esprit. En ce sens encore, on peut dire qu'il est personne, qu'il prend conscience de lui-même, dans cette manifestation supérieure de son être qu'on nomme l'Humanité. C'est de cette manière que la philosophie allemande a pu définir la pensée la conscience, et l'esprit le moi de l'Être universel. Mais, en bonne métaphysique, ce langage n'est point correct. Qu'on dise que la Nature, que l'Humanité, que toute chose est identique avec l'Être infini, le mot est exact, en tant qu'il exprime la vraie relation des individus à l'Être universel. Mais la raison ne permet pas d'appliquer ce nom à un autre objet que l'Être en soi lui-même conçu dans son essence métaphysique, c'est-à-dire dans son infinité, son indépendance, sa nécessité, son universalité. Nulle forme, nulle manifestation de l'Être infini, absolu, universel, ne pouvant être elle-même infinie, absolue, universelle, il s'ensuit que ce grand mot ne convient proprement qu'au seul Être métaphysique révélé par la raison.

Le Savant. — Cette explication me fait comprendre comment on ne rabaisse ni on ne mutile l'idée de l'Être métaphysique en éliminant tous les attributs qui ont un caractère quelconque de détermination, et par suite d'exclusion.

Le Métaphysicien. — Tel est donc l'Être cosmique. Le Monde de la raison est autre chose qu'un espace vide, plus ou moins rempli par les individus qui s'y succèdent ou s'y juxtaposent; autre chose qu'une série absolument continue d'êtres, ne laissant aucun intervalle entre les individus qui la composent; autre chose même qu'un Tout dont les parties liées entre elles donneraient à l'ensemble l'unité d'un système. C'est un Être véritable, parfaitement un dans son unité et son universalité. Cet Être est toujours et partout mouvement, vie, progrès, dans l'immensité de son étendue, comme dans l'éternité de sa durée. En lui ni vide ni repos. Quand on dit que tous les êtres qui composent l'Univers sont en lui, cela ne signifie point qu'ils y sont comme l'être dans l'espace : on veut dire par là qu'ils y sont comme la partie dans le Tout. Tous ces êtres ne sont que les formes saisissables d'un Être universel, dont aucune forme ne fixe la substance, dont aucun acte n'épuise la force créatrice.

Le Savant. — Je ne conteste ni la grandeur ni la vérité de cette conception cosmique. Mais il me vient un scrupule. Êtes-vous bien sûr qu'elle soit purement rationnelle? Il me semble y apercevoir les traces de l'expérience et de l'induction. Pourquoi concevez-vous le Monde comme l'Être unique, si ce n'est parce que vous l'assimilez à un certain type d'être et de vie déjà perçu par l'expérience? La raison peut bien vous faire comprendre à priori la nécessité de l'être partout et toujours; mais elle s'arrête là. Pour passer de cette simple nécessité à l'idée nette et précise d'un Être unique, dont tous les êtres et tous les systèmes d'êtres individuels ne seraient que des parties en quelque sorte organiques, l'induction semble nécessaire. Vous ne concevez réellement pas à priori le Cosmos; vous l'imaginez par analogie. Or c'est là une hypothèse gratuite que rien ne vérifie ni ne justifie. Sauf la précision toute moderne des termes, vous procédez comme les partisans platoniciens ou stoïciens de l'*Ame du monde*. Ne craignez-vous pas de rentrer ainsi dans les errements de la vieille métaphysique ?

Le Métaphysicien. — Je ne le pense pas. Mais je comprends que les mots dont je me suis servi aient pu vous induire en erreur sur ce point, malgré le soin que j'ai pris de ne mêler à l'expression d'une conception toute rationnelle aucune image, ni aucune représentation empirique. Laissons donc encore une fois les mots, et allons droit à l'idée. Que nous dit la raison sur le Monde? Qu'il est infini, nécessaire, absolu, que l'être y est continu, que la représentation de l'Univers, en tant qu'espace vide, semé çà et là de réalités corporelles, est une pure fiction de l'imagination. Or, si l'être est partout et toujours, s'il n'est pas possible d'y supposer le moindre vide, le moindre intervalle, il s'ensuit que les distinctions et séparations que nos sens y perçoivent sont purement relatives aux formes de l'être, qu'elles n'excluent en rien la continuité et l'unité substantielle de l'Être universel. Voilà la conception cosmique, dans sa pureté rationnelle; l'analogie et l'induction n'y sont pour rien.

Le Savant. — Mais il faut s'en tenir là, sous peine de l'altérer.

Le Métaphysicien. — En effet, la raison ne peut rien nous affirmer de plus sur le Monde. Tout ce que nous ajoutons à cette simple conception, c'est la science qui nous le dicte, ou l'induction qui nous le suggère. Ainsi, quand la philosophie ancienne se faisait du Monde l'idée d'un immense Être vivant, elle procédait par analogie. La raison conçoit à priori l'unité de l'Être universel. De plus, l'expérience confirme cette unité; car, partout où elle peut pénétrer, elle retrouve des rapports d'harmonie entre les êtres, et entre les systèmes d'êtres. Voilà la vérité. Mais qu'il y ait entre tous les êtres de l'Univers la même relation, la même sympathie qu'entre les organes d'un être vivant, c'est ce que l'expérience ne montre nullement : loin de là, les faits contredisent cette hypothèse. Il faut donc bien se garder de forcer l'induction en pareille matière. Une certaine conception du Monde nous étant donnée par la raison, l'expérience et la science seules peuvent y ajouter. Tout ce qui n'en vient pas, ne peut venir que de l'imagination ou de l'hypothèse. Or toute conception cosmique puisée à l'une de ces deux sources est plus ou moins arbitraire. Assurément l'hypothèse d'un être organique est bien plus favorable à l'explication des phénomènes cosmiques que celle d'une matière inerte; mais cette hypothèse dépasse les données de l'expérience, et fausse, en une certaine mesure, la conception rationnelle du Monde. Une science positive ne peut donc l'accepter.

Le Savant. — C'est mon avis.

Le Métaphysicien. — Il y a plus. Ces sortes d'hypothèses ne sont pas seulement arbitraires; elles sont le plus souvent dangereuses, en ce qu'elles mettent en péril certaines vérités psychologiques dont la morale ne peut se passer. Un des problèmes les plus difficiles que la philosophie ait eu à résoudre de tout temps, c'est la difficulté de comprendre l'activité propre, l'autonomie, l'individualité des êtres, et particulièrement des êtres libres, au sein de l'Être universel. Or cela devient tout à fait impossible, du moment qu'on se représente cet Être comme une âme, une personne, ou même un des êtres vivants de la Nature. Telle est en effet dans ces êtres la relation des parties avec le Tout, que toute vie, toute activité partielle s'y confond nécessairement avec la vie et l'activité générales. Cette hypothèse ne permet donc pas de concilier la libre expansion des forces individuelles avec l'unité de l'Être universel. Si nous la supprimons, et que nous nous en tenions à la conception cosmique, telle que la raison nous la donne, et telle que la science la détermine, l'obstacle disparaît. L'Être universel, pris dans sa généralité toute rationnelle, n'a rien qui exclue l'activité, l'individualité, la liberté des êtres particuliers. Quant à la nature des rapports qui rattachent les individus à l'Être universel, c'est l'expérience et la science qui seules peuvent nous la révéler. Plus la science avance, plus ces rapports deviennent intelligibles. Ainsi, le monde solaire est un système où toutes les grandes masses planétaires se font équilibre par leurs attractions réciproques. Cela n'empêche point que chaque planète n'ait son activité et sa vie propres. Le globe terrestre est mieux qu'un système; c'est un vaste organisme dont toutes les parties sont étroitement liées entre elles. Les individus qui l'habitent, corps bruts, plantes, animaux, hommes, durent, végètent, vivent, sentent, pensent sous l'action des forces générales et organiques de leur planète. En ont-ils moins pour cela, les uns la spontanéité de leurs mouvements, les autres la liberté de leurs actes, tous leur individualité propre? Sur ce globe, il est une espèce d'êtres vivants, l'*Humanité*, dont les individus conservent leurs mouvements, leurs mœurs, leurs sentiments, leurs pensées propres, la responsabilité de leurs actes, au sein de la vie sociale et générale qui enveloppe les esprits, comme l'atmosphère enveloppe les corps. Leur individualité morale se maintient dans ce milieu, de même que leur individuolité physique dans l'autre milieu où ils se trouvent plongés. Il en est sans aucun doute de même de l'Univers entier; il forme un Tout, immense, éternel, où toutes choses concourent et conspirent, sans perdre leur activité et leur individualité. Voilà la loi constante de tout être. Il n'est pas d'individu qui ne vive tout à la fois de sa vie propre et de la vie universelle.

LE SAVANT. — Mystère redoutable !

LE MÉTAPHYSICIEN. — Quand cela serait, ce mystère étant la loi même de la vie, la science doit l'accepter comme un fait nécessaire et primitif. Je conseille aux métaphysiciens raisonnables de s'y résigner. Ils feront d'autant mieux que, loin d'être un mystère, cette loi n'est que la conséquence nécessaire de la nature même des êtres qui font partie de la vie universelle. Tout être a sa vie propre, parce qu'il est un être ; et en même temps il participe à la vie générale, parce qu'il n'est pas l'Être lui-même. C'est donc une loi métaphysique, s'il en fût, c'est-à-dire rationnelle et à priori.

LE SAVANT. — Évidemment.

LE MÉTAPHYSICIEN. — Quoi qu'il en soit, vous voyez que la difficulté d'expliquer la vie propre des individus, au sein de l'Être universel, tient uniquement aux hypothèses qui assimilent cet Être à tel ou tel type d'êtres donnés par l'expérience.

LE SAVANT. — Cela est entendu.

LE MÉTAPHYSICIEN. — La conception du Cosmos définie, suivons-en les conséquences, en ce qui concerne la vraie définition des êtres qui le composent. Si le Monde est l'Être universel dans sa réalité concrète, les êtres, quelles que soient leur individualité, leur activité propre et leur liberté, n'en sont que des déterminations diverses. En ce sens, il est vrai de dire que la Nature est l'Être en soi, que l'Humanité est l'Être en soi, que tout est l'Être en soi. La Nature, c'est l'Être en soi vu dans l'ordre de ses manifestations inférieures ; l'Humanité, c'est le même Être en soi vu dans l'ordre de ses manifestations supérieures : tout est l'Être en soi, en tant que tout rentre dans l'unité substantielle de l'Être universel. La physique, la psychologie, l'histoire, les sciences expérimentales, en un mot, qui considèrent les êtres dans leur nature propre et dans leurs rapports réciproques, sans regard à l'Être universel, les définissent abstraction faite de toute conception métaphysique. Elles ont raison de procéder ainsi ; mais elles ont tort de trouver étranges les définitions de la métaphysique. Je définirais cette science la *vision* des choses en Dieu, si le mot Dieu pouvait être pris comme synonyme du mot Être cosmique. L'objet de la métaphysique est de tout voir, de tout définir, de tout expliquer au point de vue de l'Universel. Quand donc elle définit la Nature, l'Humanité, toute chose, il faut bien qu'elle fasse entrer l'idée de l'Universel et du Tout dans sa définition. Pourvu qu'elle respecte les caractères et les attributs de la réalité, la science positive n'a le droit ni de s'étonner, ni surtout de s'indigner, si les définitions de la métaphysique diffèrent des siennes. La Nature, dit le physicien, est une Force, ou un ensemble de forces, dont les phénomènes tombent sous les sens. La Nature, ajoute le métaphysicien, est l'Être universel se manifestant à l'imagination dans l'espace. L'Esprit, dit le psychologue, est un être conscient, raisonnable et libre. L'Esprit, reprend le métaphysicien, est l'Être en soi dans la conscience et la liberté de son existence. C'est en ce sens que Hegel et son école ne craignent pas d'affirmer que l'Être absolu (le Dieu des panthéistes allemands) prend conscience de lui-même dans l'humanité. En ce sens aussi, Schelling a pu dire, dans son poétique langage, que l'homme est le héros de l'épopée éternelle que compose l'intelligence céleste. Qui a dit vrai de Spinosa ou de Leibnitz, de Maine de Biran ou de Hegel, de la psychologie ou de la métaphysique, de l'expérience ou de la raison? Tout le monde a raison. Le vulgaire des esprits voit de monstrueux paradoxes dans les définitions de Spinosa et de Hegel. Et pourtant quoi de plus simple pour qui regarde toutes choses à la lumière de l'Universel? A moins de reléguer l'Être infini hors du temps et de l'espace, est-ce qu'il est possible de trouver quelque réalité qui ne soit partie intime de lui, sinon lui-même? Donc on ne peut définir métaphysiquement quoi que ce soit, sans y faire intervenir ce grand nom? Entre la définition physique ou psychologique, et la définition métaphysique des choses, il n'y a qu'une différence de point de vue.

LE SAVANT. — Mais cette différence n'est-elle pas la source des plus grandes erreurs de la philosophie? N'est-ce pas de là que viennent le fatalisme et le panthéisme?

LE MÉTAPHYSICIEN.—Que parlez-vous de panthéisme, à propos de cosmologie? Cette doctrine repose sur la confusion des deux mondes. Toute philosophie qui professe la distinction radicale du réel et de l'idéal, de la cosmologie et de la théologie proprement dite, est à l'abri de cette erreur. Sur ce point, permettez-moi de vous renvoyer à mes explications du précédent entretien. Quant au fatalisme, ce n'est pas la définition métaphysique de l'homme qui l'engendre; c'est une certaine doctrine sur la nature de l'Être universel et de ses rapports avec les individus. Que vous définissiez l'homme un être en soi, ou bien telle détermination de l'Être en soi, peu importe, pourvu que la métaphysique ne supprime aucun des attributs affirmés par la psychologie. La raison affirme l'Être universel. L'expérience affirme les individus avec toutes les propriétés ou facultés qui les caractérisent. La raison et l'expérience ne peuvent se contredire, dans la mesure de leur véritable témoignage.

Le Savant.—J'aime à croire qu'il en est ainsi ; mais les querelles interminables des théologiens et des moralistes me donnent à penser. Et s'il y a contradiction entre la définition psychologique et la définition métaphysique, que faudra-t-il faire ? Vous n'ignorez pas que la philosophie s'est trouvée bien souvent dans cette cruelle perplexité. Que d'ingénieuses explications, que de subtiles distinctions ont été imaginées par les théologiens pour concilier la liberté de l'homme avec la prescience divine ! Et vous savez que tout cela n'a fait qu'épaissir des ombres impénétrables. Il faut lire saint Augustin, Fénelon, Bossuet, Leibnitz lui-même, pour se donner le spectacle du génie réduit à chercher la lumière dans une scolastique inintelligible. De désespoir, ils finissent presque tous par dire que l'impossibilité de saisir le rapport entre deux vérités certaines ne doit infirmer ni l'une ni l'autre. Bossuet, dans son magnifique langage, veut qu'on tienne fortement les deux bouts de la chaîne dont les anneaux intermédiaires semblent échapper à la faiblesse de l'esprit humain. Et encore remarquez bien qu'il ne s'agit ici que d'une théologie qui sépare Dieu du Monde, et laisse aux êtres créés toute leur réalité substantielle. Que sera-ce donc, lorsqu'il faudra concilier la liberté, la personnalité, l'être des individus avec une définition métaphysique qui repose sur l'identité substantielle de l'individu et de l'Être universel ? Comment l'homme, par exemple, pourra-t-il rester pour la conscience un être, un être personnel et libre, en devenant pour la raison un simple mode de la Substance unique ? Comment sera-t-il tout à la fois fini et infini, individu et universel, l'être que nous sommes et l'Être en soi ?

Le Métaphysicien. — L'objection serait grave, si la contradiction qu'elle signale était réelle. Mais je crois qu'ici nous n'avons affaire qu'à une difficulté de mots. Il s'agit avant tout de s'entendre sur l'idée qu'on se fait de l'Être en soi. Si vous ajoutez aux attributs métaphysiques que vous révèle la raison tels ou tels attributs physiques ou moraux empruntés aux êtres que vous fait connaître l'expérience, de manière à faire de l'Être universel une force, une âme, un esprit, une personne, il vous deviendra impossible de comprendre le rapport de tout être individuel, de l'homme surtout, être actif et libre, avec cet Être universel. Et alors, ce ne sera pas seulement la métaphysique du panthéisme, mais toute espèce de métaphysique qui sera l'écueil de la liberté et de la moralité humaines. D'abord, il est trop clair que l'homme ne trouve place ni pour sa volonté, ni pour sa personnalité, ni même pour son être dans le sein de l'Être universel ainsi conçu. Cet Être remplit tout, absorbe tout; c'est un abîme où va se perdre toute activité, toute liberté, toute individualité véritable. Mais ce qu'on ne voit pas aussi bien, c'est que l'autonomie des individus n'est guère plus facile à concilier avec l'action ou la présence d'un Dieu substantiellement distinct du Monde. Ce Dieu, quoi qu'on fasse, est trop puissant, et l'action de cette puissance est trop universelle et trop intime sur les êtres qu'il a créés ou formés, pour ne pas gêner, supprimer même leur libre allure. Si l'Être universel est un Individu, Nature ou Esprit, sa présence, son action, son intervention quelconque a pour effet d'effacer tout être qui n'est pas lui, de supprimer toute activité qui n'est pas la sienne. Voilà ce qu'ont senti les grands théologiens de tous les temps, et ce qui a causé leur perpétuel tourment. Il n'y a que les esprits médiocres qui se contentent des explications et des restrictions reçues dans l'école. Il est un certain Dieu, et c'est celui de presque tous nos théologiens, dont le rapport avec l'homme reste un mystère impénétrable. Et ce mystère malheureusement est un de ceux auxquels l'intelligence humaine ne peut se résigner, attendu qu'il couvre une contradiction manifeste. Alors on n'a même plus la ressource de tenir fortement les deux bouts de la chaîne, comme dit Bossuet. Il faut de toute nécessité en lâcher un, Dieu ou l'homme, selon la prédominance de l'esprit psychologique, ou de l'esprit théologique.

Le Savant. — La difficulté est insoluble alors?

Le Métaphysicien. — Oui, sans doute, avec cette fausse notion de Dieu et de l'Être universel. Mais rectifiez la notion, la difficulté disparaît. Vous avez déjà vu que le problème n'existe même pas dans la conception théologique qui fait de Dieu l'Idéal suprême de la pensée. Quant à l'Être universel, il ne devient un embarras pour la liberté humaine qu'en devenant individuel, personnel, c'est-à-dire en cessant d'être universel. Laissez l'Être universel de la raison avec ses attributs purement métaphysiques ; n'en faites point un certain être doué d'attributs physiques ou moraux ; bornez-vous à ne voir en lui que l'Être infini, absolu, que la raison vous révèle : vous n'éprouverez aucune peine à comprendre son rapport avec les individus, physiques ou moraux. Loin d'être un mystère, encore moins une contradiction, ce rapport apparaît comme une loi de l'existence et de la vie. Nul individu, à aucun moment de son existence et de son activité, ne se suffit à lui-même, ni quant à cette existence, ni quant à cette activité. Les individus ne peuvent exister, vivre, se mouvoir, agir que dans l'Être universel. Comment y conservent-ils leur existence, leur vie, leur activité propre? Nous l'avons dit, c'est la loi même de l'existence et de la vie, loi non-seulement intelligible, mais nécessaire, si l'on songe que l'essence de tout être est d'avoir sa vie propre, et que la condition de tout être fini est de ne pouvoir se suffire à lui-même, et par conséquent d'avoir besoin de la vie universelle. Cette loi ne devient un mystère incompréhensible et une véritable contradiction qu'autant que vous altérez la conception toute rationnelle de l'Être universel, et que vous en faites un certain Être, dans lequel les individus ne peuvent entrer qu'en perdant toute spontanéité et toute individualité. C'est à cet Être-là, croyez-le bien, que vous pensez, quand vous ne pouvez comprendre comment l'individu peut subsister dans l'Être universel, sans cesser d'être individu ; comment l'homme peut être, vivre, agir, penser, vouloir dans le Tout, sans cesser d'être homme ; comment enfin la raison peut concevoir l'individu comme une détermination de l'Être universel, l'homme comme un moment de la vie uneet identique de l'Absolu, sans que l'individu, quel qu'il soit, perde aucun des attributs que l'expérience lui reconnaît.

Le Savant. — Je comprends à la rigueur le rapport du fini et de l'Infini ; ce que je comprends bien moins, c'est leur identité. Que l'individu conserve sa vie propre dans le sein de la vie universelle ; que l'homme reste une personne libre, sous l'action de Dieu, je le conçois à la rigueur, si le fini et l'Infini sont des substances distinctes. Mais que l'individu garde son individualité, tout en faisant partie intime de l'Être universel ; que l'homme garde sa liberté et sa personnalité dans le sein d'une Substance dont il ne serait qu'un mode, ou, si vous aimez mieux, un moment, j'ai encore quelque peine à me faire à cette idée.

Le Métaphysicien. — Cela tient à ce que votre imagination veut se *représenter* une chose que la raison seule a le privilége de concevoir : je veux parler du rapport qui existe entre les individus et l'Être universel. Toutes les images que vous pouvez vous former de ce rapport sont nécessairement fausses. Si vous croyez le saisir en imaginant l'Être universel comme une sorte d'*atmosphère* qui enveloppe les individus, vous vous trompez grossièrement. Si vous croyez le saisir en supposant entre l'Être infini et les êtres finis le genre de relation qui existe entre l'être organisé et ses divers organes, vous vous trompez encore. La raison ne peut concevoir l'Être universel comme substantiellement distinct des individus qui y sont compris. Donc la métaphysique a le droit de dire, avec une parfaite rigueur, que la Nature, que l'Humanité, que toute forme individuelle de la vie universelle est l'Être en soi, l'Être absolu, à un moment donné, à un certain degré de son infinie activité. Cela devient inintelligible et contradictoire, j'en conviens, du moment que l'on se figure l'Être universel à l'image des êtres individuels que la sensibilité ou la conscience nous fait percevoir. Mais cette représentation n'est pas, que je sache, une nécessité de la pensée ; c'est une simple illusion qui ne tient pas devant la pure lumière de la raison.

Le Savant. — Je commence à vous comprendre. Mais telle est la force de l'habitude, que j'ai peine à me faire à la définition métaphysique des choses.

Le Métaphysicien. — Elle n'est pourtant que l'expression de la *vraie* vérité. Les sens et la conscience ont leur genre de vérité qu'il serait insensé de révoquer en doute ; mais la raison aussi a la sienne, qu'il est plus commun, mais non plus sage de contester. Et ce qu'il y a de curieux, c'est que le témoignage si différent de ces diverses facultés porte sur les mêmes objets. La sensation, la conscience, la raison voient et définissent les mêmes choses autrement, et cela sans se contredire le moins du monde. La raison voit et définit constamment les êtres, les phénomènes, les lois, les types donnés par l'expérience, dans leur rapport avec l'Être universel. Voilà pourquoi ses intuitions et ses définitions ont un caractère de vérité absolue qui manque aux intuitions et aux définitions de l'expérience. Assurément les sens et la conscience voient bien les objets qu'ils regardent ; mais ils ne peuvent les voir dans l'unité de la vie universelle. C'est la fonction propre de la raison de les apercevoir sous ce jour tout nouveau. La religion chrétienne, dont la métaphysique fait le fond, exprime une distinction analogue, quand elle nous dit que le travail, la tempérance, la justice, la bienfaisance, l'amour de ses semblables, et en général toutes les vertus que prescrit la morale deviennent des actes religieux, du moment qu'elles sont pratiquées en vue de Dieu. Admirable et profonde vérité que les théologiens nous gâtent, en subordonnant cette vertu *pratique*, la seule réelle, à leur vertu *mystique*, sans objet et sans utilité ! Ils ne comprennent pas qu'il n'y a qu'une seule et même vertu, morale ou religieuse, selon le point de vue où se place l'homme qui la pratique. Il en est de même de la vérité métaphysique. Toute intuition, toute définition des choses réelles devient métaphysique par le rapport de ces individus à l'Être universel. Et comme la conscience vraiment *religieuse* est celle qui rapporte à Dieu tous les actes de sa libre volonté, de même la pensée vraiment *métaphysique* est celle qui rapporte à l'idée de l'Être universel toutes les intuitions de la sensibilité et les notions de l'entendement. Et pour continuer la comparaison, je dirais volontiers que la pensée métaphysique, sans le monde de l'expérience, n'est pas moins vide que l'âme religieuse, sans la vertu morale. C'est au fond le même genre d'illusion qui égare le métaphysicien idéaliste à la contemplation de son Principe extramondain, et le chrétien mystique à l'exercice de vertus sans objet. Tous deux ne font que réaliser une abstraction.

Le Savant. — Je comprends maintenant la langue de la métaphysique. Je vois qu'en appelant d'un autre nom les choses que la science, physique ou psychologie, décrit et définit, elle ne contredit en rien l'expérience. C'est toujours la même réalité, vue sous des aspects différents.

II. — Cosmologie générale.

Le Métaphysicien. — Il nous reste à adapter la conception métaphysique du Cosmos à la science des grandes lois et des grands objets de l'Univers. Ici finit le rôle de la raison pure, et commence celui de la raison appliquée à l'expérience. Le Monde peut être conçu rationnellement dans son Tout, mais il ne peut être connu dans ses parties que par l'expérience. L'infinie variété des réalités individuelles, par lesquelles l'Être universel se manifeste dans l'espace et dans le temps, ne peut être déduite à priori de son essence, bien qu'elle en émane. C'est l'expérience, aidée de l'induction, qui la fait connaître. La science positive peut seule, avec les lumières de la métaphysique, révéler le *Dieu vivant*, pour me servir du langage du panthéisme.

Le Savant. — J'en suis convaincu.

Le Métaphysicien. — La philosophie allemande, vous l'avez vu, a d'autres prétentions. Elle construit à priori le système des idées, en vertu d'une dialectique qu'elle croit nécessaire et pure de tout élément empirique. Puis elle impose ce système à l'explication de la réalité. C'est ainsi qu'elle retrouve, ou du moins prétend retrouver à priori, par la seule vertu de la logique, les grandes lois et les grands principes de la science positive, leur communiquant de cette façon le caractère de nécessité rationnelle que la science n'avait pu leur donner. Assurément, si la philosophie des sciences pouvait être traitée de cette manière, elle gagnerait beaucoup en beauté, en simplicité, en rigueur démonstrative, en enchaînement systématique. Mais la critique de la logique hégélienne nous a fait voir tout ce que cette spécieuse méthode a d'illusoire, quant à l'autorité rationnelle de ses constructions. On peut regretter qu'elle ne soit pas possible ; mais rien ne serait moins sûr que de s'y fier. L'expérience faite par les philosophes allemands est décisive. S'ils ont réussi à fonder la philosophie des sciences, c'est par leur savoir encyclopédique, bien plus que par la vertu de leur méthode.

Le Savant. — La science de la réalité ne peut se faire à priori.

Le Métaphysicien. — L'histoire de la métaphysique elle-même pourrait en fournir la preuve. Tout ce que cette science a pu affirmer sur les attributs cosmiques (et non métaphysiques) de l'Être universel lui est venu de l'expérience. C'était l'analogie qui avait conduit l'auteur du *Timée* à faire de l'Être universel un Démiurge mouvant et organisant mécaniquement la matière. Sans s'élever jusqu'à l'action divine, Aristote relève le vrai Principe des choses à une fonction plus digne de sa nature, en substituant au mouvement mécanique le mouvement par attraction. Il est certain que le mouvement de la vie universelle se prête bien mieux à la conception d'Aristote qu'à celle de Platon. Dans toutes ses créations et générations, la Nature opère intérieurement ; sa force motrice et plastique agit en secret au fond même des choses qu'elle forme et qu'elle produit. Or c'est le savant qui a appris cela au métaphysicien. Ici la science corrige, par une notion expérimentale, une fausse conception de l'activité divine.

Le Savant. — Le progrès est manifeste.

Le Métaphysicien. — La science moderne a rendu de bien autres services à la métaphysique. Toutes les théologies révélées, depuis les religions de la plus haute antiquité jusqu'au christianisme inclusivement, représentent le ciel comme un monde supérieur, habité par des êtres bienheureux et immortels ; elles en font le séjour de la nature divine, soit qu'elles en éparpillent l'idée en une vaste hiérarchie de dieux, soit qu'elles la résument en un Principe unique, qui est le grand Dieu de l'Univers. Dans toutes ces conceptions, le beau, le parfait, l'immuable, l'éternel, le divin, l'*être* en un mot plane au-dessus de nos têtes ; le monde terrestre, *sublunaire*, comme dit Aristote, est le monde du désordre, du mal, du changement, de la mort, de l'*apparence*. C'est là l'idée générale et fixe, le fond commun sur lequel chaque religion brode le roman de sa propre imagination. La théologie rationnelle, il faut le reconnaître, a toujours fait ses réserves sur ces fictions plus ou moins poétiques ; mais elle n'a guère touché au fond qui les supporte, par la raison qu'elle n'était pas en mesure de le faire, n'en sachant pas beaucoup plus que la théologie révélée sur les phénomènes et les êtres célestes. Ainsi nous voyons le philosophe le plus savant de l'antiquité, Aristote, prêter l'autorité de sa fausse science astronomique aux préjugés théologiques et populaires. Lui aussi, frappé de la régularité, de la stabilité, de l'harmonie des phénomènes célestes, en conclut la perfection, la suprême félicité, l'éternité, la *divinité* des êtres qui habitent le ciel. Je ne connais pas de philosophes qui aient protesté contre la doctrine régnante, jusqu'aux grandes révélations de l'astronomie moderne. C'est cette science seule qui a détruit tout l'échafaudage de l'ancienne théologie, soit religieuse, soit philosophique, en montrant que cette distinction populaire d'un monde inférieur et d'un monde supérieur n'est, comme tant d'autres représentations sensibles, qu'une illusion de l'imagination. Il n'y a ni haut ni bas, ni *ciel* et *terre*, dans le Système des mondes. Tout y est ciel ou terre, selon qu'on embrasse l'ensemble, ou que l'on ne considère qu'un individu du Système. Qui a fait cette révélation à l'esprit humain ? La science moderne. C'est elle qui a ouvert les yeux à la raison sur la véritable représentation des phénomènes de la vie universelle. Si elle a fait perdre au ciel son prestige théologique, elle lui a conquis son véritable nom, l'*Infini*. Grâce à l'astronomie, l'imagination comprend maintenant que le ciel de la Nature est partout.

Le Savant. — La métaphysique n'eût jamais pu détruire le préjugé populaire.

Le Métaphysicien. — J'en conviens, et quant à cet autre ciel dont l'ancienne théologie faisait le *monde intelligible*, le monde de la beauté, de la perfection, de la vie éternelle et divine, c'est encore la science positive, la science expérimentale de la Nature et de l'homme qui a fait comprendre qu'il n'est pas où l'imagination des anciens s'obstinait à le chercher. Le ciel véritable est dans l'esprit, la pensée, la conscience humaine, miroir sublime où la vie universelle se transfigure en se réfléchissant. *Et cœlum et virtus*, a dit le poëte. S'il était vrai, comme l'affirme témérairement Hegel, que l'Humanité, reine de notre planète, fût le type le plus parfait de l'être, cette terre que nous foulons serait, en ce sens, le véritable ciel de l'Univers. Quoi qu'il en soit, les prétendus signes de la perfection des êtres célestes ne sont qu'un mirage trompeur ; la régularité, la fixité, l'impassibilité des astres que la vieille métaphysique prenait pour les vrais attributs de la Divinité, ne sont que les conséquences des propriétés les plus abstraites, les plus simples, les plus élémentaires de l'être. La mesure de l'excellence et de la perfection des êtres a changé de caractère et de lieu : ce n'est plus dans les rapports extérieurs, mais dans l'essence intime des choses qu'on la cherche maintenant. Le monde astronomique, malgré le magnifique spectacle de l'uniforme harmonie de ses mouvements, n'en est pas moins le monde de la mécanique et de la matière, tandis que la Nature organique et vivante, avec ses irrégularités, ses désordres apparents et même réels, est le règne de l'Esprit. La philosophie a enfin compris que l'uniformité, la fixité, la solidité, la simplicité, et en général les caractères mathématiques des choses sont les attributs de la vie élémentaire et inférieure ; qu'au contraire la mobilité, la variété, la fragilité, sont les signes de la vie supérieure. Plus l'être s'élève dans l'échelle de la Nature, plus il devient libre, varié, ondoyant, éphémère. Voyez-le à son plus haut degré de perfection. Quoi de plus fragile que cette fleur exquise de la vie universelle qu'on nomme l'*humanité* ? Ces vues fécondes, dues à la science, ont changé la face de la théologie et de la philosophie. Il y aurait tout un livre à faire sur cette transformation. Nous devons nous borner à l'indiquer dans une étude qui s'en tient aux principes de la métaphysique positive.

Le Savant. — Je doute que la théologie révélée nous sache beaucoup de gré de ce service.

Le Métaphysicien. — A son défaut, la reconnaissance des philosophes ne vous manquera pas. Mais ce n'est pas tout. Les théologiens enseignaient jadis (et beaucoup enseignent encore aujourd'hui) que Dieu a créé le monde, le conserve, peut le détruire, en changer, en suspendre les lois, par un acte de sa volonté analogue au caprice d'un despote qui fait, défait, suspend à son gré les lois de son empire. Les miracles venaient à l'appui de cette doctrine ; on y croyait d'autant plus fermement qu'on connaissait moins la Nature. Depuis les progrès de la science moderne, on n'en fait plus ; surtout on n'y croit plus, et partant on commence à se faire une idée plus rationnelle de l'action de Dieu sur le Monde. On n'imagine plus cette action sur le type d'un artiste qui modifie son œuvre, d'un législateur qui change ses lois à volonté. Il est peu d'esprits sérieux maintenant, pourvu qu'ils soient libres, qui ne réduisent la *Providence* aux lois immuables, universelles du monde physique et du monde moral.

LE SAVANT. — Il me semble que de tout temps la raison et la philosophie ont répugné aux miracles.

LE MÉTAPHYSICIEN. — Peut-être. Mais, dans leur ignorance de la Nature, elles ne pouvaient opposer que des arguments aux superstitions théologiques. Il fallait que l'expérience vînt fermer la bouche aux thaumaturges et à leurs adeptes, en révélant la fixité et l'universalité des lois naturelles. Ici donc encore la science positive a fort heureusement corrigé la métaphysique.

LE SAVANT. — J'en conviens.

LE MÉTAPHYSICIEN. — Autre service. Il serait sans doute inexact de prétendre que la métaphysique doit à la science la révélation de l'Infini. Non-seulement la raison peut se passer de l'expérience pour cette conception, mais toute notion empirique, toute image qui tend à représenter l'infini ne peut qu'en fausser l'idée. Il n'en est pas moins vrai que la science, par ses découvertes astronomiques et micrographiques, a singulièrement aidé la métaphysique et la théologie, qui jusque-là prêchaient dans le désert la doctrine de l'Infini. L'Infini de la raison et de la métaphysique est le seul vrai, dans le sens absolu du mot ; mais combien il est abstrait et peu accessible au vulgaire des intelligences ! C'est un objet de conception, non de connaissance. L'Infini de la science est compris de l'imagination ; par la représentation grandiose que la science en donne, il aide à la conception du véritable Infini, chez tous les esprits qui ont besoin d'images pour comprendre les idées. Depuis longtemps la raison, par l'organe de la métaphysique, avait affirmé et démontré l'infinité du Monde, et l'absolue continuité de la vie universelle. Mais jusqu'à ce que les révélations de l'expérience permissent de *représenter* ces sublimes vérités, elles ne pouvaient devenir populaires. Il en est toujours ainsi, lorsque aucune réalité perçue ou conçue ne vient mettre en rapport les représentations de l'imagination avec les idées pures de la raison. Le sentiment de l'Infini, même chez les esprits métaphysiques, a besoin des perspectives de l'imagination. Si le ciel de l'astronomie moderne ne comprend pas encore l'incompréhensible infinité de la vie universelle, il la représente avec une tout autre majesté que le ciel des théologiens, et même des poëtes anciens. C'est la science qui, par le télescope et le microscope, a ouvert, sinon à la raison, du moins à l'imagination, les abîmes de l'Infini, de l'infinie grandeur et de l'infinie petitesse. C'est elle qui, en montrant la vie et l'être partout où nos sens ne nous faisaient voir et toucher que le vide et l'inertie, a rendu sensible en quelque sorte la conception toute rationnelle de la continuité de l'être. Avant ces découvertes, on pouvait toujours concevoir d'une façon abstraite et logique l'infinité et la plénitude de l'Être ; on ne pouvait s'en faire une image. L'idée de la raison a enfin trouvé son symbole dans le monde de la science moderne. En ce sens, la science a été pour la métaphysique une véritable révélation.

Le Savant. — Je le vois.

Le Métaphysicien. — Mais le plus grand service, à mon avis, que la science ait rendu à la métaphysique, c'est d'y avoir introduit l'idée du progrès. On ne pourra pas nous objecter que cette doctrine est un fruit de la raison pure et de la théologie ; car jusqu'à la révélation de la loi du progrès par la science, c'est la doctrine de la *chute* qui a régné dans la théologie. Or cette loi du progrès, depuis qu'elle est devenue la loi de la Nature aussi bien que de l'Histoire, tend à transformer la métaphysique ; elle en ruine toutes les traditions grecques et orientales ; renvoie à l'avenir du Monde et de l'Humanité l'âge d'or et l'Éden, que ces traditions plaçaient à l'origine des choses ; ramène à l'origine des choses le cataclysme qu'elles nous annoncent pour un avenir plus ou moins éloigné ; montre l'œuvre divine, le *Cosmos*, dans toute sa beauté ; explique le mal, justifie la Providence, ouvre le secret des choses, et révèle les desseins de l'Être infini restés impénétrables à toutes les théories métaphysiques du passé, même à l'ingénieux optimisme de Leibnitz.

Le Savant. — C'est ici que la science triomphe.

Le Métaphysicien. — Et avec grande raison. Mais revenons à notre sujet. La logique et la dialectique mises de côté, la métaphysique ne peut plus spéculer que le flambeau de la science à la main. Tous les pas qu'elle va faire désormais, elle ne les fera qu'appuyée sur l'expérience. La raison pure a pu donner à la cosmologie son Principe, mais les manifestations de ce Principe ne pourront être que des révélations de l'expérience. L'Être universel, qui fait l'objet de cette science, n'est plus un simple Idéal, comme le Dieu de la théologie; c'est une Réalité qui se développe dans le temps et dans l'espace. A proprement parler, il n'*est* pas, il *devient* perpétuellement ; il se pose et se détermine sans doute, mais sans prendre jamais, même dans ses formes les plus durables, une assiette absolument immuable. Dans cette scène infiniment variable de la vie universelle, les seuls points fixes sont les rapports des êtres, et les lois des phénomènes qui la remplissent. Parmi ces lois, il en est qui s'appliquent à tels ou tels ordres d'êtres et de phénomènes ; il en est d'autres qui régissent l'Univers entier. Les dernières seulement peuvent être l'objet de la cosmologie générale. Ces lois universelles se rapportent toutes : 1° à la *constitution ;* 2° au *développement* des êtres et des systèmes d'êtres dont l'Univers se compose. Vous savez que, dans le monde physique, toutes les actions, soit planétaires, soit moléculaires de la matière, ont pour principe une force universelle d'attraction.

Le Savant. — C'est ce que Newton a démontré.

Le Métaphysicien. — Ce qui n'est pas moins prouvé par l'expérience, c'est que la même loi régit le monde moral. Si l'attraction physique se manifeste par la gravitation des corps, par l'affinité, la cohésion, etc., l'attraction morale se manifeste par les sentiments, les instincts d'amour, d'amitié, de famille, de sociabilité, de solidarité, de communauté. Si la première organise les corps et harmonise les sphères célestes, la seconde fait l'unité organique des peuples, des sociétés, des races, de l'Humanité entière. Pour n'avoir pas trouvé son Newton, cette loi n'en est pas moins évidente. Seulement elle attend encore sa formule précise, bien qu'elle n'en soit pas susceptible au même degré que la loi physique.

Le Savant. — Les faits sont si nombreux et si vulgaires qu'ils ne pouvaient échapper à l'observation. Mais je n'aurais pas songé à les ramener à une loi aussi générale.

Le Métaphysicien. — Ni les psychologues, ni les moralistes non plus ne semblent y avoir pensé, tant leur science a perdu le sens métaphysique, sous l'influence des habitudes écossaises ! Mais s'ils ont jamais eu une belle occasion d'user de cette méthode d'analogie dont ils ont jadis tant abusé, c'est à propos des phénomènes moraux dont je viens de parler. Ces phénomènes présentent, dans leur diversité, une telle analogie de nature et de fonction que la loi s'en dégage d'elle-même en quelque sorte. Amour, amitié, sympathie, sociabilité, charité, tous ces éléments n'ont-ils pas le même caractère d'attraction, et la même fonction d'association ?

Le Savant. — En effet.

Le Métaphysicien. — La loi d'expansion n'a pas été aussi remarquée que la loi d'attraction, soit dans le monde physique, soit dans le monde moral ; mais elle y est tout aussi réelle, et tout aussi universelle. Dans la Nature, elle se manifeste par la force centrifuge, par l'élasticité des corps, par toutes les forces qui tendent à l'excentricité et à la diffusion. Dans l'Humanité, elle se montre par les sentiments, les instincts, les idées de conservation et d'activité individuelle, de liberté, de dignité et de justice personnelle. Dans le monde physique, comme dans le monde moral, cette loi est le principe de la *constitution* des êtres, de même que la loi d'attraction en est le principe d'*organisation*. Toutes les forces physiques ou morales qui la révèlent ont le même caractère et la même fonction. L'instinct de conservation, le désir de la liberté, le sentiment de la personnalité sont des forces d'expansion au même titre absolument que la force centrifuge et la force d'élasticité. Tandis que toutes les forces physiques ou morales d'attraction gravitent vers le centre du système, toutes les forces physiques ou morales d'expansion tendent à en écarter les êtres qu'elles font mouvoir ou agir. La seconde loi est donc aussi évidente que la première.

Le Savant. — Je le vois.

Le Métaphysicien. — Ces deux lois, pour être universelles, n'en sont pas moins des vérités d'expérience. L'attraction physique est une découverte de la science moderne. L'attraction morale est une révélation récente de la psychologie. La loi d'expansion des êtres physiques et des êtres moraux est une généralisation des phénomènes observés par les sciences physiques et les sciences morales. La date de ces vérités est trop précise pour qu'on puisse les compter parmi les conceptions à priori de la métaphysique pure.

Le Savant. — Personne, que je sache, n'y a songé.

Le Métaphysicien. — Vous oubliez les philosophes de l'école allemande. Schelling et Hegel ont essayé de trouver ces lois par la dialectique. Mais ces sortes de découvertes après coup sont toujours fort suspectes. Quand la logique vient ainsi après l'expérience, il y a tout à parier qu'elle n'en est qu'un écho. Voilà donc les deux lois qui ont rapport à la *constitution* des êtres. Il est une autre vérité universelle, la loi du progrès, qui se rapporte à leur *développement*. La loi du progrès a la même importance dans la cosmologie que l'idée de perfection dans la théologie. A toutes ses phases et dans toutes ses directions, l'Être universel procède du simple au composé, de l'abstrait au concret, de l'inorganique à l'organique, du moindre être à l'être plus complet. Tout mouvement de la Nature ou de l'Humanité, de règne en règne, d'époque en époque, est signalé par un accroissement d'être et de vie. L'Être cosmique, le Dieu vivant aspire sans relâche et sans repos à la perfection idéale ;

sa loi est de s'en rapprocher, sans jamais pouvoir y atteindre. Or, cette vérité est toute d'expérience.

LE SAVANT. — Il se rencontre des savants bornés, ou des esprits faux pour lesquels la loi du progrès n'est pas encore une vérité acquise à la science. Mais je conviens que la géologie et l'histoire ont convaincu tous ceux auxquels les préjugés de la tradition ou l'horreur des idées générales n'ont point fermé les yeux de l'esprit. J'admets donc cette loi comme certaine.

LE MÉTAPHYSICIEN. — Au premier abord, il semble que la raison soit pour quelque chose dans la démonstration qui en a été faite. Est-ce que la métaphysique ne peut pas conclure à priori cette loi de l'essence même de l'Être universel? Si le Dieu de la théologie est la perfection en acte, le Dieu de la cosmologie n'est-il pas la perfection en puissance? Donc le second implique le progrès, tout comme le premier implique la perfection; le progrès est inhérent à la réalité, de même que la perfection l'est à l'idéal. — Cela nous semble ainsi, maintenant que la loi du progrès est devenue évidente à tous les yeux. Mais qui s'en doutait avant que l'expérience ne l'eût révélée? La philosophie ancienne, loin de croire au progrès, croyait à la chute. Dans sa manière de voir, la Nature et l'Humanité descendent graduellement au lieu de monter. La perfection est à l'origine des choses; tout, dans la Nature et dans l'Histoire, procède du meilleur au pire. L'Éden et l'âge d'or pour les religions, le système des *hypostases* pour les philosophies, sont l'expression de cette croyance, qui a dominé, tant que le monde a été ignoré ou mal connu, et ne s'est dissipée que devant les lumières de la science positive. Alors a commencé à poindre la doctrine du progrès, faible d'abord et incertaine, puis prenant de la force et de l'autorité à mesure que les sciences physiques et morales venaient la confirmer par l'expérience. Aujourd'hui que cette vérité tend à passer du domaine de la science dans celui du sens commun, elle semble innée à l'esprit humain. Elle a cela de commun avec beaucoup d'autres vérités physiques et morales qu'on est tenté de croire sorties de la pure raison, comme Minerve de la tête de Jupiter, bien que la date de leur apparition, dans la science ou la croyance humaine, ne permette pas de douter qu'elles ne soient une acquisition de l'expérience. En tout cas, rayez la loi du progrès de la liste des vérités innées. Son origine est trop connue pour que l'on en puisse faire une idée à priori. La métaphysique peut se l'approprier en la rattachant à sa conception cosmique, comme elle fera pour beaucoup de faits et lois de l'expérience; mais cette loi ne lui appartient pas primitivement.

LE SAVANT. — Aristote ne fait-il pas exception à la règle commune pour la philosophie ancienne? Autant que j'en puis juger, il me semble que sa philosophie de la Nature, et son histoire de la philosophie laissent déjà percer quelque idée de la doctrine du progrès.

LE MÉTAPHYSICIEN. — Vous ne vous trompez pas. Mais c'est ici le cas de dire que l'exception confirme la règle. Si Aristote a pressenti la vérité qui fait le caractère propre de la philosophie moderne, c'est qu'il a beaucoup mieux connu la réalité que les autres philosophes de l'antiquité. Ceux-ci spéculaient sur la Nature et sur l'âme humaine, au lieu de les observer. Aussi la grande loi des choses leur a-t-elle complétement échappé, tandis qu'elle s'est révélée au philosophe observateur et savant par excellence.

LE SAVANT. — Votre remarque est juste.

LE MÉTAPHYSICIEN. — La loi du progrès a aujourd'hui l'autorité d'une vérité scientifique; elle est acceptée par tous les esprits de quelque portée, philosophes, historiens et savants proprement dits. Mais si elle est populaire dans son idée générale, elle reste encore obscure dans son mode de développement, dans son *opération*, malgré les théories de la philosophie allemande, et de certaines écoles de la philosophie française. Le monde savant presque tout entier croit maintenant que toutes choses, dans la Nature et l'Histoire, obéissent à cette loi. Mais comment s'opère le progrès? Par quels moments passent les êtres chez lesquels il s'opère? Le mode de progrès est-il uniforme chez tous les êtres de la vie universelle, ou bien varie-t-il selon les mondes, selon les types auxquels ils appartiennent? Enfin, y a-t-il une formule unique à laquelle la loi du progrès puisse être ramenée, et qui convienne aux êtres moraux, comme aux êtres physiques, à la philosophie de l'Histoire, aussi bien qu'à la philosophie de la Nature? Sur tous ces points encore incertains et obscurs, les théories dominantes manquent d'une véritable autorité scientifique. Rien ne serait plus sûr pourtant, s'il fallait en croire l'école de Hegel; la logique trancherait toutes ces questions par la seule vertu de la raison pure et de la dialectique. Mais vous savez combien cette dogmatique est illusoire, puisque la dialectique, sur laquelle elle se fonde, n'est elle-même qu'une généralité abstraite de l'expérience. C'est donc toujours à celle-ci qu'il faut en revenir, pour savoir si cette dialectique répond réellement à la nature des choses. Pour le mode selon lequel s'opère le progrès, comme pour le fait même, l'expérience seule est à consulter. Or ce mode lui-même est un fait d'observation, un fait trop manifeste et trop constant pour n'avoir pas frappé de tout temps les regards des observateurs. Qui n'a eu occasion de le remarquer dans l'étude la plus superficielle de la Nature? Semence d'abord, germe, fœtus, être en puissance, l'être physique produit à l'état de chaos et de contradiction les éléments et les forces cachées dans son sein, jusqu'à ce qu'il arrive à cette harmonie plus ou moins stable qui en fait la forme définitive ou l'état normal. *Enveloppement*, *développement*, *organisation*, telles sont les trois grandes phases du travail de la Nature, dans l'œuvre complexe de la formation des êtres. Ce fait n'est point accidentel ni particulier; il n'est point propre à telle espèce, ni même à tel règne : il a la permanence et l'universalité d'une loi. L'astronomie, la géologie, la physique, la chimie le constatent aussi bien que l'histoire naturelle. La même loi régit la formation des mondes, et celle des moindres êtres qui les habitent ; grand ou petit, monde, planète, pierre, plante ou animal, tout être de la Nature y est soumis, toute chose n'y prend forme, n'y devient être, dans le vrai sens du mot, qu'en se développant d'abord, puis en s'organisant. Cela est trop évident chez les êtres du règne organique pour avoir besoin d'exemples. Mais tout ce que la science nous apprend sur la formation des planètes en général, et de la planète terrestre en particulier, confirme l'existence de cette loi. Dans le règne inorganique lui-même, dans ce monde où dominent les lois de la mécanique et de la chimie, les êtres se forment par les mêmes procédés. Tout s'y ramène encore aux époques d'enveloppement, de développement et d'organisation. C'est la loi des révolutions du globe, des grands phénomènes atmosphériques, des actions moléculaires qui concourent à la constitution intérieure des corps.

Le Savant. — La science ne met pas ce fait en doute.

Le Métaphysicien. — Cette loi n'est pas moins manifeste dans le monde moral que dans le monde physique. Quels que soient les êtres moraux que nous prenions pour exemple, individus, peuples, états, époques, arts, religions, philosophies, tout ce qui vit dans ce monde n'y apparaît que pour se développer, ne s'y développe que pour s'organiser. La psychologie, la politique, l'histoire retrouvent cette loi sous toutes les formes, dans toutes les conditions, chez tous les sujets de leurs études. Toute formation, toute transformation des êtres moraux, grands ou petits, passe par ces trois moments. La loi est constante et universelle ; c'est la grande *Triade* qui sert de base aux divisions et aux classifications philosophiques des sciences morales. Une fois dégagée du chaos des faits observés, elle illumine ce chaos de ses vives clartés, et permet à l'observateur, psychologue, politique, historien, de s'y reconnaître, de saisir l'ordre, la suite, l'enchaînement des faits.

LE SAVANT. — Il semble que rien n'échappe à cette loi, dans la vie universelle.

LE MÉTAPHYSICIEN. — Absolument rien. Les applications en sont si fréquentes, si faciles à observer, soit dans l'histoire de la Nature, soit dans l'histoire de l'Humanité, qu'elle a frappé de tout temps les esprits. Toutes les grandes doctrines théologiques et philosophiques de l'antiquité l'expriment sous des formules plus ou moins exactes. L'Orient et la Grèce célébraient le mystérieux *ternaire*, la sainte *triade*, la divine *Trinité*, longtemps avant que la doctrine du progrès se fît jour. Ces formules en sont tellement indépendantes qu'on les voit constamment s'allier à la doctrine de la chute. Par elles-mêmes en effet, elles se prêtent aussi bien à l'une qu'à l'autre des deux doctrines. Que l'Être universel aille du meilleur au pire, ou du pire au meilleur, qu'il se développe indéfiniment dans l'un ou l'autre sens, ou bien qu'il tourne dans un cercle, il n'en est pas moins vrai que la même loi en régit les formations et les transformations.

Le Savant. — Il n'y a pas de vérité mieux attestée par l'expérience.

Le Métaphysicien. — Seulement il faut ajouter que cette vérité a singulièrement gagné en importance et en précision, depuis l'établissement de la doctrine du progrès. Jusque-là, elle ne s'appliquait qu'aux êtres physiques ou moraux, considérés isolément. Depuis que la loi du progrès est venue relier entre eux les êtres, les époques, les règnes de la vie universelle, de manière à en former une immense chaîne non interrompue, la formule de la triade s'est étendue à la suite des choses et des êtres. En devenant l'expression nette du mode selon lequel s'opère le progrès, soit dans le détail, soit dans l'ensemble des choses, elle a servi à définir, à compléter la loi générale du progrès. Il ne suffit pas en effet de savoir que tout est progrès dans la vie universelle. Quelle *dialectique* naturelle suivent les choses, dans leur évolution progressive? C'est à quoi répond la formule en question.

Le Savant. — J'en comprends le haut intérêt philosophique.

Le Métaphysicien. — Quant aux termes mêmes qui l'expriment, ils importent moins. La théologie et la philosophie en ont abusé au point d'oublier l'origine expérimentale de la formule, et d'en faire, soit une *révélation* du ciel, soit une intuition pure de la raison. Mais la formule reste vraie, quelle qu'en soit l'origine. On peut l'adopter, dans les termes mêmes où la logique hégélienne la pose : thèse, antithèse et synthèse, pourvu que l'interprétation en soit toujours laissée à l'expérience. Il en est des formules métaphysiques comme des formules mathématiques. C'est la spéculation qui les trouve, sur la trace de l'expérience; mais c'est l'expérience qui en vérifie l'exactitude et en détermine le sens. La formule n'est pas la loi elle-même; elle n'en est que l'expression abstraite. Or, si l'une est l'œuvre du calcul ou de la dialectique, l'autre est l'œuvre de l'expérience. Toute formule de la loi du progrès ne vaut que dans l'application. Celle de Hegel, la plus abstraite et la plus simple de toutes, semble à ce double titre la plus rationnelle. Mais si l'on s'avise de l'imposer à la réalité, au lieu de chercher modestement à l'y adapter, on s'expose à fausser la science de la Nature et la science de l'Histoire. Schelling, Hegel, et tous les philosophes de cette école en ont fait l'épreuve. La philosophie des sciences peut accepter dans cette mesure les formules de la dialectique hégélienne. Elle ne les prend point pour des conceptions métaphysiques à priori, dont la nécessité logique serait évidente, et dont l'autorité serait entièrement indépendante de l'expérience; elle n'y voit que des inductions déguisées sous un certain appareil logique, qui ont, comme toutes les vérités de ce genre, besoin du contrôle de l'observation. C'est là, j'en conviens, réduire singulièrement le prestige de la dialectique. Mais si vous voulez vous donner le spectacle des illusions et des aventures auxquelles la science est exposée, quand elle se confie sans réserve à la spéculation, vous n'avez qu'à lire la philosophie de la Nature et la philosophie de l'Histoire des écoles allemandes.

LE SAVANT. — Je m'en rapporte à vous.

LE MÉTAPHYSICIEN. — La formule de la triade est si peu une vérité métaphysique universelle à priori que la formule contraire n'est pas moins applicable à la réalité. Si la vie universelle procède par thèse, antithèse et synthèse, elle procède aussi par la négation de ces termes. La période de destruction y a sa triade, comme la période de formation ou de transformation. De même que dans celle-ci, l'être parcourt les trois phases de l'enveloppement, du développement et de l'organisation; de même dans celle-là, une fois parvenu à sa pleine maturité, il parcourt les trois phases parallèles de la désorganisation, de l'amoindrissement et de l'anéantissement. La loi de décroissance n'est pas moins sensible que la loi de croissance. Notez qu'elle n'est pas moins nécessaire à l'accomplissement de la grande loi du progrès, dont elle est un agent tout aussi actif. Le progrès s'opère par la mort comme par la vie. Le Dieu vivant ressemble au Saturne de la Fable qui dévorait ses enfants; il détruit et absorbe sans cesse les êtres qu'il a produits, et avance vers le terme inaccessible de ses aspirations, à travers les ruines comme à travers les créations, en suivant toujours la double loi que nous venons d'indiquer. Mais qui nous révèle cette loi? Est-ce la logique, ou l'expérience? Est-ce du sein de la pensée qu'elle sort, ou du sein de la réalité? Il est évident que c'est la réalité qui en est le fondement, et l'expérience qui en est l'origine, quelle qu'en soit d'ailleurs l'expression abstraite ou la formule. Quant à cette logique transcendante des choses que la pensée concevrait, que la dialectique formulerait à priori, je voudrais fort, je le répète, qu'elle fût possible; mais toutes les spéculations de ce genre, soit anciennes, soit modernes, ne paraissent pas de nature à prendre définitivement rang dans la société. Elles n'en ont ni la clarté, ni la précision, ni la nécessité démonstrative. C'est une épreuve à recommencer, même après Hegel; ou plutôt c'est une entreprise à abandonner aux constructeurs de systèmes à priori. Si je crois à l'éternelle vérité de la *triade*, c'est sur la foi de l'expérience; c'est parce que j'en vois perpétuellement l'éclatante manifestation dans la Nature et dans l'Histoire. Vainement me dira-t-on qu'elle m'est donnée tout d'abord par le mouvement nécessaire de ma pensée. Je ne me fie point à ces constructions logiques qui changent avec les systèmes ; je ne crois qu'aux lois attestées par l'expérience, et fondées solidement sur la réalité.

Le Savant. — Vous avez bien raison.

Le Métaphysicien. — Les lois dont je viens de parler, bien qu'universelles, sont des révélations de l'expérience ; la spéculation rationnelle n'est pour rien dans la découverte de ces réalités. De l'Être universel conçu comme tel à la plus simple de ses formes, à la plus générale des lois de son développement, il y a un abîme que nulle dialectique ne peut combler. Du moment qu'il s'agit de réalité, il n'y a pas de théologie, de métaphysique, ni de logique qui puisse faire l'œuvre de l'expérience. De même que la science proprement dite, si haut que l'élève la philosophie, ne peut atteindre au Principe des choses, à l'Être universel conçu à priori par la raison, de même la métaphysique ne peut, par la vertu d'aucune dialectique, pénétrer jusqu'aux réalités par lesquelles ce Principe se manifeste. Mais si la métaphysique ne construit ni ne déduit la réalité, elle l'explique. Ces lois que l'expérience seule peut découvrir, elle en fait voir la raison et la nécessité. Ainsi, c'est bien l'expérience qui a révélé l'existence des forces d'expansion et d'attraction dans la vie universelle. Mais, que la fonction de ces deux forces soit nécessaire à la constitution des êtres, que leur équilibre en soit la loi absolue, c'est ce que l'expérience ne peut affirmer. Tout au plus peut-elle constater cette nécessité pour le petit nombre d'être soumis à son observation. C'est la raison, c'est la métaphysique qui explique que les forces d'attraction et d'expansion ont pour fonction, l'une de prévenir l'absorption des individus dans le Tout, l'autre de prévenir la dispersion du Tout dans la poussière des infiniment petits. Dans le monde physique, la force d'expansion maintient, entre les particules d'un corps aussi bien qu'entre les grands corps célestes, les distances nécessaires au libre jeu de leurs éléments. Dans le monde moral, cette même force n'est pas moins nécessaire à la constitution des êtres moraux, communes, cités, peuples, races, Humanité, en ce que, par le sentiment énergique de la liberté et de la justice personnelle, elle oppose une limite et une barrière à la puissance absorbante, à la pression écrasante des sentiments, des instincts, des forces de l'État, de la société, de la race, de l'espèce. Quant à la fonction de la force d'attraction, le nécessité n'en est pas moins évidente. C'est elle qui, par concentration, organise les corps et les systèmes des corps, dans le monde physique. C'est elle qui, dans le monde moral, fait l'unité organique des peuples, des époques, des races, enfin de la grande famille humaine elle-même. Tout être, corps ou esprit, chose ou personne, individu ou société, ne se constitue, ne vit, ne dure qu'autant que ces deux forces s'équilibrent. Supposez nulle, ou trop faible la force d'expansion, tout reste enveloppé, confondu, étouffé dans l'informe et monstrueuse unité du chaos. Supposez nulle, ou trop faible la force d'attraction, tout s'évapore et va se perdre dans l'abîme du vide. Voilà comment la métaphysique transforme une loi empirique en une loi rationnelle.

LE SAVANT. — Je le vois.

LE MÉTAPHYSICIEN. — La métaphysique va plus loin. L'expérience et la science ne nous révèlent pas, à proprement parler, deux forces distinctes, deux principes d'action, opérant chacun à part, et aboutissant, pour résultante, à un équilibre qui serait la loi même de l'organisation des êtres ; elles constatent simplement deux effets bien distincts, deux ordres de phénomènes opposés. Quant à rapporter ces effets à deux principes d'action distincts, c'est une hypothèse, même une hypothèse sans nécessité et sans raison, empruntée à la philosophie mécanique, qui substitue des forces abstraites aux forces réelles de la Nature. Cette philosophie, vous l'avez déjà vu dans nos précédents entretiens, cherche à tort dans l'abstrait et le simple le principe de la réalité concrète et complexe. Comme elle n'a aucune conception rationnelle de l'être, soit universel, soit individuel, et qu'elle fait abstraction de l'unité qui en forme l'essence, elle ne voit partout que des résultantes de la composition des forces. C'est ainsi qu'elle imagine à part, et à l'état de complète indépendance, les forces d'expansion et d'attraction. Mais la métaphysique ne s'en tient pas à cette hypothèse peu rationnelle; elle fait rentrer les phénomènes et les forces abstraites dans le sein de la Force concrète réelle, une, indivisible qu'on nomme la Nature, ou plutôt l'Être universel, puisque ces forces se retrouvent dans le monde moral, aussi bien que dans le monde physique. Et alors l'explication des choses devient beaucoup plus simple. L'hypothèse des deux forces distinctes suppose l'intervention d'un Principe extérieur à la Nature, qui règle et modère le jeu de ces forces. Autrement l'harmonie et l'unité de leurs mouvements resteraient un mystère. Explication artificielle. Cette harmonie et cette unité s'expliquent *naturellement* par la conception d'une activité unique, comprenant dans un même mouvement organique les deux ordres de phénomènes qu'il plaît à la philosophie mécanique de rapporter à deux principes d'action différents. La loi de l'équilibre des forces a sa raison dans la nature même de l'être qui se constitue et s'organise, et non dans le concours d'un médiateur plastique. On échappe de cette façon à l'hypothèse absurde d'une Cause première multiple, sans tomber dans le *machina Deus*. Et remarquez bien qu'ici la métaphysique en substitue pas une hypothèse à une autre. C'est la philosophie mécanique qui fait l'hypothèse, en décomposant arbitrairement une force réelle et concrète de la Nature en deux forces abstraites, dont elle fait deux principes distincts d'action. La métaphysique s'en tient à l'unité de la Nature, telle que la conçoit la raison.

LE SAVANT. — J'en conviens.

LE MÉTAPHYSICIEN. — La loi du progrès, pour être une révélation de l'expérience, n'en trouve pas moins son explication dans la raison. Vous le disiez vous-même tout à l'heure, si le Dieu de la théologie est la perfection en acte, le Dieu de la cosmologie est la perfection en puissance. Donc le progrès est inhérent à la réalité, de même que la perfection l'est à l'idéal. Il est certain que cette loi essentielle de la réalité, cet attribut du Dieu vivant n'a pu être conclu de la nature même de l'Être universel qu'après avoir été signalé par l'expérience. Il va sans dire que l'explication, même rationnelle, d'un fait ne peut venir qu'après l'observation de ce fait. Mais alors commence le rôle de la métaphysique. La réalité est nécessairement en progrès, parce qu'elle est l'acte d'un Principe qui est la perfection en puissance. Tel est le caractère de la plupart des explications rationnelles. C'est le fait qui révèle l'idée; mais c'est l'idée qui marque le fait du sceau de la nécessité.

LE SAVANT. — Je comprends le rapport.

LE MÉTAPHYSICIEN. — Voilà la véritable explication rationnelle, la seule, selon moi, de la loi du progrès. Pour établir la nécessité de cette loi, il ne suffit pas de dire qu'elle est impliquée dans le développement de la réalité. Je veux bien que tout développement soit un progrès ; mais tout changement, l'expérience l'atteste, n'est pas un développement. Il en est qui sont des décroissances et des défaillances de l'être, tandis que d'autres en marquent la croissance et le perfectionnement. Donc, alors même qu'on réduirait le progrès à un simple développement, on ne pourrait le déduire de l'essence de la réalité. L'essence de toute chose est de devenir, de changer, non de se développer, encore moins de se perfectionner. Ce n'est donc pas dans la notion de la réalité elle-même qu'il faut chercher la raison de la loi du progrès.

LE SAVANT. — Cela est clair.

LE MÉTAPHYSICIEN. — Quant à la loi selon laquelle s'accomplit le progrès, la métaphysique lui trouve également sa raison d'être et sa nécessité, sans avoir recours aux subtilités de la logique hégélienne. Que tout être, soit physique, soit moral, les esprits comme les corps, les sociétés comme les individus, traverse, dans sa complète évolution, les trois moments de l'enveloppement, du développement et de l'organisation, c'est ce que la raison ne devine point à priori, quoi que fasse la logique. Mais, la loi une fois donnée par l'expérience, la raison l'explique, en faisant comprendre la nécessité logique de la succession des trois moments. Qui ne voit que la phase d'enveloppement précède la phase du développement, et celle-ci la phase d'organisation? Ici la loi empirique, c'est-à-dire le fait généralisé, n'est pas plutôt reconnue que la raison la convertit en une loi nécessaire à l'évolution progressive des choses. Jusqu'à ce que l'expérience nous révélât le fait, la raison n'y pensait pas; mais le fait bien établi, la raison ne comprend plus qu'il puisse en être autrement.

LE SAVANT. — Voilà ce que vous entendez par une explication rationnelle? Ramener toujours la réalité à l'idée, la contingence à la nécessité, ce qui est, en un mot, à ce qui doit être ?

LE MÉTAPHYSICIEN. — Précisément. C'est ainsi que la science des faits devient la science des idées, que la science positive se change en métaphysique. L'à priori est le caractère propre des vérités de la raison, et le signe infaillible de l'intervention de la métaphysique dans la science. Tant qu'elle se borne à expliquer la réalité bien observée, elle est dans son rôle. Ce qui n'est pas une œuvre légitime, c'est de se substituer à l'expérience, et de construire la réalité.

LE SAVANT. — Voilà donc le Cosmos, dans le sens métaphysique du mot, c'est-à-dire l'Être cosmique, le *Dieu vivant*, dont la *révélation* se fait chaque jour plus complète par la science. Oui, le Dieu vivant, car celui-ci est le seul réel, pourquoi ne dirais-je pas le seul vrai, l'autre Dieu, le Dieu de la théologie n'étant qu'un simple Idéal de la pensée ?

LE MÉTAPHYSICIEN. — Vous oubliez que vérité et réalité sont des termes contradictoires, loin d'être synonymes. Par cela même que le Monde est le réel, il ne peut être le vrai.

LE SAVANT. — Je conviens que ce langage est le seul exact. Ne disons plus le Dieu vrai, mais permettez-moi de dire le Dieu vivant. Plus je contemple le spectacle de la vie universelle, les grandes lois de la Nature et de l'Histoire, l'ascension majestueuse de toutes choses, mondes ou atomes, vers la suprême Perfection, sous l'irrésistible loi du progrès, moins je regrette d'avoir prononcé ce grand mot.

LE MÉTAPHYSICIEN. — Mon enthousiasme n'est pas moindre que le vôtre devant tant de grandeur, de puissance, de beauté, d'harmonie. Et pourtant c'est à un autre objet que je réserve le saint nom de Dieu. La science a beau étaler à mes yeux les genres, les espèces, les variétés sans nombre d'êtres qui remplissent l'immense scène de l'espace et du temps, je n'y vois point Dieu. La philosophie a beau me montrer la simplicité des causes, des lois, des types auxquels se ramène cette luxuriante diversité d'êtres et de phénomènes, je n'y vois point encore Dieu. Enfin, la métaphysique a beau m'élever à l'unité de l'Être immense, éternel, tout puissant, tout créant, que vous venez de saluer d'un nom échappé à votre admiration, je n'y puis voir Dieu davantage. Le divin, ne l'oubliez jamais, ce n'est pas l'Infini, ni l'Infini dans l'espace, ni l'Infini dans le temps, ni l'Infini dans la puissance créatrice, ni même l'Infini dans l'aspiration progressive; c'est le Parfait. Or le Cosmos possède tout, excepté cela. Il a la grandeur, il a la puissance, il a la fécondité infinie. Il n'a pas la beauté pure, la sainteté de l'Idéal. Il est bon, mais il n'est pas le Bien. Il est beau, mais il n'est pas le Beau. Il est vrai, mais il n'est pas le Vrai. Sa bonté a ses vices. Sa beauté a ses taches. Sa vérité a ses erreurs. Sa plénitude a ses lacunes. Son ordre, si bien révélé par vos sciences astronomiques et physiques, a ses irrégularités. La pensée le juge, tout en l'admirant, le complète, le corrige à la lumière de l'Idéal, dont elle est elle-même le foyer. En vain essaye-t-il de la surprendre et de la fasciner par la variété de ses phénomènes, par la constance de ses lois ; il ne subjugue que l'imagination. En vain simule-t-il la perfection par le mouvement progressif de la vie universelle. La philosophie ne peut convaincre la raison et la conscience humaine de la perfection du monde physique et du monde moral, quelque soin qu'elle prenne de les élever au-dessus des difformités, des misères de la réalité locale et temporaire, et de nous faire contempler toutes choses, des hauteurs de l'espace et du temps. Le mal déborde par torrents dans cet Univers, le mal physique et le mal moral, aux yeux de l'observateur qui voit tout de près et dans le détail. Mais la philosophie parvînt-elle, dans l'optimisme de sa contemplation, à le réduire à des proportions microscopiques, il ne serait pas possible à la pensée d'en faire abstraction au point d'aboutir à la complète équation de l'Idéal et de la Réalité cosmique. Un atome de mal suffirait pour en exclure le divin. C'est donc profaner le saint nom de Dieu que de l'appliquer au Monde.

Le Savant. — J'ai compris la répugnance des théologiens pour le panthéisme, tant qu'a persisté la vieille conception cosmologique. Alors, en effet, il était difficile d'appeler Dieu, soit un amas infini d'atomes dispersés dans l'espace, tel que le supposaient les atomistes ; soit une étendue absolument continue dans son immensité, telle que l'imaginaient les cartésiens ; soit un simple système de forces ou monades concourant à l'harmonie universelle, tel que l'entendait Leibnitz ; soit enfin une force unique aveugle, soumise aux lois naturelles dans son développement, telle que la conçoivent d'Holbach, Diderot, et les adorateurs du Dieu-Nature. Mais maintenant que le Cosmos nous apparaît tel que la science nous l'a révélé, je comprends moins les scrupules de la théologie.

Le Métaphysicien. — La théologie n'adore que l'Être parfait, et votre Dieu ne l'est pas.

Le Savant. — S'il n'est pas la Perfection idéale, il est mieux que cela ; il est la Perfection réelle et vivante, c'est-à-dire le Progrès.

Le Métaphysicien. — Voilà précisément ce qui ne nous permet pas d'identifier le Monde et Dieu. Avec les attributs d'infinité, de nécessité, d'indépendance, d'universalité, d'unité que la métaphysique lui reconnaît, avec toutes les propriétés, toutes les forces, toutes les lois que la science y découvre chaque jour par l'expérience, le Monde manque du caractère qui seul pourrait en faire la divinité. Le sens commun et le langage se refusent également à nommer Dieu l'Être qui devient, qui change, qui se transforme incessamment, alors même que cette métamorphose s'opère invariablement dans le sens du bien. Qu'est-ce qu'un Dieu qui aspirerait éternellement à la perfection, sans y atteindre? Dieu est, par essence, l'Être parfait. Non-seulement ce nom ne convient pas à l'être qui ne fait qu'en approcher, mais il ne peut même convenir à l'être qui y atteindrait par une évolution progressive. Dieu est l'Être parfait, et non l'être perfectible, de même qu'il est l'Être qui *est*, et non l'être qui *devient*. Voilà pourquoi toute vraie théologie répugne invinciblement au panthéisme.

LE SAVANT. — J'entends bien cela, mais si vous tenez à votre Dieu vrai, qui n'est autre chose qu'une abstraction de la pensée, je tiens à mon Dieu réel. Je vous accorde, après notre entretien sur la théologie, que ce Dieu ne comporte pas la perfection absolue, immuable, qui est le caractère de l'Idéal; mais je me demande si, tel que la science et la philosophie nous le montrent, il ne suffit point à l'adoration du genre humain. Qu'est-ce qui vous semble, dans ce Cosmos si grand, si beau, si bon, si bien ordonné, contraire à l'attribut de *divinité*?

LE MÉTAPHYSICIEN. — Le mal, l'imperfection.

LE SAVANT. — Je conviens que, plongé dans la réalité au sein de laquelle il vit, l'être pensant soit choqué, attristé, révolté par le spectacle qui se déroule sous ses yeux. Mais est-il bien placé là pour en juger sainement? N'y serait-il point la dupe d'une sorte d'illusion d'optique? Le spectateur qui veut jouir d'un grand spectacle se place-t-il en bas ou en haut pour le contempler ? Élevez votre pensée jusqu'à la contemplation de la vie universelle ; regardez le monde de la Nature, et le monde de l'Histoire, des sommets du temps et de l'espace, à travers les grandes lois qui en règlent le mouvement et en dominent le bruit. Quel spectacle ! Et qui ne serait pas saisi d'un sentiment vraiment religieux en le contemplant ? Vu des hauteurs de la métaphysique jusque dans les profondeurs de la science, le Monde ne vous montre-t-il pas enfin ce caractère de perfection qui avait échappé tout d'abord à vos regards offusqués par l'image des détails ?

LE MÉTAPHYSICIEN. — Le tableau est devenu, en effet, d'une beauté sublime. Mais, même avec cette perspective, il garde encore ses taches.

LE SAVANT. — En êtes-vous bien sûr ? Il me semble qu'à mesure que le regard de l'observateur s'élève dans le temps et dans l'espace, les ombres disparaissent, et qu'à une certaine hauteur, le tableau apparaît dans sa parfaite splendeur.

LE MÉTAPHYSICIEN. — La synthèse produit de ces effets, je dirais volontiers de ces illusions. Malheureusement nulle perspective ne peut prévaloir ici contre le témoignage de l'analyse. C'est un microscope dont les révélations ne se laissent pas contester. Or, l'analyse nous fait voir, nous fait toucher au doigt le mal dans la réalité.

LE SAVANT. — Qu'est-ce qu'un mal que la perspective atténue à l'infini ? Ce n'est donc point un mal absolu. N'en est-il pas alors comme de ces nombres que la méthode infinitésimale, en mathématiques, réduit indéfiniment, sans arriver toutefois à zéro ? Ce mal, réalité positive seulement au point de vue d'un temps ou d'un espace limité, irait se perdre dans l'éternité du temps et dans l'immensité de l'espace, sous l'incessante action de la loi du progrès. En sorte que le Monde, imparfait dans ses parties, pourrait être considéré comme parfait dans son Tout. Et, remarquez-le bien, il ne s'agit plus ici d'une simple perfection virtuelle, mais d'une perfection actuelle et positive, que la science autorise à attribuer au Monde, pourvu qu'on se place au point de vue de l'Infini.

Le Métaphysicien. — L'explication est ingénieuse, et ne manque pas de vérité. Pourtant elle ne suffit point à justifier la dénomination ambitieuse que vous voulez appliquer au Monde. J'accepte l'assimilation de votre procédé avec la méthode mathématique de réduction infinitésimale, et j'en prends acte contre votre conclusion. De même que cette méthode n'arrive point à réduire à zéro une quantité indéfiniment divisible, de même la loi du progrès ne peut aboutir à l'extinction radicale du mal, par la réduction infinie qu'elle opère. Ce mal, si réduit qu'on le suppose, n'en reste pas moins comme une ombre qui se projette sur toute la réalité, et suffit à l'obscurcir. Le progrès n'engendre qu'une perfection relative, infiniment inférieure à l'absolue Perfection, laquelle mérite seule le nom de *divine*. Et enfin, quand vous arriveriez, par votre méthode de réduction, à l'extinction complète du mal, ce qui est impossible, vous n'en seriez pas plus en droit de qualifier le Monde ainsi que vous faites. Le mal, l'imperfection, dans une partie quelconque du temps ou de l'espace, suffirait pour le rendre indigne de ce saint nom, cette partie ne fût-elle qu'un atome.

Le Savant. — Il faut bien l'avouer, la science est à bout de raisons. Mais la métaphysique lui vient en aide, en définissant le mal un moindre bien.

Le Métaphysicien. — Malheureusement la définition ne tient pas contre l'expérience. Demandez à la conscience humaine si le vice, si le crime, si toute espèce de mal moral est un moindre bien.

LE SAVANT. — La réfutation est sans réplique.

LE MÉTAPHYSICIEN. — J'aime mieux la théorie de Leibnitz expliquant le mal, physique ou moral, comme un moyen nécessaire à la production d'un plus grand bien, dans le plan préconçu du Monde. Voltaire s'est beaucoup moqué de ce paradoxe, et j'avoue que la naïveté des docteurs Plangloss de tous les temps a de quoi provoquer les sarcarmes de tous les amis de la justice et de l'humanité, de quelque dose d'optimisme qu'ils soient pourvus. Mais le paradoxe fût-il une vérité, vous n'en seriez pas plus en droit d'ériger le Monde en Dieu ; car la nécessité du mal, même démontrée, n'en change pas le caractère. Ainsi accepté, il n'en resterait pas moins en contradiction avec l'absolue perfection qui fait l'essence de toute Divinité. S'il est difficile de le concilier avec la création d'un Dieu tout sage et tout bon, il est impossible de l'attribuer à la nature essentiellement parfaite de Dieu. Concluons donc que les mots de Dieu et de Divinité ne sont à leur place que dans la théologie, et que la plus haute cosmologie ne peut jamais se les permettre, sans mériter l'épithète de panthéiste. Gardons précieusement la distinction de Dieu et du Monde ; car ce n'est pas moins que la différence de l'idéal et du réel, de la perfection et du progrès, de l'être et du devenir. Cette réserve faite, célébrez les grandeurs, les beautés, les forces, les vertus sans nombre du Cosmos ; je suis le premier à me joindre au chœur de ses admirateurs. S'il n'est pas le Dieu qu'adore la conscience de l'homme religieux, c'est-à-dire l'Être parfait, fin et loi de tous les êtres, il est l'Être infini, l'Être des êtres, principe et substance de la vie universelle, devant lequel s'incline la raison du savant et du philosophe. Sans être

Dieu lui-même, il est la source de toute divinité; car il est le Père de l'Esprit, comme de la Nature. Or c'est du sein de l'Esprit qu'on voit éclore cette fleur de la pensée qui se nomme l'*idéal* ou le *divin*. L'Être cosmique est donc la racine, le fond, la substance de toutes choses, même de la pensée, siége de toute perfection. Et s'il était permis d'exprimer cette vérité dans la langue des *mystères*, nous pourrions dire, avec la théologie chrétienne, bien que dans un sens un peu différent, que le parfait, l'idéal, l'intelligible, le Verbe réside proprement dans le *Fils*, tandis que le *Père* ne contient tout cela qu'en puissance. Ceci soit dit sans rien exagérer. La nouvelle philosophie allemande, qui accorde volontiers Spinosa avec l'orthodoxie chrétienne, n'a pas manqué ce rapprochement. Pour nous, dont l'éclectisme ne va pas jusqu'à couvrir notre théologie d'une pareille autorité, nous convenons sans peine que l'Infini n'est Dieu le Père, et l'Idéal Dieu le Fils que dans le *christianisme* de Hegel.

III. — Astronomie.

Le Métaphysicien. — Après les lois de la cosmologie proprement dite, il n'en est pas de plus simples et de plus générales que celles qui font l'objet de l'astronomie. Les découvertes faites par cette science, dans le ciel des étoiles, sans avoir précisément révélé à l'esprit la conception de l'Infini qui lui est innée, en ont prodigieusement agrandi la représentation. Chaque étoile est un soleil entouré d'un système de planètes auxquelles il distribue la chaleur et la lumière ; les soleils sont groupés en amas par milliers ; ces amas paraissent à leur tour groupés en amas plus considérables, ou en vastes anneaux. La distance qui sépare deux soleils voisins est telle que, selon les estimations les plus exactes, la lumière met trois ans pour la franchir. Elle doit mettre des siècles pour parcourir le diamètre de la voie lactée, et des milliers d'années pour aller d'un amas à un autre. Jugez de l'énormité des distances, vous qui savez quel chemin fait la lumière en une seconde !

Le Savant. — C'est à confondre l'imagination !

Le Métaphysicien. — Et pourtant, qu'est-ce que tout cela devant l'Infini ? Le ciel de l'astronomie n'est qu'un point dans le ciel de la métaphysique. Mais ce qu'il y a de plus merveilleux, c'est que la loi du progrès embrasse tous les phénomènes du monde stellaire. Les anciens considéraient les cieux comme fixes et immuables. La science moderne nous montre les cieux en changement continuel, en travail incessant de transformation et d'organisation ; elle nous fait assister à la formation des mondes. Les nébuleuses pures nous donnent le spectacle de la matière cosmique à son état originel, diffuse, phosphorescente, sans trace aucune d'organisation. En vertu de l'attraction, cette matière diffuse s'agglomère en masses ovoïdes, qui se condensent peu à peu vers le centre ; un noyau central se forme ; une étoile nouvelle est créée. Telle a été la forme primitive de notre soleil : une étoile naissante, entourée d'une immense atmosphère nébuleuse, le tout animé d'un mouvement de rotation sur lui-même. Par un refroidissement et une concentration ultérieures, des dépôts se sont formés successivement dans cette atmosphère à différentes distances et dans le plan de l'équateur général du système ; ce sont les planètes. Ainsi s'expliquent leur disposition à peu près dans un même plan, leur mouvement sensiblement circulaire dans le même sens, et aussi leur rotation sur elles-mêmes. Les comètes sont d'autres dépôts moins considérables, qui se sont formés loin de l'équateur. La lumière zodiacale pourrait bien être un reste de cette nébulosité, origine de notre système solaire.

Le Savant. — Cette explication n'est encore qu'une hypothèse.

Le Métaphysicien. — Hypothèse que les observations astronomiques tendent de plus en plus à confirmer. Mais qu'importe? Ce qui n'est pas une hypothèse, c'est la loi du progrès qui gouverne le ciel entier. Il est certain que tout y change et s'y transforme en ce sens. Le système solaire n'est qu'un exemple de la loi universelle.

Le Savant. — C'est une vérité acquise à la science. Mais, en résumant le tableau des phénomènes célestes, il me semble que vous abandonnez le langage de la métaphysique pour prendre celui de l'astronomie. Vous parlez d'une matière cosmique répandue dans l'espace. Est-ce que vous vous ralliez à cette hypothèse, qualifiée par vous de représentation purement imaginaire des phénomènes célestes?

Le Métaphysicien. — Nullement. C'est ici le cas de faire intervenir la métaphysique. Il est possible que les astronomes prennent au sérieux l'hypothèse de la matière cosmique. Pour nous, nous n'entendons par là que l'ensemble des phénomènes cosmiques, à leur état le plus simple. Nous ne saurions trop le répéter, le Monde est l'Être infini lui-même, et non point le simple théâtre de la vie universelle. Donc tout y est substance, mouvement, réalité, même dans ces espaces immenses qui séparent les corps célestes. Le vide est un non-sens. L'Être universel diffère de degrés et de fonctions, dans l'expansion continue de ses forces. Ce qu'il plaît aux physiciens d'appeler la matière cosmique n'est qu'une forme plus concrète de l'être, tandis que leur espace pur, leur vide en est une forme plus simple, plus abstraite. Du reste, il faut leur rendre cette justice qu'ils n'attachent plus, pour la plupart, un sens absolu à ces mots. A défaut de métaphysique, l'expérience a ouvert les yeux à la physique moderne. La transmission de la lumière à travers l'espace lui a révélé enfin l'existence de l'*éther*, matière plus subtile, mais non moins réelle que celle qui se définit par le poids et la masse. Quant à la fonction de cette matière, dans l'économie générale du Monde, il est évident qu'elle ne se borne pas à transmettre la lumière. Si la grandeur des distances fait illusion à l'imagination, et l'empêche de comprendre cette fonction essentielle et vraiment organique, elle ne peut abuser la raison. Le Monde, tout infini qu'il est, n'en a pas moins l'unité, non d'un système d'êtres simplement, mais d'un Être organisé. Or, quand vous considérez un de ces individus que vos sens perçoivent, vous trouvez que la distinction du plein et du vide, et pour parler rigoureusement, la différence de densité ou d'intensité de l'être est la loi même de sa constitution et de son organisation. L'être n'affecte certaines propriétés qu'à un certain degré de concentration ; c'est par là qu'il se constitue. L'être ainsi constitué ne se développe et n'agit qu'à un certain degré d'expansion qui lui crée un milieu de développement et d'action ; c'est par là qu'il s'organise. L'organisation du Tout est exactement soumise aux mêmes conditions que celle du moindre de ses individus. La physique nous apprend déjà que l'attraction planétaire et l'attraction moléculaire ne sont que des cas absolument identiques de la même loi d'attraction universelle qui régit le Monde. Mais ce n'est là qu'une des faces de l'organisation de l'être. Entre le plus grand et le plus petit, entre le monde et l'atome, l'identité d'organisation est complète. Pour le jeu et l'équilibre de leurs actions planétaires ou solaires, et par suite pour le développement et la conservation du Système total, les grands corps du système solaire, les étoiles qui forment le système céleste, ont autant besoin de leurs énormes distances que les corpuscules microscopiques de leurs imperceptibles intervalles, pour le jeu et l'équilibre de leurs actions moléculaires. Tout est donc également nécessaire, également organique, dans l'unité de la vie universelle, la matière pondérable et la matière éthérée, le plein et le vide, Dans l'espace éthéré, et dans la matière cosmique disséminée ou condensée, la métaphysique ne voit qu'un seul et même Être considéré dans les éléments divers de son organisation. Si elle est forcée d'emprunter à la science astronomique son langage, elle lui laisse ses hypothèses et ses illusions. Elle fait mieux, elle l'en débarrasse. Voilà un premier exemple de l'intervention de la métaphysique dans l'astronomie.

Le Savant. — Si la métaphysique a toujours la main aussi heureuse dans les affaires de la science, celle-ci serait bien ingrate de la repousser.

Le Métaphysicien. — Sur l'explication du mouvement des astres, la métaphysique a bien d'autres erreurs astronomiques à rectifier. La loi du progrès, universelle comme l'Être qu'elle régit, agit au moyen d'autres lois qui varient selon l'ordre de phénomènes et de sciences auquel cette loi s'applique. Dans l'ordre des phénomènes et des sciences astronomiques, c'est par l'attraction qu'elle opère. Cette loi régit, non-seulement le système planétaire, mais encore les autres systèmes. Dans les mouvements des étoiles doubles, on retrouve les lois de Kepler. En même temps qu'elle meut le Monde, l'attraction agit sur les particules les plus microscopiques des corps. Elle semble donc une loi universelle de la Nature, surtout sous la formule suivante : *Deux molécules matérielles quelconques s'attirent proportionnellement à leurs masses, et en raison inverse du carré de leur distance.* L'attraction explique les lois de Kepler, ainsi que tous les mouvements et tous les phénomènes du monde céleste, y compris les déviations apparentes ou réelles que l'expérience a révélées. Elle explique aussi la formation et la constitution des masses planétaires ou solaires. Si donc la matière cosmique, comme disent les astronomes, pouvait être connue d'avance et rigoureusement évaluée dans sa quantité, on pourrait en déduire d'abord la constitution intérieure et la forme extérieure des corps célestes, puis la direction, la vitesse et l'amplitude de leurs mouvements, toutes choses que le calcul ne peut déterminer, sans les données de l'observation. Mais cette grande loi, qui est le principe de tous les phénomènes astronomiques, est, comme la loi du progrès, une révélation de l'expérience. Elle n'a été ni conçue à priori par la raison, ni déduite d'une autre loi supérieure, ou de l'essence même de la matière.

Le Savant. — Autrement cette loi eût été connue plus tôt.

Le Métaphysicien. — Mais bien que la métaphysique ne soit pour rien dans la découverte de l'attraction, vous allez voir qu'elle n'est pas inutile à l'explication de cette loi. L'astronomie, en effet, si admirable dans ses expériences et dans son calcul, se laisse trop souvent abuser par les principes de la mécanique ordinaire, dans l'explication des phénomènes et des lois astronomiques. C'est ainsi, par exemple, qu'elle explique les mouvements circulaires des corps célestes par le concours de deux forces, l'une centripète et l'autre centrifuge, dont le mouvement circulaire serait la résultante. Cette théorie est vraie en mécanique, où l'on opère sur une matière abstraite, et sur des forces simples que l'on compose à volonté. Mais il n'en peut être de même en astronomie. Là il s'agit d'une matière réelle et plus ou moins concrète, et de forces naturelles qu'il n'est pas permis de décomposer. L'astronomie moderne, s'inspirant des principes d'une mécanique abstraite, n'a voulu voir jusqu'ici dans les mouvements célestes que des résultantes des mouvements simples rectilignes, se développant en des directions différentes. Cette hypothèse peut convenir à une théologie enfantine dont le Dieu meut le Monde par impulsion, à peu près de la même manière que l'ouvrier meut ses machines ; mais elle ne repose sur aucun fondement solide. Son origine mécanique, loin de la justifier, doit la rendre d'autant plus suspecte, que la mécanique ne raisonne que sur des abstractions, tandis que l'astronomie a sous les yeux des réalités. Il est bien plus simple de prendre les faits tels qu'ils sont, les mouvements des corps célestes tels que l'expérience nous les montre, sans vouloir les simplifier, pour se donner ensuite le plaisir de les recomposer artificiellement. La théorie mécanique des forces simples, appliquée à la Nature, nous rappelle involontairement la théorie de l'*homme statue* de Condillac, dans le *Traité des sensations*. Elle pouvait avoir quelque apparence de vérité, dans cette fausse cosmologie qui réduit le Monde à un espace vide, et la Nature à une matière inerte qui se meut d'un mouvement emprunté. L'analyse et l'abstraction ont prise sur ce Monde-là. Mais si le Monde de la réalité et de l'expérience est plein de forces spontanées, si la Nature est essentiellement active et vivante, elle n'a pas besoin d'une impulsion extérieure pour se mouvoir ; elle se meut d'elle-même. Et alors le mouvement circulaire est son mouvement propre. Car, de même que le mouvement simple est le symbole des forces abstraites et mécaniques, de même le mouvement composé est le symbole des forces réelles et physiques. C'est donc ici le mouvement rectiligne qui est l'abstraction, tandis que le mouvement circulaire est la réalité. Or, engendrer le réel de l'abstrait, c'est fausser la science, non la simplifier. La métaphysique intervient donc encore ici fort à propos pour corriger une erreur de la science.

LE SAVANT. — Cette remarque est due à la philosophie allemande, et j'en ai déjà reconnu la justesse.

LE MÉTAPHYSICIEN. — Voilà une nouvelle preuve de l'insuffisance de la science astronomique quant à l'explication des faits. J'arriverais à la même démonstration en parcourant tout le système d'hypothèses par lesquelles l'astronomie la plus accréditée essaye d'expliquer les autres phénomènes célestes. Je me bornerai à vous faire remarquer que ces hypothèses ont la même origine. Toutes reposent sur les principes de la mécanique la plus abstraite. Que ces principes conviennent aux astronomes de l'école matérialiste, rien de plus naturel. Tout éblouie des fausses lumières de l'imagination, cette école ne voit ni ne conçoit rien au delà des représentations sensibles de la Nature. C'est donc là qu'elle doit aller chercher les principes de toutes ses hypothèses. Ce qui a lieu de nous surprendre, c'est la confiance des savants non matérialistes en ce genre d'explications. Il est vrai qu'ils ont la ressource du grand Moteur étranger, du *machina Deus*, pour suppléer à l'insuffisance de leurs hypothèses mécaniques. Mais la philosophie ne s'accommode pas plus que l'art de ces ressorts extraordinaires. C'est dans la Nature même qu'elle cherche et qu'elle trouve les vrais principes de la réalité. L'alliance de la physique matérialiste et de la théologie spiritualiste, pour n'être pas rare, n'en est pas moins un phénomène étrange dans l'histoire de la pensée humaine. Le platonisme et le cartésianisme ont vainement consumé leur génie à la réaliser. L'astronomie peut, comme toute science positive, s'en tenir aux faits et aux lois; mais du moment qu'elle prétend les expliquer, il faut qu'elle renonce à le faire par les seuls principes de la mécanique, et qu'elle s'adresse à la métaphysique proprement dite, c'est-à-dire à la raison. Celle-ci possède seule le secret des véritables explications. En substituant la vraie idée de la Nature aux représentations illusoires de l'imagination, elle fournit le moyen d'expliquer les phénomènes célestes sans hypothèses.

LE SAVANT. — C'est rendre un grand service à l'astronomie.

IV. — Physique.

LE MÉTAPHYSICIEN. — Le monde astronomique est, malgré son immensité et l'infinie multitude des êtres qui le composent, le plus facile de tous à ramener sous les formules de la science. Ses phénomènes sont uniformes, et ses lois en petit nombre; tout s'y réduit à l'attraction. Les corps célestes, qu'on les considère dans leurs rapports ou dans leur constitution intérieure, n'appartiennent à la physique que par une seule propriété, la pesanteur. Or la pesanteur, résultat de l'attraction, est la propriété élémentaire et fondamentale de la matière : elle en fait le poids et la masse : elle constitue le corps proprement dit. C'est la forme la plus simple, la plus abstraite, la plus *matérielle* de l'Être, du moins parmi tous les phénomènes que nous fait connaître l'expérience. Voilà ce qui explique la simplicité, l'uniformité, l'immutabilité, l'harmonie inaltérable des mouvements du monde astronomique. Ces caractères, que la théologie ancienne prenait pour les signes de la Perfection et de la Divinité, le Ciel les doit à la *matérialité* de ses phénomènes. Il faut nous habituer à comprendre que *matière* et *abstraction* sont synonymes. Avant Hegel, Aristote avait mis cette vérité en pleine lumière dans sa critique des *idées* platoniciennes. La philosophie a trop longtemps cherché dans le simple le type de l'Être, et regardé les spéculations les plus abstraites comme les plus propres à nous le faire concevoir. Profonde erreur! Il ne faut pas juger de l'excellence des objets d'une science par la perfection de cette science elle-même. Tout au contraire, la perfection d'une science est en raison inverse de la richesse de son objet. Si l'astronomie est la plus parfaite des sciences de la réalité, malgré les difficultés d'observation, cela tient à la nature simple et abstraite de son objet. Sauf la donnée expérimentale d'une force universelle, l'attraction, l'astronomie s'enferme dans la catégorie toute *mécanique* de la quantité. La catégorie *physique* de la qualité n'est pas de son ressort. Tout s'y réduit à observer et à calculer les mouvements des corps célestes, obéissant à une force unique. Vous ne retrouvez pas cette admirable simplicité dans la physique, dans la chimie, dans l'histoire naturelle. Remarquez-le bien, plus on s'élève dans l'échelle de l'Être, plus l'objet de la science devient riche et complexe, et plus la science perd de sa simplicité, de sa rigueur et de sa certitude. Si l'astronomie est la première des sciences par l'exactitude toute mathématique de ses formules, par la généralité de ses lois, et par l'étendue de son objet, elle n'en reste pas moins la science la plus *matérielle*, par l'uniformité de ses phénomènes.

LE SAVANT. — Je vous entends.

LE MÉTAPHYSICIEN. — Le monde physique est déjà tout autrement riche et varié que le monde astronomique. La pesanteur en fait la base; mais, sur cette base, se développent les propriétés du calorique, de la lumière, du son, de l'électricité, du magnétisme qui caractérisent spécialement les êtres de la Nature. Ce n'est point à dire que les deux mondes soient distincts, comme les sciences qui leur correspondent. Toutes ces propriétés appartiennent aux corps célestes, aussi bien qu'aux objets physiques qui sont à portée de nos sens. Seulement l'astronomie n'a point à s'en occuper.

Le Savant. — Parmi ces phénomènes, il en est un qui semble rentrer dans l'objet de l'astronomie. La lumière n'a-t-elle pas pour foyer le soleil, pour véhicule l'éther ? Pourquoi donc la science la compte-t-elle parmi les phénomènes physiques proprement dits ?

Le Métaphysicien. — Parce qu'elle est vraiment un phénomène physique. Bien que la lumière ait pour foyer le soleil, pour véhicule l'éther, elle ne devient le phénomène qui frappe nos yeux que lorsqu'elle tombe dans l'atmosphère. La science commence à faire cette distinction. L'hypothèse aujourd'hui la plus rationnelle, sinon la plus populaire, sur la production de la lumière, c'est qu'elle est le résultat d'une force rayonnante, d'une vitesse prodigieuse, et d'une incomparable élasticité, qui part du soleil, qui traverse les régions ténébreuses de l'éther, et arrive dans l'atmosphère, où elle rebondit et éclate en phénomène lumineux. Quoi qu'il en soit, le caractère essentiellement atmosphérique de la lumière reste un fait acquis dans toutes les théories de la physique moderne. C'est donc avec grande raison que la science la range parmi les phénomènes physiques.

Le Savant. — Je comprends et j'admets l'explication.

Le Métaphysicien. — Ce nouvel ordre de phénomènes marque une supériorité réelle sur l'ordre des phénomènes purement mécaniques et astronomiques, dans le système de la vie universelle. Le calorique, le son, la lumière, l'électricité, le magnétisme dépendent moins étroitement des rapports d'espace, dans le développement de leur activité. Ces phénomènes sont, à proprement parler, des actions plutôt que des mouvements ; ils ne sont pas enchaînés, comme les phénomènes de la pesanteur, aux lois de la mécanique. En ce sens, on peut dire qu'ils ont un caractère moins *matériel*, l'électricité et le magnétisme surtout, forces déjà plus ou moins rebelles à la direction de l'industrie humaine, bien qu'elles tombent sous l'application du calcul. Nous ne sommes pas encore dans le monde de la vie proprement dite, c'est-à-dire de la spontanéité et de l'individualité organique ; mais on sent que nous en approchons. L'Être universel nous apparaît sous une forme plus riche, plus variée, plus indépendante, sinon plus libre. La pesanteur, qui formait l'essence même des phénomènes et des lois du monde astronomique, n'est plus que la *base* des phénomènes et des lois du monde physique. C'est l'ensemble des propriétés de la chaleur, de la lumière, du son, de l'électricité, du magnétisme qui en fait l'*essence* propre.

Le Savant. — La science, ou la philosophie de la science admet d'autant plus volontiers cette gradation, qu'elle peut la constater par une observation directe.

Le Métaphysicien. — Ce qui n'est pas de leur ressort, c'est de l'expliquer. Ici encore la science a besoin du secours de la métaphysique. Le matérialisme, qui est la métaphysique de l'imagination, tient son hypothèse toute prête à la disposition des esprits qui prennent le sens grossier des choses pour le sens commun. Il explique la physique par la mécanique, en faisant des phénomènes de la lumière, du son, de la chaleur, de l'électricité, du magnétisme, etc., de simples modifications des phénomènes mécaniques. Le triomphe de cette doctrine, c'est de tout ramener à un principe unique. Elle ne demande à la science qu'une donnée mécanique, la plus simple possible, la matière réduite à ses deux propriétés essentielles, l'inertie et l'impénétrabilité, pour expliquer tous les phénomènes de la physique, depuis la pesanteur jusqu'à l'électro-magnétisme. Mais plus l'hypothèse est simple, plus la réalité résiste aux explications qu'elle donne ; en sorte qu'aujourd'hui la thèse du mécanisme, déjà ébranlée par la philosophie naturelle de Newton, n'obtient plus aucun crédit parmi les esprits élevés du monde savant. Mais la défiance de la fausse métaphysique n'est que le commencement de la sagesse. Les faits mal expliqués n'en réclament pas moins leur véritable explication. Il est certain que les propriétés géométriques et mécaniques de la matière, telles que l'étendue, la forme, l'inertie, l'impénétrabilité, ne sont que des abstractions avec lesquelles il est absurde de prétendre construire les réalités de la Nature. Il n'est pas moins évident que, prît-on pour principe générateur des phénomènes physiques, la pesanteur, propriété *réelle*, la plus simple et la plus générale de toutes celles qui constituent le corps, il n'y a pas moyen d'en tirer les autres. Il est une vérité que je ne saurais trop redire : pour être la base de toutes les autres propriétés qui entrent dans la définition d'un corps, telle propriété n'en est pas pour cela le principe. Le phénomène de la pesanteur est assurément la base de tous les phénomènes de la Nature, lumière, son, chaleur, électricité, magnétisme, etc. ; mais conclure de là qu'il en est le principe, c'est la grosse erreur de la philosophie mécanique.

Le Savant. — Mais alors comment expliquer le progrès de la Nature, du monde de la mécanique au monde de la physique?

Le Métaphysicien. — En remontant à l'idée métaphysique de la Nature. Si l'on considère la succession graduelle des phénomènes qui en composent le développement, c'est une illusion de croire que le phénomène le plus complexe ait pour principe le phénomène le plus simple, parce qu'il lui succède et le suppose. Rien n'engendre réellement, dans le travail de la Nature, que la Nature elle-même, ou plutôt l'Être universel, le Dieu vivant dont la Nature n'est que la manifestation extérieure. Les phénomènes, les êtres, les règnes, les époques se succèdent, mais ne s'engendrent pas. Chaque progrès d'un être à un être, d'un règne à un règne, d'une époque à une époque, ne peut s'expliquer que par le développement d'une puissance nouvelle, cachée dans les profondeurs de l'Être universel, et qui arrive à l'expansion, à son heure, après une certaine préparation. Faites abstraction de ce principe, et réduisez l'Univers à une simple multitude d'individus juxtaposés dans l'espace; il ne vous est plus possible de comprendre les évolutions progressives de la Nature. Vous êtes condamné à l'une ou à l'autre de ces deux absurdités : ou chercher le principe du nouveau phénomène dans un antécédent qui ne le contient pas, comme fait le matérialisme; ou faire intervenir à tout propos la puissance créatrice d'une Cause en dehors de la Nature. Mais restituez aux éléments de la vie universelle leur unité, leur substance, leur être commun; alors les évolutions, les transformations, les progrès de la Nature s'expliquent, sans qu'on soit forcé d'en chercher ailleurs le principe, par le simple développement de l'Être cosmique, aussi inépuisable dans son activité créatrice qu'infini dans son étendue.

Le Savant. — Cela est bien plus rationnel.

Le Métaphysicien. — Appliquons ce principe à l'explication des phénomènes physiques dont nous venons de parler. L'attraction est certainement la force constitutive des corps. Or, pour que cet être abstrait, qu'on nomme *matière* dans le langage vulgaire, devienne susceptible des propriétés de la lumière, du son, de la chaleur, de l'électricité et du magnétisme, il est nécessaire qu'il ait pris corps, sous l'action de l'attraction moléculaire. Cela fait, s'il manifeste ces diverses propriétés, ce n'est point dans la force d'attraction, encore moins dans telle propriété mécanique de la matière abstraite, inertie ou impénétrabilité, qu'il faut en chercher la cause. Le véritable principe de ces propriétés est la Nature elle-même, Force infinie qui agit sous les formes corporelles constituées par la loi d'attraction.

Le Savant. — Ne semble-t-il pas que cette explication ressuscite l'hypothèse péripatéticienne des vertus occultes de la matière ?

Le Métaphysicien. — Cette hypothèse, bien comprise, m'a toujours paru plus conforme à la réalité et à l'expérience que les fictions mécaniques de la philosophie cartésienne qui l'ont remplacée. Ce qui l'a ruinée dans la science moderne, c'est surtout l'abus qu'en ont fait les scolastiques. Mais ce n'est point d'elle qu'il s'agit en ce moment. Nous ne supposons rien, pour l'explication des phénomènes dont la mécanique ne peut rendre compte ; nous nous bornons à rétablir dans les œuvres de la Nature le principe interne qui les fait, la Nature elle-même, ou plutôt l'Être universel. Avec cette conception cosmique, tout est lumière dans l'explication des choses ; sans elle, tout est mystère. Encore une fois, ce ne sont pas les phénomènes eux-mêmes qui s'engendrent ou se transforment, dans leur succession. Les physiciens et les naturalistes qui le croient sont dupes des apparences. Aucune des formes de l'être ne peut posséder par elle-même cette vertu de génération et de transformation, quels que soient le nombre et la richesse de ses combinaisons géométriques ou mécaniques. En réalité, c'est l'Être universel seul qui possède cette vertu. C'est par son action que s'expliquent toute évolution et tout progrès dans le monde physique.

Le Savant. — N'est-ce pas rentrer dans les explications de la philosophie dynamique?

Le Métaphysicien. — Pourquoi craindrais-je de l'avouer? Sauf les hypothèses qui sont venues s'y joindre, cette philosophie me paraît la vérité sur la Nature. Si elle a le tort d'avoir complétement assimilé l'organisme cosmique à l'organisme animal, elle n'en a pas moins l'immortel mérite d'avoir compris que le Monde est un être, un être *organique* dans lequel tout naît, tout croît, tout se forme par le développement d'une force interne, et non par la combinaison toute mécanique d'éléments dispersés dans l'espace.

Le Savant. — C'est ce que vous m'avez déjà expliqué dans nos premiers entretiens.

Le Métaphysicien. — Aussi ne veux-je pas insister. Je n'entre point dans le détail de la philosophie physique. Quel que soit le phénomène à expliquer, lumière, chaleur, électricité, magnétisme, ma conclusion serait toujours la même. Nul de ces phénomènes ne trouve dans le monde astronomique ou mécanique le principe de sa génération. Je tenais seulement à vous montrer comment l'intervention de la métaphysique est nécessaire, quoi qu'il s'agisse d'expliquer.

V. — Chimie.

Le Métaphysicien. — La chimie a pour objet les corps, aussi bien que la physique ; mais, laissant à celle-ci l'étude des phénomènes généraux et extérieurs, elle traite spécialement des phénomènes qui affectent la constitution des corps. Deux forces produisent toutes les actions moléculaires d'où résultent ces divers phénomènes, à savoir : 1° la force de cohésion qui réunit les molécules similaires des corps simples ou des corps composés ; 2° l'affinité chimique qui réunit les molécules simples constituant une molécule d'un corps composé. La première est encore mécanique, en ce qu'elle dépend de la figure des molécules agrégées. Voilà pourquoi elle varie selon l'état solide, liquide, ou gazeux du corps. La seconde est essentiellement chimique, en ce qu'elle tient à la nature intime des molécules constituantes. Aussi les compositions auxquelles elle préside sont-elles de véritables combinaisons, tandis que celles de la force précédente sont de simples agrégations. Les premières affectent l'essence même du corps, tandis que les secondes n'en affectent que la forme. La force de cohésion ne produit que les différences d'*état* (solide, liquide, gazeux); la force d'affinité produit les différences de *composition*. La chimie proprement dite se borne aux résultats de l'expérience et de l'analyse. Elle décompose ou recompose les corps ; découvre les corps simples, dont elle enrichit chaque jour la liste, sans entendre par corps simple autre chose que celui qui résiste aux procédés ordinaires de l'analyse; classe les nombreux composés, selon la nature, le nombre, la proportion des principes composants ; trouve et formule les lois selon lesquelles ces principes se combinent. La philosophie chimique essaye d'expliquer tous les phénomènes révélés par l'analyse, en ramenant les deux forces qui les produisent à l'attraction universelle. La réduction paraît en effet assez rationnelle, si l'on tient compte des graves modifications que la figure et la nature des molécules élémentaires doivent nécessairement introduire dans les effets de l'attraction moléculaire. Seulement, ramener ainsi des faits divers à un fait unique plus général, c'est simplifier, non expliquer la réalité. Que les diverses forces chimiques soient réductibles ou non à une seule, il faut toujours en chercher les principes substantiels. Question métaphysique, s'il en fut. Or la philosophie chimique, quand elle tente de la résoudre, semble vouée aux hypothèses de la métaphysique de l'imagination. Il n'entre pas dans la pensée d'un chimiste le moindre doute sur la réalité de ces principes élémentaires qu'on nomme atomes. Ce n'est pas que l'analyse les lui donne, ou qu'il espère les trouver jamais au fond de ses creusets; mais comment concevoir autrement la constitution des corps? Et pourtant cette hypothèse, nous l'avons vu, ne soutient pas le regard de la raison.

LE SAVANT. — Vous avez reconnu vous-même la portée purement chimique attribuée par nos savants à la théorie des atomes. Quant au problème tout métaphysique de la substance des corps, vous n'ignorez pas qu'ils professent aujourd'hui sur ce point la réserve la plus absolue.

LE MÉTAPHYSICIEN. — Je le sais. Mais permettez-moi de vous dire que leur langage est en contradiction avec leur doctrine. Sans parler du mot *substance* qui est resté dans la langue scientifique avec un sens tout expérimental, je ne me rends pas parfaitement compte des doutes de vos savants sur l'existence de certains corps. Ainsi, quand je les entends se demander si le calorique, l'électricité, le magnétisme, la lumière, et autres phénomènes plus ou moins subtils, sont des corps, ou simplement des propriétés de corps connus, j'avoue ne pas comprendre ce langage, dans la bouche de gens qui ont éliminé du domaine de la science le problème des substances. Un corps n'est pas, j'espère, pour vous autres savants, cette substance simple et inerte dont l'étendue, la figure et la solidité feraient l'essence propre, et dont les propriétés physiques et chimiques ne seraient que les accidents. La science en a fini depuis longtemps avec cette vaine abstraction de la métaphysique cartésienne. Un corps n'est pour vous qu'un phénomène, ou un ensemble de phénomènes sensibles, dans lequel l'observation vous fait distinguer certaines propriétés fixes et communes à tous les corps, et d'autres propriétés variables et spéciales qui manquent à certains corps, ou du moins ne s'y manifestent pas. Mais si vous n'êtes pas dupes des mots par lesquels vous exprimez cette distinction, vous vous garderez bien d'y voir autre chose qu'une simple différence de phénomènes, et vous ne poserez plus, à propos de l'électricité, du magnétisme, de la lumière, du calorique, la question de savoir s'il faut y voir, ou non, de véritables corps. Une telle recherche n'a de sens que pour cette fausse philosophie de la Nature qui fait consister la substance des corps dans les propriétés géométriques de l'étendue, de la figure et de la solidité, ou bien encore dans la propriété de la pesanteur, et en dérive toutes les autres propriétés. Tout ce que nous attestent nos sens est corps ; les phénomènes les plus intimes et les plus subtils sont corporels, au même titre que les phénomènes les plus extérieurs et les plus grossiers. Les uns font la base, les autres font l'essence des corps ; c'est la seule distinction que comporte l'expérience. Ainsi la pesanteur est un phénomène plus *élémentaire*, mais non plus *corporel* que le calorique ou l'électricité.

Le Savant. — Nous ne reconnaissons pas d'autre distinction.

Le Métaphysicien. — Alors vous ferez bien de vous défaire entièrement de ce langage encore quelque peu *ontologique*. Vous ferez bien également, dans votre énumération des corps simples, de ne point donner ces corps pour des *substances*, dans le sens absolu du mot, mais seulement pour les principes élémentaires de la composition des corps, principes dont la simplicité n'a rien elle-même d'absolu, vu l'imperfection de vos moyens d'analyse. *Substance* corporelle est un mot vide de sens, dans la langue des sciences expérimentales, où tout se réduit à la distinction du permanent et du variable. Les corps ne sont que des systèmes de phénomènes dont l'individualité consiste dans une loi fixe de proportion, dans une certaine forme d'organisation qui persévère à travers les variations des phénomènes. C'est ce qu'on appelle improprement *sujet* des phénomènes, *substance* des corps. En réalité, tout est phénomène, ou système de phénomènes dans la Nature, en dehors de l'Être universel conçu par la raison comme la seule véritable *Substance*.

Le Savant. — Je suis de cet avis. Mais ce n'est pas la métaphysique qui a rendu à la chimie le service de la débarrasser de toute affirmation ontologique ; c'est l'expérience et l'analyse. La métaphysique n'est intervenue jusqu'ici dans la science que pour en obscurcir et fausser les notions, en soulevant, derrière ces notions si simples et si nettes, ce mystérieux problème de la substance, avec lequel la science moderne vient d'en finir. Dans tout cela, je ne vois pas une application légitime des conceptions métaphysiques à la chimie.

Le Métaphysicien. — C'est déjà quelque chose pourtant que d'avoir délivré les sciences physiques de cette hypothèse des atomes qui leur avait été imposée par la philosophie de l'imagination. Vos savants se contentent d'éliminer du cercle de leurs recherches le problème des *substances*, en le renvoyant à la métaphysique. Celle-ci le supprime absolument, après avoir montré par l'analyse qu'il n'a pas d'objet dans l'intelligence. Mais vous allez voir qu'elle est moins étrangère à la chimie qu'on ne le pense. Il est certain qu'elle n'entre pour rien dans l'observation des faits et l'induction des lois. Son rôle ne commence que dans l'explication qu'en donne la philosophie chimique. La science proprement dite n'a pas la prétention de les expliquer; et, d'une autre part, la fausse philosophie des atomes les rend tout à fait inexplicables. Les forces de cohésion, d'affinité, d'attraction, se comprennent difficilement dans la conception atomistique du Monde. Pourquoi ce mouvement d'union, cette sympathie universelle des parties de la matière? La philosophie atomistique ne permet pas de le comprendre avec sa représentation de l'être indéfiniment fractionné. D'autre part, en expliquant les phénomènes de l'éther, de la lumière, de la chaleur, de l'électricité, du magnétisme, par l'existence de molécules éthérées, lumineuses, calorifiques, électriques et magnétiques, elle rend bien plus difficiles à comprendre la subtilité, la rapidité, l'extrême mobilité de phénomènes qui ne se prêtent pas, comme les phénomènes de la pesanteur, aux constructions mécaniques de l'atomisme.

Le Savant. — Je le conçois.

Le Métaphysicien. — L'hypothèse des *monades*, ou forces simples, ne soulève pas les mêmes difficultés que celle des atomes matériels. Elle est aussi plus favorable à l'explication des phénomènes les plus subtils de la matière. Mais cet *atomisme* spirituel, outre qu'il manque de base, a l'inconvénient, comme l'autre, de disséminer la vie universelle, et par suite de ne point faire comprendre l'attraction réciproque de toutes les parties de la matière.

Le Savant. — Je le vois encore.

LE MÉTAPHYSICIEN. — Il faut donc, ou renoncer à trouver le principe substantiel des choses, ou le chercher dans une autre conception cosmique que celles de l'imagination. Or la conception du Monde, comme Être universel, n'a pas seulement l'avantage d'être une vérité rationnelle et nécessaire, sans aucun mélange d'hypothèse ; elle a de plus le mérite d'expliquer les phénomènes chimiques et physiques d'une façon beaucoup plus naturelle et plus simple que toutes les hypothèses mécaniques, atomistiques et dynamiques, par lesquelles la plupart de nos savants se laissent encore abuser. Les forces d'affinité et d'attraction moléculaire se comprennent d'autant mieux dans l'Univers conçu comme un Tout organique qu'elles y deviennent une conséquence nécessaire de l'unité substantielle de la vie universelle. Tout concourt, tout conspire, tout tend à l'union, à l'harmonie, à la composition, à l'organisation, parce que tout est un. Et si certaines forces et certains fluides font contre-poids ou obstacle à cette attraction irrésistible qui entraîne les unes vers les autres toutes les parties de la matière, c'est que la constitution, l'organisation des mondes a partout cet équilibre pour loi. La théorie atomique peut être vraie chimiquement, c'est-à-dire en ce sens que les actions chimiques, tout en se faisant sentir probablement fort au delà de l'analyse, s'arrêtent nécessairement à un point que la science ne peut fixer, mais au delà duquel leur vertu s'évanouit, faute d'éléments suffisants. Mais elle est métaphysiquement fausse, en ce que, faisant abstraction de l'Être universel, elle suppose le Monde un simple amas de molécules élémentaires, dont l'expansion et la concentration dans l'espace engendrent tous les phénomènes de la Nature. Sans la conception rationnelle du Cosmos, il n'y a pas d'explication vraie de ces phénomènes. La chimie, sous ce rapport, n'a pas moins besoin de la métaphysique que l'astronomie et la physique.

Le Savant. — Je le vois encore.

VI. — Histoire naturelle.

Le Métaphysicien. — La géologie est la base des sciences comprises sous ce nom. Le globe terrestre porte à sa surface les minéraux, les plantes, les animaux, objets des sciences naturelles proprement dites. La science géologique traite en détail des phénomènes qui se rapportent à la figure, à la constitution, aux conditions atmosphériques, à l'histoire de la terre. La philosophie géologique, négligeant les détails, résume les grands phénomènes géologiques, et en forme un tableau où ces faits figurent par ordre de généralité. C'est ce qu'a fait M. de Humboldt dans le *Cosmos*. Mais toutes deux font également abstraction de l'unité organique de la planète terrestre. Et comme il faut toujours à la pensée humaine une construction quelconque qui serve de fondement aux phénomènes constatés par l'expérience, l'immense majorité des géologues se repose en toute sécurité dans la représentation de la *masse* terrestre, sans se douter que cette idée n'est qu'une image grossière qui ne satisfait ni la raison, ni l'expérience. La raison ne comprend pas mieux la vie terrestre que la vie universelle, ayant pour base et pour principe un simple amas de molécules. Quant à l'expérience, les rapports d'organisation qu'elle nous révèle dans le concours des grands phénomènes géologiques ne s'expliquent pas par la simple construction géométrique dont je viens de parler. Donc, à moins de s'en tenir strictement aux faits, il faut s'élever jusqu'à la conception d'une certaine unité organique. C'est ici que la métaphysique et la raison interviennent. Cette unité est une conception toute rationnelle que la métaphysique applique à l'objet géologique, après l'avoir déjà appliquée à l'objet cosmologique. Tel est, en effet, le double usage de cette conception. Elle ne sert pas seulement à encadrer la totalité des phénomènes dont se compose la vie universelle; elle fait en outre concevoir, sur le même type, les êtres et les systèmes d'êtres, grands ou petits, que comprend le Cosmos. Voilà comment elle transforme la science. Remarquez que l'expérience ne suffirait pas à nous donner cette idée de l'objet géologique. Elle nous atteste certains rapports sympathiques entre les grands phénomènes qui se produisent à la surface et dans l'intérieur de la terre. Mais, pour en conclure que cette masse sphérique est un véritable être organique, il est nécessaire que la représentation multiple de l'imagination ait fait place à la conception rationnelle de l'unité. N'oubliez pas que, si tout est un pour la raison, dans le Cosmos, comme dans chacun des mondes et des grands corps dont il se compose, tout est multiple pour l'imagination et l'expérience,

Le Savant. — J'entends cela. Il me semble même y reconnaître certaines hypothèses bien anciennes sur l'assimilation de la vie géologique à la vie végétale ou même animale.

Le Métaphysicien. — En effet, la science moderne n'a pas compris le côté vrai de ces hypothèses. Comme elles exagéraient les analogies, au point d'aboutir à une assimilation complète, elle n'en a vu que le côté imaginaire et puéril. Il est vrai que la vie géologique n'a pas l'unité intime de la vie animale, ou même de la vie végétale, que la terre n'est point un organisme comparable à l'animal ou à la plante. L'hypothèse qui les assimile exactement n'a pas seulement le tort de dépasser les faits ; elle a aussi le danger de compromettre l'activité, l'individualité, la liberté des êtres qui font partie de ce tout plus ou moins organique. Mais, même dans son exagération, elle est bien plus près de la raison et de la vérité que l'hypothèse qui fait de la terre une simple masse de matière soumise aux seules lois de la géométrie et de la mécanique.

Le Savant. — Je crois que nos géologues ne sont pas éloignés de partager ces vues.

Le Métaphysicien. — J'espère du moins qu'ils y viendront, si la métaphysique sait les y attirer par la science positive. Ce n'est pas d'aujourd'hui seulement qu'elle intervient dans la partie supérieure et philosophique des sciences naturelles. Elle a eu de tout temps cette prétention, ou plutôt cette mission ; car c'est à elle d'expliquer l'expérience et la science proprement dite. Mais elle l'a presque toujours compromise par les exagérations et les fictions qu'elle a mêlées à ses conceptions les plus rationnelles. Vous venez d'en voir un exemple. La philosophie de la Nature vivante nous en offre bien d'autres. C'est surtout dans l'explication des phénomènes de la vie animale ou végétale que la métaphysique a abusé de l'analogie. Elle a transporté dans les plantes et les animaux tous les principes de la vie psychologique, et en a fait des âmes, inférieures sans doute aux âmes humaines, mais immortelles et distinctes, comme elles, des corps qu'elles animent. C'est une réaction fort exagérée contre les hypothèses de la philosophie mécanique appliquée aux phénomènes de la vie. Mais le principe en est vrai. La plante, et surtout l'animal ne sont point des automates mus par des ressorts purement mécaniques, ainsi que l'imaginaient Descartes et son école. Ce sont des *unités* organiques qui ont en elles-mêmes le principe de leurs développements, de leurs mouvements et de leurs sentiments. Je conviens que l'expérience est pour une large part dans cette idée de la vie végétale ou animale. C'est elle qui a le plus contribué à ruiner l'hypothèse cartésienne, en lui opposant les faits les plus décisifs. Mais enfin l'*expérience* des naturalistes ne suffit point à nous révéler l'unité intime qui constitue l'être végétal ou l'être animal. Elle nous montre les rapports plus ou moins organiques des parties entre elles; ce qu'elle ne peut nous faire sentir, c'est l'être véritable, parfaitement un et indivisible dans la diversité de ses organes. Cet être-là nous est révélé par une autre expérience plus intime, par la conscience elle-même, dont l'induction accommode le témoignage aux faits et aux êtres auxquels elle l'applique.

Le Savant. — C'est un point accordé que, sans la notion psychologique de la force *personnelle*, la science n'aurait aucune idée des forces vitales qui animent l'animal et la plante. Mais je ne vois toujours en jeu que l'expérience. La métaphysique n'a rien à faire ici.

Le Métaphysicien. — Rien, en effet, tant qu'il ne s'agit que de définir des êtres organiques. Mais elle reparaît, du moment qu'il est question de les expliquer. Quelle est la cause des phénomènes organiques? Est-ce dans la physique et dans la mécanique qu'on peut la trouver? La philosophie matérialiste n'hésite point là-dessus. Selon sa méthode invariable, elle engendre le complexe du simple, les phénomènes organiques et physiologiques des phénomènes chimiques, physiques et mécaniques. Mais, comme elle heurte partout l'expérience et la réalité, il faut bien chercher ailleurs l'explication des faits. La métaphysique seule peut la donner, en faisant intervenir l'idée de la Nature conçue comme l'Être universel, dont les divers règnes ne sont que les évolutions progressives; en sorte que le progrès du règne animal sur le règne végétal, de celui-ci sur le règne minéral a pour principe générateur, non le règne inférieur qui lui sert de base, mais la Nature elle-même qui, à un certain moment de son développement, manifeste spontanément un type supérieur de vie et d'être. Voilà la part de la métaphysique dans les sciences naturelles. Je ne fais que l'indiquer. Si les proportions de ce chapitre me permettaient de la développer, vous verriez qu'il n'est guère de questions de philosophie naturelle sur lesquelles la métaphysique n'ait son mot à dire.

Le Savant. — J'en vois assez pour comprendre que, sans la métaphysique, la science est aveugle en bien des choses.

VII. — Anthropologie.

Le Métaphysicien. — L'anthropologie expérimentale réunissant les deux modes d'observation, sens externe et sens intime, analyse, décrit, classe les faits physiques et moraux, les rapporte à des fonctions et à des facultés qu'elle étudie dans leurs divers modes d'action, leurs conditions, leur rôle, leur histoire naturelle, et leurs rapports réciproques. Quand ce travail est fait, tout n'est pas dit encore sur la question. Le sujet auquel se rapportent toutes ces fonctions et toutes ces facultés est-il un être unique, ou multiple ? Dans l'hypothèse de l'unité, les phénomènes de la vie psychologique s'expliquent-ils par les phénomènes de la vie physiologique et animale, selon l'hypothèse des matérialistes ? Ou bien faut-il adopter l'hypothèse contraire mise en avant par les spiritualistes, ou *animistes* proprement dits ? Ou enfin, rejetant l'une et l'autre hypothèse, et admettant, sur la foi de l'expérience, l'indépendance des deux ordres de phénomènes, ne peut-on les ramener tous deux à une unité plus compréhensive, à une loi supérieure qui dépasse les données de la double expérience? La solution de ces questions appartient à la métaphysique.

LE SAVANT. — Je vous arrête. J'ai accepté l'intervention de la métaphysique dans les sciences qui ont pour objet un Être universel, un Tout, une Synthèse : ainsi la cosmologie, la géologie, la physique générale, etc. Mais ici, ce semble, rien de pareil ; c'est de l'homme, d'un individu qu'il s'agit. A quoi bon la métaphysique, cette science de l'Universel, selon votre propre définition ? Vous savez d'ailleurs mieux que moi tout ce que le contact de la métaphysique a engendré d'hypothèses et d'abstractions, dans une science essentiellement expérimentale. A force de nous parler de *substance*, de *matière*et d'*esprit*, d'*âme* et de *corps*, on est parvenu à rendre les questions psychologiques à peu près insolubles. Depuis un siècle, les bons esprits travaillent à dégager la science de l'homme de ces nuages, sans y avoir encore parfaitement réussi. Et pourtant quoi de plus simple que l'anthropologie bien entendue? C'est une science de faits étudiés en eux-mêmes et dans leurs rapports. La physiologie étudie l'homme physique; la psychologie étudie l'homme moral. Que vous faut-il de plus? Je vois bien que la vieille métaphysique, à qui cela ne suffit point, soulève de mystérieux problèmes, convertit en êtres réels les abstractions nécessaires de la science et de l'analyse, brise l'unité de l'être humain et le divise en plusieurs êtres, en plusieurs substances essentiellement distinctes, sous les noms de corps, d'âme, d'esprit. C'est elle qui a imaginé l'âme de Platon, hôte passager d'un corps qui n'est pour elle qu'une prison ; qui a trouvé les trois âmes de la psychologie péripatéticienne; qui a inventé les deux substances tellement incompatibles de la psychologie cartésienne qu'il a fallu recourir au *médiateur plastique*, et à d'autres machines non moins ingénieuses pour en expliquer les rapports. C'est elle qui, avec ses grands mots, a jeté une obscurité désespérante sur les faits et les questions psychologiques les plus simples. L'histoire naturelle ne va guère chercher ses explications dans la métaphysique. Aussi voyez comme les phénomènes s'y expliquent clairement et naturellement! Les naturalistes s'inquiètent-ils de savoir si l'animal et la plante ont une âme, indépendamment de l'appareil organique qui les constitue? Ils laissent cette puérile préoccupation à certains rêveurs de l'antiquité, ou du moyen âge. Et, permettez-moi de vous le dire, je trouve ces spéculations d'autant plus vaines que je n'en vois pas l'à-propos. Si l'expérience nous laissait quelque chose à désirer, dans la science de l'homme, je comprendrais à la rigueur qu'on tentât d'obtenir par la spéculation ce que l'observation nous aurait refusé. Mais, vous le savez comme moi, la conscience nous révèle tout l'homme, ses facultés aussi bien que ses actes, sa nature, son être intime en même temps que ses facultés. Que vient donc faire ici la métaphysique?

Le Métaphysicien. — Je conviens que la psychologie n'a nul besoin de la métaphysique pour la connaissance intime et directe de l'homme; qu'elle n'en a jamais rien appris, quant à cet objet, que des fictions et des erreurs; qu'on a cruellement abusé des termes ontologiques, *âme*, *esprit*, *matière*, *substance* que la spéculation métaphysique, complice de l'imagination populaire, a fini par imposer à la langue philosophique. Je crois que la science de l'homme ne pourrait que gagner à remplacer ces mots obscurs par un langage qui soit l'expression exacte des faits. Ainsi, qu'on substitue la distinction de l'animal et de l'homme, des facultés animales et des facultés humaines, à la distinction mystérieuse d'une substance matérielle et d'une substance spirituelle ; je trouve que cette manière de parler a le précieux avantage de ne rien affirmer au delà des révélations de l'expérience, dans une étude tout expérimentale, et par conséquent d'enlever tout prétexte de doutes ou de difficultés aux adversaires de la psychologie. Mais quand l'observation et l'analyse ont fait leur œuvre, le dernier mot de la science n'est pas encore dit. La réalité psychologique est observée, décrite, classée ; il reste à l'expliquer. L'analyse donne les faits isolés ; la synthèse donne les rapports et l'ensemble : mais l'étude analytique ou synthétique des faits n'en est point l'explication. Comment l'être humain est-il *un* dans la variété de ses organes et de ses facultés ? D'où vient cette action du physique sur le moral, et cette réaction non moins réelle du moral sur le physique ? Est-ce l'animal qui explique l'homme ? Est-ce l'homme qui explique l'animal ? Ou bien ne peuvent-ils s'expliquer tous deux que par un principe supérieur ? Est-ce dans l'un ou l'autre de ces principes qu'il faut chercher le fond de l'être humain, ou faut-il creuser plus avant pour trouver la racine de leur existence et la raison de leur action réciproque ?

Le Savant. — Je conviens que tous ces problèmes ont leur intérêt.

Le Métaphysicien. — Or, l'expérience est impuissante à les résoudre. Elle nous révèle la distinction de la vie animale et de la vie *humaine* dans l'homme, la supériorité de la seconde sur la première, l'impossibilité de ramener les facultés *humaines* à de simples transformations des facultés animales, ainsi que Condillac l'a tenté. Mais elle s'en tient là. C'est la raison, c'est la métaphysique par conséquent qui peut seule nous expliquer la véritable origine des facultés supérieures, en nous les montrant comme un progrès nécessaire de l'être au sein duquel elles se développent. Dans l'homme, la vie spirituelle n'est pas plus la résultante des organes de la vie animale que celle-ci n'est un produit des facultés de la vie spirituelle. Sous ce rapport, le matérialisme et le spiritualisme sont également dans le faux. La *Nature* n'explique pas plus l'esprit que l'*esprit* n'explique la *Nature*. Ces deux modes d'existence, que les matérialistes et les spiritualistes ont le tort de prendre pour des êtres réels, ne sont que des degrés divers de l'évolution de l'être humain, seul principe de toute transformation et de toute génération. Aucun des deux principes n'y engendre l'autre. L'homme, à parler rigoureusement, n'est ni âme, ni corps, ni un composé d'âme et de corps. Ces formules ne sont propres qu'à faire illusion à la pensée, en permettant à la scolastique de réaliser ses abstractions. L'homme est un être complexe dans son unité, qui porte dans son sein la Nature et l'esprit, et les produit successivement dans un rapport tel que la *Nature* forme la base, et l'*esprit* l'essence de l'*humanité*. Or, cette notion synthétique de l'homme est due à la métaphysique. La physiologie et la psychologie, si complètes qu'on les suppose, ne donnent rien de semblable. L'une analyse l'homme *Nature;* l'autre analyse l'homme *esprit*. Aucune des deux n'arrive, par ses seuls procédés, à comprendre l'unité de l'être humain, et par suite la relation véritable des deux principes, ou plutôt des deux ordres de phénomènes et de fonctions qui y coexistent. Ces deux sciences sont condamnées à l'alternative : ou de ne rien affirmer au delà de l'expérience, par crainte de l'hypothèse ; ou d'affirmer deux hypothèses également exclusives et contraires aux faits. C'est un mystère qui ne trouve son éclaircissement que dans un principe supérieur de la raison.

LE SAVANT. — J'avais cru comprendre que les principes rationnels s'appliquent au Tout, et non aux individus.

LE MÉTAPHYSICIEN. — Ce qui est vrai du Tout ne l'est pas moins des individus. Tout être réfléchit la loi de l'Être universel, dont il est une manifestation. Plus que tout autre être, l'homme possède cette propriété, en ce qu'il est le résumé complet, le véritable *microcosme* de la vie universelle. Rien ne s'engendre, tout se développe dans l'individu, dans l'être humain, comme dans l'Être universel. L'unité est la loi de l'être en tout et partout. L'âme et le corps, dans l'homme, ne sont qu'en apparence des principes distincts et opposés. C'est sur cette apparence que reposent toutes les doctrines spiritualistes et matérialistes. En réalité et au fond, cette dualité se résout dans l'unité de l'être humain, s'il s'agit de l'âme et du corps ; dans l'unité de l'Être universel, s'il s'agit de la Nature et de l'Esprit en général. Cette unité féconde contient dans ses profondeurs toutes les formes, tous les degrés que l'être vivant, l'homme ou l'Univers, manifestera dans le temps ou dans l'espace. L'imagination et l'entendement peuvent s'abuser au point de voir dans ces évolutions de vraies générations ou transformations ; la raison ne s'y laisse pas prendre. Éclairée par la conception cosmique qui domine tous les phénomènes de la vie universelle, elle retrouve l'unité sous la dualité, l'harmonie sous la lutte, l'être sous les formes qui le représentent, le vrai principe sous les forces diverses et contraires qui le simulent. Le petit problème psychologique des rapports de l'âme et du corps reçoit ainsi la même solution que le grand problème cosmologique des rapports de la Nature et de l'Esprit. Dans l'homme, de même que dans l'Univers, ces rapports ne s'expliquent point par une génération, une transformation impossible de principes contraires, mais par la simple *évolution* de l'être complexe qui les comprend également. Voilà comment la métaphysique met fin à l'interminable querelle de la physiologie et de la psychologie.

Le Savant. — Encore une science qu'elle éclaire de sa haute lumière! Je conviens que cette métaphysique est plus claire et plus instructive que l'ontologie scolastique, laquelle ne sait que réaliser des abstractions. Désormais, quand la philosophie, dans l'impuissance où elle est de réformer le langage, me parlera d'âme, de corps, d'esprit, de matière, je me garderai d'attacher un sens ontologique à ces termes; j'y verrai l'expression de phénomènes, de facultés, non d'êtres véritables, de *principes*, dans l'acception substantielle du mot. Vous m'avez fait comprendre que la métaphysique n'a, pour l'application de ses concepts, d'autre réalité que celle que lui livre l'expérience et qui fait l'objet des autres sciences. Toute la différence est dans le point de vue où se place l'esprit pour voir cette réalité. Tandis que la physiologie et la psychologie réalisent des abstractions, chacune à sa manière, en convertissant en substances les forces et les facultés qu'elles étudient à part, la métaphysique ramène ces forces et ces facultés à leur unité substantielle, à leur être véritable, principe générateur de leur développement et de leur rapport, de leur lutte et de leur harmonie, sous l'influence des causes extérieures, au sein de l'Être universel, dont nulle science ne peut faire abstraction, si elle prétend expliquer la réalité.

VIII. — Morale.

Le Métaphysicien. — Les sciences que nous venons

de passer en revue étant essentiellement théoriques, vous pourriez croire qu'à ce titre elles comportent exclusivement la métaphysique. Il est certain qu'elles en reçoivent plus directement la lumière que les sciences pratiques. Mais vous allez voir que celles-ci n'échappent point entièrement à son influence. C'est une vérité bien établie aujourd'hui que la métaphysique et la psychologie sont deux sciences parfaitement distinctes et indépendantes, quant à leur objet, leur méthode et leur but. Quelque idée qu'on se fasse de la théologie, il reste démontré que ni la psychologie, ni la morale n'ont à y chercher leur fondement, comme le veulent toutes les religions, et certaines doctrines de la philosophie ancienne ou moderne. Toutes les doctrines théologiques en effet peuvent se ramener à trois types essentiels : théologie de la raison, théologie de la conscience, théologie de l'imagination. Écartons cette dernière, qui ne compte plus dans l'histoire religieuse et philosophique de l'Humanité, depuis l'extinction du polythéisme, et qui d'ailleurs n'a pas plus de droit sur la morale que la physique et l'histoire naturelle où elle a puisé ses éléments. La théologie de la conscience a toujours eu la prétention d'inspirer, d'éclairer, de fonder la science des mœurs. Et comme elle fait de Dieu l'Idéal des facultés et des vertus supérieures que la conscience découvre dans la nature humaine, il semble que l'homme n'ait qu'à regarder en Dieu pour y trouver l'original dont il n'est qu'une image. Qu'une théologie ainsi entendue soit en rapport direct avec la psychologie, cela n'est pas douteux : c'est le rapport même de l'idéal à la réalité. Mais le théologien oublie que cette théologie n'est qu'une reproduction idéale de la science de l'homme. Pour constituer, pour fonder la science morale, il s'adresse à une spéculation qui emprunte elle-même ses éléments *moraux* à la psychologie ; il cherche en Dieu la loi de l'homme, oubliant qu'il n'a pu faire de Dieu un Idéal de l'Humanité qu'avec des données toutes psychologiques. L'affinité des deux sciences est d'autant plus intime alors, que l'une (la théologie) n'est qu'un écho de l'autre. Supprimez de la théologie tous les éléments psychologiques; vous vous apercevrez bien vite que cette science n'a pas plus de rapports avec la morale qu'avec les autres sciences d'observation. C'est précisément ce qui arrive à la théologie rationnelle. Science de l'Infini, de l'Absolu, de l'Universel, de l'Être en soi, elle ne peut sortir de ces conceptions abstraites sans tomber dans les idoles de l'imagination, ou dans les idoles de la conscience, dans le naturalisme, ou dans l'anthropomorphisme. Or, réduite à ces termes, qu'a-t-elle, que peut-elle avoir de commun avec la morale? Creusez tant qu'il vous plaira l'idée de l'Infini, l'idée de l'Absolu, l'idée de l'Universel, l'idée de l'Être en soi, je vous défie d'y trouver le moindre rapport avec la loi, la destinée, la nature de l'homme. Autant vaudrait chercher le mot de l'énigme dans la science des nombres, des grandeurs, des figures et des forces. Et ce que je dis de l'Infini idéal s'applique également à l'Infini réel. La loi morale n'est pas plus écrite dans le Monde qu'en Dieu. C'est la conscience humaine qui est le vrai livre de la loi.

Le Savant. — S'il en est ainsi, que parlez-vous ici de l'intervention de la métaphysique?

Le Métaphysicien. — C'est qu'il ne faut rien exagérer. Il en est de la psychologie et de la morale comme des autres sciences d'observation, ni plus ni moins. Si toutes ont leur fondement en elles-mêmes, et en elles seules, toutes aussi ont leur couronne dans la métaphysique. Le lien qui unit cette science suprême à toutes les autres est réel, nécessaire ; il ne s'agit pas de le rompre, mais de le bien définir. Or tel il est entre la métaphysique et les sciences que nous venons de parcourir, tel nous le trouvons entre la métaphysique et la morale. Voir les choses à la lumière de l'Universel n'est pas seulement une haute pensée de la science ; c'est encore une grande force pour la vertu. Tout se tient dans la pratique, de même que dans la théorie. L'homme se définit par la psychologie ; mais il s'explique par la métaphysique. Je veux bien que tous les devoirs, toutes les vertus se définissent par la notion de la *personne*, et par le sentiment invincible de la supériorité de la personne sur la chose vivante ou inanimée. Mais cette notion, ce sentiment s'expliquent eux-mêmes par un principe transcendant. La personne est supérieure à la chose, parce que les attributs qui la caractérisent révèlent un degré bien plus parfait de l'être. Or l'homme sent fort bien que, fût-il au sommet de l'échelle des êtres, il n'est point l'Être absolu. Le moindre usage de sa raison suffit pour le replacer dans le sein de cette vie universelle dont il n'est qu'une manifestation éminente. Il se regarde, il se voit dans l'Être absolu ; et cette intuition métaphysique communique un caractère religieux à tous ses actes moraux, à ses devoirs et à ses vertus. Tout ce qu'il sent de vie, de force, d'amour, d'enthousiasme pour le vrai, le beau, le bien, il le rapporte à cette Source infinie de tout être, et puise dans le sentiment profond de la vie universelle, à laquelle il appartient, un étrange accroissement de force, d'amour et de vertu. *In Uno vivimus, movemur et sumus!* Qui n'a pas le sens plus ou moins net de cette vérité n'est pas *religieux*, fût-il vertueux jusqu'à l'héroïsme, jusqu'à la sainteté. J'appliquerais volontiers à l'ordre universel ce que la sagesse des livres saints a dit de l'union des sexes : *Il n'est pas bon que l'homme soit seul.* La nature humaine, dans ses âmes d'élite, a beau être forte de sa propre force ; elle a besoin de se retremper sans cesse à sa Source.

LE SAVANT. — Je vois bien ce que le sens moral, ce que le sens religieux peut emprunter au sentiment de l'Idéal. Je comprends moins ce qu'il gagne au sentiment de l'Infini. Si j'ai bien saisi votre distinction de ces deux concepts, l'Idéal est la lumière, et l'Infini le mystère de l'intelligence. Tout est clair dans l'un ; tout est obscur dans l'autre. Si vous me parlez de la haute et puissante influence de la théologie comprise comme science de l'Idéal, je vous entends. Mais quelle part peut avoir la métaphysique, la science de l'Infini et de l'Universel, dans le développement de la moralité humaine? C'est ce que j'ai peine à me figurer.

LE MÉTAPHYSICIEN. — Votre réserve est très juste, dans une certaine mesure toutefois. Si le sentiment de l'Infini n'a pas la même vertu morale que le sentiment de l'Idéal, ce serait aller trop loin que de soutenir qu'il en est absolument dépourvu. Chacun de ces deux sentiments a son effet réel, bien que différent et d'inégale efficacité. Au premier appartient la vertu d'éclairer, d'exalter, d'enflammer l'âme humaine ; au second revient celle de la calmer. Tandis que l'image de l'Idéal, surtout de l'Idéal concentré dans la personnalité de l'Esprit pur, aiguillonne l'âme et l'entraîne à sa poursuite, le spectacle de l'Infini le repose et le dispose aux grandes et tranquilles contemplations. Si le sentiment de l'Idéal inspire l'initiative des courageuses entreprises, le sentiment de l'Infini commande la résignation aux douloureuses épreuves. L'un dompte l'orgueil, au risque d'énerver la volonté ; l'autre excite l'activité, au risque de provoquer l'impatience.

LE SAVANT. — J'entre maintenant dans votre pensée.

LE MÉTAPHYSICIEN. — Là ne se borne point l'influence de la métaphysique sur l'âme humaine. L'esprit métaphysique, vous le savez, c'est le sens de l'universel en toute chose. Or si le Monde, le grand Tout, est le principal objet de l'esprit métaphysique, il n'en est pas le seul. *Partout où vous serez plusieurs*, a dit le Christ, *mon esprit sera avec vous.* Partout où l'individu se sent dans l'Unité, il sent aussitôt croître l'enthousiasme du bien et la force de l'accomplir, que cette Unité s'appelle le Monde, la Nature, l'Humanité, la Nation, la Famille. Le sentiment de la vie collective dispose l'âme tout à la fois aux plus douces et aux plus fortes vertus. Il communique à notre personnalité l'humilité et la confiance ; l'humilité devant la grandeur de Tous, la confiance dans la force de Tous. De même que c'est le propre de l'isolement d'exagérer et d'abattre la personnalité en même temps, de même c'est le propre de la Société de la tempérer et de la soutenir.

LE SAVANT. — J'en conviens. Mais ce sentiment est un instinct qui n'a besoin d'aucune théorie métaphysique pour se faire jour.

LE MÉTAPHYSICIEN. — Je le sais. Convenez, de votre côté, que cet instinct gagne singulièrement à être expliqué par la science. Il vient un moment, dans la vie de chaque homme, où l'égoïsme parle haut, et traite de préjugés sans fondement tous ces sentiments instinctifs qui rattachent l'individu à l'Universel qu'on nomme Humanité, Société, Patrie. Alors il importe qu'il vienne des plus hautes régions de la science une lumière qui nous éclaire sur la réalité des individus et de l'Universel, et sur la nature même du rapport qui les unit.

C'est l'intelligence de ce rapport qui révèle à l'homme sa vraie destinée et sa loi.

Le Savant. — Je le vois.

IX. — Politique.

Le Métaphysicien. — La politique vise moins haut que la morale ; elle laisse l'Univers et Dieu pour s'enfermer dans le monde plus étroit de la Cité. Et pourtant, alors même qu'elle n'y dépasse point la sphère de l'humanité, elle requiert l'intervention de la métaphysique. Vous connaissez cette philosophie politique qui réduit toute la Société à une collection d'individus, et ne veut rien voir dans l'État qu'une abstraction malfaisante, dont la civilisation tend à diminuer et même à supprimer l'action.

Le Savant. — Rien de plus faux qu'une pareille doctrine. Elle peut donner la main à cette hypothèse, sur l'origine des sociétés, qui explique par des contrats et des conventions tous les phénomènes de la vie sociale.

Le Métaphysicien. — L'histoire et la philosophie ont fait justice de ces deux erreurs. Il est acquis à la science aujourd'hui que la formation des sociétés humaines a été partout et toujours une œuvre naturelle et spontanée ; que l'individu, pris à part de la Société, est un être abstrait ; qu'enfin l'homme ne peut pas plus vivre, sans la Société, que l'animal ne peut respirer sans l'air atmosphérique. Il n'est pas moins certain que l'État est une institution essentielle à toute Société organisée, par conséquent à toute vraie Société, quels qu'en soient les sentiments, les instincts, les tendances, les progrès. Mais ce qu'on sait moins, c'est que ces deux doctrines sont les filles légitimes d'une philosophie pour laquelle les bons esprits sont loin d'avoir le même éloignement. L'*empirisme*, puisqu'il faut l'appeler par son nom, ne voyant que des individus dans la vie universelle, ne devait voir également que des individus dans les sociétés humaines. Si vous voulez y voir autre chose, y saisir le lien intime qui unit entre eux les membres de ce grand Corps qu'on nomme Société, Peuple, Cité, il vous faut y appliquer le sens de l'universel, la conception de l'unité, principe essentiellement métaphysique, sans lequel un tout, un être quelconque, si organique qu'il soit, ne vous paraîtra jamais qu'une collection d'éléments ou d'individus. Les représentations empiriques des choses ont tant de prise sur les intelligences vulgaires que nous semblons des platoniciens ou des scolastiques attardés, quand nous insistons sur la *réalité* des unités métaphysiques que nous révèle la raison. Parce qu'une Société n'est point une chose en soi, subsistant sans les individus qui en forment les éléments, on en conclut que ce mot n'exprime qu'une unité collective, c'est-à-dire une abstraction. Voilà bien l'empirisme, pour lequel toute réalité, toute vérité se borne à l'individu, et qui, dans la Nature, l'Humanité, l'Être universel, Dieu, ne voit que de simples *universaux !* Mais alors on se condamne à ne pouvoir expliquer autrement que par les liens de l'intérêt et de la nécessité ces instincts de sociabilité, ces sentiments de confraternité, si puissants, si spontanés, qui rendent la vie commune si forte, le dévouement social si facile et si naturel. Restituez au contraire à la politique ce sens de l'unité que la métaphysique seule peut donner, tout s'éclaire, tout s'explique. L'homme, étant né pour la Société, en est un élément naturel. Cette propriété ne se développe que par la réunion des hommes ; mais elle préexiste à cette réunion. Supprimez le fait social ; l'homme n'est plus l'homme. L'individu, sans la Société, est une abstraction, aussi bien que la Société, sans les individus ; c'est exactement comme dans l'être vivant, où l'organe ne vit que par le tout, et le tout par l'organe. Voilà ce qui fait que la Société n'est pas simplement un nombre, mais une réalité, un être véritable. Seulement, c'est un être latent dans l'isolement des individus, qui n'apparaît que dans l'association, de même que, dans le monde physique, certaines propriétés des corps ne se développent que par la composition de leurs éléments. Et alors même telle est la force de ce principe qu'elle tue l'individu condamné à ne pouvoir lui donner satisfaction. L'homme solitaire serait un monstre, s'il ne devait rentrer dans le néant. Je ne voudrais pas ramener la science politique à ces abstractions fausses et dangereuses de la *République* de Platon, dont le bon sens d'Aristote a fait justice. La Société humaine n'est pas un tout, un organisme quelconque, où les individus puissent être traités comme de simples organes au service d'un Être supérieur ; les individus qui la composent sont des personnes, et, comme telles, ne peuvent jamais servir d'instruments. Mais la *République* n'en est pas moins l'exagération d'une profonde vérité, à savoir, l'unité réelle et vivante de la Société. En éliminant de la Cité toutes les institutions qui aboutissent à l'absorption de l'individu dans l'État, il est bien des institutions excellentes, nécessaires, reconnues légitimes par toutes les écoles politiques, que le droit et l'intérêt individuel ne suffiraient point à expliquer. Pour s'en rendre compte et les justifier, il faut s'élever à une idée de la Société politique tout autre que celle que nous en donne l'empirisme. Il faut y voir un être véritablement organique, dont les individus ne sont que les membres, dans le sens propre du mot. Autrement, l'État n'a pas de raison d'être, et n'est qu'un odieux instrument de tyrannie dont les Sociétés civilisées n'ont que faire. Je sais bien que la politique empirique l'explique et le justifie par la nécessité. Mais la nécessité n'est point un principe rationnel ; elle peut expliquer, non justifier une institution. Aussi voyez-vous de nos jours l'école *anarchique*, qui n'est que l'empirisme appliqué à la politique, pousser à la réduction graduelle, et finalement à la suppression complète de l'État, dans les Sociétés modernes. Si cette doctrine n'est pas pour moi l'idéal de la démocratie future, je conviens que c'est le triomphe de la logique. La philosophie de l'expérience ne peut aboutir à une autre conclusion. Quand j'entends confondre, sous le nom de *socialisme*, les deux antipodes de la pensée politique, l'*individualisme* absolu et le *communisme* complet, je m'étonne moins encore de la naïveté du public que de l'ignorance des publicistes assez peu philosophes pour ne pas avoir conscience d'une opposition aussi radicale. Quoi qu'il en soit, la politique oscille encore aujourd'hui entre l'individualisme et le comnisme, exactement comme la philosophie entre l'empirisme et l'idéalisme, faisant tour à tour la part trop large ou trop étroite à l'un des deux principes dont l'équilibre fait la loi de toute Société bien organisée. Vous voyez si la métaphysique est de trop dans la politique.

Le Savant. — Croyez-vous que nos publicistes élèvent leur pensée si haut ?

Le Métaphysicien. — Ils n'y songent guère. Mais ils y penseront peut-être, quand ils seront bien convaincus que la métaphysique est la grande lumière de toute science. Ce qu'il y a de sûr, c'est que, tant qu'ils n'auront d'autre flambeau que l'expérience, ils ne verront clair, ni les uns ni les autres, au fond des questions qui les divisent. C'est à cette lumière de la raison et de la métaphysique que la véritable idée de la Société et de l'État se révèle à la politique. La Société est un Tout organique, un Être véritable, bien qu'universel, une Synthèse vivante dont les deux principes constituants, Force centrale et forces élémentaires, État et individus, se posent, s'opposent, s'équilibrent et s'harmonisent, selon la formule hégélienne, de manière à produire et à entrenir la vie et la santé de l'Être social. La collection des individus est la Société considérée dans la diversité de ses éléments, dans son *corps*. L'État est la Société vue dans l'unité organique de sa vie, dans son *âme*. Cela étant, l'État est une institution nécessaire et intime à la Société ; si nécessaire, qu'elle persiste à travers toutes les formes politiques de la Société ; si intime, qu'elle ne peut en être séparée ou lui être opposée jamais, sans devenir une abstraction ou un danger. De là, la double erreur de l'individualisme qui sacrifie l'État, et du communisme qui sacrifie les individus. Le premier supprime une réalité ; le second réalise une abstraction. La vérité politique est donc une synthèse dont la métaphysique seule peut faire comprendre la nécessité.

Le Savant. — Je n'aurais pas deviné une telle affinité entre les deux sciences.

X. — Histoire.

Le Métaphysicien. — L'histoire proprement dite est la science des faits qui se rapportent à l'homme collectif, peuple, époque, race, ou Humanité. Lorsqu'elle a l'Humanité pour objet, elle est l'Histoire universelle. La philosophie de l'histoire est la science des lois et des causes qui régissent les faits. Elle a le même objet que l'histoire ; elle n'en diffère que par le point de vue sous lequel elle l'envisage. Quand la science en est arrivée à ce point, il semble qu'elle soit parvenue à son terme,

LE SAVANT. — Que peut-il y avoir, en effet, au delà des lois et des causes ? Je ne vois rien au-dessus de la philosophie de l'histoire.

LE MÉTAPHYSICIEN. — Il y a pourtant quelque chose encore. Cette science, aussi bien que l'histoire elle-même, fait abstraction de toute conception rationnelle dans l'explication des faits historiques ; elle ne voit dans chaque peuple qu'une collection de peuples. Or il est des faits que ce point de vue tout empirique ne permet guère d'expliquer : c'est l'unité de sentiments, d'idées, d'instincts qui lie entre eux les individus d'un même peuple, les peuples d'une même race, les races de la commune Humanité. Pourquoi cette unité, si ces peuples, ces races, cette Humanité ne sont que de simples collections, et si les noms n'expriment ici que des êtres abstraits ? Il faut donc qu'il y ait au fond de ces généralités une certaine réalité que la science de l'historien, même de l'historien philosophe, ne soupçonne pas. C'est ce que révèle la métaphysique de l'histoire. Sous quelque nom qu'elle désigne le principe de cette unité, qu'elle l'appelle, avec Hegel, l'Esprit universel et les Esprits nationaux, qu'elle le nomme tout simplement Humanité et Nations, il est certain qu'il existe, qu'il existe aussi bien que les individus eux-mêmes, qu'il n'y a pas plus de raison de le nier que de nier l'unité de la Vie universelle. Ce n'est pas moins que la question de l'empirisme et du rationalisme appliquée à l'histoire. Si vous niez l'Universel dans le peuple, dans la race, dans l'Humanité, il vous faut le nier également dans la Nature et dans le Cosmos. Ici, comme partout, éclate la loi de la Vie. La vie de chaque être est tout à la fois individuelle et générale ; nul ne peut être, ne peut vivre à l'état de pure individualité. L'individu, dans le sens absolu du mot, est un monstre impossible à réaliser : tout homme est peuple; tout peuple est race; toute race est Humanité. Et l'Humanité elle-même, comme la Nature au sein de laquelle elle vit et se développe, est l'Être universel sous une de ses formes. Voilà ce que la métaphysique enseigne à la science, et même à la philosophie de l'histoire.

LE SAVANT. — Cet enseignement est une véritable révélation, pour moi du moins qui n'y aurais pas songé.

LE MÉTAPHYSICIEN. — Et pour la plupart des historiens qui ont peine à la comprendre, alors même qu'on la leur explique. Le sens de l'universel est si rare en toutes choses, et le sens de l'individuel si naturel, que l'un étouffe presque toujours l'autre. Quand l'histoire et la philosophie de l'histoire ont fait leur œuvre, la métaphysique construit la sienne avec les faits et les idées fournis par ces sciences; ce n'est pas une science nouvelle qu'elle entend créer, c'est la même qu'elle reprend, mais à un point de vue différent. Elle prend les peuples, les époques, les races, l'Humanité pour des êtres réels; elle détermine et définit, toujours d'après les données de la science positive, l'idée propre à chacun de ces grands Individus; puis elle applique partout cette idée à l'appréciation et à l'explication des faits, ne voyant, n'estimant les choses historiques que dans leur rapport à cette commune mesure, abandonnant tout ce qui y échappe en pâture à l'érudition ou à l'imagination. C'est, en un mot, l'histoire élevée à l'idée de l'*Universel;* les individus y sont vus dans les peuples, les peuples dans les races, les races dans l'Humanité, l'Humanité dans la Planète. Et comme la civilisation tend de plus en plus à substituer à l'influence naturelle du sang l'action toute rationnelle des idées, la métaphysique de l'histoire embrasse l'ensemble des faits de toute espèce dont se compose une époque historique, en dégage le sens, le caractère général, l'explique par l'unité réelle et vivante de l'Esprit universel qui l'anime. Génie des peuples et des races, Esprit des époques, Idée de l'Humanité, voilà les acteurs du drame historique, tel que le conçoit et le décrit la métaphysique de l'histoire.

Résumé.

Le Savant. — Je vois, par l'énumération que vous venez de faire, que l'objet et la méthode de la métaphysique appliquée aux sciences positives sont invariablement les mêmes, quelle qu'en soit la matière. C'est toujours et partout la science faite au point de vue de l'Universel.

Le Métaphysicien. — Précisément. Considérer les individus dans l'Universel, le relatif dans l'Absolu, le contingent dans le Nécessaire, le fini dans l'Infini ; voir, en un mot, tout dans l'Unité, tel est l'objet propre et constant de la métaphysique des sciences. Si l'esprit humain se réduisait à l'imagination et à l'entendement, cette science serait parfaitement inintelligible, et n'existerait pas même de nom. Mais il a de plus la raison, et par elle le sens de l'universel, de l'absolu, du nécessaire, de l'infini. Voilà la racine indestructible de la métaphysique. Pour l'extirper de la science, il faudrait extirper la raison de l'intelligence humaine. Malheureusement cette nécessité n'est bien comprise que par le petit nombre d'esprits qui cultivent sérieusement leur raison. Quant aux autres, l'imagination les a habitués à confondre la réalité avec l'individualité, au point que le suprême Universel, Dieu lui-même, ne devient pour eux un objet d'intuition et de foi qu'autant qu'il revêt une forme individuelle. Le sens de l'universel, c'est la faculté métaphysique proprement dite. A qui ne l'a pas, ou l'a laissé s'engourdir dans l'inaction, il est inutile de parler le langage de cette science.

Le Savant. — Je le crois.

Le Métaphysicien. — Il est bon nombre d'esprits qui veulent bien de la métaphysique dans la théologie, mais n'entendent pas qu'elle en dépasse le seuil. C'est une inconséquence manifeste. La métaphysique étant la science de l'unité, partout où l'unité est en jeu, elle retrouve son objet. Chaque science a donc sa métaphysique, les sciences physiques aussi bien que les sciences morales. J'ai essayé de le faire voir par quelques grandes applications aux sciences positives. La meilleure démonstration serait une complète métaphysique des sciences, telle que la comporte l'état actuel des connaissances humaines. Mais pour faire une pareille œuvre, ce n'est pas trop du génie et de la science d'un Aristote, d'un Leibnitz, ou d'un Hegel. Quand les esprits qui s'occupent de la philosophie des sciences dans notre pays seront convaincus de la légitimité et de l'importance de cette grande synthèse, l'œuvre à faire trouvera son auteur. Pour moi, ce moment fût-il venu, j'ai trop la conscience de ma faiblesse philosophique et de mon insuffisance scientifique pour l'essayer. Mon travail est tout d'analyse et de critique. Si j'ai été assez heureux pour en faire comprendre et accepter les conclusions, deux vérités, également importantes, ressortiront de cet entretien : 1° La science est la *substance* de la métaphysique. 2° La métaphysique est la *lumière* de la science. C'est la métaphysique qui fait de ce Monde l'Être cosmique. Vous avez vu comment la science enrichit la métaphysique, et comment la métaphysique éclaire la science. Le métaphysicien ne saurait jamais être trop savant ; car il trouve dans toutes les sciences, astronomie, physique, chimie, histoire naturelle, anthropologie, histoire proprement dite, des applications à faire de ses conceptions rationnelles. Le savant, de son côté, s'il veut comprendre ce Monde, sujet de ses observations, de ses descriptions et de ses classifications, s'il veut le voir sous un autre jour que la fausse et grossière clarté des sens et de l'imagination, doit ouvrir les yeux à la grande lumière de la raison et de la métaphysique. N'êtes-vous pas enfin convaincu de cette double nécessité ?

LE SAVANT. — Je ne conserve plus aucun doute. La métaphysique ainsi entendue, je ne vois plus ce qui empêcherait les savants de s'y convertir. Du moment qu'elle ne réalise plus d'abstractions, et qu'elle ne construit plus les choses de la réalité ; qu'elle se borne à appliquer aux sciences positives les véritables conceptions de la raison, dans le but d'en expliquer, et non d'en imaginer les résultats, je comprends qu'elle puisse satisfaire un besoin légitime de la pensée, sans nuire à la science. Je l'accepte donc, dans cette mesure, et sous cette réserve.

LE MÉTAPHYSICIEN. — Je n'en veux pas moi-même autrement. L'alliance entre la science et la métaphysique est aussi bonne à toutes deux que le divorce leur est préjudiciable. Sans la métaphysique, la science est bornée ; sans la science, la métaphysique est stérile. La parabole orientale de l'aveugle et du paralytique nous offre le symbole de cette assistance réciproque. La science ne voit haut qu'à l'aide de la métaphysique, et celle-ci ne marche qu'à l'aide de la science. Attirer les savants à la métaphysique par le spectacle de l'impuissance philosophique de la science laissée à ses seules forces ; attirer les métaphysiciens à la science par le spectacle de la vanité de la métaphysique abandonnée à ses abstractions : tel est le double but de cet essai. Puisse cette série d'analyses et de critiques se faire pardonner l'ennui des distinctions et la longueur des détails par la clarté des démonstrations et la rigueur des résultats ! La vérité, telle que la comporte la mesure des facultés et des connaissances humaines, est au prix de cette alliance. Quoi qu'en disent les empiristes de tous les temps et de toutes les écoles, je ne puis croire que l'extinction de la métaphysique soit un progrès de la science, et que la suppression de la raison, dans l'œuvre scientifique, soit l'idéal de l'art de penser. Ce discrédit des plus nobles facultés et des plus hautes conceptions de la pensée, ce divorce fatal entre des facultés et des sciences si bien faites pour s'entendre sont des crises passagères, plus ou moins longues, selon la gravité des causes qui les engendrent. Mais ces crises, quelle qu'en soit la durée, ne peuvent devenir l'état normal de l'esprit humain. Telle est la vertu des instincts métaphysiques, que, si l'on chasse la métaphysique du domaine de la croyance par la porte de la science, elle y rentre bien vite par celles de la poésie ou du mysticisme. Mauvaise rentrée, dira-t-on ! Je le crois. Nous savons ce que devient la métaphysique sous ce double travestissement. Il vaut mieux lui rouvrir la porte de la science, sauf à lui faire des conditions. C'est ce que nous avons essayé dans cette suite d'entretiens.

Le Savant. — Votre métaphysique est beaucoup plus simple et moins ambitieuse que celle des philosophes allemands. Ceux-ci embrassent la réalité tout entière dans leur dialectique, et transforment le système des choses en un système d'idées exactement symétrique.

Le Métaphysicien. — Ce puissant travail de la pensée allemande serait la plus magnifique des sciences, s'il avait une base solide. Je ne crois pas que le génie de la spéculation puisse jamais lui en trouver une. En résumé, je ne vois que trois ordres de recherches, et trois méthodes possibles. On peut se borner à observer, à décrire, à généraliser, à classer les faits; c'est la *science* proprement dite. On peut étendre l'observation aux rapports les plus généraux des êtres, réunir en un seul faisceau les lumières isolées que donne chaque science en particulier, former ainsi, des divers ordres de connaissances scientifiques, un tableau de la vie universelle ; puis, par la vertu de la pensée interprétant les résultats de la science, transformer ce tableau de la réalité en un véritable système d'idées ; c'est la *philosophie* des sciences. Le *Cosmos* de M. de Humboldt, simple revue, dans leur ordre de généralité, des grands faits de la Nature, n'est que le premier degré de cette synthèse. Avec des notions scientifiques infiniment moindres, le génie d'Aristote avait déjà tracé l'esquisse d'une véritable philosophie naturelle, en montrant comment la Nature, dans la série de ses diverses créations, monte l'échelle de la vie universelle, depuis l'infime degré de la matière inorganique jusqu'au suprême degré de la Pensée. La science moderne, la science allemande surtout, dans sa philosophie de la Nature, n'a eu qu'à appliquer cette belle conception à une connaissance bien autrement précise et complète du monde. Kant, Schelling, Hegel, et leurs disciples nous ont laissé de magnifiques travaux en ce genre de spéculations. Enfin, dépassant le domaine de l'expérience, où s'enferment la science et la philosophie des sciences, on peut s'élever jusqu'à l'Être infini, absolu, universel, principe, substance et fin de toutes choses ; retrouver, à la lumière de cette conception toute rationnelle, l'infinité, l'indépendance, l'universalité, la nécessité, de ces réalités que l'expérience nous donne pour finies, contingentes et individuelles : c'est la *métaphysique* des sciences. Or il ne faut se faire illusion ni sur la matière ni sur l'objet de cette spéculation. Elle n'a pas la variété, l'étendue, la richesse de la science, ou de la philosophie des sciences. A proprement parler, c'est moins une science qu'une vue supérieure de la science. La métaphysique ne nous instruit d'aucune réalité, grande ou petite, loi ou fait, loi universelle ou loi particulière ; elle ne sert qu'à ramener à leur Principe les vérités perçues par la science et déjà comprises par la philosophie. La définition la plus simple et la plus précise qu'on puisse en donner, c'est *la vision des choses dans l'unité*.

LE SAVANT. — Je ne sais si nos savants, et surtout nos philosophes de l'école positive se rallieront à vos conclusions; mais je ne vois plus comment ils pourraient les repousser.

LE MÉTAPHYSICIEN. — Du moins par des raisons sérieuses. Qu'on ait plus ou moins de goût ou d'aptitude aux spéculations métaphysiques, cela se comprend. De même qu'il y a des savants qui ne seront jamais familiers avec la philosophie des sciences, il y aura toujours des savants, et même des philosophes, qui ne se soucieront guère de métaphysique. Mais qu'importe ! il ne s'agit point de transformer tous les savants en métaphysiciens. Que chacun fasse son œuvre, c'est-à-dire l'œuvre à laquelle le convie la nature de son esprit. Nous l'avons dit, le sens de l'infini, de l'universel, de l'absolu, du divin est à tous ; mais tous ne le possèdent pas au même degré, par la faute de la nature ou de l'éducation. Ce qui importe, c'est que tous en reconnaissent, en comprennent, et en respectent les révélations, surtout quand elles ont pour organes les plus beaux génies de l'humanité. La connaissance humaine, quel qu'en soit l'objet, n'est complète qu'autant qu'elle embrasse les trois degrés par lesquels passe la pensée, avant de se reposer : degré *scientifique*, degré *philosophique*, degré *métaphysique*. L'immense majorité des intelligences s'arrête au premier. A cela nul inconvénient, pourvu que cette indifférence ou cette impuissance ne soit pas donnée comme le dernier mot de la sagesse et de la science. L'œuvre matérielle et tout empirique de la science est si vaste, si complexe, si utile, qu'elle ne saurait jamais trop compter d'ouvriers parmi ces esprits de patiente observation, de minutieuse analyse, de laborieuse érudition, de critique judicieuse, qui font le métier de savants et d'historiens proprement dits. Plus ce travail sera exact et complet, plus l'esprit philosophique aura une base solide, et une riche matière pour ses synthèses. Cette philosophie est à faire presque tout entière, si l'on se reporte à la magnifique esquisse qu'en a tracée notre jeune confrère, M. Taine : mais elle se fera, si nous ne nous trompons, parce que les matériaux abondent, et parce que l'esprit philosophique, plus rare que l'esprit scientifique proprement dit, ne manque ni d'organes, ni d'adeptes, surtout dans le pays qui a produit Descartes, Buffon et Geoffroy Saint-Hilaire.

Le Savant. — Je n'en fais aucun doute.

Le Métaphysicien. — Ce qui est surtout rare et peu en faveur, dans notre temps et dans notre pays, c'est l'esprit métaphysique. Ce n'est pas qu'il ait jamais été commun. Dans l'histoire de la philosophie elle-même, on compte les vrais métaphysiciens. Les plus grands noms échappent à cette catégorie. Il n'y a pas eu de plus grands philosophes assurément qu'Aristote, que Descartes, que Leibnitz. En regardant de près à leurs doctrines, on trouve que le sens métaphysique leur a manqué plus ou moins. Si je vous disais que je ne le retrouve guère plus chez Aristote que chez Epicure, chez Descartes que chez Gassendi, chez Leibnitz que chez Locke, tout en proclamant la très grande supériorité des premiers sur les seconds, je vous étonnerais. Et pourtant vous serez de mon avis, si vous remarquez combien peu le sentiment de l'infini (je ne dis pas du parfait), de l'universel, de l'Unité perce dans leurs idées. Aristote ne voit dans le Monde qu'une série de mouvements, à laquelle il faut un premier Moteur, comme Descartes et Leibnitz n'y trouvent qu'une totalité d'êtres contingents, substances étendues ou forces vives, pour laquelle il faut une Cause créatrice. Le Monde, pour ces esprits de premier ordre, est, ainsi que l'affirme le préjugé commun par la bouche de notre Voltaire, tout simplement une horloge qui réclame l'*horloger*, pour l'explication de son mécanisme. Cela fait comprendre, sans le justifier tout à fait, l'espèce de dédain des philosophes allemands qui ont eu au plus haut degré le sens métaphysique, de Schelling et de Hégel pour la philosophie de Descartes et de Leibnitz. Il est difficile, en effet, de se défendre d'un certain mouvement d'impatience, quand on entend répéter, sur tous les tons et sous toutes les formes, que le Monde proclame Dieu, comme l'effet la cause, comme l'horloge l'horloger. L'argument est invincible, à la seule condition qu'on en accepte les prémisses. Si le Monde est un effet, il est par trop clair qu'il lui faut une Cause ; s'il est une horloge, il lui faut un Horloger. Telle est la question. Or, si la théologie dit oui, la métaphysique dit non.

Le Savant. — La science aussi dit non, depuis qu'elle a pénétré dans les secrets de la Nature.

Le Métaphysicien. — Le problème est donc résolu. Quoi qu'il en soit, l'esprit métaphysique est rare. Et encore le plus souvent, quand il se rencontre, c'est avec une éducation mystique ou scolastique qui en obscurcit et en fausse les conceptions. Exemple, Malebranche et Spinosa. Rien n'est plus difficile à trouver qu'un métaphysicien réellement savant, ou un savant réellement métaphysicien. Voilà la principale cause du divorce de la science et de la métaphysique. La métaphysique peut avoir contre elle longtemps encore les antipathies des esprits grossiers ou bornés auxquels il est plus facile de la dédaigner que de la comprendre, les préventions de certains esprits vraiment philosophiques qui la jugent sur son histoire, et encore sur son histoire mal faite ou mal comprise ; elle n'a contre elle aucune sérieuse raison tirée de la nature de l'esprit humain. L'analyse lui trouve dans l'esprit sa faculté propre ; la critique lui assure son véritable objet dans le monde réel. Pourquoi donc des esprits faits pour comprendre tous les besoins de la pensée, pour embrasser tous les points de vue de la science, persisteraient-ils à mutiler l'une, et à rabaisser l'autre aux limites de l'expérience ?

Le Savant. — Je ne le vois pas en effet.

Le Métaphysicien. — En faisant le sacrifice de ses abstractions et de ses idoles, la métaphysique ôte à la science tout prétexte de défiance. La Vérité qu'elle l'invite à saluer n'est ni une entité scolastique, ni une fiction anthropomorphique; c'est l'Unité vivante, dont la science, qu'elle le sache ou l'ignore, est la perpétuelle *révélation*. Si vous me permettiez la comparaison, je dirais que la science est un temple fermé, où l'obscurité dérobe aux regards les images et les statues de la divinité. Ouvrez ce temple par en haut ; faites-y pénétrer la céleste lumière de la métaphysique : et alors la Suprême Réalité apparaîtra sous toutes ses formes, dans toutes les parties de l'édifice resplendissant. Science et métaphysique, deux mots qui semblent se contredire, grâce à la fausse éducation de nos savants et de nos métaphysiciens ; deux choses qui resteront inséparables, lorsque cette éducation aura été rectifiée. Quand la science positive se fera métaphysique, celle-ci aura gagné définitivement sa cause. C'est donc de ce côté surtout que les métaphysiciens doivent tourner leur propagande. Le public ne rira plus de la métaphysique, lorsqu'il la verra prise au sérieux par les savants.

LE SAVANT. — J'espère que les esprits philosophiques, parmi nous, ne tarderont pas à comprendre le prix de la métaphysique. Ils sentiront combien la science gagnerait en dignité, en grandeur, en lumière, dans le commerce des vérités supérieures de la spéculation rationnelle.

LE MÉTAPHYSICIEN. — Remarquez bien qu'il ne s'agit pas pour la science de retourner à l'école de cette fausse métaphysique qui avait la prétention de se passer de l'expérience, pour la connaissance positive des choses. La science n'a rien à changer à ses méthodes ni à ses théories. Tout ce que nous lui demandons, nous autres métaphysiciens, c'est qu'elle n'arrête pas l'essor des esprits vers les hautes régions de la pensée, en mettant sa souveraine autorité au service d'une philosophie étroite qui borne l'horizon de l'esprit humain au domaine de l'expérience. Les chimères et les folies de l'idéalisme ne sont plus à craindre, en cet âge d'observation et d'analyse, et dans un tel développement des sciences positives. Ce qu'il faut redouter aujourd'hui, ce sont les tristes conséquences de l'empirisme, l'abaissement de la science et de l'intelligence.

LE SAVANT. — Je suis tout à fait de cet avis.

LE MÉTAPHYSICIEN. — Quant aux métaphysiciens de notre temps, et surtout de notre pays, si un de leurs plus humbles confrères pouvait leur adresser un conseil, ou du moins leur soumettre un avis, ce serait de moins donner au commerce de la littérature, et davantage à celui de la science. Assurément, c'est l'éducation littéraire qui fait les grands, les bons écrivains ; mais elle ne fait pas les penseurs. La littérature donne le lustre et le relief à tout ce qu'elle touche ; mais ce n'est pas d'elle que la pensée reçoit la matière et la substance de ses spéculations : c'est de la science positive, de la science de la Nature, et de la science de l'homme. C'est la philosophie naturelle et la philosophie morale, avec leurs descriptions, leurs analyses, leurs classifications, leurs inductions, qui soutiennent, nourrissent, fécondent, développent la pensée métaphysique. Certes, l'alliance des lettres et de la philosophie n'a pas été inutile à cette dernière. Si la métaphysique française a eu, à toutes les époques de son histoire, la gloire d'avoir compté presque autant de grands écrivains que de grands esprits, c'est à son éducation littéraire qu'elle le doit. Jamais, depuis l'incomparable philosophie grecque, la métaphysique n'a parlé un si beau langage. Mais pourquoi ces formes de la pensée française, toujours brillantes et pures, manquent-elles parfois de substance et de vie ? C'est que la matière fait défaut à cette pensée ; c'est que la vraie source de l'inspiration métaphysique est généralement méconnue ou ignorée de nos beaux esprits. Que la métaphysique française se retrempe à cette source ; qu'elle se plonge dans les eaux vivifiantes de la science, pour emprunter une métaphore mystique : alors elle redeviendra, comme la métaphysique allemande, féconde en idées, en vues, en applications de tout genre, tout en conservant sur celle-ci l'inappréciable avantage de son admirable langue. Profondeur et clarté, richesse et beauté, substance et lumière, voilà l'idéal que je souhaite à notre métaphysique, et que son alliance avec la science peut seule réaliser.

FIN DU TOME TROISIÈME ET DERNIER.

TABLE DES MATIÈRES

DU TOME TROISIÈME.

ERRATA.

TOME PREMIER.

Page 26 ligne 13 de *lisez* à
29 23 nonnumquam *lisez* non nunquam
85 27 substrate *lisez* substrat
97 9 n'est pas *lisez* n'est que
107 13 la plus *lisez* la moins
143 14 tels *lisez* tel
245 1 nous de faire *lisez* de nous faire
254 17 mundus explicitus *lisez* implicitus
295 23 Or il y en est *lisez* il en est

TOME DEUXIÈME.

61 24 infirme *lisez* affirme
203 34 un même temps *lisez* en même temps
228 18 talent *lisez* latent
277 11 qu'y *lisez* qui
279 31 εὔφυτος *lisez* ἔμφυτος
320 5 généralyse *lisez* généralise
379 23 VIIIe chrétien *lisez* entretien

TOME TROISIÈME.

9 27 et 28 soit *lisez* soient
27 8 gualifié *lisez* qualifié
126 4 acomisme *lisez* acosmisme
152 5 un défaut *lisez* en défaut
308 30 en sa puissance *lisez* en puissance

www.ingramcontent.com/pod-product-compliance
Lightning Source LLC
LaVergne TN
LVHW020559110826
845149LV00002B/313

* 9 7 8 2 0 1 4 4 8 2 5 0 8 *